江苏大学研究生教材建设专项基金资助

Research on Pedagogy Principle

教育学原理研究

◎ 张忠华 著

科学出版社

北 京

内 容 简 介

教育学原理是教育学的一个二级学科。在我国长期以来存在着教育学原理与教育学、教育原理等知识体系雷同与混乱的现象。本书认为，教育学原理是以教育学问题为研究对象的一门学科，是一门理论性、学理性较强的学科，它具体探讨与揭示教育学的研究对象、研究任务与学科性质，教育学的学科立场、学科价值与学科地位，教育学发展史和教育学的理论基础，教育学的知识体系，教育学的科学化与中国化，教育学的研究方法论，教育学的学科体系以及教育学未来发展等问题。本书是对教育学原理知识体系的一种新诠释、新建构，对于丰富与发展我国教育学原理学科建设具有重大的理论价值与现实意义。

本书适合从事教育理论工作的教育者、研究者，教育学专业的研究生、本科生以及教育实践工作者参阅。

图书在版编目（CIP）数据

教育学原理研究 / 张忠华著. —北京：科学出版社，2022.3
ISBN 978-7-03-071662-0

Ⅰ.①教… Ⅱ.①张… Ⅲ.①教育学-研究 Ⅳ.①G40

中国版本图书馆 CIP 数据核字（2022）第 033950 号

责任编辑：卢 森 / 责任校对：杨 然
责任印制：苏铁锁 / 封面设计：有道文化

科 学 出 版 社 出版
北京东黄城根北街 16 号
邮政编码：100717
http://www.sciencep.com

北京凌奇印刷有限责任公司 印刷
科学出版社发行 各地新华书店经销

*

2022 年 3 月第 一 版 开本：720×1000 1/16
2022 年 3 月第一次印刷 印张：21 3/4
字数：400 000

POD定价：129.00元
（如有印装质量问题，我社负责调换）

自　序

　　李泽厚说："教育学——研究人的全面生长和发展、形成和塑造的科学，可能成为未来社会的最主要的中心学科。"[①]我国教育学家陈元晖曾呼吁要编写出真正构筑在中国深厚的教育遗产上的、能反映两千余年中国教育宝贵经验的"新教育学"[②]。这些美好的愿望能否变成事实，需要教育学者不断探索、不断开拓创新，进而产出更多的教育学研究新成果。

　　"教育学原理"作为一门课程的名称很早就出现了。在20世纪上半叶，随着我国对国外教育学的引进，名为"教育学原理"的教材与著作就出现了。例如，可查到的文献资料有日本学者尺秀三郎、中岛半次郎著的《教育学原理》（季新益译，教科书辑译社1903年版）、美国学者桑代克（E. L. Thorndike）和盖茨（A. L. Gates）合著的《教育学原理》（熊子容译，世界出版合作社1933年版），这两本书都是翻译之作。国人编写的首部著作是孙贵定的《教育学原理》（商务印书馆1923年版）。之后，在相当长的时期内基本上看不到名为"教育学原理"的书籍，看到更多的是"教育学""教育原理""教育概论""教育通论"等之类的教材与著作。

　　中华人民共和国成立后，我们在学习苏联的教育学时，仅翻译了一本冈察洛夫（Н. К. Гончаров）教授的《教育学原理初译稿·参考资料》（郭从周等译，人民出版社1951年版）。此后一直到20世纪90年代，很少看到有类似的教材与著作的出版。1990年我国颁布的《授予博士、硕士学位和培养研究生的学科、专业目录》中，教育学下设10个二级学科，"教育学原理"被列为第一个二级学科。"教育学原理"获得学科建制并取得了相应的地位，才引起人们对"教育学原理"的探索。以书名为"教育学原理"最早的教材是江苏省、市十二所教育学院联合编写《教育学原理》（内部使用1987年版），最早公开出版的则是成有信主编的《教

---

　　① 李泽厚：《世纪新梦》，合肥：安徽文艺出版社，1998年，第17页。
　　② 陈元晖：《中国教育学七十年》，载《北京师范大学学报》（社会科学版），1991年第5期，第52～94页。

育学原理》（河南教育出版社 1993 年版）。自 20 世纪 90 年代一直到今天，"教育学原理"的著作与教材不断增多，日益丰富。

面对众多的"教育学原理"著作与教材，笔者认真研读，除个别教材与著作具有一些特色之外，大多数著作与教材存在着一定的雷同现象。而且看来看去发现一些问题，例如，"教育学原理"与"教育学"基本相同；"教育学原理"与"教育原理、教育基本理论"基本相同。难道这些不同名称的学科是一回事？若是这样，为什么名称使用这样混乱？如果不同，为什么这些不同名称的著作与教材主题内容大同小异，又看不出区别在哪里？思来想去，笔者认为有几个基本问题需要澄清：

1. "教育学原理"是研究什么的？

2. "教育学原理"是什么性质的学科？

3. "教育学原理"与若干相近教育学科①是怎样的关系？

4. "教育学原理"的知识体系应该是怎样的？

笔者围绕上述问题，通过查阅有关资料，然后进行沉思与反思，又加以理性分析与思考，才萌生探索"教育学原理"究竟是怎样的一门学科的念头。经过十多年的酝酿、思考与时断时续的"耕作"，又经过两年的"拉锯战""歼灭战"，最终形成了本书。

从一般意义上说，任何一门学科的产生皆导源于实践。实践的发展产生经验，经验的积聚经过抽象概括形成思想、观点和理论，理论的发展达到系统化、体系化便产生了学科（或科学）。这一过程说明事物发展的逻辑是：事实问题—事理—学理。运用到教育领域便是：对教育现象（或教育事实）问题的研究—形成教育事理—以教育事理为对象，概括形成教育学理。②于是，也就产生了教育原理与教育学原理。教育原理就是研究"教育之事"的理论，它来自教育的经验事实。教育学原理作为一门学科，是"教育学"的理论，是研究教育学的"学理"，在学科性质上属于原理理论。"原理理论是由原理支持的假说，而原理则由经验事实支持，它是用归纳法形成的。"③可见，教育学原理是关于"教育学"的学理研究，而教

---

① 为行文方便，全书中的"教育学科""教育学学科"不做统一。

② 刘庆昌：《从教育事理到教育学理："教育学原理"70 年发展的理论反思》，载《中国教育学刊》，2019 年第 10 期，第 1～8 页。

③ 齐梅，柳海民：《教育学原理学科的科学性质与基本问题》，载《教育研究》，2006 年第 2 期，第 28～32 页。

育原理是关于"教育"的事理研究，[①]故二者之间是有差异的学科。在理论层次上，"教育学原理"高于"教育原理"。当然，这是在学科层次上的理性划分。实际上，教育学原理、教育原理只是关注的研究对象不同，面临的任务不同，然而它们各自的研究都是重要的，没有价值上、地位上的高低之分。长期以来，由于人们关注教育学的实践取向，缺乏认识论的标准，经常把日常思维、话语与学术思维、话语混杂在一起，由此没能对"事理"与"学理"进行有效的区分，造成将"教育原理"与"教育学原理"混为一谈。

尽管在 20 世纪 90 年代，随着教育学原理二级学科的设立，人们开始意识到教育学原理不等于教育原理，但这方面的探索还是鲜见的。1993 年出版了成有信主编的《教育学原理》，但仔细阅读这本书的内容，其内容体系与通常意义上的"教育学"没有实质上的差异，它们共同点是更多地关注"教育事理"，很少关注教育学的"学理"。1998 年胡德海教授的《教育学原理》出版，从某种意义说，这是建构"教育学原理"的真正开端。因为在此书中，胡德海教授建构"教育学原理"的意识比较明朗，他区分了"教育学原理"与"教育学"的关系，明确了"教育学原理"的研究对象：一是教育学自身（或者说是教育学体系本身）；二是教育（人类社会的全部教育现象为研究对象）。[②]但总体来看，这本教育学原理探究"教育事理"的成分比较多，探讨"教育学学理"成分较少，但胡德海教授已有明确建构"教育学原理"的意识，其意义巨大。

在教育学原理建构研究中，陈桂生先生做出了突出贡献。他在反思自己的学术思想发展时曾说，《学校教育原理》（湖南教育出版社 1998 年版）相对于《教育原理》，或近于"教育理论问题研究"之作；不过，由于一向关注的是教育的"原理"，故所谈的问题同一般教师日常关注的"教育问题"较为隔膜。[③]由此可见，《学校教育原理》实际上已经具有了明显的"教育学学理"建构的倾向。与《学校教育原理》同时出版的《教育学的建构》（湖南教育出版社 1998 年版），也不是对教育"事理"的研究，更像是对教育学的"学理"探索。依笔者之见，《教育学的建构》实属"教育学原理"的探究了。

---

①　余小茅，曹玉娜：《试论教育学原理不等于教育原理》，载《上海教育科研》，2017 年第 8 期，第 19～23 页。
②　胡德海：《教育学原理》，兰州：甘肃教育出版社，1998 年，第 42～45 页。
③　陈桂生：《从"教育要素"问题谈起：关于"教育原理"研究的检讨》，载《西北师大学报》（社会科学版），2006 年第 4 期，第 54～56 页。

　　如果说"教育事理"是对教育实践活动的日常道理之抽象与升华，那么，"教育学原理"则是从"教育事理"中发现事理的关键概念，然后再在教育价值体系的引领下，运用概念进行逻辑推演所形成的高度抽象的道理（学理），其价值在于可以让研究者超越具体的教育实践，演绎出尚无经验事实与之对应，但却既符合教育价值追求，又具有逻辑严谨性的教育学学理。[①]若教育学原理是以教育学为研究对象，运用概念进行逻辑推演形成知识体系，那么"教育学原理"与"元教育学"又是什么关系呢？这要简单回顾一下"元教育学"是什么。关于元教育学的含义研究主要有三种观点：一是认识论说。持这种观点的学者认为，元教育学是一种对教育学理论进行元研究的学科，是教育学理论的元观念学和认识论。[②]二是反思说。元教育学指的是对已经存在的教育学陈述体系的反思。[③]三是对象说。元教育学以已有的教育知识为研究对象，而教育学是以教育现象为研究对象，二者研究对象不同。[④]上述三种观点各自从不同侧面揭示了元教育学的特征，整体来看，元教育学是以已有教育学研究成果以及教育学研究状态为研究对象，而不是以教育现象或教育的实际问题为研究对象，元教育学是指运用元理论方法检验与审思教育学理论的合理性、有效性及规范性等问题，其目的不是建构教育学的知识体系，而是以认识论和方法论为标准，来检验已有研究成果的得失，通过反思来提升教育学研究的自我意识，达到合理建构教育学理论的目的，为教育学的健康发展把脉导航。教育学原理也是以教育学为研究对象，它一方面关注教育学本身的理论问题，以已有教育学研究成果为研究对象，进行反思，但其反思的目的是建构科学的教育学原理知识体系，形成一门理论学科，对其他教育学科发挥指导作用。同时，教育学原理更关注教育事理的学理分析。这样看来，教育学原理具有元教育学的性质与成分，但它还不能完全归为元教育学，因为它本身既要反思已有研究成果，又要在反思的基础上生产新的教育学学理知识，最终走向一门学科的教育学原理知识体系的建构。

　　总之，教育学原理是一门以教育学为研究对象的学科，具有元教育学的性质，

---

① 刘庆昌：《从教育事理到教育学理："教育学原理"70年发展的理论反思》，载《中国教育学刊》，2019年第10期，第1～8页。
② 郭元祥：《元教育学：一种元理论》，载《高师函授学刊》，1995年第1期，第8～10页、53页。
③ 陈桂生：《"元教育学"问对》，载《华东师范大学学报》（教育科学版），1995年第2期，第37～45页。
④ 唐莹，瞿葆奎：《元理论与元教育学引论》，载《华东师范大学学报》（教育科学版），1995年第1期，第1～14页。

但又不能完全等同于元教育学，教育学原理是一门理论学科，它既不同于"教育原理、教育基本理论"，也不同于传统意义上的"教育学"。那么，这样的教育学原理应该具有怎样的知识体系呢？它应该以教育学的基本问题为研究对象，揭示教育学的任务、立场、地位、性质和价值等问题，具体探讨教育学历史发展的变化规律，揭示教育学的各种样态及知识体系。

建构中国教育学是一百多年来中国教育学人孜孜以求的事业，尤其是中华人民共和国成立之后，从 20 世纪 50 年代末的教育学"去苏联化"，到改革开放初期建设"中国特色的社会主义教育学"的探索，再到 21 世纪"建构有中国特色、中国风格、中国气派教育学"的呼声，无不反映出当代中国教育学人建构中国教育学的迫切心情。建构中国教育学，仅仅有迫切的心情是不够的，还必须付诸行动，而明确行动的着力点则是必要的前提。拙作就是基于上述认识，进行的一次教育学原理知识体系的建构活动，至于它是否能够称得上教育学原理，还有待实践的验证，有待专家的点拨与斧正。

张忠华

2021 年元旦

目　　录

教育学原理究竟是怎样的一门学科

在我国的学科分类中，教育学是十四大学科门类[①]之一。教育学原理[②]作为教育学学科的一个二级学科，是教育学学科的一门基础学科。所以，教育学原理学科的发展对教育学学科的发展具有奠基作用。故深入思考与积极探究教育学原理学科的基本问题，不仅对丰富与发展教育学分支学科具有重大的价值，而且对于建构科学的教育学学科体系也具有十分重要的作用。

[①] 按照国务院学位委员会和教育部的最新通知，我国现行的学科门类有哲学、经济学、法学、教育学、文学、历史学、理学、工学、农学、医学、军事学、管理学、艺术学和交叉学科十四 大门类，每大门类下设若干一级学科，一级学科又下设若干二级学科。如教育学（04）门类下设三个一级学科，即教育学（0401）、心理学（0402）和体育学（0403）。教育学一级学科又下设教育学原理（040101）、课程与教学论（040102）、教育史（040103）、比较教育学（040104）、学前教育学（040105）、高等教育学（040106）、成人教育学（040107）、职业技术教育学（040108）、特殊教育学（040109）和教育技术学（040110）10 个二级学科。后来又增加了教育政策与法学，教师教育学，农村教育，教育、文化与社会，教育测量、评价与统计五个研究方向。在我国，"教育学"一词存在多种解释。一是作为一门学科门类的教育学；二是作为一级学科的教育学；三是作为教育学科群称谓的教育学，现在一般称为教育科学；四是大家比较熟悉的作为一门师范院校开设课程的教育学（俗称公共教育学）。教育学在不同的社会—文化语境中也有不同的含义。例如，在德语世界，教育学具有明确的学科意味；而在英语国家，教育学大体相当于以问题为导向的教育研究。

[②] 教育学原理：在我国通常有三种理解，一是作为一门二级学科的教育学原理；二是教育学专业研究生研究方向的教育学原理；三是作为一门课程的教育学原理。本书研究的教育学原理是指一门二级学科的教育学原理。

一、问题的提出

思考教育学原理学科建设问题，不是一时的兴趣使然，也不是心血来潮的冲动，而是对教育学原理存在问题进行长期理性思考的结果，也是丰富与发展教育学学科建设的必然要求与时代诉求。

（一）探索教育学原理是教育实践迫切需要解决的问题

众所周知，"教育学原理"作为一门课程在师范院校开设具有很长的时间，它是教育学专业本科生学习的一门课程，也是为教育学专业硕士研究生甚至博士研究生开设的一门课程。同时，在师范院校里，也在为师范专业（或教师教育专业，主要是指汉语言文学教育专业、数学教育专业、外语教育专业、思想政治教育专业、物理教育专业、化学教育专业……）的学生开设一门公共必修课——"教育学"或"教育学原理"。这些层次不同的学生都在学习同样名字的一门课程（学科）"教育学原理"。一些教育学教师时常发出感慨，表示自己的教学面临着不同的窘境。在同一学期，有些教师既要给师范生上公共必修课的"教育学原理"课，又要给教育学专业本科生上"教育学原理"课，还要给教育学学科硕士研究生讲授"教育学原理"课。许多老师比较困惑，不同层次的学生，其教材内容大同小异。给学生上课，对待同样的内容仅仅是课堂上讲授内容或讨论内容的深度不同吗？教育学原理面对不同的学习对象，究竟怎样编写不同层次的教育学原理教材？是否所有的教师教育专业的学生都要学习"教育学原理"？能否区分不同层次、不同专业类型学生学习教育理论时，使用针对性强的不同学科名称的教材？其教材名称根据各自的研究对象究竟叫什么名称为好？教学实践困扰着我们，迫使笔者去探索教育学原理究竟是一门怎样的学科？

（二）克服自身理论难题需要加强教育学原理的研究

教育学原理以"教育学"为研究对象，是研究与探索"教育学"问题的一门学科。但令人遗憾的是，现实的教育学原理教材与著作，一般只有绪论部分简单介绍教育学的研究对象问题、教育学的学科发展问题，之后的教材内容主要探索教育起源与教育本质问题，教育与社会发展问题，教育与人的发展问题，教育目的、教育制度、教师与学生、课程与教学问题，德育问题，学校管理问题等。还有许多教材把课外教育、班级管理与班主任问题列入教育学原理的范畴。论起名字来都叫"教育学原理"，究其内容实质而论都是"教育原理"或"教育基本理论"，不能做到名副其实。这些"教育学原理"的知识体系是否合理？一些学者进行了一些研究与探索，但真正系统研究教育学原理这门学科的研究对象、概念范畴与知识体系等问题，还比较鲜见。所以，克服教育学原理自身存在的问题，建构本真意义上的教育学原理，还需要我们教育学者不懈地追求与探索。

（三）丰富与发展教育学科需要加强教育学原理研究

如今的教育学，已不是 19 世纪及其以前意义上的教育学，彼时的教育学主要是指中小学教育学或普通教育学，意指十分明朗。而在当今，教育学已经发展成为一个学科群，人们用一个上位概念——"教育科学"来统领。进入 20 世纪以来，随着经济社会的发展，义务教育的普及以及教育事业的快速发展，各门学科呈现出分化与整合并驾齐驱的发展趋势。教育学学科通过自身的不断分化，逐步形成了层次上不同的教育学，如学前教育学、小学教育学、中学教育学、高等教育学；若以教育场所的不同可以分为家庭教育学、学校教育学和社会教育学；教育学依据自身理论研究的关注重心不同又可以分为教育学原理、教育原理、课程原理、教学原理、德育原理等学科。在学科整合发展方面，教育学不断与其他学科交叉整合，出现了许多交叉学科和边缘学科，如教育哲学、教育社会学、教育文化学、教育生态学、教育人类学、教育心理学等。现如今的教育学是一个由众多教育子学科组成的"大家族"，而教育学原理是教育学学科中最基础的一门学科，是阐明教育学作为一门学科有哪些最基本问题的学科。诸如教育学的研究对象问题、学科性质问题等，对这些问题的研究直接关系到教育学原理的学科科学性，进而影响教育学学科的总体形象。所以深入探讨教育学原理学科建设中的基本问题，是丰富与发展教育学分支学科的需要。

二、已有相关研究成果综述

教育学作为一门学科在中国出现是"西学东渐"的结果。在最初引进国外教育学时，我们不但引进了教育学，也引进了许多教育学的分支学科，具体表现有：1901 年《教育世界》杂志连载刊登了日本学者三岛通良的《学校卫生学》、田中敬一的《学校管理法》和立花铣三郎的《教育学》。由此可见，中国在引进国外教育学时，教育学与教育学分支学科是同时引进的。为了更好地呈现"教育学原理"在中国的发展与研究状况，笔者在这里分两个阶段进行综述。

（一）中华人民共和国成立前教育学原理的发展概况（1900～1949 年）

1949 年以前，教育学在中国的引进与建设基本上经历了两个阶段。

一是 1901～1919 年，我们丢掉中国教育传统，主要学习、借鉴日本的教育学，在学习借鉴的基础上，中国学者形成了自编教育学的热潮。而彼时的日本教育学，主要受到赫尔巴特（J. F. Herbart）教育学思想的影响。因此，中国直接学习日本，是在间接学习赫尔巴特的教育学理论。据学者考证，这一阶段中国学者翻译出版日本教育学方面的著作有 76 种。[①]

二是 1919～1949 年，此阶段由学习日本转向学习欧美的教育学，同时开始进行中国教育学理论的探索。在学习欧美教育学理论中，杜威（J. Dewey）的教育学思想对中国影响最大。由于这一时期思想的开放性，中国学者还对德国的"实验教育学""国家主义教育学""文化教育学"进行了介绍和研究，同时，开始学习苏联的"马克思主义教育学"。在学习国外教育学理论的同时，一些学者还结合民国时期特殊的文教政策，开始本土化的"三民主义教育学"的探索。教育学研究与建构是多画面的，初步形成了多元化的教育学理论知识体系。

1949 年以前，我国引进与编写的"教育学原理"书籍共有 4 本（种），其中翻译出版 3 本（种），国人编写 1 本（种）。具体情况如下：

[日]尺秀三郎，中岛半次郎：《教育学原理》，季新益译，教科书辑译社1903 年版。

[日]波多野贞之讲述：《教育学原理》，颜可铸编辑，湖北速成师范讲义（内部稿）1904 年稿（版）。

[美]桑代克，盖茨：《教育学原理》，熊子容译，世界出版合作社 1933 年版。

孙贵定：《教育学原理》，商务印书馆 1923 年版。

1923 年，孙贵定的《教育学原理》是作为"现代师范教科书"出版的。其教材章目如下：

第一章教育的意义；第二章教育上的好目的；第三章教育上的各种主要的目的；第四章平民政治下教育上个人与社会之关系；第五章天然与教育；第六章教育学与心理学的关系；第七章教育上本能的基础；第八章注意；第九章记忆力；第十章思想；第十一章统觉；第十二章想象力的发达；第十三章概念；第十四章知识的性质及研究的方法；第十五章教育上自由的观念；

---

① 周谷平：《近代西方教育理论在中国的传播》，广州：广东教育出版社，1996 年，第17 页。

第十六章自顾的感情统系；第十七章挪用本能上的精力；第十八章习惯；第十九章道德的方法；第二十章责罚；第二十一章各种教材的价值之比较；第二十二章职业教育。

从内容体系来看，这本书内容比较杂，既有教育基本理论的内容，又有普通心理学的基本知识，还有研究方法、教材教法、职业教育的内容。从研究内容来看，主要是讲述一些教育知识和心理知识，还没有上升到教育学原理学科建设层面思考逻辑体系。若以教育学原理学科建构的视角来看，全书已有部分章目涉及教育学原理的基本内容和范畴，已经注意到教育学的社会基础、生理基础、心理基础和研究方法等，例如，"天然与教育""教育学与心理学的关系""教育上本能的基础""统觉""知识的性质及研究的方法"等章节均属于教育学原理探索的内容；"教育""教育目的""道德"等属于教育学的基本范畴。

桑代克与盖茨合著的《教育学原理》[①]，其内容体系如下：

第一章教育的领域；第二章教育的终极目的；第三章教育的当前需要；第四章人类的天性；第五章学习的主要特征；第六章知识的涉猎与思考能力；第七章筋肉活动的道德的及欣赏的各种反应之习得；第八章学科与活动的选择；第九章人类各年期与心身发育成熟的影响；第十章个性差异；第十一章各种教学方法；第十二章教学方法（续）；第十三章判别教育所产生的各项价值；第十四章小学中学大学的功用。

从该书的内容来看，主要关注教育活动及教育的基本原理，关注儿童心理发展与教学问题。依据桑代克的学术背景而论，该书更像教育心理学，注重一般教育原理的阐述，重点介绍学习与教学问题，也涉及一些教育学原理的基本知识，如教育的生理基础和心理基础等。这种现象的发生也与美国不把"教育学"作为一门学科建设的历史背景有关。可见，这一阶段的教育学原理尽管有此书名的著作与教材出版，但还不是严格学科建设意义上的"教育学原理"之作，主要是教育原理、教育心理知识的研究，这与国人当初引进与模仿学习教育学学科有关。人们初步接触教育学，对其学科性质、学科理论体系建设还没有明确的意识。

此外，1949年以前，我们除了翻译国外的"教育学原理"之外，还翻译出版

---

① 桑代克与盖茨的《教育学原理》在我国有多个翻译版本，主要是对于书名"Elementary Principles of Education"的理解有差异。例如，熊子容翻译为《教育学原理》，世界出版合作社，1933；雷通群翻译为《新教育的基本原理》，新亚书店，1933；陈衡玉翻译为《教育概论》，大东书局，1933；宋桂煌翻译为《教育之基本原理》，商务印书馆，1934；贡志容翻译为《教育原理》，大东书局，1934；王丐萍翻译为《教育之根本原理》，中华书局，1934。

了大量的"教育学""教育原理"教材与著作；与此同时，国内学者也编写了大量的"教育学""教育原理""教育概论""教育通论"的著作与教材，其中，一些代表性成果有：

王国维：《教育学》（江苏师范学堂讲授），教育世界社 1905 年版。

蒋维乔：《教育学》（初级师范课本），商务印书馆 1909 年版。

张子和：《大教育学》，商务印书馆 1914 年版。

余家菊：《国家主义教育学》，中华书局 1925 年版。

舒新城：《教育通论》，中华书局 1927 年版。

张九如：《三民主义教育学》，商务印书馆 1928 年版。

程其保：《教育原理》，商务印书馆 1930 年版。

李浩吾（杨贤江）：《新教育大纲》，南强书局 1930 年版。

钱亦石：《现代教育原理》，中华书局 1934 年版。

吴俊升，王西征：《教育概论》，正中书局 1935 年版。

孟宪承，陈学恂：《教育通论》，商务印书馆 1938 年版。

罗廷光：《教育通论》，中华书局 1940 年版。

汪懋祖：《教育学》，正中书局 1942 年版。

石联星：《教育学概论》，中国文化服务社 1946 年版。

由此可见，1949 年以前，人们对"教育学""教育学原理""教育原理""教育概论""教育通论"等学科名称的用法就是一个多元化的现象，没有严格区分这些学科（或课程）名称之间的关系。在 1949 年以前翻译与编著的教育学原理、教育原理、教育概论，都是作为师范学校的教科书出版的，主要是为教学之需要，还没有把"教育学原理"作为学科进行研究。

（二）中华人民共和国教育学原理的发展概况（1949 年至今）

中华人民共和国历经 70 多年的发展，"教育学原理"作为教育学的一个子学科与其母学科一样，学科发展历经曲折坎坷。根据历史发展的顺序与学科建构的逻辑，可以把中华人民共和国成立以来的教育学原理学科发展划分为以下三个阶段。

1. 社会主义改造时期的教育学原理研究

中华人民共和国成立后，随着社会主义政治、经济、文化和教育制度的确立，教育学学科在中国的发展进入了新时代。从 1949 年 10 月到 1956 年中共八大召开是我国基本完成社会主义改造的历史时期。中国共产党领导全国各族人民有步骤地实现从新民主主义到社会主义的转变，迅速恢复经济生产并开展了有计划的经济建设活动，到 1956 年底，全国绝大部分地区基本上完成了对生产资料私有制的社会主义改造。同时对 1949 年以前的文化教育事业进行了接管和改造，与此阶段主要任务相联系，教育学领域主要从事两方面的工作，一是对旧教育学的改造；二是引进与全面学习苏联的教育学原理。

第一，对旧教育学的改造。1949 年中华人民共和国成立后，首先是保护学校、教育机关不受侵犯。1949 年《中国人民解放军布告》即《约法八章》中规定：保护一切公立和私立学校、医院、文化教育机关……人民解放军一律保护，不受侵犯。①其次是逐步改造。政府通过大量工作，逐步收回教育主权。1956 年 5 月，中共中央宣传部正式提出把"百花齐放，百家争鸣"（双百方针）作为繁荣文学艺术和发展科学的方针，标志着建国初期改造旧教育的任务已基本完成，我国文化教育正向一个新的阶段发展。

中华人民共和国编写的第一本师范学校教育学教材是华北人民政府教育部教科书编审委员会编写的《教育学参考资料》（上海联合出版社，1949 年版）。该教材指出，在师范学校没有新教材之前，该书暂用为基本教材。其教材目录为：

一、新民主主义文化教育：毛泽东论新民主主义的文化（《新民主主义论》）；毛泽东论文化、教育、知识分子问题（《论联合政府》《在延安文艺座谈会上的讲话》《在陕甘宁边区文教大会上的讲话》）。

二、新教育的制度、课程和方法：打碎旧的一套（《解放日报》社论）；论国民教育的改造（董纯才）；华北小学教育会议总结报告（节录）；关于办正规学校的问题（董纯才）；东北行政委员会关于教育工作的指示。

三、论学习问题：论青年的学习问题（列宁）；整顿学风（毛泽东）；改造我们的学习（毛泽东）；什么叫作"从实际出发"（陆定一）。

附录：晚近教育学的特征：第二次世界大战前（麦林斯基）；苏联教育的目标和组织（梅丁斯基）；苏联学校的政治思想教育（渥兹涅辛斯基）

从这本参考教材的目录来看，基本上是一些领导讲话和相关文献资料的汇编，彻底改变了 1949 年以前的教育学知识体系。但在实际中教育学改造时间不长，此后转向全面学习苏联教育学。

---

① 苏渭昌，雷克啸，章炳良：《中国教育通史·中华人民共和国卷》（下），北京：北京师范大学出版社，2013 年，第 158 页。

第二，引进与全面学习苏联的教育学原理。1949 年 11 月 14 日，《人民日报》发表了节译苏联教育家凯洛夫（И. А. Каирова）主编的《教育学》第 21 章《国民教育制度》，1950 年 4 月 3 日《人民日报》又发表了节译该书第 1 章第 5 节的《教育学是科学》，发表时改为《论教育科学》。同时并认为凯洛夫的《教育学》是理论与实践相结合的"巨著"，我们应该学习。1949 年 12 月 23～31 日，第一次全国教育工作会议在北京召开，会议提出："建设新教育要以老解放区新教育经验为基础，吸收旧教育某些有用的经验，特别要借助苏联教育建设的先进经验。"①为了更好地学习苏联的教育经验，人民教育出版社还创办了《教育译报》，专门翻译介绍苏联的教育学理论和教育经验。据学者考证，1949～1959 年，我国共翻译出版苏联教育学著作 56 本，仅 1953 年一年就出版了 20 本。②1950～1957 年，由苏联专家编写和在苏联专家指导下编写的讲义、教材有 101 种。③

1952 年 11 月，《人民教育》发表社论《进一步学习苏联的先进教育经验》，对于为什么学习苏联的教育理论做了回答。该文指出，苏联的教材、教法以及教育理论、教育制度，不只是社会性质方面和我国最接近，并且在科学性方面也是最进步的。因为苏联已用马列主义的观点、方法和 30 年社会主义建设的经验来批判、吸收并发展了国际科学的最高成果。在这种形势下，教育领域全面学习苏联成为时代的必然，这主要体现在翻译苏联教育学著作与教材、邀请苏联教育家来华讲学和派遣学生到苏联留学。这一时期翻译的苏联教育学著作与教材的代表作品主要有④：

凯洛夫：《教育学》，沈颖，南致善，等译，新华书店，1950 年（上册）、1951 年（下册）。该教材于 1951 年 12 月又由南致善、陈侠共同修订第 2 版，改由人民教育出版社再版发行。1957 年，该教材由陈侠、朱智贤等重新翻译修订，人民教育出版社出版发行。

叶希波夫（В. П. Есипов），冈察洛夫：《教育学》（上、下册），于卓，王继麟，等译，东北教育出版社曾出版上册，其后由人民教育出版社 1952～1953 年出版。

---

① 中央教育科学研究所：《中华人民共和国教育大事记（1949～1982）》，北京：教育科学出版社，1984 年，第 8 页。

② 周谷平，徐立清：《凯洛夫"教育学"传入始末考》，载《浙江大学学报》（人文社科版），2002 年第 6 期，第 115～122 页。

③ 顾明远：《论苏联教育理论对中国教育的影响》，载《北京师范大学学报》（社会科学版），2004 年第 1 期，第 5～13 页。

④ 1950～1966 年，我国"共计翻译出版苏联教育学专著 56 本，1953 年至 1955 年为高峰期，分别是 20 本、7 本和 8 本，而 1960 年至 1966 年无一本译著出版"。引自周谷平，徐立清：《凯洛夫"教育学"传入始末考》，载《浙江大学学报》（人文社科版），2002 年第 6 期，第 115～122 页。

申比廖夫（П. Н. Шимвирёв），奥哥洛德尼柯夫（И. Т. Огородников）：《教育学》，陈侠，熊承涤，等译，人民教育出版社 1955 年版。

在学习苏联教育学的过程中，我们也引进了苏联的"教育学原理"。1950 年 4 月 3 日《人民日报》译载了冈察洛夫的《教育学原理》的"序言"。1950 年《人民教育》第 4 期同时发表 5 篇文章讨论冈察洛夫的《教育学原理》，有凯洛夫的《冈察洛夫教授"教育学原理"一书讨论》与冈察洛夫的《我所犯的错误之本质与其原因》等。这 5 篇文章集中对冈察洛夫的《教育学原理》存在问题进行批判并指出，冈察洛夫的《教育学原理》根本错误是没有揭示苏维埃教育学的对象；没有说明苏维埃教育学的特点是进取的、战斗的性质；没有以马列主义作为坚固的理论基础，方法论有问题；没有总结苏维埃社会主义学校的经验等。可见，在当时人们对该著作存在不同的认识。该著作的章目与研究内容如下：

第一章政治学和教育学；第二章哲学和教育学；第三章政治学、哲学和教育学的相互关系；第四章苏维埃教育学的对象；第五章共产主义教育目的；第六章教育内容；第七章教学理论；第八章道德教育原理。①

该著作是此阶段唯一的一本名为"教育学原理"的书籍。就其内容不谈，仅仅看书籍章目，笔者认为这才是一本"教育学原理"的雏形。全书紧紧围绕教育学原理的研究对象——"教育学"展开研究，主要讨论了教育学与其他学科的关系，教育学的研究对象问题，对教育学关注的基本理论问题进行了详细阐述。

2. 社会主义建设时期教育学原理的探索

1956～1976 年，中国开始全面建设社会主义，尽管经历过严重的挫折，但还是取得了重大的显著的成就。中共八大提出，社会主义制度在我国已经基本建立起来，全国人民的主要任务是集中力量发展社会生产力，实现国家工业化，逐步满足人民日益增长的物质和文化需要。但是由于 1957 年反右斗争扩大化到 1958 年的"教育革命"，我们在曲折中艰难前进。这一时期，由于中苏意识形态的分歧，我们也开始反思前一阶段学习苏联教育学的经验与问题，同时在教育学领域展开一些学术讨论。

（1）关于"全面发展问题"的学术讨论

中华人民共和国成立后，各级各类学校尚未形成明确的教育目标，特别是在中等教育中如何贯彻"全面发展"的教育方针尚未达成共识。于是，在学术界开

---

① ［苏联］冈察洛夫：《教育学原理·初译稿》（参考资料），郭从周，等译，北京：人民出版社，1951 年，目录。

始讨论"全面发展问题"。起初人们重点讨论对"全面发展教育"的理解和落实问题，后来又转入"因材施教"的问题以及怎样处理二者的关系问题。这次讨论主要围绕"一个理论问题"与"两个具体问题"展开。"一个理论问题"就是无产阶级的全面发展与资产阶级的全面发展有何区别？"两个具体问题"：一是普通中学教育既然是基础教育、全面发展的教育，那么还要不要发展中等技术教育，开办中等技术学校是否会影响这些学生的全面发展？二是普通中等学校学生的全面发展怎么理解？是否一定要门门五分，平均发展，还要不要考虑学生的特长、兴趣，学生可不可以有所偏重？[①]

（2）教育与生产劳动相结合探索

1951 年 3 月 31 日，第一次全国中等教育会议提出：普通中学的宗旨和教育目标必须符合全面发展的原则，"使青年一代在智育、德育、体育、美育各方面获得全面发展，使之成为新民主主义社会自觉的积极的成员"[②]。由于这一时期"劳动教育"没有写入教育方针，在当时有相当多的中小学毕业生要直接参加生产劳动，所以在 1954 年颁布的《关于改进和发展中学教育的指示》《关于解决高小和初中毕业生学习与从事生产劳动问题的请示报告》中，都指出"这是一个带有原则性的错误"。[③]1958 年 9 月 19 日，中共中央、国务院发布了《关于教育工作的指示》，该文件指出，新中国成立以来，我国教育工作取得了巨大的成绩，但是，教育工作在一定的时期内曾经犯过教育脱离生产劳动、脱离实际，并且在一定程度上忽视政治、忽视党的领导的错误。党的教育工作方针是教育为无产阶级的政治服务，教育与生产劳动相结合。为了实现这个方针，教育工作必须由党来领导。同时，该文件提出办教育必须采取统一性和多样性相结合、普及与提高相结合、全面规划与地方分权相结合的"三结合"原则。实行国家办学与厂矿、企业、农业合作社办学并举，普通教育与职业技术教育并举，成人教育与儿童教育并举，全日制学校与半工半读、业余学校并举，学校教育与自学（包含函授学校、广播学校）并举，免费的教育与不免费的教育并举。这也就是两条腿走路、多种形式办学的方针。

（3）开展教育学术批判

1957～1976 年，中国社会的政治风云不断突变，反右极左是这一时期的基本特征。学术界频繁开展学术批判，针对前一时期学习苏联教育学经验中主要存在

---

① 王炳照，阎国华：《中国教育思想通史》（第 8 卷），长沙：湖南教育出版社，1996 年，第 135 页。
② 刘英杰：《中国教育大事典》，杭州：浙江教育出版社，1993 年，第 3 页。
③ 中央教育科学研究所：《中华人民共和国教育大事记（1949～1982）》，北京：教育科学出版社，1984 年，第 104 页。

的形式主义、教条主义、脱离中国实际等问题。1957 年 4 月 30 日，文汇报发表了陈友松的《教育工作中的教条主义和官僚主义》，文章指出，教育工作中的教条主义和官僚主义，集中表现在领导贯彻学习苏联这一不变的基本方针上，我们惯于对一切资本主义国家的学术扣上唯心主义的帽子，断章取义地引用经典著作来代替我们的独立思考；同时指出，要正确对待资产阶级的教育思想，注意结合实际开展儿童身心发展规律的科学研究，恢复教育统计学、教育行政学、比较教育学等教育学分支学科。此文发表不久，就遭到批判。同年，曹孚教授发表了《教育学研究中的若干问题》，对苏联教育学提出挑战，反对教育理论中的僵化观念，批评把马克思主义教育理论教条化，把社会主义教育模式化与孤立化，对教育学研究的方法论提出了重要建议。但在 1957 年的整风运动中，这些观点都受到批判。其后，由于中苏在意识形态产生分歧，中国教育学界开始对凯洛夫《教育学》思想进行批判。

对"量力性原则"与"母爱教育"的批判。批判"量力性原则"主要是因为量力性原则与当时的"教育革命""多快好省地建设社会主义"精神不一致。"多快好省"主张的是"跃进""冒进"，而"量力性原则"是倡导适度、合理。1960 年 4 月，陆定一在《教学必须改革》中指出"量力性原则"是资产阶级教育学里的一条教学原则，有对的一面，但也有错误的一面，这就是否定了人的自觉性和主动性，把劳动者的子弟当作劣等儿童看待，这是我们坚决反对的。随后全国进行办学形式和学制的改革，有一些做法违背了教育规律，给新中国的教育发展带来了消极影响。1963 年 5 月 30 日，《人民日报》发表了《斯霞和孩子》一文，介绍斯霞老师用爱心教育学生的先进事迹。同年 10 月《人民教育》发表了《我们必须和资产阶级教育思想划清界限》《从用"童心"爱"童心"说起》《谁说教育战线无战事》三篇文章，11 月又发表了《"母爱"不能作为儿童教育的指导原则》等文，在左倾错误思想影响下，对斯霞老师的"爱的教育"进行批判，认为她的思想是资产阶级的思想，没有考虑到教育的阶级性，由此引发了对"母爱教育"的讨论和批判。

在 20 世纪 60 年代后期，教育界又集中对凯洛夫的教育学说进行了批判。第一，凯洛夫的"教育学"是一个完整的修正主义代表作，他的教育观是与无产阶级教育学根本对立的。凯洛夫认为教育纯粹是人类的现象，否认教育的阶级性。第二，凯洛夫"教育学"的认识论与马克思主义认识论是根本对立的。他继承了夸美纽斯（J. A. Comenius）、赫尔巴特等资产阶级教育家的"四段教学法"，他讲到"教师的每一句话和每一项指示"都"具有法律的性质"①。第三,对凯洛夫"全面发展"的人进行批判,认为凯洛夫为了培养修正主义"全面发展"的人,设计一套通向修正主义的培养路径,即"全面修养""越修越养"。第四,认为凯洛夫的教育学打着"全民教育"的幌子,让人民在不知不觉中接受他的资产阶级教育,暴露了其复辟资本主义的反动本性。最后,批判凯洛夫"教育学"炮制的"黑三论",即智育第一论、教学阶段论、教师中心论。②

（4）教育学原理中国化的探索

教育学中国化问题的提出有其深刻的历史原因。众所周知,教育学作为一门学科或一门课程是一个舶来品。1949 年以前,在向西方学习的同时,一些有识之士就认识到,教育学应"以适于吾国现情为主……现在中国的新教育不是中国固有的,是从西洋贩来的,所以不免有不合于中国的国情与需要的地方"③。1951 年6 月 29 日,教育部副部长钱俊瑞在《人民日报》发文,提出要逐步建立新中国的教育科学。到了 20 世纪 50 年代中后期,新中国教育学发展面临新的选择。1956 年5 月 28 日,陆定一撰文指出:"我们发现有好些地方生搬硬套过苏联的经验……苏联的某些经验就不一定很好。"④同年,教育部组织召开教育学教学大纲的讨论会,明确提出要"创建和发展新中国的教育学"⑤。朱典馨在《文汇报》撰文,提出我们"需要一本中国的教育学"。1957 年,《人民教育》发表了《为繁荣教育科学创造有利条件》的笔谈,张文郁教授明确提出了"教育学中国化"的问题。随后,瞿葆奎先生发表了《关于教育学"中国化"问题》一文,对教育学中国化的含义和如何使教育学中国化等问题进行了探索。在这些思想的影响下,学者们编写了多本教育学教材。主要有:

北京师范大学教育系教育学教研组编:《教育学讲义》(上、中、下),北京出版社 1957 年版。

开封师范学院教育教研室编:《教育学讲义》,湖北人民出版社 1957 年版。

南京师范学院教育系编:《教育学》,江苏人民出版社 1959 年版。

华东师范大学教育学教研组,上海师范学院教育学教研室编:《教育学讲义》(初稿,上、下册),内部使用 1959 年。

华南师范学院教育系教育学教研组编:《教育学讲义》(初稿),内部使用

---

① [苏联]凯洛夫:《教育学》,陈侠,等译,北京:人民教育出版社,1957 年,第 150～151 页。
② 郑金洲,瞿葆奎:《中国教育学百年》,北京:教育科学出版社,2002 年,第 190～197 页。
③ 转引自张忠华:《教育学中国化百年反思》,载《高等教育研究》,2006 年第 6 期,第 86～92 页。
④ 何东昌:《中华人民共和国重要教育文献（1949～1975）》,海口:海南出版社,1997 年,第 628～629 页。
⑤ 程谪凡:《对教育学教学大纲的意见》,载《光明日报》,1956 年 11 月 12 日,第 3 版。

1959 年。

　　华中师范学院教育系编：《教育学》（初稿），内部使用 1959 年。

　　北京师范大学教育系教育学教研组编：《教育学讲授提纲》（初稿），内部使用 1961 年。

　　刘佛年：《教育学》（讨论稿），内部印刷试用 1962 年。

　　这一时期的教育学教材，虽然编写者不同，但内容基本相同。以 1959 年华东师范大学和上海师范学院联合编写的"教育学"（1960 年印出初稿）为例，教育学的编写指导思想是毛泽东教育思想，批判资产阶级思想和修正主义思想，体现社会主义总路线的需要，使得教育学理论体系变成教育政策、教育语录汇编与诠释，其内容体系是"大教育学"，内容囊括了普通教育与职业教育、全日制教育与业余教育等。[①]

　　到了 20 世纪 60 年代初期，教育领域的左倾思想得到一定的遏制，各行各业都按照中央提出的"调整、巩固、充实、提高"八字方针进行整顿。教育领域开始总结与反思前一时期的历史经验，在 1961 年召开的高等学校文科教材会议上，周扬做了《关于高等学校文科教材编选的意见》的讲话，他指出，编写好的教材一定要总结自己的经验，整理自己的遗产，要有选择、有批判地吸收外国的东西，只有这样，才能编出具有科学水平的教材，才是中国的教育学、中国的文艺学。同年，刘佛年受命主持《教育学》的编写工作，这部教材经多次内部印刷试用，不断修改完善，但直到 1979 年才得以正式出版。"文化大革命"时期，教育学发展遭到了很大破坏。

　　3. 改革开放以来的教育学原理研究

　　从 1978 年到 1992 年党的十四大召开，是教育学学科恢复、重建与教育学原理初步建制阶段，1993 年至今是教育学原理学科独立以及创新发展的阶段。

　　（1）教育学原理学科建制及研究意识觉醒阶段（1978～1992 年）

　　1978 年，教育部颁布的《高等师范院校教育系学校教育专业学时制教学方案（修订草案）》规定，高等师范院校开设"教育理论"课程，这对教育学学科恢复建制具有重大意义。1981 年，国务院批准的《首批硕士学位授予单位及其学科、专业名单》中，把"教育学原理"称为"教育基本理论"，我们有时还把教育基本理论等同于教育概论。[②]1990 年国务院学位委员会和国家教育委员会联合发布了

---

　　① 郑金洲、瞿葆奎：《中国教育学百年》，北京：教育科学出版社，2002 年，第 141～142 页。

　　② 柳海民，邹红军：《教育学原理：历史性飞跃及其时代价值——纪念改革开放 40 周年》，载《教育研究》，2018 年第 7 期，第 4～14 页。

《授予博士、硕士学位和培养研究生的学科、专业目录》，在该专业目录中，把教育学科专业共分为 16 个，其中，第一个方向即"教育学原理"（040101）。尽管 1997 年又制定了新的学科专业目录，把教育学科专业压缩为 10 个，但"教育学原理"学科没有变动。1992 年我国颁布了国家标准《学科分类与代码》（GB/T13745—1992），简称《1992 版学科国标》，2009 年又颁布了修订版国家标准《学科分类与代码》，简称《2009 版学科国标》，老版和新版的国家标准中都将教育学划分为 19 个二级学科，"教育学原理"（88014）仍然是其中之一。自此，教育学原理获得了合法的学科地位。

1978～1992 年，我国教育学学科在恢复、重建中获得了快速的发展。这主要表现在以下几个方面：

第一，教育学教材出版发展迅速。随着 1977 年高考制度的恢复，一些师范大学（学院）教育系科恢复招生。在这种背景下，刘佛年教授在 20 世纪 60 年代初期主编的《教育学（讨论稿）》于 1979 年正式出版。据人民教育出版社李复新统计，1979～1990 年，我国就出版了 111 种（本）教育学著作与教材。[①]到了 80 年代后期，基本上各个省市自治区都有自己编写的教育学教材，甚至一些规模较大的师范院校都有本校教师自编的教育学教材。就这一时期的教育学课程建设而言，我国出版了一些较有影响力的教育学教材，其中，华中师范学院等五院校编写的《教育学》（后改为王道俊，王汉澜主编，历经 7 次修订）成为我国改革开放以来经典性的公共课教育学教材，共发行 600 多万册，处于同类教材发行量之首。其次是南京师范大学教育系编的《教育学》，主要是为教育学系学生学习教育学原理的主要参考书。

此外，在我国恢复与重建教育学理论体系的同时，由于这一时期的对外开放政策的实行，国外许多教育学理论被介绍到我国，同时我们也翻译出版了苏联、日本、美国等多部教育学教材和著作，主要有：

[苏联]巴拉诺夫，等：《教育学》，李子卓，等译，人民教育出版社 1979 年版。

[苏联]哈尔拉莫夫：《教育学教程》，丁酉成，等译，教育科学出版社 1983 年版。

[苏联]休金娜：《中小学教育学》，华东师范大学比较教育研究所译，人民教育出版社 1984 年版。

[苏联]Ю. К. 巴班斯基：《教育学》，李子卓，等译，人民教育出版社 1986

---

① 转引自瞿葆奎：《建国以来教育学教材事略》，载《华东师范大学学报》（教育科学版），1991 年第 3 期，第 67～76 页。

年版。

[美]奥恩斯坦:《美国教育学基础》,刘付忱,等译,人民教育出版社 1984
年版。

[美]理查德·D. 范斯科德,等:《美国教育基础:社会展望》,北京师范
大学外国教育研究所译,教育科学出版社 1984 年版。

[日]大河内一男,等:《教育学的理论问题》,曲程,迟凤年译,教育科
学出版社 1984 年版。

[日]日本筑波大学教育学研究会:《现代教育学基础》,钟启泉译,上海
教育出版社 1986 年版。

第二,教育原理教材与著作的出版。在学科建制初期,我国通常把"教育学
原理"与"教育学""教育原理"混同使用。所以,基本上没有以"教育学原理"
为名的教材与著作,但出现了大量的"教育概论"或"教育原理"的著作与教材。
主要有:

徐国荣:《教育概论》,人民教育出版社 1985 年版。

常春元:《教育原理》,湖北教育出版社 1986 年版。

厉以贤:《现代教育原理》,北京师范大学出版社 1988 年版。

叶澜:《教育概论》,人民教育出版社 1991 年版。

成有信:《现代教育引论》,河南教育出版社 1992 年版。

第三,教育学原理基本问题的探讨与反思。这一时期无论是国家在 1978 年颁
布的教育系"学校教育专业教学时间计划表"中,还是学术界、出版界,都很少
出现"教育学原理"名称的教材与著作。胡德海认为,"教育学原理"这个名称是
他首先提出来的,并认为教育学原理是一门理论课,他在 20 世纪 80 年代给研究
生上课时,就提出了"教育基本理论"应该称作"教育学原理"。[①]这一时期,据
笔者资料检索,仅能看到一本"教育学原理"的教材——江苏省、市十二所教育
学院联合编写的《教育学原理》(1987 年版),遗憾的是这部教材没有公开出版。
从该教材内容体系来看,基本上是教育原理的内容。可见,当时人们对"教育学"
与"教育学原理""教育原理"等不同名称的学科,还没有清醒的认识。

另外一本具有教育学原理性质的著作是张诗亚、王伟廉撰写的《教育科学学
初探:教育科学的反思》。从该书的目录到内容以及作者的研究意图来看,它具有

---

① 胡德海,李虎林,刘旭东等:《潜心学术穷根究底开拓创新构建体系——访胡德海先生》,载《当代教师
教育》,2018 年第 3 期,第 1~7 页转第 32 页。

教育学原理学科的性质。正如作者所言，研究教育科学发展的历程、运动规律和内部结构，研究教育科学与教育实践的关系以及与其他学科的关系，是教育科学发展的当务之急。该书试图创立一门专门研究教育科学的学科，即教育科学学。为此，该书主要探讨了建立教育科学学理论体系的标准、教育科学学的定义，教育科学学的研究范围及其性质等问题。[①]

在教育学教材建设热潮中，教育学理论界也展开了一些教育学原理的基本理论问题的探讨。第一，对教育本质问题的研究。这次讨论持续时间最长、影响最大，在讨论过程中形成了生产力说、上层建筑说、双重属性说、社会实践活动说、特殊范畴说、精神实践说、社会化说、个性化说、培养人说等 20 余种观点。第二，对教育起源问题进行探索。学者们修正、补充劳动起源说，出现了前身说、人生发展说、社会化影响说、超生物经验的传递与交流说、交往说、知识传授说等众多新观点。[②]第三，对传统教育与现代教育的研究。此外，还有对社会发展与教育发展关系的研究、教育与人的发展研究等。第四，对教育学原理相关问题的探索。经过一个阶段的教育学教材建设的繁荣期，学者们发现不少问题。例如，编写的教材很多，但有创新价值的比较少，有特点、有特色的教材不多，许多教材存在雷同现象，有"似曾相识燕归来"的嫌疑。于是，人们开始探索教育学自身的有关问题，尽管这一时期没有教育学原理相关著作与教材的出版，但一些学术论文都触及了教育学原理的自身问题，教育学原理研究的意识开始觉醒。主要代表论文有：

刘刚：《教育学研究中的几个问题》，载《教育研究》，1979 年第 1 期。

叶澜：《关于加强教育科学"自我意识"的思考》，载《华东师范大学学报》(教育科学版)，1987 年第 3 期。

鲁洁：《建设具有中国特色的社会主义教育学管窥》，载《教育评论》，1988 年第 1 期。

陈桂生：《教育学的迷惘与迷惘的教育学——建国以后教育学发展道路侧面剪影》，载《华东师范大学学报》(教育科学版)，1989 年第 3 期。

瞿葆奎：《建国以来教育学教材事略》，载《华东师范大学学报》(教育科学版)，1991 年第 3 期。

王坤庆：《论教育学研究范式的历史演变》，载《教育研究与实验》，1991 年第 4 期。

---

① 张诗亚，王伟廉：《教育科学学初探：教育科学的反思》，成都：四川教育出版社，1990 年，内容提要。
② 瞿葆奎：《教育基本理论之研究（1978～1995）》，福州：福建教育出版社，1998 年，第 106～108 页。

周谷平：《近代西方教育学传入的历史反思》，载《教育研究》，1991 年第 9 期。

从上述这些成果来看，教育学原理研究内容主要涉及三个方面：一是关于教育学学科发展史的相关研究，主要探讨教育学作为一门学科的历史发展过程，并对发展阶段进行划分；二是对教育学的理论知识体系进行探索，如关于教育学体系的前提性问题研究、关于教育学体系本身的改造与建构问题的研究等；三是关于教育学研究范式与方法论问题的探讨。

（2）教育学原理学科独立及发展阶段（1993～2000 年）

1992 年 10 月，党的十四大召开，大会确立了建设有中国特色社会主义理论在全党的指导地位。十四人报告明确指出：我国经济体制改革的目标是建立社会主义市场经济体制。我国进入了一个新的发展阶段，教育学原理也迎来了大发展的契机。

第一，教育学原理著作与教材的出版。随着《授予博士、硕士学位和培养研究生的学科、专业目录》《1992 版学科国标》等文件的颁布，"教育学原理"作为教育学一级学科下的二级学科逐步成为人们关注的对象。为了给研究生授课，学者开始编写"教育学原理"方面的著作与教材。1993～2000 年，据笔者不完全统计，学者们编写出十余部（本）"教育学原理"的著作、教材。主要有：

成有信：《教育学原理》，河南教育出版社 1993 年版。
胡德海：《教育学原理》，甘肃教育出版社 1998 年版。
陈桂生：《教育学的建构》，湖南教育出版社 1998 年版。

在这些教育学原理著作与教材中，其中影响较大的有三本。第一本是成有信主编的《教育学原理》，全书共有 15 章内容。从章节内容体系来看，除了第一章"教育学"是属于教育学原理的基本问题，其他各章基本上是对教育教学问题的探讨，客观来讲，该书更接近于"教育原理"。该书集聚诸多教育学领域的专家学者参与编写，内容涵盖了从教育基本理论问题到课程教学等操作层面的问题，每个专题研究也较为深刻，但还称不上学科意义上的"教育学原理"。从成有信教授在该书出版前对"审读者"意见的应答来看①，一方面，"审读者"的思维仍存在保守的非学术思维，自然谈不上对"学理"的认知；另一方面，"应答者"的应答也只是做到了观点上的针锋相对，也同样没有"学理"分析。也可以说，该书所言

---

① 成有信：《两种教育观的论争：1991 年关于"教育学原理"书稿出版问题答"审读者"》，载《江西教育科研》，1996 年第 6 期，第 19～25 页。

说的教育，仍是具体历史背景下的教育，这一点可以从他对"审读者"认为该书"严重脱离实际"的反驳和对该书"现代社会是商品社会""现代教育具有商品属性"的观点进行辩护中洞察出来。①现在来看，该书的贡献还是巨大的，毕竟开创了中华人民共和国"教育学原理"学科探索的开端。

第二本是胡德海教授的《教育学原理》。以《教育学原理》（甘肃教育出版社1998年版）为例，该书共分为四编，即教育学概论、教育基本理论、教育活动和教育事业。

之所以说胡德海的《教育学原理》更具有建构"教育学原理"的自觉认知。第一，该书明确指出了教育学原理与教育学的关系，认为"教育学体系与教育学原理等各门分支学科之间是整体与局部的关系，教育学原理和教育学体系中的其他各门分支学科之间是普遍与特殊的关系"②。在这里，教育学原理的"学科"意识已经十分明晰，而且教育学原理在教育学中的位置和特点也得到了辩证的揭示。第二，该书还进一步指出了教育学原理作为基础理论学科的性质与研究对象，一是要研究教育学自身，二是要研究教育。需要特别指出的是胡德海认为教育是"人类教育的总体——要以人类社会的全部教育现象为研究对象"③。这种认识无疑是我国教育学理论发展中的一次进步。但同时也要指出该书的内容仍未完全克服传统教育学的窠臼，在认识论意义上对教育现实进行的抽象概括和从已有思想出发进行的逻辑演绎，仍是其基本的特征，该书在主体上还是在说"教育这件事情"。但胡德海教授已明确提出教育学原理的研究对象是"教育学"，与同时代的教育学原理、教育原理著作相比，该书具有独特的超越价值。

从认识论的角度分析，胡德海《教育学原理》中的主要理论成果具有典型的"事理"特征。他认为，"理论之所以能够对实践有普遍的指导意义，是因为它对研究对象的科学抽象，这种抽象不是模棱两可的思辨，而是从一定的逻辑起点出发透过现象对事物本质联系的分层次的升华"④。在这里，胡德海所说的对研究对象的科学抽象，对于人文实践的研究来说，只能是对实践运行章法的抽象反映。作者对科学抽象和思辨的有意识区分，恰恰折射出了其坚定的反映论的认识立场。反映论的认识论对于发现式的科学研究更具有解释力和指导力。而发现式的科学研究最容易获得的便是物理、心理和事理。实践是事，教育实践是教育之事。从

---

① 刘庆昌：《从教育事理到教育学理："教育学原理"70年发展的理论反思》，载《中国教育学刊》，2019年第10期，第1～8页。
② 胡德海：《教育学原理》，兰州：甘肃教育出版社，1998年，第43页。
③ 胡德海：《教育学原理》，兰州：甘肃教育出版社，1998年，第44页。
④ 胡德海：《教育学原理》，兰州：甘肃教育出版社，1998年，第44页。

事中来的理论，只能是事理；也只有表达事理的理论，才能较少障碍地回到实践中并指导实践。如此看来，作为"教育学"或是"教育原理"替身的"教育学原理"，归根结底仍然是在述说教育事理，都是叙述不同时代的"教育"的原理，因而并不具有最高的理论抽象性，[①]还不是建立在"教育事理"之上的"教育学"的学理。

　　第三本是陈桂生教授的《教育学的建构》。全书以治"教育学"之道为理论基础，具体探讨了教育学的基本问题（研究对象、研究任务、研究方法、理论基础、学科地位）、教育理论的性质与类型、教育学陈述的规则与案例、教育学的演变轨迹、元教育理论等问题。[②]从研究内容来看，全书以"教育学"为研究对象，实属"教育学原理"的建构。但作者本人更倾向于"元教育学"研究，因为全书内容更多是对以往研究成果的总结与反思。

　　此外，还有名为《教育学原理》的教材，仔细阅读其内容体系，除了绪论（或第一章）讲述教育学的研究对象与教育学的产生与发展过程之外，几乎再也看不到有关"教育学"的研究内容了，更像是"教育原理"而非"教育学原理"。这一时期，国内学者还编写出20多部"教育原理"（教育概论、教育通论）的著作与教材[③]，少数学者已经意识到"教育学原理"与"教育原理""教育概论"等学科的区分。

　　第二，教育学原理基本问题的探讨。这一时期，随着人们思想的解放，关于教育本质的大讨论继续进行，主要围绕教育与市场经济问题来讨论教育"产业化"问题；同时，随着我国现代化进程加快，人们开始讨论"现代教育与传统教育"问题、教育现代化问题，这在20世纪90年代和21世纪初期是教育研究的重点问题之一。众所周知，自20世纪80年代中后期以来，在基础教育领域，人们围绕素质教育问题、创新教育问题进行大讨论，教育理论界开始探索教育与人的发展关系问题，对教育功能问题进行全面认识。在探索教育基本问题的同时，引发了人们对教育学基本问题的思索。

　　（3）教育学原理的创新发展阶段（2001年至今）

　　21世纪以来，在全球化、信息化、网络化、多元化等社会思潮的冲击下，在

---

　　① 刘庆昌：《从教育事理到教育学理："教育学原理"70年发展的理论反思》，载《中国教育学刊》，2019年第10期，第1～8页。
　　② 陈桂生：《教育学的建构》，长沙：湖南教育出版社，1998年，第1页。
　　③ 这方面的主要成果有：陈桂生：《教育原理》，上海：华东师范大学出版社，1993；孙喜亭：《教育原理》，北京：北京师范大学出版社，1993；金一鸣：《教育原理》，合肥：安徽教育出版社，1995；黄济，王策三：《现代教育论》，北京：人民教育出版社，1996；柳海民：《教育原理》，长春：东北师范大学出版社，1998；郑金洲：《教育通论》，上海：华东师范大学出版社，2000；扈中平：《现代教育理论》，北京：高等教育出版社，2000；等等。

建构主义、现象学、解释学、后现代主义哲学思潮的影响下，我国于 2001 年开始启动基础教育课程改革，这次改革催生了许多新的教育理念，如以人为本的理念、主体性教育理念、生活教育理念等。随着教育改革进程的推进，基础教育改革出现了许多新鲜事物，如核心素养研究、义务教育均衡发展、教育公平、互联网+教育、校本课程、深度学习、人工智能等。随着教育实践改革的不断发展，教育学原理的研究也逐步走向实践，开始深入关注中国当下的教育实践问题与理论问题，客观上促进了教育学原理的深化与探究。

第一，教育学原理著作与教材的出版。随着教育学原理学科的建立，教育学学科研究生培养点的增加，教育学原理教材与著作出版迎来了高潮。据笔者不完全统计，这一阶段国内学者编写的教育学原理著作与教材主要有：

> 叶澜：《教育学原理》，人民教育出版社 2007 年版。
>
> 扈中平：《教育学原理》，人民教育出版社 2008 年版。
>
> 蒲蕊：《教育学原理》，武汉大学出版社 2010 年版。
>
> 柳海民：《教育学原理》，高等教育出版社 2011 年版。
>
> 康永久：《教育学原理五讲》，人民教育出版社 2016 年版。
>
> 冯建军：《教育学原理》，中国人民大学出版社 2018 年版。
>
> 项贤明：《教育学原理》，高等教育出版社 2019 年版。

尽管教育学原理作为一门独立的学科而产生，但由于人们沉浸在教材编写的窠臼中，对"教育学原理"与"教育原理""教育基本理论"等学科之间的区分没有进行充分的探讨，所以，这一时期仍然出版了大量的"教育原理""教育概论"与"教育基本理论"的著作与教材。主要书目有：

> 袁振国：《教育原理》，华东师范大学出版社 2001 年版。
>
> 金一鸣：《教育原理》（第 2 版），高等教育出版社 2002 年版。
>
> 柳海民：《现代教育原理》，人民教育出版社 2006 年版。
>
> 冯建军：《当代教育原理》，南京师范大学出版社 2009 年版。
>
> 刘家访：《教育原理》，武汉大学出版社 2011 年版。
>
> 王北生：《当代教育基本理论论纲》，人民教育出版社 2012 年版。
>
> 靳玉乐：《教育基本理论问题专题研究》，西南师范大学出版社 2012 年版。

第二，教育学原理教材与著作分析。此阶段出版了众多的教育学原理、教育原理的著作与教材，就其适用范围来看主要有以下几个方面：①为研究生编写的教材。主要有叶澜的《教育学原理》、袁振国的《教育原理》、康永久的《教育学原理五讲》、金一鸣的《教育原理》等。②为普通本科生（公共课）编写的教材。如柳海民的《教育学原理》、项贤明的《教育学原理》等。③为教育学院教育专业学生编写的教材。如柳海民的《现代教育原理》、冯建军的《当代教育原理》等。④一些学者对教育学原理探索的学术著作。如张楚廷的《教育基本原理：一种基于公理的教育学》、齐梅的《教育学原理学科科学化问题研究》等。

第三，教育学原理基本问题的探索。由于这一时期是教育学原理建设的高峰时期，有关教育学原理的一些基本问题引起人们广泛的讨论。例如，教育学的学科性质、教育学的学科立场与创建教育学学派、教育学中国化与本土化；教育学的研究范式与研究方法论等问题，都是学术界研究与讨论的热点问题。在教育学原理加强自身学科建设的同时，还密切关注教育实践的发展，围绕教育改革的前沿问题进行深入探究。例如，关于教育回归生活问题，教育公平问题，信息化与教育改革问题，教师专业发展问题，教育与人的发展问题，校园欺凌问题，课后服务问题，教育目的与教育功能问题，人工智能与教育问题等。

总之，这一阶段是中国教育学原理学科建设与发展取得巨大成就的时期，也是教育学原理学科最有建树的阶段。此阶段具有主体思想解放、自觉性强的研究特点；[1]在研究内容上，不断吸收新的科技成果促进教育理论的更新；在研究方法上，思辨与实证、定性与定量相结合，使得一些研究成果具有较好的信度和效度；在研究成果上，呈现出百花齐放、百家争鸣的景象，许多有特色的教育学原理著作出版，为教育学原理学科发展贡献了智慧。

三、教育学原理与相关教育学科的关系

从上面的文献综述中我们可以看出，教育学原理作为一门课程已有一百多年的历史，教育学原理作为一门学科建设也有 30 多年的历史。然而，在实际的探索中，教育学原理学科建构意识不够明朗，教育学原理究竟是怎样的一门学科，人们还没有进行深入的探讨，以至出现"教育学原理"与相关教育学科存在混乱的认识。

（一）教育学原理与教育科学的关系

20 世纪初，美国以实验为取向的教育科学和法国以实证为取向的教育科学的

---

① 瞿葆奎：《中国教育学百年》（中），载《教育研究》，1999 年第 1 期，第 7~16 页转第 29 页。

发展，预示着后面的教育科学的发展方向，即后面不断涌现的教育科学分支学科，在其学科自身的科学性上，都没有偏离这两种方向。例如，在教育社会学领域，从早期的规范性、应用性的研究向经验性、实证性的研究发展，出现了大规模的调查研究。基于实验研究的学习理论和教学理论亦有长足发展。特别是在20世纪初期，随着自然科学的研究方法不断被引入教育学研究，出现了教育测量学、教育统计学、教育评价学和教育技术学等学科。在这种情况下，用单数意义上的教育科学来概括教育学科已不可能，复数意义上的教育科学便诞生了。从根本上讲，教育学或单数意义上的教育科学变为复数意义上的教育科学（或教育学），是教育学自身分化、教育学与其他学科交叉发展而产生的结果，也预示着教育学的学科性质发生了变化。从西方教育学历史发展来看，教育学的诞生是一个历史过程。17～18世纪教育学作为一门独立学科以来，人们一直追求教育学的合理性和科学性；18～19世纪早期，教育学家为寻找教育学的理论基础而煞费苦心；19世纪后期，教育学家试图打破赫尔巴特教育学"一统天下"的格局，出现了多种形态的教育学；20世纪初的教育学则进一步分化，从而使教育学科更加多样化。

有学者借助科学含义的理解，认为教育科学是教育科学研究工作者们的发明创造，是一种高度抽象的系统化的理论知识，教育科学对于认识教育规律、指导教育实践、发展教育事业是一种强有力的工具，教育科学是教育实际工作者新思想、新原理、新方法的源泉，教育科学是一种社会建制。这一概念所强调的不再是作为静态的知识堆砌，而是要把教育科学看作是"各门教育学科的总称"。不仅因为它本身错了，更因为这种看法是国内外的一种权威性看法，流传甚广，影响极大，故而，必须指出其谬误，以正视听。① 从这个意义上来看，教育科学是指教育学研究的科学化倾向。这里的教育科学与教育经验、教育思想是相对的概念，表明人们对教育研究的追求逐步走向科学。②

总体来看，教育科学一词在西方经历了从单数教育科学（educational science）到复数教育科学（educational sciences）的演变过程。单数的教育科学是指经验科学，复数形式的教育科学是由若干门教育类学科构成的学科总体。③ 所以至今为止，对教育学与教育科学还是有两种认识，即教育科学就是教育学，教育学是教育科学的简称。例如，"教育学既是一门统一的学科，又是各分支的许多教育学学科的总称。"④

---

① 张诗亚，王伟廉：《教育科学学初探：教育科学的反思》，成都：四川教育出版社，1990年，第73～74页。
② 王坤庆：《20世纪西方教育学科的发展与反思》，上海：上海教育出版社，2000年，第31页。
③ 瞿葆奎，范国睿：《当代西方教育学的探索与发展》，载《教育研究》，1998年第4期，第6～17页转第45页。
④ ［苏联］阿图托夫：《教育科学发展的方法问题》，赵维贤，等译，北京：教育科学出版社，1990年，第17页。

"教育学是教育科学，并且只在这个意义上使用这个词。"①当然也有学者认为，教育科学与教育学是不同的学科，教育学只是教育科学中的一门基础学科。总之，教育科学既可以作为一门学科来理解，也可以作为教育学科总体的称谓。

（二）教育学原理与教育学的关系

在中国的教育现实中，教育学原理与教育学之间存在着认识混乱的现象，甚至在一些人的视域里，两者就是一回事。事实上，教育学与教育学原理是不同层次的学科。由于人类面临不同类型、不同层次的教育问题，这样就可以形成不同类型、不同层次的教育学。教育学原理是以教育学为研究对象，它是对各种类型、各种层次的教育学的抽象与概括。所以，从发生顺序来看，先有教育学，而后才能有教育学原理。但是，二者之间又是密切相联系的。教育学原理与教育学，同在关注"教育学"，教育学原理要以教育学为基础，离开了教育学，教育学原理将失去研究对象而成为空壳，所以二者在逻辑框架主题上有相同的东西。例如，二者都要处理教育学与其他学科的关系，教育学要侧重借鉴其他学科来丰富教育学的理论基础；而教育学原理则重点阐明教育学与其他学科的关系，获得同等的学科地位。但是，二者之间的不同正是由研究对象决定的。教育学原理重点研究教育学的性质、教育学的科学性、教育学的理论基础、教育学的知识体系、教育学的价值以及教育学的研究范式与方法论等问题，主要关注于理性问题，不关注具体的运用原则与规范等内容；教育学除了揭示教育规律之外，更关注教育实践问题，具体的教育内容问题，要对具体的教育教学实践提出一些具体的命题规则，具体阐明教育教学的途径、方法和手段等问题。

（三）教育学原理与教育原理的关系

对于"教育学原理""教育原理""教育概论"等长期以来存在着称谓的混乱和内容的重叠问题，这种问题的存在严重影响了教育学学科的自身建设。有学者主张把教育学原理改为"理论教育学"，并认为教育原理是关于教育的一般的科学原理，主张取消"教育概论"这一学科称谓，或改造为"教育学概论"或者"教育学科概论"，或改造为一种教育常识。②但也有学者认为，教育学原理不等于教育原理，教育学原理研究与教育原理研究是属于不同界域的两类教育研究形态，前者更为关注教育学的学科形态（形象）的研究；后者则注重教育活动这一社会

---

① ［俄］弗·弗·克拉耶夫斯基：《教育学原理》，张男星，等译，北京：教育科学出版社，2007年，第2页。
② 冯建军：《关于"教育原理"的学科称谓与内容现状的研究》，载《教育理论与实践》，2007年第4期，第1～5页。

事实的研究。教育学原理是"教育学"之学，教育原理则是"教育事理"的原理。教育原理应以教育活动中的基本问题为主要研究对象，其研究目的在于揭示教育规律，指导教育实践。"教育原理，顾名思义，是探求教育事理的学科。"①"教育原理应该是有关教育的一般性规律的知识体系，对教育之一般性规律的揭示与认识成果……即教育理论知识体系中的推论性知识系统，这类知识发挥着对教育实践的预测、导向乃至科学调控等功能。"②但在教育实际中，许多人往往把教育原理与教育哲学相混淆，其实二者之间也是有区别的。教育哲学研究教育领域中思维与存在的关系，而教育原理则属于旨在通过思维正确地把握存在的学科。教育原理侧重于通过对教育实践的总结和分析，揭示正确的教育思想和教育观念；教育哲学主要从事本体论、价值论、实践论等领域的研究，其理论的高度概括和抽象成为包括教育原理在内的其他教育学科的方法论。

教育哲学是探讨教育何以可能的学问，教育学是探讨教育何以可行的学问。只有把教育哲学的可能和教育学的可行紧密结合起来，才能实现双向互动、共赢发展。③另外，还存在"教育原理"与"教育基本理论"混同的现象。如厉以贤的《现代教育原理》所论述的是关于现代教育的基本理论问题，是教育学的一个组成部分。他认为，"《现代教育原理》亦可作为'教育基本理论'这门课程的教材"④。

由此可见，教育学原理是研究教育学，而教育原理是研究教育。先有教育实践，后有教育理论，再有教育原理，只有教育原理知识系统化、学科化，才能产生教育学。对不同类型、层次的教育学进行综合概括，才能形成教育学原理。行文至此，我们可以把教育学原理、教育学、教育原理关系进行构图，理顺它们之间的关系，如图 0-1 所示。

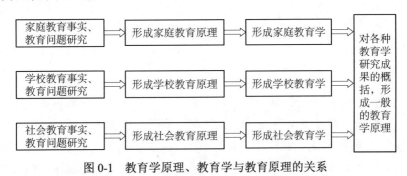

图 0-1　教育学原理、教育学与教育原理的关系

①　陈桂生：《教育原理》，上海：华东师范大学出版社，1993 年，第 1 页。
②　方展画：《关于"教育原理"的一种新诠释》，载《教育研究与实验》，2001 年第 1 期，第 1～7 页。
③　韩大林：《教育哲学与教育学的划界》，载《教育探索》，2018 年第 6 期，第 1～4 页。
④　厉以贤：《现代教育原理》，北京：北京师范大学出版社，1988 年，前言与后记。

（四）教育学原理与教育学史

教育学原理是以教育学为研究对象，自然教育学史就是教育学原理探索的一个基本内容。但教育学原理不等于教育学史，它除了研究教育学的发展史以外，还要探索教育学的研究对象、学科性质、理论基础、理论知识体系和研究方法论等一系列问题。

教育学史是以教育学的历史发展为研究对象的学科。[①]1843 年，德国学者劳麦尔（K. G. Raumer）撰写了《教育学史——文艺复兴至现在》的著作。后来，法国学者加布里埃尔·孔佩雷（G. Compayré）于 1879 年出版的《法国教育学说批评史》，对西方学者影响巨大。此书后来被译成英文，改名为《教育学史》。20 世纪上半叶，随着教育学及其分支学科的引进，我国学者也已认识到"教育学史"的问题。学者蒋径三认为，近代教育学史，主要表现为不同教育思潮更替的历史，据此，他将近代教育学说的发展，描述为人文主义、自然主义、理性主义、国家主义、个人主义、实证主义、实用主义等理论流派的更迭。[②]姜琦最早提出了建立"教育学史"的主张，并对教育学史的意义、性质、任务及西方教育学史演变过程进行了探索。[③]中华人民共和国成立后，我们接受苏联的"大教育学"模式，教育学史的探讨几乎成了空白。改革开放后，特别是教育学学科的自我建构意识觉醒，使得教育学史的研究成为人们关照的问题。

教育学原理重在"理""论"，是原理的理论；教育学史重在"史"，二者研究的侧重点不同。但在教育学学科层面而论，二者之间是"史"与"论"的关系。当然，二者之间也不能割裂开来，二者之间相互联系、相互促进，即"史"中有论，"论"中有史。

（五）教育学原理与教育基本理论的关系

所谓教育基本理论就是对教育基本问题做出根本的回答，其研究范畴包括教育本质、教育价值、教育功能、教育目的、教育规律等内容。教育基本理论的研究对象是教育的基本问题，关注的是教育。教育基本理论是有关"教育"，为了"教育"，出自"教育"，最终也落到"教育"的理论体系，它研究的重心是"教育之学"，是"有关教育"的基本理论。而教育学原理的研究对象是"教育学"，为了"教育学"，出自"教育学"，最终落到"教育学"的理论体系，它是"教育学之学"，

---

① 王坤庆：《教育学史论纲》，武汉：湖北教育出版社，2000 年，第 7 页。
② 蒋径三：《西洋教育思想史》，上海：商务印书馆，1934 年，目录。
③ 姜琦：《西洋教育史大纲》，上海：商务印书馆，1933 年，附录部分。

应该被称为"教育学基本理论",而不是"教育基本理论"。教育学原理的内涵和外延大于"教育基本理论",因为"教育学原理"包含了"元教育学"的相关内容,[①]这是两者的根本区别。

事实上,教育基本理论是一个"复合"概念,它不是指称某一门具体教育学科,而是众多研究教育基本问题的"学科集合"。它不仅包括教育自身分解的教育学科的基本问题,也包括教育交叉学科的基本问题。图 0-2 揭示出教育学原理与教育基本理论的关系。

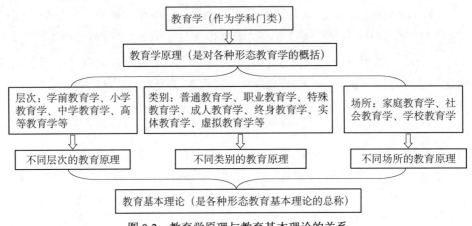

图 0-2　教育学原理与教育基本理论的关系

(六)教育学原理与元教育学

随着教育科学的发展,人们对教育学发展中存在的问题进行不断探索,一门以教育学本身为研究对象的学科逐步兴起,这就是"元教育学"或称"元教育理论"。

从词源学的视角来看,《说文解字》把"元"解释为"始也",即初始、起始的意思。后来,逐步发展成为"为首""元首"之意,其中蕴含了更高一级的含义。在当代,当"元"被置于某一学科或某一领域的研究之前时,有了超乎对象之上的意思。"元"的英文表示为"meta",其意为"……之后""超越",与汉语同义。

元教育学(meta-pedagogy)于 20 世纪 70 年代进入教育学研究者的研究视域,德国教育学家布列钦卡(W. Brezinka,也译为布雷岑卡)在这方面的研究成果影响较大。他认为,元教育学是一种关于各种教育理论的认识论的理论。教育学中的理论与知识是否正确,需要检验,而检验就需要标准和规范。制定标准与规范,精确地界定和证实教育学的概念与理论,是元教育学的任务。教育学认识论的基

---

① 李政涛:《什么是"教育基本理论"》,载《高等教育研究》,2020 年第 3 期,第 1~17 页。

本问题主要涉及三个方面：一是涉及教育理论的多样性与综合性特征问题。对这个问题的认识是确立完整的教育学认识论探讨的重要前提。二是涉及教育理论的实然与应然特征，这对矛盾反映在教育理论的陈述、教育理论的价值取向及教育理论的实践情结等问题上。正确处理好这对矛盾是使教育理论得到合理定位的条件。三是涉及教育理论的真理性、方法论特征。①

元教育学是以教育学自身的理论陈述和研究状况为研究对象的，它涵盖了两方面的内容：教育学理论形态的研究和教育学研究的研究。②关于元教育学的研究对象，学术界的认识还不一致。有的学者认为，元教育学以已有的教育学陈述体系为分析对象，实际上是按照分析—认识论的标准与规则，对教育学陈述体系的逻辑分析与语言分析；有的学者认为元教育学以教育理论为研究对象，为教育理论的思维与研究提供存在的合理性的证明与规范；有学者认为元教育学以教育学自身研究状态为研究对象；元教育学以教育学的批判、反思为对象，意在为教育学的理论陈述等提出逻辑—语言的及社会学的标准。由此可见，元教育学是以教育学为研究对象。③

元教育学与教育学既有联系又有区别。元教育学以教育学的自身理论问题为研究对象，教育学是以教育的问题为研究对象；元教育学是解释教育学自身理论问题的，教育学是解释教育问题的。元教育学的任务是对既存的教育学理论和教育学现状进行分析、论证，教育学的任务是要揭示教育中的一般规律。元教育学与教育学使用的语言不同，元教育学使用元语言，例如，教育理论的性质、对象、命题等；教育学使用的是对象语言，是有关教育现象和问题的名词，例如，教育、教学、德育等。二者之间的联系是元教育学是从传统教育学中分化出来的，是教育学发展到一定阶段的产物。元教育学仍然是教育学"家族"中的一员，只不过是研究教育学自身的理论问题罢了，其研究结论反过来对教育学的发展与研究具有促进作用。元教育学研究与教育学研究应该并驾齐驱、相互促进。

布列钦卡认为，以往的教育学者在教育学理论是哲学还是科学，抑或是实践理论的问题上，往往各执一端，其结果只能是互相争论，没有统一的标准。事实上，教育学理论可能存在多种建构的可能性，各种教育学理论不是相互排斥的，而是可以相互补充的。由此，他把教育理论分为教育的科学理论（教育科学）、教育的哲学理论（教育哲学）和教育的实践理论（实践教育学）。教育科学主要是研

①　转引自唐莹：《元教育学》，北京：人民教育出版社，2002年，第386页。
②　郑金洲：《教育通论》，上海：华东师范大学出版社，2000年，第356～357页。
③　郑金洲：《"元教育学"考辨》，载《华东师范大学学报》（教育科学版），1995年第3期，第1～14页。

究教育事实，揭示教育规律，说明教育是什么；教育哲学主要是从哲学观点出发，透过理性批判，建立价值与规范；实践教育学主要是对教育行为和活动提供实用的命题系统。他认为教育理论只有朝着这种分化的方向发展，才能有助于教育知识的增长。①可见，三种教育理论各自具有不同的基础、不同的认识对象、不同的陈述特征、不同的证明方式以及服务于不同的目的，因而相互之间不可替代。

总之，元教育学的主要任务是为教育学的发展提供检验标准与规范，为教育学健康发展保驾护航。而教育学原理试图以教育学为研究对象，建构一门理论学科，主要探索教育学原理的知识体系。可见，教育学原理具有元教育学的性质，需要借鉴元教育学提供的认识论标准与规范。教育学原理与元教育学既有交叉的内容，也有不交叉的内容，特别是有关教育学的一些理论问题，如教育学的基本理论问题、理论基础问题、教育学的知识体系问题等，对这些问题的研究仍然是"对象研究"，而不是"对象研究的研究"。所以，教育学原理虽然包含有元教育学的成分，用到元教育学的理论分析与解决问题，但在反思研究的同时，教育学原理还具有创新、生产新的知识体系的任务。

四、教育学原理的研究对象与体系框架

一门学科能够发展，发展到什么程度，是由许多因素决定的。首先是研究对象的发展状况，其次是研究人员的学识和水平，还有其他相关学科的发展状况和水平，最后是适切的研究方法也是促进学科发展的重要手段。因此，恩格斯说："我们只能在我们时代的条件下进行认识，而且这些条件达到什么程度，我们便认识到什么程度。"②

传统的教育学原理，其知识体系主要包括教育学概述（主要揭示教育学的研究对象、教育学的历史发展）、教育的本质（包括教育的起源、教育的历史发展和教育概念与本质的界定）、教育与社会发展的关系、教育与人的发展的关系、教育目的、教育制度、课程论、教学论、德育论、教师和学生、学校管理等内容。这种知识体系就其实质而论，其研究对象是"教育或教育活动"，主要是"教育原理"的知识体系，而不是"教育学原理"的知识体系。

通过对教育学原理与相关教育学科的辨析，我们明确了"教育学原理"的学科地位，知道它是教育学学科中的一门基础理论学科，它是以"教育学问题"为

---

① 转引自叶澜：《教育学原理》，北京：人民教育出版社，2007年，第15页。

② 马克思，恩格斯：《马克思恩格斯文集》（第八卷），中共中央马克思恩格斯列宁斯大林著作编译局编译，北京：人民出版社，2009年，第494页。

研究对象，探索教育学发展变化的一般规律。所以，建构"教育学原理"的体系框架有以下几个基本的问题。

导论：教育学原理究竟是怎样的一门学科

1. 教育学的研究对象、任务与性质
2. 教育学的学科立场、价值与地位
3. 教育学的发展历史
4. 教育学的理论基础
5. 教育学的知识体系
6. 教育学的科学化
7. 教育学的中国化
8. 教育学的研究方法论
9. 教育学的学科体系

结语：中国教育学建设的成就、问题和发展动力

本书紧紧抓住"教育学原理"的研究对象——"教育学问题"，深入探讨了教育学的一些基本理论问题，实属教育学原理之研究，不同于教育原理以教育或教育活动为研究对象。

五、教育学原理研究的指导思想与方法

（一）教育学原理研究的指导思想

研究教育学原理要坚持以马列主义、毛泽东思想、邓小平理论、"三个代表"重要思想、科学发展观理论和习近平新时代中国特色社会主义思想为指导，因为这是社会主义教育学的理论基础，也是我们观察、分析和研究中国教育问题的方法论基础。马列主义关于教育与社会发展关系的论述、关于人的全面发展学说、关于教育与生产劳动相结合的思想，马列主义的道德伦理观、美学观，马克思主义认识论等，都是我们认识和建构教育学原理的理论依据。

（二）教育学原理研究的方法论

本书遵循科学研究的一般过程，即"梳理与提出问题—分析问题—解决问题"，具体探讨教育学原理学科的基本问题与理论框架。

研究教育学原理，要坚持用辩证唯物主义和历史唯物主义的观点和方法来分析具体问题。例如，对于中国历史上的种种教育学学说，既不能采取虚无主义的

态度全盘否定，也不能以复古主义的态度全盘接受，而是要结合时代背景，具体分析某些具体问题。再如，被誉为"中国第一本教育学"的《学记》，提出了一些至今来看都是教育规律的教育学思想，其中有"君子之教喻也""学不躐等""教学相长""因材施教"等教学原则和教学方法。对于前人的教育学原理相关研究成果，我们要采取科学的态度，要做到扬弃。对于国外古代的、近代的和现代的教育学理论与思想，在文化和价值多元的时代，在信息社会中，同样也要采取辩证唯物主义和历史唯物主义的观点与方法做具体分析，抛弃其糟粕，吸取其精华，做到"古为今用"。例如，对待建构主义教育学、现象学教育学、后现代主义教育学等当代西方教育学理论，我们都要进行批判性地借鉴，做到"洋为中用"。

辩证唯物主义的方法论是完整的、科学的方法论，它是在概括总结各门具体科学积极成果的基础上，根据自然、社会、思维的最一般的规律引出的具有普遍意义的方法论。在进行教育学研究时，必须以辩证唯物主义的方法论为指导，才能把握住教育的方方面面，全面地、辩证地、历史地、发展地分析问题和研究问题，才能揭示教育的客观规律，解决教育学的一系列根本问题，使教育学成为一门真正的科学。当然，我们在应用马克思主义原理解决教育学问题时，也要反对教条主义。

研究教育学原理，我们还要坚持历史唯物主义的方法论。教育学作为一门学科，其产生与发展是一个历史过程，我们今天的教育学发展状况，是人类教育发展史和教育学研究不断累积的结果。社会主义教育学原理是不会从天上掉下来的，也不是某些教育家杜撰出来的，只有批判地吸收教育学史上的优秀遗产，总结历史经验，才能不断丰富与发展教育学理论。革命导师列宁曾说："无产阶级文化应当是人类在资本主义社会、地主社会和官僚社会压迫下创造出来的全部知识合乎规律的发展。""只有确切地了解人类全部发展过程所创造的文化，只有对这种文化加以改造，才能建设无产阶级文化，没有这样的认识，我们就不能完成这项任务。"[①]坚持历史唯物主义是教育学发展的基本原则，因为研究教育学的过去，把过去同现在进行比较，不仅能帮助我们更好地探究当前教育问题，继承过去的优秀传统和有价值的教育经验，而且能够帮助我们不再犯同样的错误，正确地预测未来。教育学研究，应正确处理好批判与继承的关系，我们既要反对无批判地兼收并蓄，以继承代替创新；又要反对全盘否定，以虚无主义的态度对待教育历史遗产。

---

① 列宁：《列宁选集》（第四卷），中共中央马克思恩格斯列宁斯大林著作编译局编译，北京：人民出版社，2012年，第285页。

研究教育学原理要坚持一般的科学方法论。一般的科学方法论主要包括科学理论发现的方法、科学理论验证的方法、科学理论发展的方法。科学理论发现的方法是指探讨科学发现活动范围的合理性问题。科学研究就是发现并提出问题是研究的起点，然后通过种种方法找到问题的答案作为终点。研究教育学原理就要找到教育学的逻辑起点，以此类推，逐步走向完整的科学理论体系。科学理论发现的方法就是通过比较、分析、综合、概括、类比、想象与实验方法等来实现的。科学理论验证的方法，就是探讨科学活动范围的合理性问题。人们对教育学原理有种种解释，我们应该选择哪种解释，这就要看哪种教育学理论经得起实践的检验。实践既可以证实哪种教育学理论是正确的、有用的，也可以证伪一种教育学解释，说明它是错误的，或者是不合适的。科学理论发展的方法就是探讨科学发展活动范围的合理性问题，科学历史发展证明，科学理论的发展既有渐进性，也有突变性。积累性和渐进性体现了一门学科发展的历史继承性和理论体系的不断丰富完善性。革命性与突变性说明学科发展中存在着性质根本问题的对立性。例如，社会主义教育的性质与资本主义教育的性质是根本不同的。

研究教育学原理要坚持用系统整体的思想方法。系统论和系统方法是当代自然科学研究的新成果。系统整体的思想方法是反映客观事物、客观世界整体性的理论，是研究系统和系统发展规律的科学。研究教育学原理就要把系统整体的思想运用到研究方法中，把教育学原理作为一门系统科学，来系统建构它的理论知识体系。只有这样，我们的研究才能从系统整体视角出发，正确把握教育学原理的内部系统和外部关系，才能正确厘清教育学原理的纵向整体发展与横向整体发展的关系，才能从更深层次理解教育学原理的知识体系，逐步使教育学原理学科走向学科化、科学化，摆脱其目前学科体系比较混乱的状态。

（三）本书研究方法

1. 文献法

我们要建构科学的教育学原理知识体系，必须建立在前人相关研究成果的基础上。所以，本书主要使用文献法和文本分析法。通过搜集国内外有关教育学、教育学原理研究的相关论文、教材、著作等文本资料，对文本资料进行整理和分析，然后归纳抽象与概括，找到问题发展的脉络，进行客观陈述与评论。本书的研究是理论思辨性质的研究，文献法是贯穿全书始终的一种研究方法。为了保证研究的客观性、全面性，一方面通过图书馆查阅搜集资料、个人购买图书资料；另一方面借助"中国知网""万方数据资源""超星电子图书"等手段搜集研究过程中需要的图书、文章等资料，以此为文本依托，对我国教育学原理研究进程及其相关研究问题进行探索，使得本书具有较为充分的实证资料依据，保证研究的客观性与科学性。

2. 历史研究法

教育学原理的建构是一个历史过程，对其研究也要遵循历史发展的逻辑。本书研究中，对历史研究法的运用体现在各个方面，例如，对教育学研究对象的梳理、对教育学学科性质的论证、对教育学学科发展史的分期、对教育学知识体系的建构，对于教育学学科科学化研究进程、教育学中国化进程、教育学研究方法论等问题，都需要运用历史研究法。

3. 比较研究法

比较是把两种或两种以上的同类事物或有密切联系的事物进行对比，确定事物之间的相似性与差异性，它是认识、探究事物的一种基本方法。本书在许多地方都运用了比较研究方法，例如，关于教育学原理发展不同阶段有关问题的研究，前后不同阶段进行一些比较。再如，关于教育学的研究对象、教育学的学科性质问题、教育学知识体系的建构等问题，我们不仅要总结国内学者的研究成果，也要归纳国外学者对相同问题的研究所形成的观点与思想，通过中外研究成果的比较，从而更加全面地认识某一问题的研究现状。

教育学的研究对象、任务与性质

教育学原理，顾名思义就是原"教育学"之理。那么，教育学是什么？教育学是研究什么的？它是一门什么性质的学科？其研究任务是什么？这些是了解和认识教育学原理的最基本的问题。本章主要对这些基本问题进行探索与回答。

第一节 教育学的研究对象

学科划分的最根本标志就是每门学科都有自己独特的研究对象。由于研究对象的不同，使用的概念范畴不同，形成的理论知识体系就不同，也就形成了不同的学科。作为教育学原理研究对象的教育学，它究竟是研究什么的呢？本节主要从国内研究与国外研究两个方面进行比较探索。

一、国外关于教育学研究对象的研究

（一）俄罗斯（含苏联）对教育学研究对象的认识

20 世纪上半叶，中国主要历经学习日本的教育学和欧美的教育学两个阶段，只有少数学者关注苏联的教育学理论。中华人民共和国成立后，我们在学习苏联的过程中翻译了一些教育学著作与教材，从这些书籍中可以窥见他们对教育学研究对象的观点。

皮斯库诺夫（А. И. Пискунов）认为，教育学是关于专门组织的、有目的的和系统的培养人的活动的科学。①凯洛夫主编的《教育学》对教育学的研究对象表述也有一些差异。1950 年版本这样描述：教育学的研究对象是培养青年一代人，是研究社会主义条件下对青年一代人实现共产主义教育的科学。②这种描述基本上把教育学的研究对象界定为"培养人的活动""培养人的教育"。但其在 1957 年版本中说道：教育学是一门科学，它要研究和总结教育的实践，去认识新生一代的教育规律。③这里又认为教育学的研究对象是"教育规律"。

"苏维埃教育学是研究怎样对新生一代进行共产主义教育、教养和教学的科学。"④"苏维埃教育学在教育科学发展上达到性质上完全新的最高阶段。对青年一代进行共产主义教育、教养和教学，就是苏维埃教育学的研究对象。"⑤"我们

---

① 转引自瞿葆奎：《教育学文集·教育与教育学》，北京：人民教育出版社，1993 年，第 308 页。
② ［苏联］凯洛夫：《教育学》，沈颖，等译，北京：人民教育出版社，1950 年，第 5 页。
③ ［苏联］凯洛夫：《教育学》，陈侠，等译，北京：人民教育出版社，1957 年，第 1 页。
④ ［苏联］斯米尔诺夫：《教育学初级读本》，陈侠，等译，北京：人民教育出版社，1953 年，第 3 页。
⑤ ［苏联］奥戈罗德尼科夫，史姆比辽夫：《教育学》（修订版），高晶齐译，上海：正风出版社，1953 年，第 3 页。

把教育学理解为关于新生一代的教育的科学。"①"教育学是研究儿童教育的科学。"②"教育学是以人的教育为其对象的唯一科学。"③巴班斯基（Ю. К. Бабанский）在其主编的《教育学》中提出："教育学是关于教育的科学。"④这几种观点都是强化教育学的研究对象是"教育"。

总之，苏联时期的教育学，比较认同教育学的研究对象是"教育"。直到今天，俄罗斯的学者仍然坚持这一观点，认为"教育学是专门研究教育的科学"⑤。对于这种认识，哈尔拉莫夫（И. Ф. Kharlamov）对教育学研究对象情况进行系统分析，指出其不足，进而提出教育学的对象是研究教育和个性发展之间存在的那些合乎规律的联系，并确定教育的社会政治原理和方法论原理，而这个教育是指专门组织的教育过程。教育学既是理论科学，又是实用科学。教育学的对象确切了，就可以把它所研究的主要问题分别列出来。其中最重要的问题是：①在专门组织的教育条件下，个性发展和形成的规律性问题；②教育的目的问题；③教育的内容问题；④教育的方法问题。⑥

（二）美国对教育学研究对象的阐释

美国学者亨德森（E. N. Henderson），包括康德（I. Kant）、赫尔巴特等人，都把对教育过程进行研究的学问称为"教育学"。⑦"教育"一词更多的是指培养人的一种实践活动，是一个对历史上存在、今天仍然存在的一种社会现象的称谓，如同政治、经济、文化等名词一样，而教育学则更多地指对教育现象进行学术研究而形成的理论体系。⑧可见，美国学者把教育学的研究对象界定为：教育过程、教育现象学术化研究。由于美国教育界一般不把教育学视为一门学科，大多看作为一个研究领域，所以有关教育学研究对象的材料相对较少。

（三）法国对教育学研究对象的解说

法国学者贝斯特（F. Best）认为，"教育学"一词在不断地演化，最初是指关于教育的科学，或关于教育的艺术，或科学和艺术的统一。……教育学的含义，

---

① ［苏联］崔可夫：《教育学讲义》（上册），北京师范大学教育学教研室译，北京：人民教育出版社，1954 年，第 3 页。
② ［苏联］叶西波夫，冈查洛夫：《教育学》（上册），于卓，等译，北京：人民教育出版社，1952 年，第 1 页。
③ ［苏联］巴拉诺夫等：《教育学》，李子卓，等译，北京：人民教育出版社，1983 年，第 16 页。
④ ［苏联］巴班斯基：《教育学》，李子卓，等译，北京：人民教育出版社，1986 年，第 14、23 页。
⑤ ［俄］弗·弗·克拉耶夫斯基：《教育学原理》，张男星，等译，北京：教育科学出版社，2007 年，第 5 页。
⑥ ［苏联］哈尔拉莫夫：《教育学教程》，丁酉成，等译，北京：教育科学出版社，1983 年，第 7~11 页。
⑦ 转引自叶澜：《教育学原理》，北京：人民教育出版社，2007 年，第 6 页。
⑧ 瞿葆奎：《教育学文集·教育与教育学》，北京：人民教育出版社，1993 年，第 295~298 页。

既包括与社会科学和人文科学有直接联系的那些教育学科，如教育心理学、教育社会学、教育经济学、教育法学、教育人类学等，也包括直接从事教育研究的那些学科，如教育史、教育哲学和教学法等。①

舒耶尔（H. Scheuerl）和施米特（G. R. Schmidt）合著的《教育学》，总结了四种不同意义的教育学：一是作为教育行为方式和观念的教育学，主要是指从社会的角度去观察教育活动及支配教育活动的思想；二是作为教育理论的教育学，主要是规范人们教育行为的教育观点和教育技术，其功能是对教育实践进行指导，强化教育技能；三是作为教育科学的教育学，主要是指运用科学的方法对教育现象进行因果关系研究，从而帮助人们对教育进行事实判断；四是作为建立在牢固科学基础之上的教育学，这种教育学在形态上类似于教育理论，但比教育理论更高一个层次，它既立足于教育的科学研究基础之上，又依赖于个人的信念和人类学的沉思。它不仅可以解决教育实践中的规范问题，更重要的在于它在教育目的上能归纳出最普遍的结论。②可见，法国学者对不同层次的教育学进行不同的界定，而不同层次的教育学有不同的研究对象。但科学的教育学的研究对象是对"教育现象因果关系"的研究。

（四）日本对教育学研究对象的界定

日本学者田浦武雄认为，对教育进行学术性研究并综合成一个理论体系，这就是教育学。对于这一概念，他作了两点说明：一是从研究方法来看，广义的教育学不仅指对教育的哲学性研究，也包括对教育的科学性研究。人们通常所理解的对教育进行形而上学思辨和实证分析都属于教育学的理论研究范畴，都是教育学研究的不同表现形式。二是从研究对象来看，教育学在广义上包括学校教育学、社会教育学和家庭教育学等领域，但在狭义上是指以教育的哲学性研究和历史性研究为核心的基础研究。概言之，所谓教育学，就是对教育的学术性研究的总称，尤其是具有某种体系的教育理论，更有资格称得上教育学。③

再如日本筑波大学教育学研究会编写的《现代教育学基础》一书中指出：所谓教育，乃是把本是作为自然人而降生的儿童，培育成为社会的一员的工作。教育学的任务，则是要从理论上探讨这一过程。④

日本学者主张教育学的研究对象是教育问题。对于为什么不把教育现象作为

---

① 转引自瞿葆奎：《教育学文集·教育与教育学》，北京：人民教育出版社，1993年，第334～345页。
② 王坤庆：《教育学史论纲》，武汉：湖北教育出版社，2000年，第43～44页。
③ 转引自瞿葆奎：《教育学文集·教育与教育学》，北京：人民教育出版社，1993年，第320页。
④ [日]筑波大学教育学研究会编：《现代教育学基础》，钟启泉译，上海：上海教育出版社，1986年，第3页。

教育学研究对象的问题,日本学者认为,"教育现象"的提法含糊不清,它包含"教育事实"和"教育问题"两个方面,而教育学唯有以教育问题为研究对象,教育学才能成为科学。日本学者论证的逻辑为:人们所能见到的是行为,而"行为集合体的整个范畴本身是无色的",只有从教育观点来看它时,才把它称为"教育行为",如果换一种观点就可以把同一行为视为"经济行为""法律行为"等。有了教育观点,才有了教育行为的出现,教育行为也就构成了教育事实。教育事实并不是独立存在的,因为"每一种事实总是同时具有几种的事实"(如经济事实、心理事实或法律事实)。"教育问题"是随着"如何教育"的发问才发生的,有了教育问题,才有教育常识,而且一旦人们把问题提高到了"什么是教育"的高度,才会产生教育科学。这种论证可以感受到行为主义的气息,认为行为的意义都是研究者主观地加上去的,这就抹杀了行为之间的本质差异。事实上,人的行为并不是可以任意命名的,行为者在做出某种行为时都有明确的意图,这种意图揭示着行为的实质。正如日本学者所说:教育是使儿童变成善良的活动,"善"和"使之善"应摆在教育学研究的中心位置。①

二、国内关于教育学研究对象的研究

教育学自 1901 年引入中国,若以中华人民共和国成立为分界点,前后分为两大阶段,一是中华人民共和国成立前教育学研究对象的研究情况;二是中华人民共和国成立后教育学研究对象的研究情况。

(一)中华人民共和国成立前的研究情况

从 1901 年到 1949 年中华人民共和国成立之前,中国经历了剧烈的社会变革。在教育学领域里,我们首先学习日本,转而丢掉日本全面学习欧美,特别是美国实用主义教育学理论对中国的影响最大。这两个学习阶段,我们都同样经历了翻译学习和自己编写各种教育学教材的过程。在学习与编写教育学的过程中,一些学者开始反思教育学自身的问题,对教育学的研究对象问题进行了积极的探索。现摘录一些主要观点进行分析。

罗廷光认为,"教育学"一词,从字义上解释,意为指导儿童的意思。他从德语和英语的教育学词义表达认为, pädagogik 和 pedagogy 通常兼有 "principles of education"(教育原理)及"philosophy of education"(教育哲学)两种意义,而"science

① [日]大河内一男等:《教育学的理论问题》,曲程,迟凤年译,北京:教育科学出版社,1984 年,序章、第 319 页。

of education"则是教育科学,美国人简称为 education。在分析词义之后,罗廷光认为,教育学"乃确定以教育事实为研究对象而讲求教育的方法和原理的科学。"[1]教育学研究就是对教育中的事实进行研究,其任务就是"运用科学方法阐发教育精义和教育问题。"[2]这是"教育事实说"的代表。

教育学应是研究教育之原理与方法的专门科学。[3]"教育学是一种指导教训的科学,依照教育方针及儿童青年身心的发展,以谋达到教育目的。"[4]教育学也称教育原理,即从生物学、心理学、社会学各方面的观点来说明教育实施的一般原则。[5]教育学是以研究教育活动为对象的,其目的在于发现教育活动各种原理原则,但无暇追究其最后的意义。[6]

由此可见,20 世纪上半叶,中国学者对教育学研究对象的探讨主要集中在三个方面:一是科学取向的教育学,认为教育学是研究教育事实,揭示教育之一般原理和方法的科学。二是哲学取向的教育学,认为教育学是提供各种教育认识,展示的是各种不同的学科,意图是使学习者以此为据,展开自己的一系列教育活动。三是无明确价值取向意图,它研究原则,但又不深究哲学本义;它既不排斥教育方法的研究,但又不是仅从实证的角度去说明。[7]同时,我们也可以看出,这一时期的"教育学"与"教育原理"开始混同使用。

(二)中华人民共和国成立后的研究情况

中华人民共和国成立后,结合新中国社会发展历史和教育学学科自身发展情况,对教育学研究对象的研究情况可以划分为以下四个阶段。

1. 社会主义改造时期教育学研究对象的研究

社会主义改造时期一般是指 1949 年中华人民共和国成立到 1956 年中共八大召开这段时间。在这段时期,我们在继承老解放区教育经验的基础上完成对各级各类教育的接管与改造,随后在教育领域全面学习苏联的教育经验。受苏联教育学的影响,当时对教育学研究对象的表述基本上都是继承苏联的说法,即教育学是研究青年一代人的教育规律的科学。[8]但也有教材提出,教育学是研究儿童和青

① 罗廷光:《教育科学纲要》,上海:中华书局,1935 年,第 6 页。
② 罗炳之:《教育科学研究大纲》,上海:中华书局,1932 年,第 15 页。
③ 徐德春:《教育通论》,上海:中华书局,1948 年,第 15 页。
④ 张怀:《教育学概论》,北平辅仁大学,1940 年,第 5 页。
⑤ 舒新城:《教育通论》,上海:中华书局,1927 年,第 17 页。
⑥ 石联星:《教育学概论》,上海:中国文化服务社,1946 年,第 1 页。
⑦ 郑金洲,瞿葆奎:《中国教育学百年》,北京:教育科学出版社,2002 年,第 35 页。
⑧ 东北师范大学教育系教育学教研室:《教育学》(上、下册),长春,内部使用,1955 年,第 1 页。

年教育的科学，①此种说法继承了凯洛夫《教育学》1950 年版本的观点。还有"教育学就是对年轻一代进行共产主义教育、教养、教学的科学"说法。②

有教材认为，教育学是研究儿童和青年的一门科学，也就是研究教育规律性的科学，它包括教育的一般规律和新民主主义社会发展阶段的教育的特性：新民主主义教育的性质、任务、制度、内容、方法、组织等。③教育学的对象，就是研究年轻一代的教育的本质和客观规律性。④

1954 年、1956 年教育部分别编订了两个"教育学教学大纲"，对当时教育学教材的编写和教育学课程的教学都具有指导意义。1954 年的版本谈道："新中国的教育学是研究如何对新生一代进行社会主义教育的科学，它是马克思列宁主义教育学说与中国教育实践相结合的产物。"⑤1956 年的版本谈道："教育学是师范学校中主要的专业学科。它是研究对儿童、青年进行社会主义教育的科学。"⑥

教育学研究的对象就是作为教育现象的教育。教育学就是研究教育规律的科学，也就是研究培养人的一门重要科学。⑦这里把教育学的研究对象界定为教育现象、教育规律。科学的教育学是一门社会科学，是研究新生一代的共产主义教育规律性的科学。⑧

还有"教育学是研究儿童和青年教育的科学……教育学教我们按科学原则去培养学生，而不是糊里糊涂地去培养。"⑨这个研究对象没有强化教育规律性，主张教育学要提供"科学原则"。这与研究教育规律性是有差异的，体现了研究者对教育学研究的价值取向不同。

总体来看，这一时期由于我国主要是学习苏联的教育经验，有关教育学研究对象的描述，大多受其影响，把教育学的研究对象界定为"教育""教育规律"，个别教材谈到研究"教育现象的教育"，最早出现"教育现象说"的朦胧意识。

2. 十年社会主义建设时期教育学研究对象的研究

1956～1966 年，我国学者对教育学研究对象的描述基本上都是对前一阶段研究的继承，特别是教育部两个教育学教学大纲的颁布，对全国教育学教材的编写有了统一的规范。当时许多教材都是内部使用，公开出版的较少，教育学的研究

---

① 张凌光，朱智贤，陈选善：《教育学》（第 1 册），北京：人民教育出版社，1954 年，第 13 页。
② 郭人全：《教育学基本问题讲话》，杭州：浙江人民出版社，1955 年，第 6 页。
③ 曾广惕：《教育学》，上海：上海大路出版社，1953 年，第 8 页。
④ 沈阳师范学院教育教研室教育学教研组：《教育学讲义》，沈阳师范学院出版，1956 年，第 1 页。
⑤ 中央人民政府教育部：《初级师范学校教育学教学大纲·草案》，北京：人民教育出版社，1954 年，第 14 页。
⑥ 中华人民共和国教育部：《师范学校教育学教学大纲·试用》，北京：人民教育出版社，1956 年，第 3 页。
⑦ 北京师范大学教育系教育学教研室：《教育学·讲授提纲》（上），内部使用，1954 年，第 1 页。
⑧ 张文郁：《教育学一般原理五讲》，武汉：湖北人民出版社，1956 年，第 2 页。
⑨ 张凌光，朱智贤，陈选善：《教育学》（第 1 册），北京：人民教育出版社，1954 年，第 12 页。

对象一般都描述为"新中国的教育学是研究年轻一代共产主义教育、教养和教学的规律性的科学"①。"一般地讲,教育学是研究儿童的教育,是关于儿童教育的科学。"②可见,教育学的研究对象基本上是"教育"或"教育规律",与上一阶段基本一致。

3. "文化大革命"时期教育学研究对象的研究

这一时期,由于过于强化"阶级斗争",在教育学领域开展了批判凯洛夫《教育学》的活动,所以此时期编写的教育学教材,几乎都是相同的声音,教材内容大段地引用马克思、恩格斯、列宁、毛泽东同志的语录,用语录代替说理与论证,"语录化"是这一时期教育学的突出特征。教育学学科自身的基本理论问题几乎没有任何研究,多半是对教育方针、教育政策的注解,关于教育学研究对象问题也无建树。

4. 改革开放以来教育学研究对象的研究

1977年恢复高考,随着各级各类学校恢复正常工作,我国的师范大学(师范学院)相继恢复教育系,并开始招收教育学专业的本科生。为了给师范专业学生与教育学专业学生开设课程,满足教育专业人才培养的需要,教育学、心理学及教育学各个分支学科都相继恢复与重建,中国的教育学迎来了创新发展的新时期。总结这一时期有关教育学研究对象问题的研究,大体上有以下一些观点。

第一,"人的教育及教育规律"说。例如,教育学是以人的教育为对象的,是研究人的教育规律,探讨实现教育职能的有效途径的一门科学。③教育学是以人的教育为对象,研究人的教育及其规律的科学。④教育学就是研究教育这一社会现象的科学……教育的规律就是教育学研究的主要对象。因此,我们说,教育学就是研究新生一代的教育的规律的科学。⑤

第二,"教育现象"说。持这种观点的学者最多,也是我国教育学教材影响最大的观点之一。例如,教育学的研究对象就是人类社会所特有的教育现象……教育学就是研究教育现象,揭示教育规律的一门社会科学。⑥教育学的研究对象是人

① 西北师范学院教育系教育学教研组:《教育学讲义》(初稿),西北师范学院,1957年,第2页;开封师范学院教育教研室:《教育学讲义》,武汉:湖北人民出版社,1957年,第1页;北京师范大学教育系教育学教研组:《教育学讲义》(上、中、下册),北京:北京出版社,1957年,第2页;南京师范学院教育系:《教育学》,南京:江苏人民出版社,1959年,第4页。
② 罗景濂:《教育学讲义》(上册),武汉:华中师范学院出版,1957年,第1页。
③ 唐文中等:《教育学》,哈尔滨:黑龙江人民出版社,1983年,第1页。
④ 孙震,吴杰:《教育学》,长春:吉林教育出版社,1986年,第2页。
⑤ 徐国榡:《教育概论》,北京:人民教育出版社,1985年,第283～284页。
⑥ 陈育彦:《教育学新编》,上海:上海教育出版社,1986年,第1页。持这种观点的学者还有:顾明远,黄济:《教育学》,北京:人民教育出版社,1987年,第1页;王守恒,查晓虎:《教育学教程》,合肥:安徽大学出版社,1999年,第2页;等等。

类的教育现象。①将教育学的研究对象定义为教育现象，把教育学的研究任务定义为把握教育的规律，其目的是指导教育实践，应该是合乎逻辑的。②

第三，"教育现象及教育规律"说。这是对上述两种观点折中的一种观点。例如，教育学是研究教育现象及其规律的一门科学。③这本《教育学》所研究的主要是学校教育这一特定的现象、研究在这一现象领域内所特有的矛盾运动的规律。④

第四，"教育问题"说。持这种观点的学者认为，教育学的对象应是以教育事实为基础的教育中的一般问题。⑤教育学是以教育问题为研究对象的科学。⑥教育学的研究对象，简言之就是教育问题。教育学就是研究教育问题、揭示教育规律的科学。⑦

第五，"教育现象及教育问题"说。这种观点是上述两种观点的折中方案，认为教育学的研究对象就是教育现象、教育问题。例如，教育学就是研究教育现象和教育问题，揭示教育规律的科学。⑧

第六，"教育活动"说。例如，教育学以培养人的教育活动为研究对象，是一门研究教育现象、教育问题，揭示教育本质、教育规律和探讨教育价值、教育艺术的学科。⑨

总体来看，中国学者对教育学研究对象的认识体现了由单一说法走向多元的趋势。下面对上述主要观点进行简单的评述。

教育规律说是中华人民共和国成立之后一直到改革开放前教育学界比较统一的认识。这种认识主要是受到苏联教育学特别是凯洛夫主编《教育学》的影响。这种学说疑点主要从以下几个方面来分析：第一，如果教育规律指的是教育的科学规律，它就不是教育学的研究对象，因为科学规律是已知的，它是教育学研究的结果，而不是教育学的研究对象。第二，如果教育规律指的是教育的客观规律，那它可能成为教育学的研究对象，但当它仅仅是一种客观事物而存在着，人们还没有意识到它的存在，它还不是教育学的研究对象。第三，只有当教育的客观规律被人们意识到它的存在，但还不了解它，企图了解它，并决定研究它的时候，

①　方庆鸿：《教育学》，东营：石油大学出版社，1991年，第1页。
②　金一鸣：《教育原理》（第2版），北京：高等教育出版社，2002年，第4页。
③　华中师范学院教育系等五院校：《教育学》（第2版），北京：人民教育出版社，1982年，第1页。
④　南京师范大学教育系：《教育学》，北京：人民教育出版社，1984年，第1页。
⑤　孙喜亭：《教育学问题研究概述》，天津：天津教育出版社，1989年，第13页。
⑥　邵宗杰，裴文敏：《教育学》（修订版），上海：华东师范大学出版社，1996年，第8页。
⑦　黄济，劳凯声，檀传宝：《小学教育学》（第3版），北京：人民教育出版社，2019年，第2页。
⑧　王道俊，王汉澜：《教育学》（第3版），北京：人民教育出版社，1999年，第1页。
⑨　王道俊，郭文安：《教育学》（第7版），北京：人民教育出版社，2016年，第3页。

它才可能成为教育学的研究对象。①再者，教育规律是教育发展过程中的本质联系和必然趋势。教育规律是不以人的意志为转移的，一般说来，教育规律是隐藏在教育活动中的本质关系或必然联系，这些关系是通过长期的探索研究发现的，人们不可能第一步以规律的探索为研究对象，因为规律是内隐的，不可能直接进入人们的研究视界。可见，从逻辑上来讲，教育规律不是教育学的研究对象，它是教育学研究的目的和结果。

在批判教育规律说的同时，人们开始把教育学的研究对象界定为教育现象。对于教育现象可以从三个方面来理解：一是教育现象是一种可感知、可认识的古今中外已经存在或正在存在于现实中的存在物；二是教育现象是教育实践的表现物或正在从事着的教育实践；三是教育现象是以教与学为主体形式的客观存在。由此可见，教育现象是指存在于社会中的有关教育活动的一种客观实在。教育现象是客观地存在并且融合在整个的社会现象当中的，不管人们有没有意识到，教育现象都是客观存在的。质疑教育现象说的学者认为，不是所有的教育现象都能被人们意识到，因为教育现象是存在于社会客观现实之中的，有一些教育现象有时是和其他社会现象融合在一起的，人们并没有把它看成教育现象，即不把它作为教育现象，自然也就不是教育学的研究对象。此外，有些教育现象即使被人们意识到，也不是所有意识到的教育现象都是教育学的研究对象，因为研究对象是主体对客体的一种选择，只有当某种教育现象成为主体关注的对象、研究的对象，这种教育现象就转化为教育问题，成为研究者的研究对象。可见，把教育学的研究对象界定为教育现象比较宽泛，因为许多的教育现象并非教育学的研究对象。但坚持教育现象说的人认为，教育现象体现了教育学的学科独特性，研究教育现象才能揭示教育规律，教育现象具有高度的概括性，教育现象体现了研究话题的公共性。②

针对教育现象说的不同看法，学者们又提出教育学的研究对象是"教育事实说"，这种学说包括"教育说""教育活动说""人的教育说"等，教育事实说属于教育现象说的变种。但有些学者对"教育事实说"有质疑，因为很多事实早就存在，但不一定是研究对象，例如我国古代课程知识和社会控制之间的内在联系一直就是一个值得研究的教育事实。但是，它也只是一个事实而存在，我国的传统教育学研究中基本上没有涉及此问题，并不是教育学的研究对象。再如，打骂儿童的事实、学生之间的欺凌事实，古已有之，但在相当长的时间内没有成为教育

---

① 成有信：《教育学原理》，郑州：河南教育出版社，1993 年，第 15 页。
② 高鹏，杨兆山：《"教育现象"何以是教育学的研究对象》，载《教育研究》，2014 年第 2 期，第 55~60 页。

学的研究对象。只是随着时代的发展，人们的教育理念发生变化，打骂儿童、欺凌行为与今天的教育理念发生冲突，才成为教育问题被人们研究，并成为教育学的研究对象。再者，教育事实说到底也只是教育现象中的一种教育事实，其实质仍然是教育现象说。

目前，学界比较认可的观点是教育问题说。因为它有助于教育学研究者形成问题意识，形成发展教育学的内生性动力源；将教育问题作为教育学的研究对象，可以进一步明确教育学的研究对象与领域，增强教育学研究的方向感与稳定性。^①那么教育学的研究对象为什么是教育问题呢？对此，成有信教授用一个比喻来说明此问题。

> 对于一个未婚的男子来说，天下所有的未婚女子都可能成为他追求的对象，但她们却都还不是他追求的对象，只是可能的对象，而不是现实的对象；只有他认识了其中一个女子，看上了她，想进一步了解她，并想追求她时，即这个问题成了他生活中要解决的一个问题时，她才成了他追求的对象；而当他们已经结婚，他生活中的这个问题已经解决了时，她就不是他追求的对象了。这时她是他追求的结果，而不是他追求的对象。^②

教育问题与教育现象不同，并不是所有的教育现象都能转化为教育问题。只有某些教育现象、教育事实、教育规律成为人们关注的焦点，被人们议论、认识、探究或评价时，抑或要求解决的时候，这种教育现象、教育事实、教育规律才转化为教育问题。有些教育现象可能永远停留在现象或事实的性质上，有些则可以由现象、事实发展成问题。有学者提出，教育学研究对象的界定宜坚持"族群对象"这一基本指向，回应"明晰而独特"的学科诉求，坚持"研究始于问题"的方法论基础。据此可以看出，教育现象只是教育问题存在的时空场域，不能构成教育学的研究对象。教育规律是教育学研究达到科学认识的结果，而研究结果不能成为一门学科的研究对象，所以，只有教育问题才是教育学的研究对象。^③笔者赞同教育问题说。

对于将教育学研究对象表述为两种或两种以上的说法，如"教育现象及规律说""教育现象与教育问题说"等，笔者不赞成这些观点。因为一门学科的研究对象只能是一个，不可能出现一门学科的研究对象有两个或两个以上。科学研究的

---

① 余小茅：《试论教育学的研究对象是"教育问题"——兼与高鹏、杨兆山商榷》，载《学术界》，2014年第9期，第115～123页。

② 成有信：《教育学原理》，郑州：河南教育出版社，1993年，第16页。

③ 张翔：《教育问题：教育学的研究对象》，载《当代教育科学》，2016年第19期，第8～10页转第21页。

区分就是根据学科是否有自己独特的研究对象,一门学科有两个或两个以上的研究对象,其本身就不符合学科逻辑。

有学者认为,教育学的研究对象是教育现象还是教育问题,这并不矛盾。因为在辩证唯物主义看来,事物无不存在着矛盾,矛盾就是问题。科学研究就是研究这些矛盾,探求解决矛盾的途径和方法,把握规律。正是在这个意义上,也可以说教育学的研究对象是实际存在着的教育问题,不应该把研究教育现象和研究教育问题对立起来。

有学者对教育学研究对象的"问题取向"进行分析,指出教育问题其含义是多重的。它既可以是重大的教育学理论问题和实际问题,也可以是中观层面上的问题,还可以是微观上的具体问题。只要是足以令人感到疑惑并且是有意义的问题,都可以进行研究与探索。以"问题"为研究对象,应当遵循问题本身的逻辑性质,即问题形成过程、造成问题的种种因素分析、该问题与其他问题之间的关系、解决问题的途径与方式方法等。[①]至于什么问题才会进入研究者的视野,关键是看教育学理论发展或教育实践改善是否迫切需要以及研究者本人对该问题是否有探究的欲望与热情。有些问题,研究者既没有兴趣,也不关注,这样的问题只能是"他者的问题""公共的问题"。有些问题尽管研究者本身有兴趣而且也关注,但问题不是教育理论与实践迫切需要解决的问题,这也只能是"个人的问题"。还有既非是"他者的问题""公共的问题",亦非是"个人的问题",对"公""私"来说,是彻头彻尾的"假"问题。还有问题本身既是社会发展的需要,又是研究者本人感兴趣的问题,这是"互通的问题",研究"互通的问题",既是社会的幸运,也是研究者本人的幸福。[②]

当然,对于教育学研究对象问题的争论仍没有结束,目前主要是教育现象说与教育问题说的论争。对于这一问题,有学者指出,教育学的研究对象有"实质对象"与"形式对象"之分,前者指学科之间的某种客观存在的现象,后者是关于这种客观存在的现象"是什么"的专门考虑。以往对学科研究对象的界定单指"实质对象",即客观存在的某个领域内的各种现象。这在学科分化层次低的时代是可行的。但现代出现了多学科共同研究"实质对象"的现象,这就需要划定"形式对象",以区分研究同一种客观现象的不同学科的研究对象。教育这种现象不仅包含教育因素,也包含其他社会因素,也可以成为其他学科的实质对象。教育学

---

① 劳凯声:《中国教育学研究的问题转向:20 世纪 80 年代以来教育学发展的新生长点》,载《教育研究》,2004 年第 4 期,第 17~21 页。

② 吴康宁:《我们究竟需要什么样的教育取向研究》,载《教育研究》,2000 年第 9 期,第 51~54 页。

的形式对象，是从其实质对象中发现"教育问题"，以"教育之眼"透视这一客观现象，才能是"教育现象"，因此，教育学研究的"形式对象"是教育问题。①还有学者提出"教育问题或教育学问题中的教育现象"是教育学的研究对象，可以看作是"现象说"与"问题说"的变种。②也有学者认为，教育学的研究对象是客观的、先验的已然存在物，它可以被规限或界定，但却不是主观臆造或派生出来的。因此，教育学的研究对象只能是教育现象，而不是教育问题。"能够以有价值的教育的一般问题的形式反映出来的教育现象"才是教育学的研究对象。③

总结百年来教育学研究对象的发展情况，其演变逻辑规律是：教育学研究教育事实，揭示教育原理和法则；到教育学研究教育（或教育规律）；再到教育学研究教育现象、教育规律；最后形成教育学研究教育问题的科学这样一个发展过程。叶澜教授在总结教育学研究对象时提出三点中肯的意见：一是由于教育学本身的复杂性，导致教育学异常复杂，因此，综合性是教育学概念的基本特征。二是教育学的内涵和外延具有历史性和发展性，在不同的历史阶段，会产生不同的理解和认识，并且会产生各种分化。三是教育学的研究对象不能没有人。④如此看来，把教育学的研究对象说成是研究人的教育问题比较适切，这样更加凸显人的主体性。通过对人的教育问题进行研究，揭示出一些基本的因果关系或相关关系，进而发现规律。可见教育规律是教育学研究的结果，不是教育学的研究对象。

第二节　教育学的研究任务

总结已有教育学著作与教材，对有关教育学的研究任务，一般这样描述：教育学的任务是通过对教育现象的研究来揭示教育规律，并在揭示教育规律的基础上，阐明教育工作的一般原理和原则，进而确定教育工作正确而适当的内容、方法和组织形式等问题，为教育工作者提供理论上和方法上的依据。⑤日本学者认为，教育学的目的与任务是确立科学地认识教育的方法，以解答"何谓教育"的问题；

---

① 陈桂生：《教育学的建构》，长沙：湖南教育出版社，1998年，第5～8页。
② 郝文武：《教育学研究对象新探》，载《陕西师范大学学报》（哲学社会科学版），1995年第3期，第162～165页。
③ 刘伟芳：《我国教育学研究对象的历时考察与现时探讨》，载《当代教育科学》，2005年第13期，第3～6页。
④ 叶澜：《教育学原理》，北京：人民教育出版社，2007年，第7页。
⑤ 许高厚，史均翰：《普通中学教育学》，北京：北京师范大学出版社，1993年，第4页。

然后在此基础上,对"应当如何进行教育的问题"做出科学的理论上的回答。①具体说来,依据教育学原理的功能而言,教育学的任务主要有以下几个方面。

一、提炼教育经验

教育经验来源于教育实践。但在教育实践中形成的教育经验,并非都是科学知识,因为经验可能是正确的,也可能是片面的甚至是错误的。只有经过概括、提炼的教育经验,再经过实践的验证,才能确认是正确的教育知识。所以,人们一般谈到的教育经验,往往是经过实践验证的经验,这种教育经验是指符合教育规律的有效的观点、思想和方法。教育经验是对教育实践的低层次的概括与反映;教育经验是教育规律的实践形态,成功的教育经验必定反映着教育规律,教育规律则潜藏于教育经验之中。因此教育学的研究任务就应该担负起总结、提炼教育经验的重任,从教育经验中抽象提炼出一般的教育知识,即教育规律性知识,使经验得以升华,促使人们按照教育规律办事,提高教育工作效率和效果,克服经验办事的局限性。许多从事教育工作多年的教育工作者,在自己的工作中积累了丰富的教育经验,但往往缺乏科学的总结、概括与科学抽象,随着自己的存在而存在,也将随着个体的消亡而消失。因此通过教育学研究,将许多优秀教师的经验进行描述记录,根据材料进行加工整理,使之条理化、系统化,形成具有一般意义的教育知识或教育规律,可以不断地丰富与发展教育学理论,也可以不断地积累我国教育学发展的原始素材,形成教育学发展之源。

二、探讨教育艺术

教育学是研究教育问题的科学,教育问题表现在教育实践活动中。教育活动是教育者与受教育者双方主体之间的交往实践活动。教育者有自己的经历、人生体验、教育风格;受教育者也是活生生的、具有主观能动性的人,他们有自己的经历与体验,对教育者施加的影响未必是全盘接受的,他们是根据自己的主观意愿、体验感受,会有选择地接受与学习,只有被受教育者选择的、主动接受的,才能经过受教育者的理解、认同、运用和内化为自己的智能、情操和信念,真正促进受教育者的自由全面地发展。因此,培养人的教育活动,应该是充满天赋、灵性、潜能、好奇与生气的活动,它没有固定不变的模式与方法,我们常说"教

---

① [日]筑波大学教育学研究会编:《现代教育学基础》,钟启泉译,上海:上海教育出版社,1986年,第4页。

学有法、但无定法、贵在得法"，施教之功，贵在引导，要在转化，课堂教学一紧一松，相得益彰，这些都体现了教育教学的艺术性。捷克教育家夸美纽斯在《大教学论》的卷首明确指出，大教学论的目的在于用一种简易而又可靠的方法，阐明"把一切事物教给一切人们的全部艺术"。①俄国教育家乌申斯基（К. Д. Ушинский）则认为，"教育学不是一门科学，而是一种艺术，是一切艺术中最广泛、最复杂、最崇高和最必要的一种艺术；因为教育学作为一种艺术，它追求的是永远要求达到而从来没有充分达到的一种理想，即追求一个完人的理想"②。所以，作为教育学研究对象的教育，它具有艺术的性质和魅力。所以加强教育学研究，揭示教育规律，可以增强人们从事教育工作的艺术性，进而带来神奇的教育效果。

三、揭示教育规律

任何事物都有自己的结构，都有自身运营的基本条件。教育作为人类社会的一种特殊的实践活动，它以育人为根本任务。育人活动有育人活动的规律，即教育规律。教育规律是指不以人们意志为转移的教育内部诸因素之间、教育与其他事物之间具有本质性的联系以及教育发展变化过程的规律性。我国古代的教育思想与教育经验都出于对培养人的教育现象及其教育问题的研究和经验总结。例如，《学记》提出的"建国君民，教学为先"和"道而弗牵，强而弗抑，开而弗达"的宝贵经验都是教育规律性的反映。尤其是近现代西方教育学，讲求教育必须适应儿童自然的发展，必须为社会经济和政治的发展与变革的需要服务，表明了人们对教育的基本规律已有明确的认识，使教育学朝着科学性、系统性、实用性的方向发展。教育学的任务，就是要在研究教育现象与问题、总结教育经验的基础上去揭示教育的各种客观规律，并阐明教育工作的原理、原则、方法与组织形式等的有效性问题，为教育工作者提供理论上和方法上的依据，增强人们从事教育工作的针对性和预见性，提高工作效率。

四、彰显教育价值

教育不只是一种有规律的活动系统，同时也是人们的一种有价值追求的活动系统。由于人们在进行教育活动时，总会自觉或不自觉地把自己对人生意义与社

---

① ［捷克］夸美纽斯：《大教学论》，傅任敢译，北京：教育科学出版社，1999 年，第 1 页。
② 转引自张焕庭：《西方资产阶级教育论著选》，北京：人民教育出版社，1979 年，第 506 页。

会理想的选择和诉求作为出发点,形成教育价值观念,以引领和规范教育的发展和人的发展。因而在从事教育工作、开展教育活动时,首先应认真探讨教育的价值问题,以选择正确的价值取向,制定合理善良的教育目的或要求。例如,孔子的教育目的就是培养有封建道德的"士""君子""贤人",也就是孟子主张的"明人伦"的教育目的。其价值取向十分明确,是为封建统治阶级培养国家治理人才。围绕其教育目的的价值诉求,古代学校教育在课程内容、教学组织、师生关系、教学方法以及学校管理等各个方面,都会有其明确而强烈的价值要求。先抛开该如何评价孔孟的教育价值取向思想,我们必须知道,培养人的教育活动的价值选择性与规定性是不可避免的,它是教育固有的本质属性,只不过是随着社会和人的发展而不断地向前发展演进的。

在现实社会中,根本不存在只讲规律、保持价值中立或排斥价值的教育活动。教育是一种主体性活动,需要依据相关主体的境况与诉求来关怀人的发展,它要对人的发展的理想、目标做出应然的价值选择,对人发展的途径、方法做出应然的引领与限定。因此,以教育问题为研究对象的教育学又是一门探讨教育价值理念或教育应然状态的学科。科学主义者主张科学研究必须保持"价值中立",其实,价值中立也就是他们的价值取向。教育学探讨的教育价值观念,关键是看是否有利于人的个性发展、是否有利于社会和谐发展,这才是判断教育价值取向的根本标准。对教育问题有不同的看法与观念,往往会有不同的认识,这种不同的认识往往是由人们的价值取向不同而决定的。①

五、指导教育实践

教育学作为一门科学,在揭示教育规律的基础上,重点是引导人们把教育规律运用于教育实践,以提高教育实效,充分发挥理论指导、帮助实践的功能。认识教育规律需要实践—认识—再实践—再认识……这样一个循环往复的过程,需要由感性上升到理性,由抽象上升到具体的反复认识过程。人们在认识教育规律的基础上,按照教育规律办事,提高工作效益。另一方面,在教育实践中,通过运用教育规律,发现一些问题,可以进行再探索、再研究,不断修正、补充、完善教育理论,使教育理论更好地契合教育实践,使理论与实践相互结合、相互促进、相得益彰。

---

① 王道俊,郭文安:《教育学》(第7版),北京:人民教育出版社,2016年,第1~3页。

第三节 教育学的学科性质

由于早期国人并不了解教育学究竟是一门什么样的学科，以至于形成了"大教育学"现象。《奏定学堂章程》作为近代中国第一个正式颁布并实施的学制，在该章程中所言的教育学，就是一种"大教育学"。凡是一切与教育有关的问题，均列在教育学课程之下，处于论与史、学与术纠结在一起的混沌状态，这反映了当时人们对何为"教育之学"的认识是不够清晰明了的。①

一、教育学是不是科学的争论

在探讨教育学的学科性质问题时，人们首先关注的是教育学是不是科学，对这一问题的回答直接关系到人们对教育学学科性质的认识。总体来看，主要有以下两种观点。

（一）教育学是科学

对教育学是不是一门科学，学者们赞同者多之。例如，教育学是科学；②教育学早已经是科学了；③无论是从应然角度还是可能性角度来看，教育学足以为一门普遍的精确的科学；④教育学之所以成为独立的学问，也自有它的理由存在，人们不可蔽于偏见而对它有歧视的态度。⑤在教育学是科学的观点中，人们还存在着"单一科学说"、"二重科学说"和"多重科学说"等观点。

（二）教育学非科学

在多数学者承认教育学是一门科学的情况下，也有少数学者不承认教育学是科学。例如，教育学难以成为一门科学，它借助了自然科学的假设、方法和基本概念，自身并没有一套已经证实的基本概念，教育学不是一种科学也不能够成为一门科学，这也许就是它的真正魅力所在。⑥只要从事教育学研究的人们能够潜心

---

① 郑金洲，瞿葆奎：《中国教育学百年》，北京：教育科学出版社，2002年，第14页。
② 陈元晖：《谈谈教育学成为一门科学的五个前提问题》，载《东北师大学报》（哲学社会科学版），2013年第5期，第147~150页。
③ 余家菊：《教育学是科学了？》，载《少年中国》，1921年第5期，第1~8页。
④ 项贤明：《教育学作为科学之应该与可能》，载《教育研究》，2015年第1期，第16~27页。
⑤ 陈友松：《教育学是否科学》，载《是非公论》，1937年第43期，第15~17页。
⑥ 刘爱生：《教育学为什么还不是一门科学》，载《现代教育论丛》，2010年第12期，第4~6页转第3页。

钻研，不断进取，教育学就能摆脱附庸的尴尬地位，成为一门独立的科学。[1]当然，国外一些学者也同样对教育学能否成为一门科学持怀疑态度。相关内容，在后面章节再谈。

二、教育学学科归属的讨论

教育学的学科属性问题，实质上是一个教育学的科学分类问题，即教育学属于什么类型的科学。早在1906年，人们就谈论到教育学的学科性质问题。例如，"欲论定教育学之是否普遍的科学，则所以拈成教育学之要素不可不先阐明之……今若此二问题得以解释之，则教育学足以为一普遍的科学。"[2]蒋梦麟认为："然科学厥有两种，曰纯粹科学曰实践科学或曰应用科学……实践科学有曰复杂科学……教育既非纯粹科学，必有藉乎他科学。"[3]可见，蒋梦麟把教育学认定为一门实践科学或应用科学。有学者认为，教育学是一门精神科学，"教育学欲成独立之学问，非唯以一定之对象为必要，且必对于其对象有独自之见地，而发现独立之原理焉"[4]。随后，我国一些学者就专门探讨了这一问题，在罗廷光看来，科学有6个不同的分类标准：

（1）就研究对象而言，可分为物质科学与精神科学；（2）就对象的种别而言，可分为自然科学与社会科学；（3）就内容的价值而言，可分为纯粹科学与应用科学；（4）就有无规范而言，可分为规范科学与说明科学；（5）就论理的方式而言，可分为归纳科学与演绎科学；（6）就对象有无生命而言，可分为无机科学与有机科学。

从这些分类来看，教育学兼备"心""物"，是一门精神与物质兼具的科学，是社会科学的一种；现时教育学还只能称为一种应用科学，但随着科学的进步，它成为一种纯科学也有可能；教育学是一种规范科学，以求得目的规范与方法规范为要务；由于教育学的规范是由对教育表象的归纳而成，因而教育学属于归纳科学，但另一方面它所求得的规范，须待事实加以印证，便又有了演绎科学的味道；它着眼于儿童、社会，是一种有机科学。[5]

从罗廷光的论述来看，教育学是一门综合性科学。但在20世纪的上半叶，教

[1] 夏承枫：《教育学术科学化与教育者》，载《教育杂志》，1926年第2期，第3~4页。
[2] 佚名：《驳教育学非普遍的科学说》，载《教育世界》，1906年第1期，第11~19页。
[3] 蒋梦麟：《高等学术为教育之基础》，载《教育杂志》，1918年第1期，第13~18页。
[4] 天民：《教育学之性质》，载《教育杂志》，1918年第2期，第1~11页。
[5] 罗廷光：《教育科学纲要》，上海：中华书局，1935年，第35~42页。

育学属于应用科学，颇有市场。范任宇认为，"教育学是一种应用科学……教育实施工作的开展，便是各种科学原理的应用，例如教育方法的活动，就是生理学和心理学的原理应用。同时教育方针的规定，也就是应用政治学、经济学的原理"①。

中华人民共和国成立后，我们主要是学习苏联的教育学经验，当时最有影响力的是凯洛夫主编的《教育学》，该教材引用恩格斯思想把认识的整个领域划分为三大部分的观点，认为教育学在科学体系中属于第三部分，教育学是一门社会科学。②我国基本上继承了凯洛夫的说法。改革开放以后，随着教育学的发展，人们对有关教育学学科性质问题的认识日趋多元化。

在中国，有关学科的分类，通常采用两分法，即社会科学与自然科学。社会科学类我们一般称之为文科；自然科学类统称理科。从这种分类来看，教育学当属于社会科学的范畴。而在西方国家，一般还把社会科学进一步细分，一般分为社会科学和人文科学两类。社会科学是以社会现象为直接研究对象的科学，像政治学、经济学、社会学、法学等；人文科学则是以与人的精神和价值有关的人文现象为研究对象，如哲学、文学、美学、心理学、伦理学、历史学、神学等。当然，随着当代学科发展的综合化趋势，社会科学与人文科学之间的区分越来越难，它们之间的界限变得比较模糊。从社会科学与人文科学的视角来看教育学，很难说清楚教育学是一门社会科学？还是一门人文科学？究其原因主要分为以下几点。③

第一，社会科学主要是以社会现象、社会活动为其研究对象，研究的目的是揭示社会发展变化的规律。从这个意义上说，教育是一种社会现象和社会活动，以教育作为研究对象的教育学应该符合这一社会科学的规定性。然而，在实际的教育学研究中，教育这种社会活动是以影响每一个具体人的身心发展为其主要活动内容的。因此，教育学研究实质上又涉及学生个体精神和价值的形成与发展问题，这就使得教育学又具有了人文科学的特征，使它不同于经济学、政治学等不直接涉及个人精神与价值问题，而是纯粹以社会活动或社会行为作为研究对象的传统社会科学学科。由此可见，教育学的研究对象既涉及社会现象，又涉及人文精神和价值，所以教育学具有社会科学、人文科学的双重属性，使得我们很难把教育学单独列入社会科学或人文科学。

第二，教育学具有非理性和艺术化的特征。国外学科分类的研究表明，人文科学除了所涉的主要是人的精神和价值之外，人文科学的创作和研究方法常常

① 范任宇：《教育概论》，上海：商务印书馆，1943 年，第 31 页。
② [苏联]凯洛夫：《教育学》（上册），沈颖，南致善，等译，北京：人民教育出版社，1950 年，第 37 页。
③ 扈中平，李方，张俊洪：《现代教育学》（新编本），北京：高等教育出版社，2000 年，第 12～18 页。

具有非理性的特征，至少具有非理性的一面。此外，人文科学还具有艺术性的特征，人文科学的研究往往具有形象性、情感性、个别性和独创性。而教育学研究的许多内容都具有这种情感性、艺术性的特征，具有较强的非理性特征。构成教育学原理的重要组成部分之一的教学原理、教育方法与教育艺术，就具有明显的情感性、艺术性的特征。在道德教育方法中，我们特别强化对学生思想品德教育要做到"晓之以理，动之以情，导之以行，持之以恒"，这种道德教育活动更是充满了情感性等非理性因素。教育既是科学的事业，又是艺术的工作，这是人们普遍能够接受的观点。教育学既是科学也是艺术。[①]教育学是科学又是哲学，是技术又是艺术，是四者的综合。[②]教育教学过程具有明显的情感性特征，这是因为参与活动的两个主体都是活生生的人，主体之间的交往不可能没有情感因素的参与。由于教育教学活动具有非理性、情感性的特征，使得教育学很难从严格意义上归为社会科学。

三、教育学是何种理论的探索

关于教育学的学科性质问题，除了它是社会科学还是人文科学的争论之外，还存在教育学是科学理论还是实践理论，抑或是综合性理论的论争。

英国学者奥康纳（D. J. O'Connor）认为，教育理论应该是科学理论，而科学理论必须满足三个条件，即解释、描述和预测。教育学既然作为"理论"存在，也必须满足上述的三个条件。以此为标准，奥康纳考察了所有的教育理论，认为这些理论大都由三部分组成：形而上学的部分、价值判断的部分和经验性的部分。[③]这三者当中，前两部分都不符合"科学理论"的标准，而经验性的部分当中又包括了心理学和社会学知识在教育情境中的运用。由此，"理论"一词在教育方面的使用一般是一个"尊称"。只有把心理学或社会学充分确立的实验发现应用于教育实践的地方，才能称得上理论。在这种情况下，也的确有一些研究者为改进教育理论的科学性而努力。美国心理学家斯金纳认为，可以通过实验达到这一目标；另外一些学者则将数学模式应用到教育学的研究中来，以提高教育学理论的科学性。

国内有些学者主张把对教育学原理的解释和对教育活动的规范两部分分开来讲，将教育学基本理论部分的"学"与指导教育实践中的"术"分开，从教育学

---

① 曹孚：《曹孚教育论稿》，上海：华东师范大学出版社，1989年，第402页。
② 胡德海：《教育学原理》，兰州：甘肃教育出版社，2007年，第14页。
③ 转引自叶澜：《教育学原理》，北京：人民教育出版社，2007年，第13页。

的理论—中间环节—应用这一链式结构出发，将教育学系统划分为"基础教育学""技术教育学"和"学科教育学"三部分，从而形成抽象概括性与普遍应用性的不同层次，使教育学的理论性与应用性的矛盾得以解决。①

在英美国家，有不少研究者认为教育学主要是实践理论（或应用理论）而非科学性理论。比彻姆（G. A. Beauchamp）进一步探讨了此问题，他认为，科学理论包括许多层次，第一层次包括三大类基本科学（人文科学、社会科学、自然科学）；第二层次是应用性的理论，如工程理论、建筑理论、医疗理论，教育理论是其中的一种。虽然教育理论主要来源于社会科学，但它又与另外两类科学有着密切的关系。同时，教育理论又受到诸如课程理论、教学理论、评价理论等下位学科的支持。英国学者赫斯特（P. H .Hirst）对这一问题也进行了专门研究。他认为，社会中的教育组织不是一种自然的客体，使教育活动"如此"进行的那些东西也不仅是可观察的东西，这些非科学性因素就是形而上学、认识论和宗教学等方面的知识、价值判断和信仰。在赫斯特看来，理论中的解释不仅涉及各门科学（包括社会科学），而且涉及信念、价值等问题。他认为，教育理论是一种实践理论，是"为决定某种活动而组织的知识"。②对此问题的研究，英国学者卡尔（W. Carr）进行详细的总结，在他看来，在教育理论的取向上主要有四种观点，如表 1-1 所示。③

表 1-1　教育理论的取向

理论取向	观点持有者	主要观点
常识取向	师资培训人员、督学团成员	教育理论的任务只在于识别、整理和检验体现教育者观点和信念的"实践原则"
应用科学取向	行为主义教育心理学家以及坚持"理论"的"科学"标准的人	区分教育的手段与目的，但由于目的涉及不能用科学加以解决的问题，因而便不是教育理论的合理性问题，而手段问题是可以用可靠的科学知识来解决的；科学理论应取代实践常识
实践的取向	坚持启发式课程评价观、课程设计的"过程"模式、课程的个案研究等研究者	教育是一种实践活动，是一种开放的、反省的、不确定的、形式复杂的人类活动，这种活动不受理论原则的制约或技术规则的指导，而由基本的教育价值观指导，因此，教育理论的目的在于培养实践智慧。教育理论不是"应用科学"，而是人文科学或道德科学的特例
批判的取向	已引起一些教育哲学研究者的兴趣	教育理论的主要任务是考察教育实践中的各种无可非议的信念、不证自明的例题以及实践者的常识性的理解，其目的在于增强实践者的自主理性

国内一些学者认为，教育学是实用理论。理论是概念、原理的体系，这种体

---

① 王枬：《教育学系统化探讨》，载《广西师范大学学报》（哲学社会科学版），1992 年第 2 期，第 26～29 页。
② 转引自瞿葆奎：《元教育学研究》，杭州：浙江教育出版社，1999 年，第 346 页。
③ 转引自瞿葆奎：《元教育学研究》，杭州：浙江教育出版社，1999 年，第 347 页。

系的指向主要有两个方面：一是解释或预测；二是规定或建议人们应该做什么和怎么做。与这两种指向相对应，可以将理论分为解释理论和实用理论。解释理论的典范是自然科学理论；实用理论是关于如何进行改造的建议或规定，其主要功能在于指导实践。解释理论告诉人们世界是什么；实用理论告诉人们应该做什么和怎么做。从教育学的理论功能来看，教育学理论主要在于指导教育实践，在于为教育实践提出处方或建议。因此，教育学主要是一种实用理论。当然，这一结论并不否认教育学理论中还具有解释理论的因素。①还有学者认为，在中国，教育学被定在"用"上，这几乎是公认的。然而对于"用"有不同的理解。20 世纪初中国从国外引进教育学，是为师范开课之需，"用"最能体现其引进的本义。教育学在"西学"之中，基本上属于应用类的学科。我们在学习西方的教育学理论中，也主要是借助西方教育学理论改造中国的教育实践，也是在"用"上。教育学的"用"在很大程度上造成教育学在中国的发展缺乏理论上的根基与动力。②

　　还有学者认为，一门科学的性质是由它的研究对象的质的规定性来决定的。教育学是研究人的教育的科学，它是社会现象，是一门社会科学。③但在涉及教育学是理论科学，还是实践性、技艺性的科学时，人们的认识还存在分歧。有人认为教育学是理论科学，它主要是探讨教育理论、教育思想，即所谓"只解决教育信念问题，不赋有解决实际问题和训练教育技能问题"。有的则认为教育学是实践性科学，应该回答教育实践中的实际问题，即所谓"应该解决怎么做的问题"。当然，教育者需要教育理论，但同样也需要教育技艺、教育技能，他们既要有坚定正确的教育信念、科学的理论知识，又要有解决教育实际问题的能力和方法。但是，教育技能、教育技艺都离不开教育理论。"所以教育学只有作为一定思想，也就是作为理论科学，才能存在。"④承认教育学是理论科学，并不是贬低教育学作为实用科学的意义。相反，教育学同教育实践是紧密联系的。教育实践是教育理论的源泉，教育理论则是指导教育实践的理论武器，是建立教育原则和方法的依据。所以，教育学既是理论科学，又是应用科学。

　　还有学者坚持教育学是综合理论。综合理论一方面是对经验世界的解释，另一方面又包含着改造世界的建议，它以解释问题、解决问题为功能，以假设—原

---

　　① 沈剑平：《论教育理论结构及其方法论意义》，载《华东师范大学学报》（教育科学版），1990 年第 3 期，第 31～40 页。
　　② 叶澜：《中国教育学发展世纪问题的审视》，载《教育研究》，2004 年第 7 期，第 3～17 页。
　　③ 孙震，吴杰：《教育学》，长春：吉林教育出版社，1986 年，第 2 页。
　　④ 转引自孙震，吴杰：《教育学》，长春：吉林教育出版社，1986 年，第 3 页。

理—应用之间的特定关联为形式。教育理论的功能在于解释和解决教育问题，因此教育学理论是综合性的理论。现实中，人们有时把教育学当作科学理论，把教育学与科学或实用科学相比较，指出教育学的"不科学性"或者"不实用性"，进而对教育学自身进行否定。[①]教育学是专门研究培养人的规律的一门独立学科，它有自己独特的研究对象、范围、任务，有其特有的范畴、概念和知识体系。当然，研究人的科学很多，如生理学、心理学、伦理学等。但这些学科都是以研究人的某一方面或某一部分为对象，不能代替对"整体人的培养"为研究对象的教育学。研究育人规律的教育学，必然涉及与教人做人、成人成才等相关的学科，它不仅要以哲学、心理学、生理学、脑科学以及思维科学为理论基础，而且还与许多学科发生必然的联系，如人类学、政治学、经济学、伦理学、文化学等。教育学要广泛吸收这些学科有价值的成分，为教育学所用，更好地丰富与发展教育学的理论体系。但这里"吸收"不是简单地移植、生搬硬套，而是综合运用相关学科的思想、观点和方法，来进行"关于教育和为了教育的研究"。[②]教育学研究要紧紧抓住"教育问题"这个中心，把相关学科的知识渗透其中，融合到教育学自身理论体系的建构中，使教育学的视野更加宽广，论述教育问题更加深入和透彻，以提升教育学的理论价值和学科地位。

还有学者主张教育学是一门文化意义上的"科学"。如果说教育学是"科学"，并非"自然科学"意义上的科学，那它只能是文化科学意义上的"科学"。教育学的科学化只能走一种文化的路径，而非自然科学或实证科学的路向。石中英认为，教育活动在实质上不是一类以价值中立、文化无涉为前提，以事实发现和知识积累为目的，以严密的归纳方法或逻辑体系为依托的科学活动，而是一类以价值判断和意义阐释为目的的价值活动或文化活动。只有从文化的角度来理解教育学，教育学才能明了和理解自己的生存方式。[③]

总之，由于教育学研究对象具有复杂性、多样性和灵活性，进而带来教育学学科性质的复杂性。企图把教育学要么归入社会科学，要么归入人文科学；要么归入科学理论，要么归入应用理论的两分法都是偏颇的，都不能完全反映教育学的复杂性。结合我国科学分类，一般只有哲学社会科学与自然科学，把教育学归为社会科学是比较适切的，但我们对于教育学的综合性质要有一个清醒的认识。

---

① 贾永堂：《论教育学理论及其在近代发展的阶段与特点》，载《华东师范大学学报》（教育科学版），1989年第4期，第59～68页。
② 叶澜：《教育研究方法论初探》，上海：上海教育出版社，1999年，第332页。
③ 石中英：《论教育学的文化性格》，载《教育研究》，2002年第3期，第19～23页。

四、教育学学科性质的定位

中华人民共和国成立后，受苏联教育学思想的影响，学界一般认为教育学是社会科学。教育学既然是一门社会科学，那么教育学也就是一门带有阶级性和历史性的科学。

（一）教育学的党性和阶级性

教育学永远是在一定的历史条件下，根据一定的阶级利益、政治观点和哲学基础而建立起来的。教育学研究应当把它与统治阶级的政治和阶级斗争密切结合起来，同时考虑它的方法论基础。凯洛夫《教育学》提到了教育学的党性和科学性问题，我国编写的教材对此问题做了进一步的强化与分析。在教育学的党性方面，研究者指出，马克思列宁主义教育学的党性表现在：公然而且直截了当地承认，我们的教育学是论述共产主义教育的科学。共产主义世界观是马克思列宁主义政党的世界观，是现代社会最先进的阶级——工人阶级党的世界观。新中国教育就是坚决地实行着中国工人阶级的党——中国共产党的政策的。[1]

在社会主义建设时期，人们对教育学的学科性质在前一阶段研究的基础上继续深化探索。认为，教育是一种社会现象，所以教育学是一门社会科学。[2]有的教材指出，在阶级社会里，教育永远具有阶级性……反映在教育学上，教育学是具有高度党性的社会科学。教育学作为教育的经验总结及理论探讨，总是在一定社会条件下，根据一定的阶级利益、政治观点和哲学基础建立起来的。在阶级社会里，教育学总是为统治阶级服务的。[3]在当时的社会背景下，教育学的党性和阶级性是大家特别强化的。有的教材认为，中国教育学的党性是反映工人阶级最高的利益，主要表现在教育学具有共产主义思想性、科学性、战斗性和实践性。[4]教育学的党性具体表现在：教育为无产阶级政治服务、教育同生产劳动相结合的原则，对教育学任何理论问题的研究和对学校一切教育活动的实践都具有决定性意义。

（二）教育学的科学性与人文性

在论述党性的同时，人们也注意论证教育学的科学性，指出党性与科学性是统一的。因为共产党是代表工人阶级利益的先进政党，是以马列主义为指导思想

---

① 转引自郑金洲，瞿葆奎：《中国教育学百年》，北京：教育科学出版社，2002 年，第 121 页。

② 南京师范学院《教育学》编写组：《教育学》，南京：江苏教育出版社，1959 年，第 4 页。

③ 华东师范大学教育学教研组，上海师范学院教育学教研室：《教育学讲义》（上册），1959 年，第 1 页。

④ 广东师范学院教育学教研组：《中国教育学讲义》（上册），1959 年，第 9~10 页。

的政党。"科学的教育学的高度党性就表现在它以无产阶级的哲学为方法论原理……它正确反映教育事业发展的客观规律并指导教育实践胜利前进，它也就具有高度科学性。科学的教育学的党性与科学性的一致，正因为马克思主义哲学的党性和科学性是统一的。"①

　　教育学自诞生以来，追求其自身的科学化始终没有停止过。在追求教育学的科学化过程中，我们不知不觉地陷入"唯科学主义"的迷途，造成当今教育学"无人"的状态，要改变这种状况，就必须超越科学主义，凸显人在教育中的地位。教育学要真正做到以人为本，使教育学成为"人"的教育学，就必须放弃决定论的观点，走向生成论的立场。②还有学者指出，现代教育学被技术理性化，缺乏人文关怀，教育学知识与生活分离，一味建构学科体系，无视教育实践的丰富性。若要走出现代性教育学困境，教育学必须走向实践、关怀生命。③在对教育学科学性反思的同时，人们主张教育学的人文性，认为教育学属于人文科学，教育学是人学。这是因为，教育即培养人，育人即培育人生，关注人生，这是教育学作为人文科学之根本，也是教育学的立足点。教育学追逐的是价值、意义、生活世界，诉诸的是体验、理解和启发，教育学是引导人们去"思想"教育问题，启迪人们的教育智慧，培育人的"艺术"。④有学者通过考察教育的历史与现实、教育的实际与理论、教育的使命与功能以及教育学自身，都说明教育学属于人文科学。教育学以人为核心，关注人性。正是教育学承担着人性引导与完善的这一神圣使命，使教育学更有资格成为第一人学或首位人学。⑤有学者指出，认识人、影响人、发展人是教育的根本任务，对人的终极关怀是教育活动的基本特征，人本性就是教育学的基本特征。⑥教育学的科学性与人文性之争，其实质反映了教育学研究中的一个更深层次的问题——事实研究与价值研究的关系。解决这一问题的难点在于，教育活动既以实体的"事实"出现，又存在于观念的"价值"之中。在真实的教育活动之中，教育事实因素与教育价值因素彼此之间水乳交融、不可分割，缺少一方而另一方则不复存在。⑦

---

　　① 华东师范大学教育学教研组，上海师范学院教育学教研室：《教育学讲义》（上册），1959 年，第 34 页。
　　② 王啸：《试析教育学的决定论立场》，载《华中师范大学学报》（人文社会科学版），2005 年第 3 期，第 125～130 页。
　　③ 刘旭东："'现代性'教育学的批判与反思"，载《西北师大学报》（社会科学版），2007 年第 4 期，第 39～43 页。
　　④ 刘铁芳：《教育学何以作为人文之学》，载《天津市教科院学报》，2003 年第 1 期，第 7～9 页。
　　⑤ 张楚廷：《教育学属于人文科学》，载《教育研究》，2011 年第 8 期，第 3～8 页转第 12 页。
　　⑥ 刘世民：《论教育学的人本性和科学性——关于教育学理论品性的思考》，载《高等教育研究》，2004 年第 4 期，第 65～68 页。
　　⑦ 唐莹：《事实·价值问题与教育学研究》，载《华东师范大学学报》（教育科学版），1994 年第 1 期，第 27～37 页。

　　教育学研究，由于研究主体与研究对象有不同的组合方式，会使用不同的研究方法，也就形成了不同的教育学学科性质。研究主题与对象的关系从"远离"到"互动"，使教育研究方法从科学规范到人文规范，教育学的性质也从科学到人文两个极端，逐步走向科学与人文的统一。有学者提出，无论是分类治理还是综合治理，都因为事实与价值在教育活动中无法分开，教育学的理想状态同时包含科学性与人文性。教育学应是形下之学与形上之学、物之学与人之学、社会之学与个体之学、认识之学与生成之学以及解释之学与理解之学的对立统一。①当然，也有学者提出，尽管教育活动中事实与价值难分，但并不等于教育学研究中，事实研究与价值研究不能分开。事实研究与价值研究适合用不同的理论：事实研究是科学理论，主要采用经验—实证的研究方法；价值研究是价值理论，主要采用规范—辩护的研究方法。所以，教育学研究要区分事实研究与价值研究，寻求教育学的分化，放弃"兼容并包"的教育学体系，以求得教育学研究的深化。②

（三）教育学的规范性与艺术性

　　作为科学的教育学，它必须反映教育的客观规律，概括出符合教育规律的原理，并据此提出一定的原则、规范、程序去指导教育实践活动。所以，教育学具有很强的规范性特征。但教育学理论最终还要回到教育实践中指导教育实践。教育实践是具体的，是复杂多变的，所以，教育学理论回到实践中就要具有灵活性、变通性，这也体现出教育学具有艺术性的特征。正如马卡连柯（А. С. Макаренко）所说："教育学是最辩证、最灵活的一种科学，也是最复杂、最多样化的一种科学。"③还有学者认为，由于教育活动的对象是人，人本身具有复杂性、其发展规律具有确定性与模糊性、其潜能的发展具有多元无限性。因此，教育活动对象的复杂性决定了教育活动的复杂性，教育活动的复杂性也就决定了教育活动的艺术性，教育学就是研究这种极具艺术性的教育活动的学科。所以，教育学的学科性质应是研究教育艺术的科学。它是研究如何有效开展教育实践活动，提升教育活动人才培养质量的科学。它是为教育活动艺术性地开展，提供一种带有模糊性（其实质

---

　　① 柳士彬：《对教育学科学性的反思与重构》，载《南京师大学报》（社会科学版），2004 年第 5 期，第 64～68 页。
　　② 冯建军：《区分事实判断与价值判断对教育学研究的意义》，载《江苏教育学院学报》（社会科学版），1995 年第 4 期，第 1～4 页。
　　③ ［苏联］安·谢·马卡连柯：《论共产主义教育》（第 4 版），刘长松，杨慕之译，北京：人民教育出版社，1981 年，第 237 页。

就是艺术性）的教育科学理论。[①]

（四）教育学学科性质的多元性

在教育学性质的争论中，使我们看到教育活动本身的特殊性、复杂性。教育活动既有理性因素，又有非理性因素；既要求教育学回答"教育是什么"，即揭示教育活动的客观规律，又要求教育学回答"教育应当是什么"和"怎样教育"等问题，这就使教育学的形式复杂化。为了解决这些矛盾，西方学者早就提出了教育学有"理论教育学"与"实践教育学"两分的观点，为了更深入研究这一问题，德国学者布列钦卡把教育学分为三门不同的学科，即科学的教育学（教育科学）、哲学的教育学（教育哲学）和实践的教育学（实用教育学）。陈桂生先生在布列钦卡理论的启发下，进一步把教育学理论分为教育科学理论、教育技术理论、教育价值理论和教育规范理论，它们分别解决"是什么""怎样做""应当是什么""应当做什么—怎样做"的问题等，进一步厘清不同类型的教育学理论，其功能指向是不同的。[②]

由于对教育学理论形态划分的种类不断增加，人们对不同类型的教育学赋予了不同的功能与任务，这样就使得教育学的学科性质问题更加复杂化。有学者提出，体悟、总结赋予教育学经验的性质；反思、批判赋予教育学哲学性质；实证、实验赋予教育学科学的性质；价值沉思赋予教育学文化性格。事实上，教育学是一门复杂科学，它具有多元性质的特点，我们一定要树立整体观，从整体上把握教育学的学科性质，任何一种单一的判断，都可能破坏教育学的完整性，教育学学科具有多重性质，这是它的客观存在。[③]还有学者对中国有关教育学性质的探索进行总结，认为教育学学科性质的研究形成了科学说与非科学说的观点。科学说包括以下几种：教育学是一门科学、一门独立的科学；教育学是一门社会科学；教育学是一门人文科学；教育学是一门应用科学或实践科学；教育学是一门精神科学的单一科学说；教育学兼备自然科学和社会科学的特点；教育学是一门人文社会科学；教育学既是理论科学又是应用科学的双重科学说；教育学是一门多重科学。非科学说认为教育学不是科学，但有成为科学的可能。未来教育学学科性质研究要立足于教育学自身特质，夯实研究的"人"的基础，彰显教育学的学科

---

① 李宜江：《教育学是研究教育艺术的科学》，载《当代教育论坛》，2013 年第 4 期，第 87～91 页。

② 陈桂生：《略论教育学"研究方法论意识朦胧"现象》，载《教育研究与实验》，1994 年第 2 期，第 1～7 页。

③ 刘庆昌：《论教育学的性质》，载《山西大学师范学院学报》，2002 年第 1 期，第 71～76 页。

独立性，重视教育学学科性质研究的时空对话。①看来，由于教育学有多种建构的可能性，人们研究教育学的价值取向不同，使用的研究方法不同，也就形成不同形态的教育学，教育学学科性质也就存在多种可能性。我们一定要树立复杂思维，全方位审视教育学的学科性质问题。

---

① 许丽丽，侯怀银：《教育学学科性质在中国的研究：历程、进展和展望》，载《教育理论与实践》，2016 年第 34 期，第 3～8 页。

第二章

教育学的学科立场、价值与地位

　　为什么教育学的研究领域成为其他学科的"跑马场",教育学研究是否要坚持自己独特的学科立场,教育学研究有哪些学科立场;教育学作为一门学科,它有哪些价值;为什么长期以来教育学的地位不高,其学科地位存在怎样的问题,怎样定位教育学的学科地位。这些问题是本章主要探讨的问题。

第一节 教育学的学科立场

随着人们对教育学自身问题研究的深入，人们为了建构科学的教育学，使之走向真正意义上的科学，彰显其独立的科学地位，人们不断地思考教育学的学科立场问题。这是因为，在教育学研究中，"简单地移植其他学科的研究成果不仅是老毛病，而且成为一种时髦，其实是一种无能的表现。"①为了克服教育学研究中的学科移植现象，引发人们对教育学学科立场问题的研究与探索。

一、教育学学科立场研究的背景

在中国，一般认为夸美纽斯《大教学论》（1632年）的出版，标志着教育学独立学科的诞生。但在西方，一般是从赫尔巴特的《普通教育学》（1806年）开始的。教育学学科立场的提出，始于有意识地将教育学建设成为一门学科之时。19世纪末20世纪初，由于社会变革和教育实践的发展，教育学的发展产生了危机。这主要表现在以下几个方面：一是作为整体学科的教育学自身不断分解，导致了教育学分化出了教育原理、教学论、德育论、课程论等众多子学科。众多教育学子学科的蓬勃发展，引起教育学自身的裂变，致使教育学的发展产生"内裂危机"。二是其他学科对教育学研究的介入逐渐增多，其他学科与教育学相结合形成了众多的交叉学科和边缘学科，如教育哲学、教育社会学等。但在一定意义上，这些新学科并不在乎教育学在研究什么，而是着力于把教育学作为其学科的"殖民地"，当作其他学科的应用学科。这类因交叉学科的出现而导致的学科危机，我们可以称其为"外解危机"。三是其他学科的研究者对教育学研究的批评，质疑教育学研究的科学性与有效性，认为教育领域从来就不是一个专业主导的研究领域，并且作为一门学科其内部支离破碎。四是教育实践者对教育学理论的拒斥和怀疑，认为教育学理论的"无用"。正是在这样的背景下，叶澜教授提出了一系列的问题："学科得以存在的依据根本在哪里？新学科的增加对传统的教育学意味着什么？是消亡还是再生？有无必要思考和明确教育学的立场与教育学视角？"等问题，逐步引起教育学者的关注。②2005年，全国教育基本理论专业委员会以"教育学

---

① 陈桂生：《教育学的建构》，长沙：湖南教育出版社，1998年，第7页。
② 叶澜：《"生命·实践"教育学论丛·立场》，桂林：广西师范大学出版社，2008年，第7~18页。

的学科立场"为主题召开年会，由此引发学者们对教育学学科立场的研究热潮。

二、教育学学科立场研究问题述评

总结我国近年来有关"教育学学科立场"的讨论，其探讨主题主要有：教育学学科立场研究产生的动因、如何认识教育学的学科立场、教育学的学科立场有哪些、教育立场与教育学学科立场的区分等问题。

（一）教育学学科立场研究产生的动因

关注教育学学科立场，一是研究者和教育学学科主体意识的觉醒。长期以来，教育学研究缺乏主体意识，教育学发展过分依附其他学科，教育理论对教育实践指导功能弱化。二是研究者对教育学发展状态的梳理与反思。三是研究者对教育学发展尤其是对中国教育学本土成长的期待与信心。四是体现了教育学者对教育学走向独立性、自主性的积极追求，是对教育学发展路径的积极探索。[①]还有学者提出，研究教育学学科立场，是因为教育学出现了合法性危机，包括学科独立性危机、理论功能危机、教育学话语危机以及教育学研究中"人的缺场"导致的"无人"危机，研究和明确教育学立场是教育学走出困境的根本路径。[②]可见，研究教育学学科立场，并不是无病呻吟，是源于教育学自身主体意识的觉醒，是教育学者建构与发展教育学的使命使然。

（二）教育学学科立场是什么

学科立场是由学科的研究主体确立的，是观察、认识、阐明与该学科建设相关的一系列前提性问题的基本观点。[③]学科立场是一个学科发展到一定历史阶段的产物，它是一个学科独特的认识论方式和价值立场，是该学科区别于其他学科的重要标志。在学科制度化的第一阶段，学科之间通过研究对象、研究方法和知识系统等方面的差异，确立自己的独特性、合法性的学科地位。随着学科的发展，大量的分支学科与交叉学科、边缘学科的产生，出现了不同学科使用共同的研究方法来研究同一对象的现象，即出现了学科之间知识融合、学科研究范式趋同的现象。因此也就出现了知识融合的学科发展的第二阶段。这时要对学科之间进行

---

① 靖国平：《从"学科立场"到"学派立场"：论中国教育学的学派意识及其实践路向》，载《高等教育研究》，2006年第1期，第76～81页。
② 申卫革：《教育学立场：教育学走出困境的路径》，载《保定师范专科学校学报》，2006年第3期，第83～86页。
③ 叶澜：《"生命·实践"教育学论丛·立场》，桂林：广西师范大学出版社，2008年，第2页。

区分，就必须依靠学科的独特立场。"学科立场"是知识融合、学科融合时期区分学科差异的重要指标。①

有学者认为，教育学立场就是教育学看待问题的方式。也就是说，对于同一现象，是纳入教育学视野还是纳入经济学视野，抑或是政治学视野，对于同样的问题，从不同学科视野进行研究，就会形成不同的结论。因此，也有学者把教育学的学科立场称之为"学科之眼"。学科立场不同于研究范式，也不同于学科意识、学科界限，但它们之间也是密切相关的。②有学者认为，教育学学科立场是认识和处理教育问题时所处的地位和所抱的态度，它决定了教育学看待问题的方式或视角。教育学的学科立场主要有学科知识立场、方法论立场、话语立场和人学立场等。③还有学者提出，教育学的学科立场应该作为"教育学研究者"的治学态度及教育信念；教育学的学科立场是由教育者的立场决定的。有学者认为教育学学科立场包含四个维度：学科假设观、学科对象观、学科知识观和学科价值观。其中前两个维度决定教育学与其他学科的差异，后两个维度是教育学在知识和价值上的自我定位，构成"立场"的基本因素，四个维度合起来构成了教育学学科立场的基本结构。如表 2-1 所示。④

表 2-1　教育学学科立场的基本结构

维度	主要内容
学科假设观	人是教育的存在并具有"可塑性"
学科对象观	1. 教育学的实质研究对象是"教育现象" 2. 确定"教育"现象的形式对象是"教育目的—手段"一体性关系（教育研究的视角）
学科知识观	1. 教育学知识的特性（综合转化） 2. 教育学知识的目的是改善教育实践，促进人的发展
学科价值观	人的教育（人的成长）是教育学的核心价值和重要追求

尽管学科立场的探讨并没有给教育学的发展注入新的活力，但这种研究对于增强研究群体的自信心和自尊心是十分必要的。学科立场首先是历史的立场，"教育学需要用历史的视角关照传统，勇敢地面对自己的过去，反思检讨自己的知识发展之路，坦诚地反思自己曾经为之秉持的观念、方法和思想，在现代学术传统的道路上，创立自己的学科精神，形成自己的理论风格，这才是真正建立教育学

---

① 吴黛舒：《论"教育学"的学科立场：探索"教育学"学科独立性问题的另一个思路》，载《华东师范大学学报》（教育科学版），2004 年第 3 期，第 13～18 页。
② 冯建军：《论教育学的生命立场》，载《教育研究》，2006 年第 3 期，第 29～34 页。
③ 申卫革：《教育学立场：教育学走出困境的路径》，载《保定师范专科学校学报》，2006 年第 3 期，第 83～86 页。
④ 李云星：《论教育学学科立场的基本结构》，载《教育学术月刊》，2012 年第 11 期，第 22～25 页转第 82 页。

的学科立场的佳途！"①

（三）教育学学科立场有哪些

在研究教育学学科立场问题时，首先遇到的问题是教育学有无学科立场问题。有学者认为教育学无立场，"即对教育和生活等各方面的共同问题和公共意义进行理解，超越简单或片面立场，教育学必须站在社会整体性的公共福祉的立场上把握教育需要解决的问题，无立场的教育思维在'天下'和'永恒'的背景下，试图解释文化和生活需要解决的涉及人间、人事和人心的教育问题。"②无立场教育学思维的提出，对于教育学的片面思维和特殊立场进行纠正，对于避免教育学立场为某一利益集团所利用，对于消除把一种自我的立场看成是普遍性的真理选择的霸权立场，有着积极的意义。但无立场的观点其实是站在永恒和公共的立场上的，也是有立场的。

总结学者们对教育学学科立场的研究成果，主要观点有以下几种。

1. 生命立场

有学者认为，生命是教育的发生原点，教育是直面生命的活动，教育世界、教育现象都具有"生命在场"性。理解教育活动、教育现象，进而理解教育学，都离不开生命。教育学与其他学科看待同一现象的区别在于秉持的是"教育立场"。"教育立场"就是关怀生命、促进生命发展的立场。因此，生命立场就是教育学的立场，教育学是"成全生命"的人文之学。要把生命作为教育学的基础性、核心性概念，建构以生命实践为核心的教育学体系，教育学思考的问题是从生命开始，服务于生命才有价值，教育学立场就是以塑造生命为前提，以塑造什么样的生命、如何塑造生命为核心。③生命立场与生命实践立场不同的是，生命立场关注的主要是与科技理性中的"物"相对应的"人"。提出这种观点的背景是教育研究过多地强调了理性化、可测量、工具化的研究，而忽视教育的对象是"人"。人不但是理性的存在，人还有其他非理性的因素存在。

2. 实践立场

教育学要很好地开展研究，就必须把握教育问题的实际状况，通过研究得出科学结论，用得出的结论在教育第一线反复尝试和实验，然后反思理论、丰富发

---

① 宋兵波：《现代学术传统与中国教育学研究》，载《教育学报》，2007 年第 3 期，第 9～15 页。
② 金生鈜：《无立场的教育学思维：关怀人间、人事、人心》，载《华东师范大学学报》（教育科学版），2006 年第 3 期，第 1～10 页转第 20 页。
③ 李政涛：《教育学的生命之维》，载《教育研究》，2004 年第 4 期，第 33～37 页。

展理论，再用丰富发展与修正后的理论，最后回到实践行动中去验证。如此循环往复，就能脚踏实地地前进。教育学研究要关注教育实践中的诸种矛盾，是在教育第一线最实际、最尖锐地表现出来的矛盾。从这个意义上说，教育实践蕴含着教育学研究的课题，以教育实践中的问题为突破口，深入地开展教育学研究，是教育研究者的基本立场。[①]

教育学的学科立场就是以教育实践中的问题作为自己的内核性问题，以实践作为问题之源，教育问题的最终求解也在于以行动去解决问题。所以，回归实践是教育学学科立场的自我意识。[②]教育学的真正根基在于生命实践，在生命实践立场下，教育学不再是单纯的"面对实践"的理论范畴，而是处于与实践相互缠绕、彼此互依的理论与实践之间的生成性范畴。教育学不仅以求真为目的，而且更关注如何在"成事"中"成人"。[③]

3. 责任伦理立场

基于教育是教育者与受教育者之间所发生的一种实质性、意向性关系，所以，教育就意味着责任。教育本身必须是道德的，是基于责任伦理的，故"责任伦理立场"是教育学的学科立场。教育学就是"责任"之学，"责任伦理"从"权利"与"权力"两个方面给教育实践以"责任"导向，实施"负责任"的教育，培养"负责任"的社会历史活动的主体。省思教育学的学科立场不是要进行一场教育学学科划界与领地捍卫的"圈地"运动（"教育学的""政治学的""社会学的"等），也不是要发起一场教育学学科性质厘清与科学性捍卫的"保家"运动（"人文科学的""社会科学的""自然科学的"等），而是要形成一种自我认识——作为"教育学研究者"的治学态度与所秉持的关于教育的基本理念的自我省思，教育必须是道德的，必须建立在伦理的基础之上。[④]

4. 知识论立场

有学者认为教育学的立场应该是知识。哲学认识论中的知识立场对教育论域是有局限的。教育学的知识立场不是一种知识的本体论立场，而是一种主体论立场；不是一种共时性立场，而是一种个性化立场；不是一种事实性立场，而是一种价值性立场；不是一种纯粹的科学立场，而是一种生命立场。同时认为中国的

---

① [日]筑波大学教育学研究会编：《现代教育学基础》，钟启泉译，上海：上海教育出版社，1986年，第12页。
② 张立新：《回归实践：教育学学科立场的自我意识》，载《安徽教育学院学报》，2006年第1期，第101~103页转第107页。
③ 卜玉华：《叶澜"生命·实践"教育学创建的思想路径》，载《高校理论战线》，2011年第9期，第19~28页。
④ 蔡春，易凌云：《教育是什么：兼论教育学的责任伦理立场》，载《教育理论与实践》，2006年第5期，第1~5页。

教育出现很多的问题，根本的原因就是没有抓住教育学的知识立场。[①]

5. 教育的自由

"教育的自由"是日本学者提出的观点，认为教育的原点乃在于促进个性的发展。只有在个体优先于部分，部分优先于全体，个体的独特性受到尊重时，才合乎教育的逻辑。在实施教育的场所，当这种教育逻辑受到社会承认和尊重时，才会获得教育自由的观念。当然，就一个国家的教育而言，国家和地方等诸多社会集团都可以提出各自的要求，但考虑这些要求时，教育的逻辑宜置于优先地位。[②]

6. "三维一体"的立场

"三维一体"是指从三个维度来分析教育学的学科立场，即教育学立场的"原点·基础"——人之生存与发展；教育学立场的"指向·目的"——具体生命与自觉；教育学立场的"方式·方法"——生命实践与律动。[③]这三个立场紧密相连，相互支撑，三维一体，缺一不可。人是教育的出发点，这是教育存在的前提，是教育学理论研究的中心。教育的世界是人的世界，"人"是教育学的核心概念。顾明远认为，我国教育受到三种拉力的影响：一是国家要培养合格公民，希望他们成为国家发展、社会发展所需要的人才；二是家长把教育看成是敲门砖，使孩子成为人才；三是市场把教育作为逐利的工具。要从根本上解决这些问题，就要回到"人的发展"这一教育问题的原点上，回答教育究竟是什么，我们究竟如何理解教育。[④]叶澜更明确地指出，"教育除了鲜明的社会性之外，还有鲜明的生命性。人的生命是教育的基石，生命是教育学思考的原点"[⑤]。"原点"观点的提出有着坚实的基础，即人学是教育学立场的基础，研究与思考教育学问题，就必须要以人学理论为基础。

教育学的立场是明确指向人的生命的，而且是具体的生命，其目的就是追求生命自觉。人的生命可由四部分组成：自然生命、精神生命、价值生命和智慧生命。自然生命是人之生命的基本，是生命存在的物质载体和本能的存在方式，强健的体魄是生命的源泉。精神生命是人之生命的升华，它赋予人"灵性"，使人有了灵魂，健全的人格是精神生命的意义所在。价值生命是人之生命的取向，它使生命有了价值标准，使人的主观性、目的性与客观性、实践性统一起来，真善美

---

① 郭元祥：《知识的教育学立场》，载《教育研究与实验》，2009 年第 5 期，第 1～6 页。
② ［日］筑波大学教育学研究会编：《现代教育学基础》，钟启泉译，上海：上海教育出版社，1986 年，第 12 页。
③ 王北生：《当代教育基本理论论纲》，北京：人民教育出版社，2012 年，第 29～36 页。
④ 顾明远：《教育要回归"人的发展"原点》，载《中国教育报》，2011 年 7 月 11 日，第 002 版。
⑤ 佚名：《为"生命·实践"教育学派的创建而努力：叶澜教授访谈录》，载《教育研究》，2004 年第 2 期，第 33～37 页。

的完美结合是生命的内在尺度，是价值性的追求。智慧生命是人之生命的创造与超越，它使人的认识更加理性与创新，使生命更加丰富与完美，智慧生命是人之发展的动力之源。四种生命统一在人的身体、心理、智慧、价值、道德的完整性和统一性上。教育学立场的"指向和目的"是具体的生命和追求生命自觉，因为生命的自觉意识和生命发展的反思能力，对于个体生存与发展有着十分重要的意义。[①]可见，教育学是一门关注人，研究人、造就人、使人追求、学会、成就"生命自觉"的一门学问。教育学的存在方式在于"生命实践与律动"，从某种意义上说，实践是人之生命的本质所在，离开实践，人之生命就失去存在的方式。"律动"就是行动，"践行"是体现教育学立场的最好办法。教育学是生命引导与发展之学，是生命实践与律动之学。此观念要求我们教育者"心中要有人性的善"、"眼中要有鲜活的生命"和"行动中要闪现律动与个性"。

7. 多元化立场

于伟指出，教育学首先应该坚持马克思主义哲学的人学立场；其次要坚持科学人文主义的立场，以坚持教育学的学科取向取代"教育科学"概念；还要坚持开放的跨学科的教育学立场。杨小微认为，教育学应该坚持四个立场：一是中国立场，即本土立场；二是本学科立场；三是实践立场；四是个人立场。若从教育学的历史发展来看，教育学有哲学立场、科学立场、经验立场和问题立场。今后我国的教育学发展要坚持中国立场、实践立场、人学立场等多重立场。李太平认为，当前教育研究中客观存在着独白、旁观、洋化或西化、工匠应用理论和无立场五种立场。我国教育学研究应该坚持三种立场：回归教育生活世界的立场、实践取向的立场和本土原创性立场。[②]还有学者从教育实践、环境、使命三个维度提出教育学应该具备三个基本立场：润泽生命的人文性立场、卓尔不群的实践性立场和静水流深的超越性立场。[③]可见，教育学并没有一个统一的立场，不同的发展时期有不同的立场。

8. 人性教育学立场

人性教育学立场需在本真所内蕴的自立、自觉和自新三个层次上予以确立。[④]"人"是建构教育学的逻辑起点，人的抽象化与具体化会导致完全不同的教育学立

---

① 叶澜：《"生命·实践"教育学论丛·立场》，桂林：广西师范大学出版社，2008年，第89页。
② 宋剑，董标：《教育学的学科立场：教育基本理论专业委员会第十届年会综述》，载《教育研究》，2006年第1期，第91~93页。
③ 任增元，任广元：《试论当代教育学的基本学科立场》，载《内蒙古师范大学学报》（教育科学版），2006年第7期，第111~114页。
④ 彭亮，徐文彬：《孩子为何更加难教：人性教育学立场的重思与确立》，载《教育研究》，2016年第6期，第18~24页。

场。现有的教育学大多以人的一般化、同质化，即抽象的人为逻辑起点，从而建构出无视人群特殊性的人类主义教育学。从谋生者与社会分层的现实出发，谋生者教育学试图在谋生者阶层的文化中理解谋生者的教育目的、教育内容、教育方法、教育行为和教育需求，从谋生者阶层独特的教育问题和教育现象中创生出独特的教育学智慧和教育学话语。①还有学者认为，哲学人性论的本体论立场消解了人性的具体复杂性，客体性立场否认人性的主体选择性，预设立场遮蔽人性发展过程，这些立场对于解决教育场域中的人性问题具有局限性。教育工作者应确立人性的教育学立场：生命立场，复杂取向；主体立场，实践取向；生成立场，过程取向；价值立场，超越取向。从教育学立场看，人性是以先天的遗传和发育为基础，个体在生命成长历程中逐步生成、发展和完善的内在特性。它的形成和变化主要取决于个体在后天环境中的人生实践与自我选择，可能丰盈也可能枯槁，可能上升也可能堕落。教育对人性发展之可为与应为在于：尊重人性，顺势导引；化育人性，启发自觉；提升人性，引领超越。②

此外，还有"教育自身是教育学学科立场"③、人与社会和谐的立场、科学人文主义的立场和回归教育生活世界的立场等。

（四）教育学学科立场与教育立场

为了更好地研究教育学的学科立场，学者们还对教育立场与教育学学科立场进行区分。教育作为培养人的一种实践活动，不管是广义的教育还是狭义的教育，都是有意识地影响人的身心发展为目的的活动。教育学是研究教育问题，研究怎样更好地影响人的身心发展和培养人的一门科学。可见，无论是教育研究还是教育学研究都要有出发点。尽管教育的立场与教育学的立场有着本质的联系，但教育的立场可以是多学科的，也正是如此，才能形成众多的教育学分支学科，他们从不同视角看待教育问题，形成不同的教育问题解决策略，共同关照人的成长与发展。历史上，教育的立场也是多变的，例如，我们有时强调教育的政治立场，有时强调教育的经济立场，有时强调教育的知识立场，有时强调能力的立场，最后回归到以人为本的素质教育立场。教育学的学科立场，立足点在学科，是从事教育学专业研究者从事教育学研究的视角，关注的是教育学学科的知识体系，对教育问题的解决以及怎样运用教育学理论去指导教育实践，都是学科的视野。教

---

① 罗建河，康翠萍：《论谋生者教育学：教育学的阶层立场及其建构》，载《高等教育研究》，2019 年第 11 期，第 23～29 页。
② 赵荷花：《人性的教育学立场》，载《华东师范大学学报》（教育科学版），2011 年第 1 期，第 11～19 页。
③ 冯向东：《教育自身：教育学学科立场与理论的基石》，载《教育研究》，2013 年第 7 期，第 10～17 页。

育学立场就是教育学看待问题的方式，同样的问题与经济学看待不同。①教育学学科立场，"就是在研究教育问题时，能够自觉或自动地从教育学的视野出发，以相应的思维方式，运用特有的概念表达方式分析教育问题，得出教育学的知识和结论"。②可见，教育立场与教育学学科立场其出发点一样，都是以人的发展为出发点，都是研究怎样培养人、发展人的问题，共同解决教育领域中如何培养人的问题。两者的区别又在于研究任务不同，研究方法有别。③也有学者认为，教育立场更多地侧重于教育对象的认识，教育学立场是教育研究者依据特有的认识方式形成基本观点。④教育学立场与教育立场是代表两种教育研究的意向。但这种认识割裂了理论与实践的关系，使教育学成为教育学者的"自留地"，却忽视了教育学与其他学科之间的关系。⑤

总体来看，关于教育学的学科立场的讨论，尽管形成多种观点，但在"育人是教育学的根本立场"上，大家取得了一致的认识。此外，教育学研究应该立足于我国的传统文化，应该把传统的教育学术纳入研究视野。有学者提出研究教育学的学科立场的前提条件是成立中国学派的教育学。⑥研究教育学学科立场问题，不仅为解决教育学生存危机出谋划策，而且客观上也促进了教育学学科建设与发展，促进人们更好地思考教育学的理论问题，对于提升教育学的学科价值具有重要意义。

三、从学科立场研究到教育学学派的创生

在教育学学科立场研究中，有学者指出，教育学的学科立场研究主要有两个方面的意思：一是教育学学科的立场研究；一是教育理论研究的立场。学科立场的研究要基于学科的逻辑，具有一定的客观性；但教育理论的研究，是基于学者对教育问题的认识与思考，具有较强的主体建构性。在一定意义上来说，教育理论研究立场的确立比较靠近教育学学派的研究，是学派立场研究。

自1978年改革开放以来，我国教育学随着师范院校教育学专业招生的恢复，

---

① 余维武：《"教育的立场"与"教育学的学科立场"：论研究教育现象的两种意向》，载《教育理论与实践》，2006年第10期，第1～4页。
② 叶澜：《"生命·实践"教育学论丛·立场》，桂林：广西师范大学出版社，2008年，第73页。
③ 王北生：《当代教育基本理论论纲》，北京：人民教育出版社，2012年，第28页。
④ 彭亮，徐文彬：《孩子为何更加难教：人性教育学立场的重思与确立》，载《教育研究》，2016年第6期，第18～24页。
⑤ 冯建军：《教育基本理论研究20年（1990～2010）》，福州：福建教育出版社，2012年，第46页。
⑥ 宋剑，董标：《教育学的学科立场：教育基本理论专业委员会第十届年会综述》，载《教育研究》，2006年第1期，第91～93页。

教育学及其教育学分支学科相继恢复并重建，经过 40 多年的发展，教育学呈现出一片繁荣的景象。但经过沉思，人们还会发现教育学在繁荣的背后还潜藏着危机，这种危机表面上看是教育学没有自己独特的概念、研究方法和体系，但更深层次的问题是教育学面临着思想的危机。教育学学科的建设与发展，不能仅仅看形式，例如，出版了几百种（本）教育学教材与著作，但翻一翻教材与著作的内容，不免有些失望，真正有建树的教育学教材与著作凤毛麟角，缺乏有思想、有创意的教育学学派（或教育学流派）。有学者指出，中国教育学的危机，学科危机是表象，学派贫乏是本质。今后的教育学研究，既要具有学科意识，更要有学派意识，要逐步创建有中国特色、有中国风格、有中国气派的教育学，教育学的发展要从创建有中国特色的教育学学派上寻找出路。学科意识主要是一种群体或整体意识，学派意识主要是一种个体意识；学科意识是一种基于知识立场的意识，学派意识是一种基于思想立场的意识；学科意识的立足点是建设基本的、公共的学科知识体系，学派意识的立场是追求真理，尤其是探索未知领域，寻求思想、观念、理论的创新以及对实践的改造；学科意识常常使学术研究止于基础理论诉求，具有滞后性，学派意识则具有超前性。①

　　学派是指一门学问中由于学术师承的不同，由学术观点相同或基本相同的一批科学家所形成的派别。一般说来，学派具有一些共同特征：第一，共同的研究兴趣与方向；第二，代表性人物及一批成绩卓著的研究者；第三，特有的研究风格、个性化的理论体系、显著的研究成果及较大的社会反响；第四，具有一定的组织形式；第五，其内部对立面的客观存在。在类型划分上，学派一般有师承性学派、地域性学派和问题性学派三种。学派产生的根本原因是科学研究的丰富性、复杂性、无限性与学科理论自身的与时创新性。学派不是一种制度化的社会组织，而是依靠共同的信仰和追求，在其代表人物的感召下而自然形成的争鸣性学术团体。教育学学派是在教育研究领域中，基于师承性、地域性和问题性关系而组成的具有共同奋斗目标、学术风格、话语方式、做事方法与基本主张的学科共同体。在世界教育学史上，以赫尔巴特为代表的"传统教育学"学派和以杜威为代表的"现代教育学"学派是教育学学派的两个典范。②教育学作为一门学科，内涵丰富，外延多样。依据布列钦卡的三分法，可以将教育学划分为科学教育学、哲学教育学和实践教育学。其中，科学教育学围绕"事实—规律"的探索与证明做文章；

---

① 靖国平：《从"学科立场"到"学派立场"：论中国教育学的学派意识及其实践路向》，载《高等教育研究》，2006 年第 1 期，第 76～81 页。
② 胡少明：《"教育学派"与"教育学学派"之辩》，载《六盘水师范学院学报》，2015 年第 2 期，第 34～37 页。

哲学教育学以"评价—规范"的探索与辩护为核心；实践教育学则是作为"规范—行动"的指南而实现其价值。由于科学教育学以"事实—规律"为研究基点，探寻的是关于教育的一般性原理和基本性知识，其在师承、地域和问题三个关系层面的学术分歧不大，不存在教育学中国化的问题。而哲学教育学和实践教育学带有明显的国家、民族、文化的特点，所以"教育学学派"的探讨实际上是趋于后两者，"教育学中国化"就是探索如何实现哲学教育学中国化和实践教育学中国化。

"教育学学派"一词，在中国的教育学术研究中很少看到。最早探讨"教育学学派"的文章是李其龙的《精神科学教育学学派初探》(《外国教育资料》，1990 年第 6 期)，其后，对教育学派论述的是在 1998 年发表的《论教育学派》，但该文也主要是从一般意义上对教育学历史进行总结，指出了教育学派的内涵、作用、特点、成因、教育学派演变发展的主要规律等问题，仅在文末呼吁要建立自己的教育学派。[1]21 世纪以来，一些开始探索教育学学派的问题逐步增多，人们开始探讨创建中国教育学学派的方法论问题。[2]2004 年《教育研究》发表了叶澜教授的访谈录，旗帜鲜明地提出了要创建"生命·实践"教育学派，拉开了中国创建教育学学派的序幕。同年，李政涛认为中国教育学学派概念的提出，显现了民族性和本土化意识，因此拥有两种独立性的意义：独立于相关学派和独立于西方教育学学派。中国教育学学派创生的基本路径包括"建构性创生""渐进性创生""移植性创生""内源性创生""理论性创生"与"实践性创生"。学习与训练的制度、研究的制度和交流沟通的制度是中国教育学学派创生的制度支持，而宽容意识与批评意识、独立意识与整合意识、现实意识与学术意识则应成为中国教育研究者的基本意识。[3]

综上所述，有关教育学学科立场的争论主要是基于宏观方面的讨论，即把教育学当成一门整体学科来讨论它的学科立场。近年来的教育学学科立场讨论，表明了我国教育理论研究者对目前教育学所处的"尴尬地位"的深切忧虑，急于把教育学建设成为一门独立的学科，所以需要寻找教育学坚若磐石的"立足点"。我国教育学的发展始终是一个引进、消化、批判、吸收的过程，只有弄清楚了教育学的学科立场，才能够发展"中国特色的教育学"。

---

① 李江源：《论教育学派》，载《韩山师范学院学报》，1998 年第 4 期，第 55～64 页；李江源：《论教育学派》，载《社会科学战线》，1999 年第 4 期，第 174～182 页。

② 易连云，杨昌勇：《论中国教育学学派的创生》，载《教育研究》，2003 年第 4 期，第 37～42 页。

③ 李政涛：《论中国教育学学派创生的意义及其基本路径》，载《教育研究》，2004 年第 1 期，第 6～10 页。

第二节　教育学的学科价值

　　学科价值与学科地位问题是教育学学科理论探讨的基本范畴与基本问题，只有教育学学科有价值，人们才有研究它的必要，教育学自身也才有存在的价值。学科有价值，学科才有可能成为独立的学科，才能获得合法的学科地位。关于教育学学科的价值问题，一直没有受到人们的专门研究与探讨，其中缘由不得而知。

　　从一般意义上说，科学研究"价值无涉"，但任何的科学研究成果，都会给人类社会的发展带来巨大价值。首先是文化创新发展的价值，其次是创新的文化给人类社会生产、生活带来有用性，这种"有用性"，通常就是我们所说的"价值"。人类的本能行为就是趋利避害，人们从事任何活动之前都会有明确的目的与价值诉求，所以，人类具有一种"求价意志"，是一种"价值"动物。①学习与研究教育学，人们也总是追问，为什么要学习教育学，他有什么价值与用途。要回答这样的问题，不仅是理论的科学阐明，更主要的是学习者在实践中的体验与感悟。具体来说，学习教育学的价值主要体现在以下几个方面。

一、教育学是总结与反思日常教育经验的法宝

　　一般说来，人类认识教育现象、教育问题通常有两种方式：一是习俗的方式，这种方式弥散在我们的日常教育实践中，人们通过日常的教育生活逐步形成了一些关于教育问题的态度、观点、思想、评价和信念，形成一些日常教育经验；二是科学的方式，即通过科学的方法，对教育问题进行科学研究，形成一些专门的概念与范畴、教育理论与教育规律的知识。人们力图把这些知识构成系统的知识体系，就构成了教育学理论或教育学学说。从教育发展史来看，人们对教育问题的认识，总是先有习俗的教育认识，形成日常的教育经验。对教育问题的科学认识或形成教育学理论，总是建立在对教育问题习俗认识的基础上，经过验证反思，进行科学抽象，教育学的科学认识是对习俗教育经验理性反思的结果、是超越。这也是量变质变统一规律的反映。习俗教育经验积累到一定程度，必须发生质变，进行升华。这是因为：教育习俗性认识以及由此产生的日常教育生活经验本身具有局限性，这种局限性表现为直接性、表面性。它往往是教育实践者直觉的感性

---

　　① 全国十二所重点师范大学联合编写：《教育学基础》（第2版），北京：教育科学出版社，2008年，第24页。

认识，一旦触及问题的根源及本质，习俗性教育经验就无能为力，迫使人们必须进行理性思考，由感性上升到理性。此外，随着教育事业的发展，现代教育问题呈现出复杂性、多样性等特征，仅依靠习俗性教育经验无法解释与说明，教育事业的发展客观上也要求人们对教育问题的认识由习俗性教育经验转化为科学理论的阐明，因此教育学的学科价值日益凸显。

当然，在日常教育实践中，人们对教育现象、教育问题的认识，始终存在着习俗性教育经验和科学的教育学理论两种方式，它们共同构成教育生活的认识论基础。从现时的教育存在来看，教育的习俗性认识不仅存在于家庭、社会生活与教育实践中，也存在于专门从事教育活动的教育者身上。许多教师的教育教学实践往往凭经验办事，这里的经验，大多是习俗性教育经验，也是他们从直观的教育现实中总结出来的，而且有许多教育工作者经验办事占据他教育活动主导地位。为了克服这种"经验"工作的现象，我们的教育改革都是历经坎坷，首先在思想上动员，其次在理论上培训，最后在实践中督导。尽管这样，当代中小学教师的教育理论素养还是比较缺乏的。所以，加强教育学理论的学习，认识教育学的价值，对于提升教师素质促进其专业发展具有重要意义。

二、教育学是解释教育问题与发现教育规律的武器

如上所述，从总结经验，升华理论，提升教师专业发展方面来看，教育学具有重大价值。教育学的自身价值就在于科学解释教育问题，解释教育规律上。教育学既是规范性的学科，也是解释性的学科。[①]教育学的价值体现在对教育实践的规范作用，主要是以教育学理论的解释力为前提的。

教育学理论之所以能够超越日常的教育经验而成为一门科学理论，是与其自身的认识方式相关的。教育学的认识方式是"科学"的认识方式，是对教育问题进行"科学"的解释。当然这种解释是一种批判理性意义上的"科学"解释，亦即是借助于"猜测"和"反驳"而进行的从旧问题到新问题的认识活动，其最终目的不是为了获得对于问题的"终极解释"或"绝对真理"，而是为了寻求"更好的"、"更有效的"、进一步"开放的"解释。

教育学对教育问题的研究与揭示，要求教育学做到：第一，教育学是以教育问题为研究对象，教育学研究的主要任务就是对教育问题提供超越日常习俗认识和传统理论认识的新解释。因此，提出并界定明确的教育问题是教育科学认识的

---

① 全国十二所重点师范大学联合编写：《教育学基础》（第 2 版），北京：教育科学出版社，2008 年，第 25 页。

基本功能。这一点，教育的经验认识（习俗性认识）是做不到的，因为在教育习俗性认识中，经常是各种问题混杂在一起，根本没有逻辑的区分与界定，所以，教育习俗性认识也往往是各种教育观念的大杂烩。第二，教育学是对教育问题的科学解释，就必须使用专门的语言、概念或符号，而不能使用日常的语言、概念或符号。这是因为日常语言、概念或符号是不精确的，因而是容易引起歧义的。如果教育学的科学解释使用日常语言、概念或符号，就会影响到教育学理论的传播性与可理解性，不能很好地被教育知识共同体所领会和接纳。第三，教育学对教育问题的科学解释，是有理论视角、根据或预设的，不是建立在感性经验与判断基础上的，它属于理性的解释。第四，教育学对教育问题的科学解释，往往由于解释者研究视角不同、认识事物的方法论不同，所以，对同一问题的解释往往会产生不同的观点。这些不同观点往往在交锋中进行交流对话，促进人们对教育问题进行更深入的探究，经过理性思考达到对问题最恰当的解释。人类的教育知识就是在这种相互辩论中，不断得到促进和升华。因此，教育学研究的一个基本任务就是要促进教育知识的增长、提供对于教育问题新的更有效的解释，以便更好地发挥教育学理论对教育实践的指导功能。

三、教育学是沟通教育理论与教育实践的桥梁

教育学对教育问题的科学解释，其目的不仅在于促进教育知识的增长，还在于科学的教育学理论对教育实践具有指导价值。古往今来，所有的教育研究者，通过自己的教育实践或科学实验，探索教育的奥秘，总结教育规律，其最终目的还是把教育规律运用于教育实践，提高教育实践的自觉性、科学性，以增强教育实效。

在现实的人们意识中，提到"教育实践"，人们往往把它理解为过去存在的或现在进行的教育行为，比较注重"做"成分。其实，教育实践不是一种纯粹意义上的"做"，"做"中或多或少地包括理论的因素。也就是说，教育实践中蕴含着教育理论，理论与实践在现实中是无法分开的，人们在论述问题时，为了方便，在理性世界中往往把教育学理论与教育实践分开。教育学在沟通教育理论与教育实践的关系中起着"桥梁"和"纽带"作用。第一，学习教育学可以提高教育者自身的理论素养，增强对教育工作的针对性，克服盲目性。第二，学习教育学，对于教师来说，可以养成正确的教育观，形成坚定的教育信念，有利于巩固教育专业思想。第三，学习教育学可以促进教师专业发展，为以后的教育改革和从事

教育科学研究奠定坚实的理论基础。第四，学习教育学，可以丰富教师的教育理论素养，结合教学实践，进而生成学科教学知识，有利于教师形成教育实践性知识（教学实践智慧），为教师走向研究型教师以至于走向教育家奠定基础。

四、教育学理论成果可为教育决策提供理论依据

教育学理论的发展水平在很大程度上决定着教育决策的正确与否。现实的教育决策大致包括两个层次：一是教育决策所依据的教育理念；二是具体的决策模式。在这两个层次中，前者是灵魂，它规定着教育决策的性质；后者则是力图使教育决策走向科学化、程序化和规范化，是操作性的范畴。[1]这两个层次都离不开教育学理论的指导。在教育决策领域，教育学理论可以增强国家行政部门的理性，使之遵循教育规律去做出各种正确的决策，按照教育规律办事，而不是按照主观愿望办事，从而避免教育决策失误，提高决策的科学性。对于学校管理来说，学习教育学理论可以提高管理者的教育理论水平和管理能力，指导校长和学校管理者善于调动学校各方面的力量，以人为本，制定制度，加强监督，提高科学化管理水平。对于具体实践者来说，学习教育学，可以提升教育理论素养，遵循教育规律办事，提高办事的科学性和有效性。

五、教育学理论成果能为教育改革提供理论指导

教育改革是人们有计划、有目的地变革现存教育的活动，它是一种特殊的教育实践。教育改革是教育领域里的创新，进行教育改革必须要有相应的教育理论作为理性的指导。没有教育理论指导的教育实践是盲目的实践，盲目的实践必定是要走弯路的。教育学理论作为对教育实践研究的结果，既来自实践，又高于实践，是若干教育实践经验经过抽象概括总结出来的带有普遍意义的理性精华，因此，它可以对教育改革起到指导作用，帮助人们提出教育改革的理论框架，并对教育改革的背景、动因、目的、条件、过程、模式、策略、方法等进行系统化的说明，从而使得教育改革能够在理性的指导下顺利进行，避免或少走弯路。教育学理论对于教育改革的推动作用，主要表现在：一是用理性的尺度评价现实、分析现实教育中存在的种种弊端，使人们认清现实教育中的种种不合理因素；二是对未来教育进行预测、设计和规划，在对现实的教育评价中和对未来社会发展的

---

[1] 柳海民：《教育学概论》，北京：北京师范大学出版社，2015年，第26页。

预测中提出未来教育的目标、任务、内容、方法、制度、形式等，指明教育改革的方向；三是通过理论创造的社会舆论力量来呼唤社会，推动教育工作者参与教育改革，并提高其自觉性、积极性和必胜的信心。[①]

六、教育学知识是促进教师专业发展的必备知识

在教育活动中，教师具有重要的作用。教育大计，教师为本，就充分说明了教师在教育过程中的重要性。所以，提高教师素养、促进教师专业发展是当今教育改革的主题之一。教师专业发展其中最重要的一部分内容就是教师的教育科学知识，而这部分知识对教师专业发展有着特殊的意义。众所周知，不管从事什么职业或专业，合理完善的知识结构是取得事业成功的必备条件。教育工作是育人的工作，育人是有规律的，对这些规律的研究与探讨正是教育学的任务。教育学理论能够提高教师的教育专业素养，这是因为：第一，教育学理论能够转变教师的教育观念，有助于教师冲破封闭的、陈旧的教育思想的束缚，建立起与时代发展相一致的现代教育理念。第二，教育学理论能够帮助教师掌握教育规律，根据学生的认知特征和身心发展规律，确定教学进度和教学重点，从认识、能力等方面确定教育方法。[②]第三，学习教育学理论，能够帮助教师生成学科教学知识，促进教师实践性知识（教学实践智慧）的生成。教师拥有学科专业知识，通过教育实践，把教育理论用到学科专业教学实践活动中，逐步体验、感悟与反思，不断生成会教学科专业知识的知识，即学科教学知识，然后再经过教育实践的检验，逐步提升自己的教育实践知识，最终达成教学实践智慧的生成。教师一旦拥有了教学实践智慧，既能对教育理论灵活运用，又能开展个性化的教学实践，教学游刃有余，逐步形成自己独特的教学风格和教学艺术，至此，一个专家型教师就诞生了。[③]

七、教育学理论能帮助家庭教育功能的优化

家庭是儿童成长的摇篮，父母是孩子的第一任教师。家长要想教育自己的孩子成才、成人，就必须懂得教育规律，也必须学习教育学。特别是现代社会的发展，信息社会、人工智能社会的到来，家庭、家长对孩子的健康成长越来越起到

① 柳海民：《教育原理》，北京：中国人民大学出版社，1998年，第24页。
② 柳海民：《现代教育原理》，北京：人民教育出版社，2006年，第31页。
③ 张忠华，周国华：《强化工作针对性，力促青年教师专业发展》，载《中国高等教育》，2013年第6期，第24～26页。

至关重要的作用。家长学习教育学理论：一是可以帮助家长树立现代教育理念，做出正确的教育选择。学生受什么样的教育，家长发挥着重要作用。学习与懂得教育学原理，家长就可以根据儿童身心发展规律，制定适切的教育计划，确立正确的教育价值导向，帮助儿童个性全面发展。二是可以帮助家长参与到学校的教育教学与管理中，共同促进教育发展。现代教育是学校、家庭和社会的公共事业，要求家长参与学校改革的呼声也越来越高。三是学习教育学原理，提高家长自身素质，可以提高家庭育人环境的打造。家庭文化与孩子的学业成绩有着直接的关系，良好的家庭环境和家庭教养方式能够有效促进儿童健康发展。

第三节　教育学的学科地位

1632 年，捷克教育家夸美纽斯《大教学论》的发表，标志着教育学独立形态雏形的出现。这门学科的产生与发展是以教育的普及为基础的，因为教育的普及同时需要大量的教师，这样就需要有专门培养教师的学校——师范学校。1684 年，法国最早创办了教师讲习所，18 世纪后的欧洲各国普遍创建了师范学校。因为教师主要是从事教育工作，怎样做好教育，需要对教育现象、教育问题进行研究，从而把握教育规律，逐步形成教师教育的一门课程（或学科）教育学。1776 年之后，康德在大学多次开设教育学讲座，教育学才作为一门课程（或学科）登上了大学的讲台，为教育学成为一门学科奠定了基础。1806 年，德国教育家赫尔巴特《普通教育学》的出版，标志着教育学成为一门独立的学科，赫尔巴特也因此被尊称为科学教育学的奠基者。在赫尔巴特看来，"独立"意味着教育学要"尽可能严格地保持自身的概念"，能够"培植出独立的思想，成为研究范围的中心，有力地说明自己方向"，与其他科学"产生取长补短的交流"，从而免除"受到外人的治理"危险。[①]

一、国外对教育学学科地位的争论

从教育学成为一门独立学科以来，有关教育学学科的独立性问题一直受到人们的青睐，在国外主要形成两种观点，即非独立学科论与独立学科论。

---

① ［德］赫尔巴特：《普通教育学·教育学讲授纲要》，李其龙译，杭州：浙江教育出版社，2002 年，第 11 页。

（一）教育学不是一门独立的学科

自从教育学成为一门大学的课程，人们就开始探索教育学是不是一门独立的学科。对于这一问题的研究，形成两种对立的观点。一种观点是否认教育学独立学科的地位。美国教育家谢弗勒（I. Scheffler）、米勒（J. R. Miller）、扬（J. I. Young）以及英国的教育家彼得斯（R. S. Peters）等人，都否定教育学是一门独立的学科。谢弗勒认为，教育学只不过是一种职业训练性科目，而不是一门学术性科目。这是因为，一方面经验世界中的各个领域与各门学科之间不存在任何对应关系；另一方面，不能用其他学科的理论术语创造一门独立的学科。米勒也认为，为了生存，教育者必须认识和接受"不存在教育学科"这一事实。彼得斯更是从逻辑和实践两个角度论证教育学不是一门独立的学科。在他看来，一门独立的学科必须包含检验某一类型问题的答案的程序，企图把论述教育的各门不同的学科整合成一门学科的想法是荒谬的。就实践而言，如果教育现象确实能够通过心理学、社会学、历史学、哲学这样一些已经建立起来的学科以及它们的大量下位学科来探索的话，那么，建立一门"一般的教育学科"，就要求这些教育学家们能够通晓所有学科，而这一点实际上是不可能的。更有学者认为，"教育学不是一门学科，今天，即使是把教育视为一门学科的想法也会使人感到不安和难堪。教育学是一种次等学科，把其他真正的学科共治一炉，所以在其他严谨的学术同侪眼中，根本不屑一顾"[①]。

（二）教育学是一门独立的学科

另一种观点认为，教育学是一门独立的学科。索尔蒂斯（J. F. Soltis）从教育学的学术地位得到各大学的承认这一角度来认识这一问题。他认为，事实上，最高的学位（哲学博士）是授予那些完成了一种教育学术研究的人的。因而，教育学的"学术"地位已得到大学学者、团体的承认。麦克默莱（G. F. Mcmurray）等人认为，教育学是一门"独特的学科"，它有自己的研究对象，有自己的问题，有自己的研究范围，任何探索它的人都会发现包含在学科自身之中而不是另外什么地方的理论材料和证明程序。教育学的学科独特性不可能从哲学中推演出来。贝思（M. Belth）从否定把教育学看作是教者（教师）"如何做"的技术性观点的角度出发，来阐述教育学是一门独立学科。他认为，教育学凭自己的资格就可以成为一门学科，它既不是一门"应用学科"，也不是一门与社会学、心理学、人类学

---

① ［美］华勒斯坦等：《学科·知识·权力》，刘健芝等编译，北京：生活·读书·新知三联书店，1999年，第43页。

等一样的学科。作为一种研究，教育学是构造、使用、选择和改造各种探究模式的研究，是所有研究领域中最富有创造性的研究。①

二、国内对教育学学科地位的探索

在中国，关于教育学是不是一门学科，从教育学的引入之时，这一问题就被人们开始探索。教育学在教师教育课程体系中占有重要的位置，是基础学科和必修学科之一。对于学习者来说，掌握教育学基本理论和培养从事教育教学实践能力，将为一名合格的人民教师奠定基础。因为一名合格的教师不但要学好学科专业知识，成为合格的"经师"，而且要学会育人，加强师德修养，成为合格的"人师"。教育学课程的教学在这方面担负着重要的任务。从世界师范教育发展史中可以看出，教育学学科的发展是与师范教育的发展密切相关的。在中国，从师范教育开始直到今日，教育学始终是师范学校的一门主干课程，也是教育学者不懈追求的一门学科。1904 年 1 月 13 日，清政府颁布了《奏定学堂章程》，其中规定了有关教育学学科开设的要求：

> 先讲教育史。当讲明中国外国教育之源流，及中国教育家之绪论，外国著名纯正教育家之传记，使识其取义立法之要略。但外国历代教育家立说亦颇不同，如有持论偏谬易滋流弊者，万万不可涉及。次讲教育原理。当讲明心理学之大要，及中国现在教育之宗旨，及德育智育之要义，并讲辨学（日本名论理学）及教授法之大要。次讲教育法令及学校管理法……次则实事授业（即教育实习）。

> 在其所附的课表中，对教育学科的开设，在五年中做了具体规定：第一年，教育史；第二年，教育原理；第三年，教授法；第四年和第五年，教育法令，学校管理，实事授业。

此章程尽管是以日本的学制为蓝本，但从实际内容来看，该学制对于确立教育学学科在师范教育中的地位具有重大意义。第一，它具体规定开设的教育类课程有：教育原理、教育史、教授法、教育管理以及实事授业（即教育实习）等。教育学科的学习比较全面，并且贯彻了理论学习与实践相结合的原则。第二，在"教育原理"中，包括了心理学和论理学（即逻辑学）等方面的内容，其中对教育之宗旨及德育、智育的学习尤为重要。第三，对教育法令和学校管理的规定，也

---

① 转引自叶澜：《教育学原理》，北京：人民教育出版社，2007 年，第 12～13 页。

颇为详尽。第四，在教育实习的问题上，要求结合实际，"以实能应用为主"，对教育实习方法、指导的教师以及实习学校的教员和校领导等都提出了具体要求，以加强实习指导。①

（一）中华人民共和国成立前有关教育学学科地位的论争

在 20 世纪上半叶，有些学者就认为教育学只是常识而不是科学。其理由是：从时代与社会变迁上看，认为教育目的与方法随时代和社会的发展而发展变化，它既然缺乏普遍性与永久性，自然不能称为科学；从学术性质上看，教育之根本只能是艺术，不配称为科学；从学术的应用来看，教育学只不过是应用其他科学（如生物学、心理学、社会学、伦理学等）的原理，其自身并无独立存在的资格。②20世纪 30 年代，在全国范围内掀起了一场新教育中国化运动，当时有学者明确指出，大学中不应设教育学院，因为"这个不能独立成一门学问"；大学中也不应设教育系，因为"教育学自身不成一种严整的独立的训练"。③这种论调一直持续到 20 世纪 40 年代，不用说一般社会人士，就学术界的同仁们，"也常常对教育学术轻视、怀疑及误会"。④由此导致"教育行政当局也不重视教育研究，各种学术基金集中在自然科学与工程，甚至不愿意派遣研究教育的留学生"。⑤夏承枫对当时轻视与怀疑教育学的科学性进行原因分析，一是教育学术尚在幼稚时期，还不能致用于社会；二是社会制度未入常轨，师范学术遭到侵占，难见诸实施；三是教育学术自身缺乏科学精神。他认为教育学术与教育事业密切相关："教育学术在学术上的地位一天不确定，教育事业便不能赎回固有的独立性质，用科学方法增进教育效率的理想永远不能实现……教育学术科学化这个问题，不独是我们少数人事业成败问题，乃是教育事业成败问题。"⑥他提出以教育学术的科学化"赎回"教育事业的独立性，并将之视为教育学术界的"雪耻运动"。

当然，对否认教育学是一门独立学科的观点，一些学者进行批评与反对。罗廷光认为，西方的"科学"含义乃是各门学问的通称，凡是有系统的知识都可以成为科学。他认为科学有以下几个条件：一是有确定的研究对象和范围，能不与其他学科相混；二是自身有系统，前后不矛盾，没有论证上的谬误；三是有客观确切的事实提供研究—科学研究—不是妄测的臆断；四是有相当的普遍性与永久

① 黄济，劳凯声，檀传宝：《小学教育学》（第 3 版），北京：人民教育出版社，2019 年，第 6～7 页。
② 郑金洲，瞿葆奎：《中国教育学百年》，北京：教育科学出版社，2002 年，第 36 页。
③ 孟真：《再谈几件教育问题》，载《独立评论》，1932 年第 20 期，第 4～8 页。孟真即傅斯年。
④ 赵廷为：《教育学术研究的重要性》，载《教育杂志》1948 年第 4 期，第 3～5 页。
⑤ 陈友松：《五十年来美国之教育科学运动的贡献》，载《教育杂志》，1940 年第 9 期，第 11～14 页。
⑥ 夏承枫：《教育学术科学化与教育者》，载《教育杂志》，1926 年第 2 期，第 1～6 页。

性。以此为准则，教育学是一门科学，它符合上述的四个条件。然后他遵循四个条件对教育学成为一门科学进行一一分析。①此外，这一时期还有一些学者对教育学能成为一门学科或科学进行了有力地辩护，例如，"必须在承认教育学是科学的大前提之下"，教育学才能提高自己的学科地位并"引起人们对于教育学术的兴趣"。②"吾人对于教育之研究，其所循途术，与他科学同，故教育学亦一科学也。"③还有"教育学虽属晚近产生的一种科学，然而此一广大繁荣的科学，已能运用其原理方法，同其他各科学一样地在发扬进展途中迈出的一种专门科学"④。有的学者还认为，教育学不仅是一门科学，而且也是一门独立的科学。"教育活动的本质，既如上述，那教育学的目标，就不会和其他精神科学一样，只注意于具体的特殊的对象。这点证明了教育学虽然和其精神科学一样，亦具有独特的科学形态；不仅如此且潜藏着发挥与其他精神科学不同之特色的可能性……教育学之所以能和其他精神科学一样，成为一种独立之科学，却因为它的产品是精神的文化，所以我们在这一点上，可以看出教育学的本务和特色，且能建立起教育学的自律性。"⑤余家菊也认为，教育学之内容，取自生理学、伦理学、心理学、论理学、社会学、生物学等学科，不能因为教育学吸取各方面的材料，而丧失其为独立学科之资格，教育上科学的研究法所获得结果以臻富有之境，未可以附属学科视之也。⑥可见，在20世纪上半叶，我国教育学者就已对教育学的学科地位进行了长期的争论。这种争论至少有以下意义：在中国教育学发展的初期提出了教育学的地位问题；否定了教育学的逻辑因素可以直接解释其地位问题；尝试从社会关系角度（如研究者的社会行为、教育事业的独立、社会效用、发挥作用的社会条件等）解释教育学的地位问题；教育学的地位深受其科学化程度的影响。⑦

（二）中华人民共和国成立后有关教育学学科地位的讨论

中华人民共和国成立后，我们在教育学领域上主要是学习凯洛夫的《教育学》。当时人们的主要精力放在学习与消化上，没有注意到对教育学自身理论问题的反思。所以，中国各级各类师范学校开设了教育学及其相关教育学科的课程，尽管教育学在我国的发展历经坎坷，曲折发展，但始终有这门学科的存在。在20世纪

---

① 罗廷光：《教育科学纲要》，上海：中华书局，1935年，第31～36页。
② 转引自侯怀银：《中国教育学发展问题研究：以20世纪上半叶为中心》，太原：山西教育出版社，2008年，第60页。
③ 王炽昌：《教育学》，上海：中华书局，1922年，第5页。
④ 徐德春：《教育通论》，上海：中华书局，1948年，第244页。
⑤ 石联星：《教育学概论》，上海：中国文化服务社，1946年，第21～22页。
⑥ 余家菊：《教育原理》，上海：中华书局，1935年，第3～4页。
⑦ 郭瑞迎，张建国：《教育学地位问题评析》，载《中国教育科学》，2018年第2期，第90～108页。

90 年代中后期，在中国又出现了教育学终结与否的讨论，对深化认识教育学的学科地位具有一定的影响。

此次对教育学学科地位的讨论，是教育界系统总结与反思我国改革开放以来教育学学科建设的结果。自改革开放以来，随着我国教育事业的发展，教育学及其分支学科获得了长足的发展，特别是编写各种版本的教育学教材成为主流。面对应接不暇的大量的教育学教材的出版，人们经过研究与反思，发现雷同现象严重，教育学知识体系创新不够，教育学研究中出现大量移植其他学科成果的现象，进而导致教育学成为别的"学科领地"，教育学的独立学科地位问题日益凸显。另外，这一时期，教育学的分支学科也得到快速发展，各个分支学科围绕自己研究的教育问题获得快速发展，教育学不得不把其他教育子学科研究的问题纳入自己的研究范围，从而有可能导致各种教育基本概念泛化。[①]

1995 年，吴钢在《教育研究》第 7 期上发表了《论教育学的终结》一文，论述了教育学在赫尔巴特之前，没有"科学"的含义，赫尔巴特本人也是以哲学和心理学为依据建构科学的教育学。这样就有一个悖论：独立的科学教育学有自身独特的理论形态，教育学必须建立在哲学和心理学基础上，因而哲学和心理学大厦的震荡必然引起教育学的眩晕。再就是教育学学科本身不断分化，把原来的教育学剥离得体无完肤，在各学科与教育学分化与脱离的同时，教育学也失去了学科发展的理论动力，走向其历史必然性的终结。此观点一出，立即引起商榷。依照上述观点来看，教育学从来就不是一门学科，对于一个尚未出现的东西，也就无所谓"终结"了。教育学分支学科的发展意味着教育学终结的看法也值得商榷。一是把教育科学发展所需要的分析与综合对立起来；二是教育学终结的观点，没有正确认识教育科学中各学科所处的层次；三是没有较好地区分作为一门学科的教育学与作为理论研究对象的教育学的界限。[②]也有学者认为赫尔巴特型教育学应该终结，是因为教育学的任务可以由新的研究所代替，在本质上是消解传统教育学的框架结构。因为培养什么样的人的问题是一个价值判断，这是需要哲学研究的；教育研究必须告诉教师等实践人员如何做，赫尔巴特依据心理学对教师行动提出的技术性指导，这一研究方式今天依然如此。可见，赫尔巴特的传统研究是不可替代的，在这个意义上说教育学"终结"是不成立的。同时，企图通过"综合"以形成高一级知识体系来为教育学辩护，表面上看似乎合理，但实际上行不

---

① 陈桂生：《略论教育学同其子学科之间的关系问题》，载《高等师范教育研究》，1995 年第 4 期，第 42～44 页。

② 郑金洲：《教育学终结了吗？》，载《教育研究》，1996 年第 3 期，第 38～44 页。

通。因为分支学科研究的逻辑在于，他们采用了母学科的分析框架来关照教育，并获得种种事实判断。所以，简单地说"综合""整合"是肯定不行的。①也有学者对《论教育学的终结》一文的论据质疑，旨在论证教育学不能终结，教育学依然是有生命力的。②

这场"教育学终结"的讨论持续时间不长，参与讨论的人数也不多，但对人们重新思考教育学的基本问题产生的影响较大。有学者认为教育学研究不要只关注"学科体系意识"，而应转向"问题取向"。"问题取向"是以问题（而不是以学科）为核心的研究模式，其研究目的不是学科知识体系的积累，也不是学科体系的建构，而是深化对问题的研究，有助于问题的解决。问题研究与学科体系建构的起点不同、动力不同、目标不同和路径不同。③也有学者提出，问题研究有助于体系建构，体系建构有助于对问题认识的深化和解决。教育研究应该做到二者并重，但归根结底二者都是为了更好地服务于教育实践，解决教育发展中的实际问题。因此不能把"建构学科体系"与"问题取向研究"对立起来。④

三、对国内外教育学学科地位研究的反思

总结教育学地位之研究，对教育学学科地位的反思主要有三种方式：一是承认教育学发展水平不高，侧重提出改善的"处方"。这种思路主要是在认识论范围内讨论教育学的地位问题。二是通过对教育学现状本身的解释，揭示制约教育学发展的客观因素。有的学者从教育学与社会关系角度探讨政治、意识形态、利益等学术生态因素对教育学的制约。有的学者从中国教育学百年发展史历经多次"整体式转向"或"推倒（或抛弃）重来式"的"发展"，说明中国教育学缺乏学术积累影响教育学的学科地位。陈桂生从教师职业和教育知识的角度探讨教育学的"专业化"程度不高，使得教育专业训练意义有限等问题，论述教育学的地位问题。这种方式为探讨教育学的地位问题提供了本体论和社会关系的视角。三是一些学者从教育学的价值角度探讨教育学的存废问题，正如上文提到的"教育学终结"观点等，这是在学科意义上探讨教育学的地位问题。⑤

21 世纪以来，不少学者在研究教育学的基本问题时，都能涉及教育学地位问

① 周浩波：《论教育学的命运》，载《教育研究》，1997 年第 2 期，第 22～26 页。
② 卢建华：《教育学的生命》，载《河池师专学报》（社会科学版），1997 年第 4 期，第 68～72 页。
③ 张斌贤：《从"学科体系时代"到"问题取向时代"：试论我国教育科学研究发展的趋势》，载《教育科学》，1997 年第 1 期，第 16～18 页。
④ 刘振天：《"研究问题"还是"构造体系"？——关于教育学研究的一点思考》，载《中国教育学刊》，1998 年第 4 期，第 39～42 页。
⑤ 转引自郭瑞迎，张建国：《教育学地位问题评析》，载《中国教育科学》，2018 年第 2 期，第 90～108 页。

题，但系统探讨教育学地位的成果不多，其中有四位学者的研究成果比较瞩目。侯怀银以历史考察的视角，对 20 世纪中国教育学者关于教育学学科独立性问题进行梳理，指出教育学者对教育科学化的追求与教育学的地位存在密切联系，不少教育学者将科学化作为提升教育学学科地位的手段，但科学化"在确立教育学独立的学科地位方面的作用却是非常有限的"。教育学学科地位不高的真正原因不在于其他学科理论和知识的介入，也不在于教育学缺乏独特的研究对象和方法，而在于教育学研究者"理解和把握研究对象的方式以及选择和使用研究方法的水平。"教育学的地位问题归根结底是"人"，即研究者的问题。这种研究其贡献是：20 世纪教育学者对教育学学科地位的理解是多元化的；教育科学化的讨论没能给教育学的学科地位带来实质上的影响；暗示教育学的学科地位问题与"人"的问题之间存在密切联系。[①]这种教育学地位的探索只是在中国语境下进行，没有把该问题作为一个普遍性问题，其"反思"也只能停留在历史经验层面。

李政涛认为，导致教育学地位低下的根本原因在于教育学缺乏自己的视角、思维方式和根基，过于依附其他相关学科。因此，他从教育学自身的视角出发，将教育学立足于"生命的体悟"之上，把教育思想纳入人类知识的体系，彰显教育学对整个人类知识的贡献。教育学者应当是"对生命成长与发展的迷恋和热爱生命成长的人。这种热爱不是旁观式的爱，不是纸面上的喧哗和躁动，而是一种置身式的爱"。[②]李政涛从建设的视角出发，基于个人的体悟与思考进行阐释，因而这种解释是直觉和经验的，而非严密论证的结果。这种思路具有合理性和正当性，但在理论上并不充分。因为它实质上回避了对真正问题的探究，即阐明了教育学的研究视角与根基，教育学的地位就一定提升吗？

刘庆昌用教育知识的独特性来解释教育学的学科地位。他认为，一个学科的地位主要取决于它的专业性状况及其对人类一般知识的贡献程度。教育学在这两方面均不落后："教育研究所使用的方法并不落后于其他的人文社会学科"，"教育知识对人类一般知识的贡献是巨大的、不容忽视的"。但是，既然教育学两者皆备，为何其地位仍然不高？这说明制约教育学地位还有其他因素。教育学没有获得应有学术地位的最根本原因在于其研究对象即"教育"的特殊性。这集中表现在三方面：一是教育不能从个人社会生活中剥离出来，这使教育理论不能达到形而上学的高度；二是教育行为与人的本能相联系，这使"一切关于教育的浅易的思考和言说都很难引起人类的注意"；三是"教育"一词所表征的不是单纯的存在物，

---

① 侯怀银等：《20 世纪中国教育学发展问题研究》，北京：北京师范大学出版社，2011 年，第 153～163 页。
② 李政涛：《教育学的智慧》，合肥：安徽教育出版社，2008 年，第 8～15 页。

而是"一个存在物的集合"。①这些特征一方面增加教育学的知识生产成本,"教育学研究者需要较高的知识起点和较多的知识储备,少年早成,基本无望";另一方面,又使教育知识往往是基于研究者的心理体验,在内容上难以超越常识。②这种思考为理解教育学地位问题提供了一种本体论解释,他颠覆了一些流行的观点如教育学研究者素质不高,研究方法落后,教育知识对人类一般知识的贡献不大。尽管他是基于对中国教育学现状的思考,但这种本体论的解释却超越不同文化和民族的教育学而具有普遍意义。但这种研究也存在一些疑虑:一是这种方式似乎假设研究对象的特征决定教育学的学科地位,这是一个可疑的假设。因为研究对象的特征直接影响的是研究方式及知识的特征,不能直接决定学科地位,前者是逻辑意义上的,学科地位则是社会意义上的。二是"教育"作为教育学研究对象的特殊性在多大程度上、怎样影响了教育学的地位?能否把教育学存在的诸多根本问题(学科地位、学术水平、研究的困难性等)均归结于这种独特性?三是将教育学的地位状况归结于研究对象的独特性,这种解释似可推及其他研究领域,譬如伦理学的地位是由"道德"的特征所决定的,社会学的地位是由"社会"的独特性所决定等,但这些学科研究对象的独特性似乎没有带来对学科地位不好的影响,这又做何解释?

扈中平从两个方面探讨教育学的地位。第一,教育学的知识特征。作为研究对象,教育相对于其他社会政治、经济等领域具有较多的依附性、受动性、守成性,这些特征使教育学倾向于坚持"教育独立"的价值取向,往往具有强烈的理想,甚至浪漫主义色彩;在微观层面,教育表现出高度的不确定性,既简约又复杂等特征,这使得教育学在理智水平上更近常识。第二,教育学的实践效用。教育学对实践的作用方式具有非线性和滞后性的特征,这使教育学的"直接"效用难以为人察觉。这两方面决定了教育学难以在学术界、实践者和决策者中获得较高地位。③这种研究的启示是:第一,自觉地将教育学的地位问题视为一个普遍性问题来探讨;第二,从教育作为研究对象的社会和自然特征两个角度解释教育学的地位,而以往的本体论解释多侧重教育的自然特征;第三,区分了三种不同地位,即教育学在学术界、实践者、决策者眼中的地位。尽管这种区分有待论证,也未能深入系统地探讨教育学的知识特征、效用与其地位是如何关联的,但它显示了教育学地位问题的复杂性和多维性。

---

① 刘庆昌:《教育知识论》,太原:山西教育出版社,2009年,第4~8页。
② 刘庆昌:《教育学是什么?》,载《教书育人》,2008年第9期,第16~17页。
③ 转引自丁钢:《聆听新知》,上海:华东师范大学出版社,2010年,第169~192页。

　　总结教育学地位问题的已有研究成果，可以看到有以下几种结论。①关于教育学地位研究提供了三种探讨的维度：其一，本体论视角，或以研究对象的特殊性，或以知识特征来解释其地位；其二，认识论维度，即将教育学地位不高的原因归于研究者的素质、方法（论）、研究视野、理论联系实践等因素；其三，社会关系维度，即将教育学置于社会关系中探讨，涉及性别、教育、政治、经济、意识形态等因素。②不能把与教育学地位相关的诸种现象，如教育课程经常被批评单调、混乱、肤浅、毫无价值，教育研究的"坏名声"，教育科学的进展缓慢，人们对教育学不切实际的期待等，与教育学地位之间的联系视为偶然，一种可行的方式是将它们视为教育学地位决定机制的外在表现。③教育学的地位与人（教育学研究者）的地位存在密切联系，但两者之间的关系尚有待揭示。④教育学的地位属于社会地位，只能在教育学的社会关系中形成，并从中得到相应的解释。①但是，其他人文社会科学本身也在不同程度上受社会关系的影响，为何教育学处于这种如此独特的地位？若承认教育学的地位是一种社会地位，我们也就不能直接从本体论和认识论视角中得到论证，进而就否定一些研究结论。例如，首先，教育学大量借用其他学科的资源而沦为其他学科的"殖民地"。这一事实仅表明，教育学对其他知识门类有很大的依赖性，或者说教育学与其他知识门类的研究对象多有交叉重叠之处，但不能从这一事实中直接得出教育学的地位低的结论。不同门类的知识相互之间的影响是逻辑上的，而逻辑上的借用或移植不能直接解释教育学的社会地位。其次，教育学在术语、概念、命题等方面缺乏所谓的"严谨性"导致其地位低下。从某种意义上讲，"严谨性"问题在人文社会科学中普遍存在，并不独属于教育学。②可见，真正的问题不在于人文社会科学的知识为何不那么"严谨"，而在于为何"严谨性"本身会成为衡量知识地位的尺度。一门知识是否具有较高的"严谨性"，主要取决于其研究对象和方法论。所以，"严谨性"是属于教育学的逻辑范畴内的问题，它不能直接解释教育学的社会地位。第三，教育学者的素质影响了教育学的地位。事实上，教育学界有不少学术精英，并且其中有一部分研究者不是在教育学而是在所谓的学术性学科（历史学、社会学、哲学等）中接受的训练。第四，将教育学地位问题归之于研究者缺乏实践意识、本土意识、原创意识等。但在一些教育学术已相当规范的国家，其教育学的地位依然不高，这又是为什么。第五，教育学的地位困境归于其研究对象过于复杂或特殊。但是迄今为止，没有研究者提出有力的证据支持教育学的对象比其他人文社会科学的

①　郭瑞迎，张建国：《教育学地位问题评析》，载《中国教育科学》，2018 年第 2 期，第 90～108 页。
②　[英]古登斯：《为社会学辩护》，周红云，等译，北京：社会科学文献出版社，2003 年，第 1～5 页。

对象更复杂或特殊。把研究对象的复杂或特殊作为避风港实质上等同于放弃对问题本身的探究。第六，教育学的地位低是因为它没有实践效用。假如以"效用"来衡量一门知识的地位，那我们就无法解释，为什么在历史上那些往往显得无用的理论知识反而具有更高的地位。

关于教育学的地位问题，相关研究已取得一些成绩，但还存在一些问题。一是在比较系统深入的研究中，历史研究居多。这意味着，研究者将教育学地位问题视为个别性问题。因此，这类研究不能解释为何教育学地位问题在世界范围内如此普遍。二是已有研究者从本体论、认识论、社会关系三个维度提出大量影响教育学地位的因素，但他们均未向自己提出一个前提性问题：知识为何会有地位？每门知识都应当是平等的，如果仅就一个知识门类而言，教育学的确没有给他人瞧不起的理由；但是，经验时刻向人们表明，不同的知识确实有高低之分。知识为什么会存在地位？需要我们继续探究。

四、教育学学科地位兴衰的案例启示

自从教育学诞生以来，人们对教育学的学科地位问题一直存在争论。2015 年10 月，国务院颁布了《统筹推进世界一流大学和一流学科建设总体方案》，其核心思想是要加快我国大学建设与发展，创建一批世界一流大学和一流学科（简称"双一流"）。为了更好地加强"双一流"建设，教育部也启动了"第四轮一级学科整体水平评估"，其评估结果也为"双一流"建设提供了客观依据。在此背景下，中国高校的"教育学学科"再次被推到风口浪尖，面临着生存与发展的契机。

2015～2016 年，我国一些大学在整合学科发展时，出现了一些大学撤销教育学院或高等教育研究中心的现象，①由此在国内再次引发教育学学科发展的争议。与此同时，国务院学位委员会公布的《关于下达 2016 年动态调整撤销和增列的学位授权点名单的通知》显示，全国 25 个省份 178 所高校增列 366 个学位点，175 所高校撤销 576 个学位点。②学位点的"增减"是"供给侧结构性改革"在教育领域的运用，意在优化学科结构，保持学科健康发展。

面对国家的"双一流"建设，许多高校都纷纷出招，优化学校内部资源，重新整合学校的学科布局。一些高校为了提升学科整体水平，合并一些学科，撤销一些没有历史文化积淀、学术影响力不足的学科，增设一些新的具有发展潜力的

① 陈晓宇：《关于我国教育学科发展若干问题的认识》，载《高等教育研究》，2017 年第 2 期，第 45～51 页转第 100 页。
② 刘博智：《576 个学位点为何主动撤销？》，载《中国教育报》，2016 年 11 月 18 日，第 01 版。

学科，这本来就是学科发展中的正常现象。大千世界，万物对峙与融合，构建了一个色彩斑斓的奇妙世界。恩格斯曾说："自然界不是存在着，而是生成着并消逝着。"①从大学的发展史来看，大学的功能也在不断演进。大学自中世纪诞生以来，一直有着自身发展的逻辑，保留着自己的传统，即教学自由、培养人才。在相当长的时间内，大学固守自身的"象牙塔"，不与世俗社会相沟通。19 世纪初，威廉·冯·洪堡（W. von Humboldt）创立柏林大学，提出科学研究与人才培养教学相结合，拓展了大学的第二职能——科学研究。但到了 19 世纪 60 年代，美国出台了《莫里尔法案》，通过"赠地运动"建立农学、工学等学科或学院，在"赠地学院"基础上发展起来的威斯康星大学，其校长查理斯·范海斯（C. R. Van Hise）在总结威斯康星大学办学经验的基础上，提出了大学的第三项职能——为地方经济服务（服务社会）。此后，大学与社会发展联系越来越密切，以至于大学从社会的一种边缘机构走向一种社会的轴心机构，成为人类社会发展的动力站，大学服务于经济社会的发展成为高校的重要使命。

从教育学学科发展史来看，美国也有着同样的经历。1894 年在校长威廉·瑞尼·哈珀（W. R. Harper）、杜威等人的积极倡导下，芝加哥大学创立教育系，到了 20 世纪初期又创立了教育学院。起初的教育系或教育学院积极从事中小学教育改革研究，产生了一批研究成果，提升了教育学学科地位，使得芝加哥大学的教育学院走向辉煌。第二次世界大战结束以后，美国面临着大量儿童入学的情境，中小学规模不断扩张，教师需求量不断增长，芝加哥大学教育学院致力于社会科学融合研究，借助于其他学科的方法与范式提升学术研究水平，重点培养中小学教师，迎合了美国对教师发展需求的机遇，教育学学科也得到了长足的发展。但到了 20 世纪 70 年代以后，美国教师需求量开始萎缩，芝加哥大学的教育学研究开始"学术化"，开始追求"教育研究社会科学化"，一味追求学术标准，没有形成自己的研究领域、研究特色，②最终在 1996 年 11 月停办，于 2001 年 11 月彻底消失。停办的理由是教育系的学术与专业计划不是自家的传统和知识增长的需要，而是随着政府、基金组织的意义打转，不符合大学的学术传统。③相反，美国的哥伦比亚大学师范学院，尽管学术研究也受到人们的质疑，但因其关注美国中小学教育实践，在美国教育界产生了重大影响，其教育学学科地位至今依然声誉很高。美国两所知名大学教育学学科的发展与兴衰经验告诉我们，学科的存在与发展，

---

① 马克思，恩格斯：《马克思恩格斯文集》（第九卷），中共中央马克思恩格斯列宁斯大林著作编译局编译，北京：人民出版社，2009 年，第 415 页。

② 李立国：《综合性大学撤销教育学院，怎么看》，载《中国教育报》，2016 年 7 月 25 日，第 003 版。

③ 周勇：《芝加哥大学教育系的悲剧命运》，载《读书》，2010 年第 3 期，第 80～89 页。

关键是看学科存在的价值，学科为社会服务的能力，并不是教育学学科本身的问题，而是从事教育学学科研究的人员出了问题，研究方向出了问题，不能与时俱进，不能生产指导教育实践的理论知识与策略，学术研究没有声誉，当然也就没有其学科地位。

第三章

教育学的发展历史

　　学习与研究任何一门学科，人们最关心的问题是这门学科的研究对象，在解决了研究对象之后，人们接下来关心的问题就是这门学科的产生发展史。事实上，我们今天所研究的每种学科都有它自己的发展历史，每门学科所关注的自然现象和社会现象，都有自己的学科观点，了解这些内容对于我们理解和把握这门学科的基本理论问题具有重大意义。这是因为教育学史蕴藏着教育智慧，不了解教育学史，不知道教育学上的巨人是谁以及他的肩膀在哪里，那我们就无法在历史传承的基础上谈论教育学的改造与创新。

　　本章我们将详细地阐述有关教育学发展的历史图景，为进一步研究其学科其他问题奠定前提性基础知识。总体来看，一门学科的诞生，总是有两个最基本的条件：一是每门学科都是在社会发展需要的前提下诞生的，它的使命就是满足社会的需要并促进社会的进步。二是每门学科都有其特定的研究对象，形成一些特有的知识、观点和思想，并使之系统化，这门学科才能成为科学（或科学理论）。教育学是人类社会对教育需求日益增长的情况下产生和发展起来的，它是人类社会和教育实践、教育经验与教育思想发展到一定历史阶段的产物。

第一节 关于教育学史的研究

任何一门学科都有其形成发展史。教育学作为一门学科，就必然关注教育学自身的发展历史，对教育学形成发展史的反思是教育学原理自我认识的重要内容之一，而这种反思的深刻程度则是教育学原理成熟程度的标志之一。恩斯特·卡西尔（E. Cassirer）曾说："历史学并不是关于外部事实或事件的知识，而是自我认识的一种形式。"[1]作为指称"教育知识体系"的"教育学"，产生于17世纪，教育学作为一门课程登上大学的讲台始于18世纪后期，经过两个多世纪的发展，教育学在大学设立了专门的系科，拥有了自己的专业协会和出版物以及各种学术研究和交流的平台，形成了各种以"教育学"研究为中心的专业共同体。可见，教育学无论是在知识生产层面还是在学术建制层面，都取得了空前的发展。

一、中国早期教育学史研究概况

研究教育学的产生与发展史，实质上就是研究教育学史。在20世纪上半叶，随着教育学的引进，"教育学史"作为一门学科也被国人关注并引进。例如，日本学者金子马治的《教育学史》（陈宗益译，上海广智书局1903年版），日本学者高岛半三郎讲演的《教育学史》（张宗哲编述）发表在1908年的《直隶教育杂志·直隶教育官报》上。[2]其后国人在相关的教育学著作中，开始使用"教育学史"这个词汇。例如，姜琦在《西洋教育史大纲》（商务印书馆1921年版）中，就有专论"西洋教育学史"，1930年商务印书馆出版的《教育大辞书》，也收录了"教育学史"这一词条。但后来学者更多把精力投放到教育学的引进、学习与改造上。总体来看，百年来人们对教育学史的关注不够，直到20世纪90年代，这一问题才被学者关注并进行探讨。

早期，人们认为"教育学史者，叙述教育学说变迁之历史也。故教育学史，系思想之变迁史，非教育之变迁史也。教育实际之变迁研究，非教育学史之任务……教育史研究教育之实际与思想两方面之变迁，即以人文发达之全部事实为

---

① ［德］卡西尔：《人论》，甘阳译，上海：上海译文出版社，1985年，第242页。
② 转引自侯怀银：《中国教育学发展问题研究：以20世纪上半叶为中心》，太原：山西教育出版社，2008年，第251页。

研究之资料也。教育学史所取之资料，仅限于教育思想家之著作，而探究其学说。"①这里的"教育学史"基本上是"教育思想史"或"教育学说史"。事实上，教育学史不等于教育思想史、教育学说史，教育学史是一门以历史上的教育学理论发展为研究对象的学科。教育史以教育活动的历史为研究对象，教育思想史以历史上教育家的思想为研究对象，教育学史以教育学及教育学科的发展史为研究对象。也有学者认为，教育学史是一门寻找并表达教育学的历史逻辑的学科，所谓"历史逻辑，并不标示历史是一种主观的预先安排，而是指一事物从其萌芽、生长、发展到今天，在整个过程中发挥作用的、使得该事物无论结局如何都显得顺理成章的内在原理。"②以此为依据，可以发现教育学的历史变化呈现出"术—理—道"的求索内容逻辑和"为用—求知"的求索宗旨逻辑，这两种逻辑互相依赖、相互作用。

二、国外教育学史研究概况

在西方，"教育学史"这一名称最早出现在 1843 年德国教育家老玛尔（K. G. Raumer）出版的《教育学史：文艺复兴至现在》中，1863 年该书被英国学者菲奇（L. W. Fiteh）和帕金森（F. B. Perkins）翻译成英文，书名直接叫《教育学史》。1879 年，法国哲学家孔佩雷出版了《十六世纪以来法国教育理论批评史》（两卷本），1886 年被美国教育家、密执安大学佩恩（W. H. Payne）译成英文，并把书名定为《教育学史》。以今天的学术视野来看，孔佩雷的《教育学史》这部著作不论在内容上还是在形式上都是教育通史的一个典范。③1968 年，美国学者罗巴茨（J. R. Robarts）在《教育史季刊》上发表了《19 世纪美国教育科学的探寻》一文，对美国 19 世纪有关教育科学存在必要性和可能性的争论进行了梳理和分析。英国学者蒂博（J. W. Tibble）等人在 1966 年出版了《教育研究》一书，对英国教育研究产生与发展历史进行梳理，也可以看成是英国"教育学史"的探索著作。

20 世纪八九十年代以后，教育学史的研究开始进入一个重要时期。许多国家的学者都开始研究与反思自己国家的教育学发展史。米亚拉雷（G. Mialaret）在《教育科学导论》中对法国教育科学的概念和历史进行了研究；高瑟林（J. Gautherin）对 1883～1914 年法国大学教育科学制度化的过程及其教师培养之间的

---

① 唐钺，朱经农，高觉敷：《教育大辞书》，上海：商务印书馆，1930 年，第 1033 页。
② 刘庆昌：《寻找教育学的历史逻辑——兼及"教育学史"的研究》，载《西北师大学报》（社会科学版），2018 年第 1 期，第 66～81 页。
③ ［法］加布里埃尔·孔佩雷：《教育学史》，张瑜，王强译，济南：山东教育出版社，2017 年，第 6～7 页。

互动关系进行研究；本特森（J. Bengtsson）立足于学科身份对瑞典及其他斯堪的纳维亚国家教育学的历史变迁进行了梳理；林德伯格（L. Lindberg）对20世纪瑞典教育学的发展进行分析；斯潘尼（M. Späni）、霍夫施泰特尔（R. Hofstetter）和施诺伊夫利（B. Schneuwly）对1870～1950年瑞士大学教育学或教育科学的演变进行了梳理；约夫（G. Jover）和拉巴扎兹（T. Rabazas）对西班牙教育学制度化的起源进行了回溯等。①在研究与反思自己国家教育学发展史的基础上，学者们开始强化对教育学的制度史或社会史的研究，加强了国家之间的比较分析与研究。

三、20世纪80年代至今中国教育学史研究成果

在国外兴起教育学史研究的同时，中国学者也开始关注此问题。20世纪80年代以后，我国学者开始探索教育学史的文献逐步增多，也形成了一些重要研究成果。主要有：

雷尧珠：《试论我国教育学的发展》，载《华东师范大学学报》（教育科学版），1984年第2期。

贾永堂：《论教育学理论及其在近代发展的阶段与特点》，载《华东师范大学学报》（教育科学版），1989年第4期。

成有信：《简论教育学的形成和发展》，载《教育研究》，1990年第3期。

孙喜亭：《中国教育学近50年来的发展概述》，载《教育研究》，1998年第9期。

陈桂生：《历史的"教育学现象"透视：近代教育学史探索》，人民教育出版社，1998年版。

瞿葆奎：《中国教育学百年》（上、中、下），载《教育研究》，1998年第12期、1999年第1期、1999年第2期。

王坤庆：《教育学史论纲》，湖北教育出版社，2000年版。

陈元晖：《中国教育学史遗稿》，北京师范大学出版社，2001年版。

郑金洲，瞿葆奎：《中国教育学百年》，教育科学出版社，2002年版。

柳海民，王晋：《20世纪中国教育学发展之镜鉴》，载《教育理论与实践》，2006年第11期。

郑金洲：《中国教育学60年（1949～2009）》，华东师范大学出版社，2009年版。

---

① 程亮：《"教育学史"：概念与维度》，载《中国教育科学》，2015年第1辑，第71～89页。

侯怀银等:《20世纪中国教育学发展问题研究》,北京师范大学出版社,2011年版。

丁钢:《从全球视野看中国教育学70年》,载《教育史研究》,2019年第4期。

储朝晖:《中国教育学70年发展与反思》,载《广州大学学报》(社会科学版),2019年第5期。

这些成果的发表,充分体现了我国对教育学史研究的重视,教育学史的研究视角、研究范围不断拓展,研究方法也日趋多元化。因此,开展教育学史问题的研究,不仅是重建与创新发展教育学的必然要求,而且对解决当前教育学发展中的危机也具有现实价值与意义。

第二节　西方教育学史的研究

关于教育学发展历经哪些阶段,由于学者们使用的标准不同,研究内容的侧重点不同,给出的答案也就不同。通过查阅大量教育学著作或教材以及相关书籍与论文,整理分析我国学者有关西方教育学史的研究情况,大体上有以下一些观点。

一、以"学科独立"为划分标准

以学科是否为独立形态作为教育学发展阶段划分的标准,是大多数教育学、教育学原理书籍采用的分段方法。以此为标准,可以把教育学发展分为萌芽阶段、独立形态阶段、发展多样化阶段和理论深化阶段(20世纪50年代以来)。也可以分为萌芽阶段、建立阶段和20世纪以来教育学阶段。

教育学独立的标志是什么?一些教材对此问题进行研究并指出:①从对象方面而言,教育问题成为一个专门的研究领域;②从概念和范畴方面而言,形成了专门的教育概念与范畴;③从方法方面而言,有了科学的研究方法;④从结果方面而言,产生了一些重要的教育学家,出现了一些专门的、系统的教育学著作;⑤从组织机构方面而言,出现了专门的教育研究机构。由于这些条件不是同时产生的,而是一个历史发展过程,因此教育学的产生与创立也不是瞬间完成的,它经历了二百多年的时间。[1]

总体来看，这种以学科是否"独立"为标准，来划分教育学的发展阶段有一定的道理，学科是否产生，是否具有独立的学科形态，这是一个最基本的标准。持这种观点的学者一般都先探究学科的标准是什么，然后依据学科的标准再划分教育学的发展阶段，这也符合逻辑规律。但问题是许多以"学科独立"为标准的阶段划分，超越了"学科独立"的边界，不能让人信服。这是因为，若以"学科独立"为标准，只能采取两分法：非独立阶段与独立阶段。但不能在独立阶段之后，并列提出教育学发展的多样化阶段、理论研究深化阶段。因为它们不在一个逻辑层面。就其实质来讲，教育学的多样化、教育学的理论深化都是教育学独立阶段的内容，不能与教育学独立阶段并列使用，这种阶段划分理论具有明显的逻辑错误。

二、以"科学"为划分标准

一门学科都有其产生发展的历史，只要它存在着，它就发展着，我们对它的认识就不会停止。关于科学理论发展过程的研究，在学术界形成一些共识，即科学理论的发展过程一般是：潜科学—科学—后科学。[2]"潜科学"不同于"准科学"或"前科学"。"准科学"实际上是"亚科学"，即不合格的科学，或是非正规科学，这种概念所表述的对象并不一定能进化为真正的科学。"前科学"的概念也不准确，因为前科学可以理解为科学之前所有非科学认识，包括永远不可能成为科学的认识。所以"前科学"的概念外延太宽，内涵不确定。若以"科学"为标准，可以把教育学发展历程分为三阶段。[3]

（一）萌芽阶段

此阶段教育学的特点是还没有形成自己的独立体系，关于教育的论述多半渗透在其他学科著作之中，例如政治学、哲学、伦理学等。对教育的论述也多半停留在教育经验的总结上，理论抽象概括的层次比较低，呈现出现象描述、形象比喻和简单的逻辑推理的特征。这个阶段，主要是处于奴隶社会和封建社会时期，因此教育具有明显的阶级属性。[4]这一阶段涉及的历史人物有古希腊的苏格拉底

---

[1] 全国十二所重点师范大学联合编写：《教育学基础》（第2版），北京：教育科学出版社，2008年，第17页。
[2] 胡德海：《教育学原理》，兰州：甘肃教育出版社，1998年，第89页。
[3] 持这种观点的教材、著作比较多，主要有，南京师范大学教育系：《教育学》，北京：人民教育出版社，1984年，第4~9页；柳海民：《教育原理》（第2版），长春：东北师范大学出版社，2000年，第9~20页。
[4] 南京师范大学教育系编：《教育学》，北京：人民教育出版社，1984年，第4~9页。

（Socrates）、柏拉图（Plato）、亚里士多德（Aristotle），古罗马时期的西塞罗（M. T. Cicero）和昆体良（M. F. Quintilianus）等。中国主要有孔子、孟子、朱熹等人物的教育思想及《学记》中的教育学思想。

（二）独立阶段

南京师范大学教育系编的《教育学》，认为独立阶段的上限为文艺复兴，下限为杜威的《民主主义与教育》。也有学者认为，这一阶段的上限是 17 世纪初，下限为乌申斯基的《人是教育的对象》。①此阶段教育学的发展特点是：有独立的理论体系，试图对教育这一对象的各方面属性及其总体做出概括；教育学的理论化、科学化水平有了一定程度的提高，逐步从教育现象的描述走向理论的论证，从比喻、类比走向科学说明；在教育与人的身心发展关系上，在建立比较符合认识规律的教学理论方面都做出了积极的探索。

（三）科学阶段

此阶段主要从马克思主义诞生至今。马克思主义的产生是哲学和社会科学领域中最大的变革，教育学与其他社会科学一样，只有在马克思主义的指导下，才能成为真正的科学。这是因为马克思主义不仅为教育学的建立提供了世界观和方法论的指导，而且对教育学中的一些根本问题做出了科学的说明，为科学教育学的建立奠定了理论基础；马克思主义创始人从社会存在决定社会意识，经济基础决定上层建筑的基本观点出发，指明了教育由社会关系所决定，正确揭示了教育与其他社会现象的关系，特别是教育与政治、经济之间的关系；马克思主义关于人的本质是社会关系总和的论断，为人们正确认识遗传、环境和教育之间的辩证关系做出了科学的说明；马克思主义的科学认识论，又为教育教学过程理论，为正确说明感性认识与理性认识、理论与实践的关系，提供了科学的理论依据。这种划分标准，与苏联教育学者的划分标准比较接近。哈尔拉莫夫在其《教育学教程》中指出："十九世纪后半期，科学共产主义理论的研究，不仅标志着真正科学的教育学理论的诞生，而且还为新的社会主义教育创造了前提。"②巴班斯基的《教育学》也认为，社会主义教育学是在过去的进步教育理论的基础上，在研究和理解许多世纪以来劳动人民和被剥削群众为自己的权利，其中包括为受教育权利而斗争的经验的基础上发展起来的。因此，苏维埃教育学是世界教育学的最高阶段，

---

① 孙震，吴杰：《教育学》，长春：吉林教育出版社，1986 年，第 5~6 页。
② ［苏联］哈尔拉莫夫：《教育学教程》，丁酉成，等译，北京：教育科学出版社，1983 年，第 7 页。

马克思列宁主义教育学可以称为关于共产主义教育的科学。①

这种阶段划分体现了教育学发展的历史进程，遵循了人类社会发展历史进程的特点。但是这种划分标准存在明显的问题，即未能遵守逻辑学的同一律规则。第一阶段与第二、第三阶段的区别在于教育学的非独立性与独立性，而第一、第二阶段与第三阶段的区别在于教育学的非科学性与科学性。②划分标准前后不一致，违背逻辑学中的同一律。正是由于标准的不一致，导致人们对教育学独立形态阶段的时间区间产生很大分歧。此外，把教育学的科学阶段定为马克思主义诞生后，划分标准较多地强化意识形态的东西，没有关注教育学自身发展的内在逻辑问题。③马克思主义教育学与资本主义教育学，在教育的性质、目的与任务等方面有着本质的区别，但在教育内容、教育方法、教育手段以及教学组织形式等方面也存在着借鉴关系。④此外，还有的学者认为，从形式上看，教育学经历了混合—独立—发展的阶段；从内容上看，教育学经历了一个不完善与不科学—科学发展阶段。而在科学阶段主要是讲马克思主义诞生以来的教育学发展。⑤还有萌芽阶段、形成与发展阶段和社会主义教育学阶段的划分方法。⑥

以"科学"为标准还有另外一种分法，即第一阶段是教育学的"前学科"时期。在"前学科时期"，教育学还没有成为一门独立的学科，教育学理论还主要散见于哲学和其他学科的著述之中，专门论述教育学理论的知识体系尚未单独建立起来。第二阶段是教育学的"前科学"时期。在"前科学"时期，教育学作为一门独立的学科已经产生，但理性思辨和逻辑演绎仍然是其阐述教育学理论的基本方式，科学的研究方法还未能在教育学研究中被广泛使用。第三阶段是教育学的"科学化"时期。在"科学化"时期，教育学从理论、方法到研究活动都不断呈现出越来越突出的科学性，追求概念的严谨性、方法论的清晰性和结论的可检验性成为教育学发展的基本趋势。⑦此外，日本学者认为，教育学的发展历程经历了教授学的形成与发展阶段、教育学的创立阶段和教育科学阶段。⑧这种划分也体现了"科学"的标准。

① [苏联]巴班斯基：《教育学》，李子卓，等译，北京：人民教育出版社，1986年，第17~25页。
② 瞿葆奎：《社会科学争鸣大系·教育学卷（1949~1989）》，上海：上海人民出版社，1992年，第47页。
③ 持此观点的教材有：华东六省一市教育学院协作编著：《教育学》，杭州：浙江教育出版社，1984年，第3~5页；王守恒，查晓虎：《教育学教程》，合肥：安徽大学出版社，1999年，第5~8页；等等。
④ 李剑萍，魏薇：《教育学导论》，北京：人民出版社，2000年，第430页。
⑤ 罗正华：《教育学》，北京：中央广播电视大学出版社，1989年，第2~4页。
⑥ 睢文龙，冯忠汉，廖时人：《教育学》（师专用），北京：人民教育出版社，1988年，第3~5页。
⑦ 《教育学原理》编写组：《教育学原理》，北京：高等教育出版社，2019年，第11页。
⑧ [日]筑波大学教育学研究会编：《现代教育学基础》，钟启泉译，上海：上海教育出版社，1986年，第468~470页。

三、以"两重"标准进行划分

"两重"标准主要包括两种观点：一是既采用独立与非独立的标准，又使用科学与非科学的标准；二是采用实践标准与理论标准相结合的方法进行教育学发展阶段的划分。

第一种坚持"独立—科学"的标准，其陈述方式主要有以下几种：

1）教育学分为萌芽、独立形态、科学教育学与现代化发展阶段。①

2）教育学分为萌芽阶段、雏形阶段、教育学的形成和马克思主义教育学的建立。②

3）把教育学发展阶段分为教育学的萌芽阶段、教育学的独立形态阶段、马克思主义教育学的产生。③

4）把教育学发展阶段分为教育经验与教育思想阶段、从教育术到教育学阶段、独立的教育学体系初步形成阶段、马克思主义的创立为教育学提供了重要的科学基础阶段、当代教育学的新发展阶段。④

第二种坚持"实践—理论"相结合的方法，把教育学的发展阶段分为前学科时期（奴隶社会到 17 世纪）、学科雏形时期（17 世纪到 18 世纪）、学科形成时期（18 世纪到 19 世纪上半叶）、教育学的多元化时期（19 世纪末到 20 世纪初）、教育学的分化与反思时期（20 世纪中期至今）。⑤

四、以学科的成熟度为划分标准

以教育学学科成熟程度为内在标准，把教育学分为教育经验阶段、教育思想阶段和教育学科学化阶段。⑥也有萌芽阶段、形成阶段和成熟阶段的划分方法。⑦这种以学科产生与发展的逻辑来研究教育学的发展史具有一定的合理性。

1. 教育经验阶段

教育经验阶段处于农耕经济时代，物质匮乏，生产效益低；政治是宗法制度，实行专制体制、垄断政治；文化是等级文化，压抑人性、维护群体价值、强迫道德、缺乏自由。这个时代的教育学发展水平低下，出现了一些对教育活动的经验

---

① 方庆鸿：《教育学》，东营：石油大学出版社，1991 年，第 2～5 页。
② 眭文龙，廖时人，朱新春：《教育学》（第 2 版），北京：人民教育出版社，1994 年，第 2～8 页。
③ 邵宗杰，裴文敏：《教育学》（修订版），上海：华东师范大学出版社，1996 年，第 11～15 页。
④ 成有信：《教育学原理》，郑州：河南教育出版社，1993 年，第 1～7 页。
⑤ 郑金洲：《教育通论》，上海：华东师范大学出版社，1996 年，第 360～368 页。
⑥ 唐智松：《教育原理：研究与教学》，重庆：西南师范大学出版社，2017 年，第 300～305 页。
⑦ 陈理宣：《教育学原理：理论与实践》，北京：北京师范大学出版社，2010 年，第 7～12 页。

总结，但没有形成系统的教育学理论。这一时期也出现了一些探讨教育问题的相关著作，但没有专门论述教育问题的专著，一些教育认识散见于政治、哲学、伦理等著作之中。

2. 教育思想阶段

从教育经验到教育思想的发展，是教育学的重要进步。这种进步的基础是工业经济的出现、发展，特别是规模化生产对人才的规模化需求极大地刺激了教育的扩张及对教育规律的探索。同时，由传统专制政治向民主政治的发展，提升了人的主体性。再者，科学技术得到快速发展，社会文化日益繁荣。这些社会条件的变革对教育的发展提出了新的要求，促进了教育实践的发展，相应地对教育学理论发展提出了更高的要求。1623 年，英国哲学家培根（F. Bacon）发表了《论科学的价值和发展》一文，在对科学的分类中，他第一次把"教学的艺术"作为一门独立的领域提出来，并把它理解为"讲述与传授的艺术"。其后，夸美纽斯的《大教学论》标志着教育学成为独立的学科。1776 年，德国哲学家康德在柯尼斯堡大学开设教育学讲座，其弟子对讲稿进行整理出版了《康德论教育学》（1803年），这本著作组织严密，说理透彻，被誉为"欧洲教育学之祖"。[①]在教育学史上，德国教育家赫尔巴特对教育学的科学化做出了巨大的贡献。他不仅出版了《普通教育学》（1806 年）这本经典名著，而且还创办了一个教育科学研究所和一所实验学校，正式的教育研究机构由此形成。至此，一个独立形态的教育学学科形成的条件已经全部具备：教育成为专门的研究对象；有了独立的教育概念和范畴；科学的研究方法在教育研究中得以运用；一大批教育学论著和教育家在世界范围内尤其是在欧洲涌现出来；成立专门的研究机构，许多国家成立了教育研究院所和教育实验学校。赫尔巴特还指出："假如教育学希望尽可能严格地保持自身的概念，并进而形成独立的思想……而不再有这样的危险，像偏僻的被占领的区域一样受到外人治理，那么情况可能要好得多。"[②]在这里，赫尔巴特已明确地表示教育学要成为一门独立的学科，就必须形成教育的基本概念和独立的教育思想。此阶段，人们对教育的认识达到系统化的水平，出现了专门的教育学著作，一些教育家都有自己的系统的教育学思想体系。

3. 教育学科学化阶段

19 世纪末 20 世纪初，随着科学的发展教育学出现了分化，形成了庞大的教育学学科群。这一时期，人们对科学有了更深入的认识。在拉丁文中，科学的词

---

① 胡德海：《教育学原理》，兰州：甘肃教育出版社，1998 年，第 111 页。
② [德]赫尔巴特：《普通教育学·教育学讲授纲要》，李其龙译，杭州：浙江教育出版社，2002 年，第 11 页。

源是"Scientia"，意为知识，是社会实践经验的总结，并在社会实践中得到检验和发展，是精神文明的重要因素。[1]科学作为关于自然、社会和思维的知识体系，它具有可数量化、可操作性、可重复验证性等特征。源于对"科学"的理解，人们把科学分为不同的类别，钱学森指出，科学可以分为不同的部门，但只是研究角度不同而已。他认为"部门之分并不在于学科研究对象之不同，而在于研究或看问题的角度不同"；对象只有一个，即"即整个客观世界"。[2]布列钦卡也指出："与人类的经济、政治和宗教活动一样，人类的教育行动也可以成为科学研究的对象。"[3]因此，人们在这一时期，开展多种多样的教育科学研究。首先是教育科学研究方法进入科学化。这一时期，生理学、人类学、文化学、社会学等科学都得到了迅速发展，这些学科的研究成果与一些科学理论、科学知识被引入教育学领域，为教育学的科学化提供了丰富的理论基础。其次是自然科学的长足发展，特别是量化研究方法与统计学理论与技术被广泛运用到教育科学研究，自然科学的实验法也开始在教育领域运用，由此产生了"实验教育学派"。这些理论的发展与研究方法的进步，都大大促进了教育学研究的科学化。第三，马克思主义的诞生，为教育学的科学化研究提供了正确的指导思想，即辩证唯物主义和历史唯物主义，增强了人们对教育学的科学认识。第四，这一时期，世界上各个国家都形成了专业的研究团体并成立了各种形式的研究机构与组织，创立教育期刊，通过团队合作、国际合作，不断攻坚克难，努力促使教育学走向科学化。

五、以神学化、人本化和心理化为划分标准

该理论由张法坤提出，他认为，从宏观方面来看，可以把西方教育（学）理论的发展归纳为神学化、人本学化和心理学化三大进程；如果从西方教育史上所发生的重大事件来看，西方教育科学的发展，大体经历了四个阶段，即原始阶段（古希腊罗马和中世纪时期）、再生阶段（文艺复兴时期）、创立阶段（近代）和发展阶段（现代）。柏拉图的《理想国》是神学化时期的代表作。柏拉图的"神性至上""神性至善"的思想，主导了他的全部教育学说，使人接近神性、具有理性，是柏拉图的教育思想的核心。夸美纽斯是神学化向人本学化的过渡人物。他主张把"神性"与"人道"结合起来，创立了既推崇神性，又提倡人性，既要坚持皈

---

[1]　张念宏：《简明社会科学词典》，上海：上海辞书出版社，1984 年，第 762 页。

[2]　钱学森：《关于思维科学》，上海：上海人民出版社，1986 年，第 7 页。

[3]　[德]沃尔夫冈·布列钦卡：《教育科学的基本概念：分析、批判和建议》，胡劲松译，上海：华东师范大学出版社，2001 年，第 9 页。

依上帝，又强调遵循自然的教育理论体系。卢梭开创了教育科学发展的人本化道路，他的思想中体现了心理学化的端倪；但在西方教育理论的发展过程中，真正进入心理学化时期，要从赫尔巴特算起。①以教育（学）理论中的普遍性导向的变化为标准来划分教育（学）理论的发展阶段，表现出很强的抽象、概括特征，不失为一家之言。但是，赫尔巴特以后，"心理学化"是否能够完全代表现代教育学发展的情况，还值得探讨。

六、以教育学研究中心课题的转移为标准

要正确划分教育学理论阶段，不但要找出这门科学在不同阶段上的"质"的规律性，而且要找准从旧质积累升华到新质积累的确切的转折时间。那么，教育学理论发展阶段的"质"的标志是什么呢？有学者认为，教育理论在一个大阶段内所要解决的中心课题已经转移（主要矛盾已经转化），就是"质"已转化的标志。作为"质"转化的合适时期必须是政治经济、科学技术、教育实践、哲学理论有巨大变化的时期。在人类文明史上，这样的时期有过两次，一是 17 世纪，二是 20 世纪中期，依此可将教育学理论的发展分为三个阶段：从奴隶社会产生到 17 世纪为第一阶段；从 17 世纪到 20 世纪中期为第二阶段；以后为第三阶段。

第一阶段是教育学理论的产生阶段。这个阶段所要解决的中心课题是积累材料，建立独立体系。该阶段教育学的特点是没有形成独立体系，理论上抽象概括的层次比较低，停留在现象的描述、形象的比喻上，缺乏科学根据。第二阶段是教育学理论的发展阶段。所要解决的中心课题是普及教育问题。夸美纽斯的《大教学论》的诞生，标志着第二阶段的开始。该阶段教育学的特点是教育学从哲学中分化出来，形成独立体系，不同流派的教育学百花争艳，教育科学分化发展。第三阶段是教育学理论深化阶段。所要关注的中心课题是提高教育质量。第三阶段是第二阶段的纵深发展，这一阶段尚未完全展开，但可以看到教育学的发展有如下特点：教育学与心理学高度结合；一切教育理论以教育实验为依据；重视研究教育对象，重视教育对象的发展；教学方法建立在现代化教学物质手段上。②

甘治湘从多种因素的相互联系中分析教育学理论的发展动因，有其贡献。但该理论过于强调外部因素对教育学理论发展的作用，其理论分析的先验前提是教育学发展必然与社会发展同步。

---

① 转引自瞿葆奎：《社会科学争鸣大系·教育学卷（1949～1989）》，上海：上海人民出版社，1992 年，第 47～48 页。

② 甘治湘：《论教育学发展阶段的划分》，载《教育研究》，1984 年第 9 期，第 20～23 页。

也有学者从教育学的研究主题视角，对教育学发展阶段进行研究，提出了六个阶段说。①自然主义教育阶段（17～18世纪）。此阶段的代表人物有夸美纽斯、洛克（J. Locke）和卢梭（J. J. Rousseau）等，研究方法是经验—描述型的，理论主题是自然主义教育。②理性主义教育阶段（18世纪末～19世纪上半叶）。此阶段的代表人物是康德、赫尔巴特和福禄培尔（F. W. A. Froebel），研究方法是哲学—思辨式的，理论主题是理想主义教育。③实证主义教育阶段（19世纪中后期）。代表人物有斯宾塞（H. Spencer）、梅伊曼（E. Meumann）和拉伊（W. A. Lay）等，教育学研究多采用"科学—实证"的研究方法，研究主题关注实证主义。④进步主义教育阶段（20世纪初期）。以杜威为代表，研究方法是哲学思辨加教育实验，此流派的分支流派比较多，但形成理论体系并产生巨大影响的是杜威的实用主义教育学。⑤保守主义教育阶段（20世纪上半叶）。这一阶段的主要代表有要素主义和永恒主义教育学理论，它们的共同特点是"保守""回归传统"。⑥多元鼎立折中教育学理论阶段（20世纪中后期）。代表学派有：结构主义教育学理论、存在主义教育学理论、人类学派教育学理论。这一阶段的教育学研究具有多样化、多元性的特点。有学者认为，西方教育学理论的发展大致经历了两个正、反、合的辩证圆圈运动。第一个圆圈是在17～19世纪，正题是自然主义教育理论，反题是理想主义教育理论，合题是实科（实证）主义教育理论；第二个圆圈是在20世纪，正题是进步主义教育理论，反题是保守主义教育理论，合题是多元主义教育理论。正题大致代表了教育学说史上的"新教育"理论。反题代表了"传统教育"理论，合题则代表了两种理论的融合与折中倾向。①因此，西方教育学理论的辩证发展过程也可以说是"新教育"和"传统教育"理论的纷争、对立、融合的历程。这种教育学发展史的认识有独树一帜的特色。

七、以方法论作为划分标准

关于教育学发展史的研究，有学者提出以"方法论"为标准，近代教育学理论发展阶段的依据应该从近代教育学理论自身的继承发展中去寻找，并指出"研究传统"的更替是划分阶段的依据。贾永堂对理性主义科学哲学家劳丹（L. Laudan）的"研究传统"的概念加以适当修正，认为研究传统是指一组总的假定，即关于在一个研究领域中的实体和过程的抽象假定以及关于在这一领域中如何探索问题和构建理论的适当方式的规定。具体到教育学领域，研究传统由以下三部

① 雷鸣强：《简论西方教育学理论发展的辩正历程》，载《高等师范教育研究》，1995年第4期，第45～51页。

分组成：①哲学、科学基础，即关于教育自身及构成教育的各种实体的哲学与科学假定；②理论核心，即关于如何认识教育过程及构成教育过程的各种要素（儿童、知识、方法）的规定；③研究方法，即关于如何进行研究及建构教育学理论的方式的概括性说明。以方法论为依据，贾永堂认为，近代教育学理论可以分为四个阶段：以实在论—自然主义研究传统为主的教育学阶段，主要是指17～18世纪，代表人物有夸美纽斯、洛克和卢梭；以唯理论—理想主义研究传统为主的教育学阶段，主要是指18世纪末到19世纪上半叶，主要代表人物有康德、赫尔巴特、福禄培尔；以实证论—科学主义研究传统为主的教育学阶段，主要是指19世纪中后期，主要代表人物是斯宾塞、梅伊曼和拉伊；以实用论—进步主义研究传统为主的教育学阶段，主要是指20世纪初期，代表人物是杜威。[①]从研究传统的更替入手，认为研究传统的发展才标志着教育学理论的真正发展，这种认识颇具新意。但是，该论者用连接号"—"表示的一个时代的哲学与该时期教育学理论特点，这样的一一对应的两维划分方式，仍可进一步精确化。[②]同时，该理论划分有教育学流派的味道，是否符合教育学史的发展阶段，还值得商榷。

还有学者在研究方法论基础上，增加教育学发展的理论基础，以理论基础和方法论作为探索教育学发展阶段的视角，具体分析了经验教育科学的形成发展史。在教育史上，首先具有教育科学思想萌芽的是苏格拉底，他已把教育问题作为客观对象进行研究，给教育科学的产生奠定了基础。在方法论方面，培根的归纳法做出了积极的贡献。随着教育学试图摆脱哲学的桎梏，赫尔巴特的《普通教育学》以伦理学、心理学为理论基础，同时辅以经验，这显示了他建立科学教育学的思路。乌申斯基否认教育学的独立性，认为教育学有科学化取向，但更强调以关于人的科学为基础。受实证主义的影响，梅伊曼和拉伊开展了实验主义教育学的研究，将实验法引进教育学研究，开始了教育学的科学化探索。这样，科学教育学的探索，已从理论基础与方法论之外围因素研究转向本体的探讨，这是质的飞跃，标志着教育学科学取向探讨的结束，进而走向教育科学。[③]

八、以学科知识形态为划分标准

石中英教授在其《教育学的文化性格》一书中，首先对教育学、教育学问题

---

① 贾永堂：《论教育学理论及其在近代发展的阶段与特点》，载《华东师范大学学报》（教育科学版），1989年第4期，第59～68页。
② 瞿葆奎：《社会科学争鸣大系·教育学卷（1949～1989）》，上海：上海人民出版社，1992年，第50页。
③ 冯建军：《西方教育科学取向的历史考察》，载《教育理论与实践》，1995年第2期，第1～5页。

进行了研究，然后从历史研究、理论研究、比较研究、应用研究四个方面，全面考察了教育学的研究与发展，最后指出教育学发展的四阶段。①

1. 教育学的神话与习俗时代

这是人类认识教育问题最古老的、最漫长的时代，也是人们认识教育问题的最基本的形式。时间是处在世界各国进入到文明时期之前。这一时代，教育还没从其他社会现象中分化出来，也没有专门的教育学语言，教育认识包括在大量史前神话与习俗之中，具有神秘性、故事性、如是性和情感性等特征。

2. 哲学的时代

这是人类理性地认识教育问题的开始，在教育学史上是一个质的飞跃。教育问题从其他问题中分化出来，出现了专门的教育学语言，形成了相对独立的教育知识体系。时间大体上由古文明时期到19世纪末。今天我们所见到的人类的教育智慧主要是在这一时期形成的，也称"哲学的教育学"。这一时代的教育学活动有一个总的特征，即所有关于教育问题的认识都要求获得一个抽象的理论基础，一个最终的根据。根据教育学活动独立于哲学活动的程度，这一时代又可以分为"依附的时期"与"相对独立的时代"。哲学时代的教育学具有抽象性、独断性和歧义性的缺陷，出现教育理论脱离教育实践的现象，教育理论在教育实践面前力不从心。

3. 科学时代的教育学

石中英认为，在教育学史上，赫尔巴特既是"哲学教育学"集大成者，也是"科学教育学"的预言者和奠基者。但是教育学真正走向科学时代，是在19世纪末20世纪初，是在生理心理学、实验心理学和实证科学、社会学的发展及这些科学研究成果对教育学的帮助下完成的。这个时代，人们反对"哲学的教育学"，主张揭示教育的真理为己任，不再从一般的抽象原则出发，而是主张从教育事实和教育问题出发，引入自然科学的研究精神与方法，大量地运用量化的手段致力于教育学研究，力求获得确切的教育知识。这个时代重要的代表人物与著作有：赞可夫（Л. В. Занков）的《教学与发展》、布鲁纳（J. S. Bruner）的《教育过程》和布卢姆（B·S·Bloom）的《教育目标分类学》等。科学时代的教育学，其主要特征是：对哲学教育学的坚决反对；主张用自然科学的方法建立"教育科学"；教育学活动获得了心理学、社会学、政治学、经济学等新的学科基础，形成了教育学科群，出现了多学科的合作；形成了庞大的教育科研队伍，注重教育的宏观战略

① 石中英：《教育学的文化性格》，太原：山西教育出版社，1999年，第363～371页。

研究；注重实用教育技术的开发；获得了大量的研究经费和广泛的社会支持；出版了大量的教育学刊物和书籍等。科学时代的教育学，实证精神得到了较大程度的贯彻，在一定程度上克服了哲学教育学时代所出现的理论与实践的相脱离的问题，在人类教育认识史上又发生了一次质的飞跃。但是，随着"教育科学化"运动的发展，科学的教育学的弊端也日益显现，在强调教育研究客观化、精确化、可操作化的同时，把科学活动的若干技术特性误认为是教育学活动的本质，从而导致了对实际教育问题理解的狭隘化、肤浅化，不能从整体的历史和社会联系中去把握具体的教育问题，尤其不能理解和把握教育活动的内在性、主体性、精神性和文化特征，教育和教育学的精神式微了。

4. 文化时代的教育学

鉴于"科学的教育学"的弊端，石中英认为，21世纪的教育学应该有一个"文化转向"，教育学活动进入第四阶段——"文化的时代"。其特征主要是：教育学观的根本性转变，教育学活动的本质不是一类完全客观的科学活动，也不是由自然科学的若干技术特征规定的，教育学活动在根本上是一类价值沉思的活动。这种新的教育学观是对"唯科学主义"教育学观的解构。教育学活动的基础拓展是文化教育学的第二个特征，教育学基础从学科基础转向生活基础，关注日常生活，在整个社会生活中寻找价值与方向，进行价值批判和引导，这将突破近代以来"从学科到学科"的"学科中心主义"的研究范式。此外，文化时代的教育学还具有民族性，教育学者生存方式的转变、教育学研究领域不断得到拓展等特征。

九、以研究范式作为划分标准

若以教育学研究范式的变化作为标准，纵观教育学的发展历程，可以把教育学的发展划分为四个阶段。[①]

第一阶段是"经验—描述"阶段。夸美纽斯《大教学论》的出版，标志着"经验—描述"教育学的诞生。这种教育学研究范式到18世纪发展到顶峰。第二阶段是"哲学—思辨"阶段。这一阶段包括康德的教育学思想与赫尔巴特的教育学理论。尤其是赫尔巴特，他不仅给"经验—描述"教育学的发展画上句号，而且开创了"哲学—思辨"教育学的样板。第三阶段是"科学—实证"阶段。这一阶段主要是指19世纪下半叶，随着自然科学的发展，自然科学的实验法被广泛运用到各个学科的研究之中。梅伊曼和拉伊开创了实验教育学研究的先河。第四阶段是

---

① 王坤庆：《教育学史论纲》，武汉：湖北教育出版社，2000年。

"规范—综合"阶段（包括"科学—人文"教育学阶段）。自实验教育学兴起之后，人们在尊崇自然科学研究方法的同时，也开始反思自然科学研究方法在人文社会科学领域的运用，科学教育学遭到诘难，教育学的发展呈现出多元化状态，每种教育学研究都有其合理性的一面，不同种类的教育学研究可以互相补充，教育学研究进入综合化状态。这种研究范式在20世纪50年代以后，一个以人本主义为旗号的庞大的人的解放运动遍及西方世界，人们为了找回自身的尊严、维护自身的价值，进行不懈的努力，在教育领域也出现了人文精神和价值意识的回归，这一时期的教育学研究呈现出一种新的研究范式，即"科学—人文"的教育学范式。

由此可见，关于教育学发展历史阶段分期问题研究，由于人们采用的分期标准不同，也就形成了不同的分期方法。每种分期理论都有其合理之处，但也都有一些问题。其中最为关键的问题是研究教育学学科发展史，其首要的前提是确立教育学在什么时间诞生，教育学只有在其诞生之后，才有其学科发展史，否则，学科还没有诞生，哪来的学科发展史。在学科没有诞生之前，所有的研究都属于教育思想史，不属于教育学学科发展史。

第三节　中国教育学史的研究

教育学作为一门学科，并不是在中国的教育实践基础上产生的，教育学及教育学的分支学科是在清末民初，随着西学东渐从国外引进的。中国古代有着丰富的教育思想和教育观点，也有一些关于教育学方面的相关著述，例如，被誉为世界上第一部教育学著作是《学记》，总结了许多教育原则与方法，宋代的教育家朱熹提出的"六条读书法"等。但中国古代甚至到19世纪末期，一直没有形成学科形态的教育学，中国近代教育学及教育学分支学科的发展，其起点都是从国外引进的，这已成为不争的事实。到了20世纪初期，随着新学制的颁布，师范教育体系的确立，"教育学"成为师范学校的必修科目。[①]为了满足开设课程的需要，中国开始引进国外的教育学。所以，教育学及其分支学科的发展，始终是与师范教育的发展结下了不解之缘，这也是不争的事实。

---

① 1902年清政府颁布的《钦定学堂章程》、1904年颁布的《奏定学堂章程》中，都规定师范学堂要开设"教育学"课程，同时还要开设一些其他教育学科，如"教育法令""学校管理法""教授法"等。

一、关于中国教育学发展阶段的研究

从 1901 年我国引进国外的教育学，至今已有 120 多年的历史。正如前面所提到的一些研究成果，对于教育学在中国的发展，我国学者进行了各种探讨，形成了多种观点。

自从 20 世纪 80 年代中后期开始，随着改革开放的不断深入，人们对教育问题的探索逐步展开，由此迎来了 20 世纪百年教育学发展史上的教育学教材建设的高潮。但在教育学教材编写过程中也出现了各种问题，主要是理论体系没有大的突破，编写的不同版本教材就其内容来看大同小异。于是人们开始反思教育学学科建设问题，在反思研究中，直接促进了元教育学兴起，人们开始全面梳理中国教育学的学科建设问题，中国教育学的发展历程自然成为一个关注的热点问题，在研究中形成多种阶段划分理论与学说。这里略举一些研究成果，来具体展示中国教育学史的研究成就。

1991 年，陈元晖在《北京师范大学学报》上发表了《中国教育学七十年》的长文，全文由前言、从唯理论到经验论、从经验论到唯理论、凯洛夫教育学的传进、50 年代列宁主义教育思想在中国的传播、最近 10 年对苏联及美国教育家新思想的介绍和研究、最近 10 年来中国自编的《教育学》教科书、教育学今后 70 年八个部分组成。文章指出，中国近代教育学 70 年发展史，可以分为前后两期，前期是 1919～1949 年，后期是 1949～1989 年，后期发展的明显标志是凯洛夫教育学取代了经验论哲学支配教育学的时期。尽管前期有杨贤江的《新教育大纲》和钱亦石的《现代教育原理》两本书籍的出版，力图用辩证唯物主义说明教育问题，但由于当时国内军阀混战、抗日战争爆发，我们无法一手抓战争，一手抓教育，更难以从事教育科学研究。1949 年中华人民共和国成立，开始了一个教育的新时代。教育研究新时代的开始，是以凯洛夫教育学传进中国为其标志。陈元晖从六个方面全面回顾了中国教育学 70 年的发展历程，最后对未来 70 年教育学的发展进行探索。

1998～1999 年，瞿葆奎在《教育研究》上发表《中国教育学百年》（上、中、下）文章，全面回顾与总结中国教育学百年发展历程，文章指出，中国教育学大致分为旧中国近 50 年，新中国近 50 年。教育学发展历经四次热潮，两度曲折，一大一小。其具体阶段是：

（1）1900～1919 年：教育学的引入阶段；（2）1919～1949 年：教育学的

草创阶段；（3）1949～1956 年：教育学的改造与"苏化"阶段；（4）1956～
1966 年：教育学的中国化阶段；（5）1966～1976 年：教育学的语录化阶段；
（6）1976～2000 年：教育学的复归与前进阶段。

教育学在中国发展出现的四次高潮是：

（1）学习日本，翻译编著高潮，主要是间接学习赫尔巴特的教育学；
（2）学习西方，杜威实用主义教育理论在中国的学习高潮；（3）学习苏联，
凯洛夫教育学影响形成高潮；（4）1976～2000 年，教育学的复归与前进，教
育科学发展与研究高潮。

教育学在中国出现的两度曲折是：

（1）1958 年的"教育革命"——小曲折——教育学政策化；（2）1966～
1976 年"文化大革命"——大曲折——教育学的语录化。

叶澜教授认为，中国教育学科的百年发展大致可以中华人民共和国成立为分
界，划分两大时期；两大时期又可根据教育学科发展呈现出的基本状态和主要特
征分为六个阶段。其中出现过三次历史性中断和三次大的转向。①具体内容如下：

中华人民共和国成立前教育学在中国发展：

（1）1901～1919 年：从翻译、介绍日本的教育学到国人编著教育学，教
育学发展呈现第一次高潮，出现第一次中断，即中断中国传统教育思想研究
与继承；

（2）1919～1949 年：由学习日本转向学习欧美（第一次转向）。

中华人民共和国成立后教育学在中国的发展：

（3）1949～1957 年：批杜威，全面学习苏联（第二次转向），中国教育
学的发展中断了与中华人民共和国成立之前的联系，第二次中断；

（4）1957～1966 年：政策化教育学阶段，出现教育学中国化的口号，教
育学由外学转向内树（第三次转向）；

（5）1966～1976 年：教育学遭到破坏，出现教育学的第三次中断；

（6）1977～2000 年：学科恢复繁荣，并开始走向独立化时期。

金林祥教授从中国教育学科发展的角度，把中国教育学科发展分为五个
阶段。②

（1）1901～1919 年中国教育学科体系初现；（2）1919～1949 年中国教育

---

① 叶澜：《中国教育学发展世纪问题的审视》，载《教育研究》，2004 年第 7 期，第 3～17 页。
② 金林祥：《20 世纪中国教育学科的发展与反思》，上海：上海教育出版社，2000 年，目录。

学科体系的构建；（3）1949～1966 年中国教育学科体系的演变；（4）1966～1976 年中国教育学科体系的破坏；（5）1976 年至今，中国教育学科体系的发展。

有学者据 20 世纪上半叶中国社会与时代的发展和中国教育学自身的发展逻辑，把 20 世纪上半叶中国教育学的发展大致划分为以下三个阶段：以引进为主要特征的初现阶段（1901～1915 年）、以模仿为主要特征的初建阶段（1915～1927 年）、以"中国化"为主要特征的初步探索阶段（1927～1949 年）。经过近 50 年的发展，教育学的主要学科都已在中国形成，并初步建立起了学科体系。①

20 世纪中国教育学发展的突出特点是与百年时代风云的变幻息息相关。当然，作为观念文化构成的教育学，总要受制于经济、政治的发展，这是任何人文学科都摆脱不了的"魔咒"，基于上述的理由，可把整个 20 世纪中国教育学的发展分为两个时期，中华人民共和国成立前与中华人民共和国成立后，即 20 世纪上半叶从启蒙到救亡的阶段和 20 世纪下半叶从意识形态到非意识形态的阶段。进而将两个时期再加以划分，则有：

（1）1900～1919 年：启蒙教育学阶段；（2）1919～1949 年：救亡教育学阶段；（3）1949～1976 年：意识形态教育学阶段；（4）1976～2000 年：非意识形态教育学阶段。将意识形态教育学再细分为教育学的改造与"苏化"（1949～1956 年）、教育学的中国化（1957～1966 年）、教育学的语录化（1966～1976 年）三个阶段。②

中国教育学的百年发展历程极为独特。在目的上，它的产生并不是受到自身知识系统与理论发展的"内需"，而是兴办师范教育开课的"外需"，以"用"为目的。在发展过程上，中国教育学有着极为"戏剧化"的演进情节，在传统与现实、外来与本土、学科内部与外部异常复杂的关系中，"几度兴废、几番沉浮"，③历经多次的"整体式转向"或"推倒（或抛弃）重来式"的"发展"，中国教育学百年来走了一条曲折复杂的道路，其发展历经西化（中国化）—苏化（中国化）—中国教育学三个阶段，见图 3-1 所示。

---

① 侯怀银：《20 世纪上半叶中国教育学发展的基本历程》，载《山西大学学报》（哲学社会科学版），2002 年第 6 期，第 1～6 页。
② 柳海民，王晋：《20 世纪中国教育学发展之镜鉴》，载《教育理论与实践》，2006 年第 11 期，第 1～5 页。
③ 瞿葆奎，郑金洲，程亮：《中国教育学科的百年求索》，载《教育学报》，2006 年第 3 期，第 3～11 页。

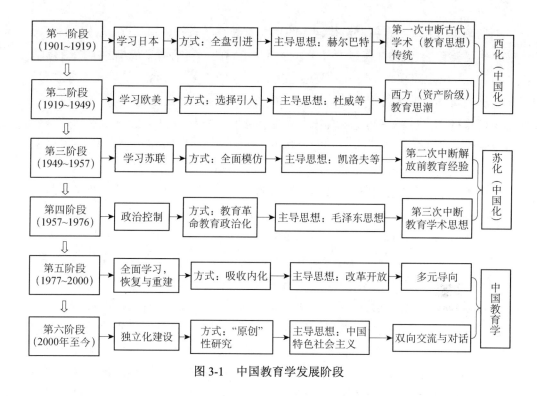

图 3-1　中国教育学发展阶段

二、中国教育学发展阶段

综合前人研究成果，这里以各个时期教育学呈现的基本状态和研究主题为标准，把中国教育学的发展分为两个时期：清末至民国时期的教育学、中华人民共和国成立后的教育学。因为这两个时期具有截然不同的社会性质，教育学呈现的状态与研究的主题具有明显的不同特征。

（一）中华人民共和国成立前的教育学发展（1901～1949 年）

从清朝末年到中华民国结束，是中国社会急剧转型和社会动荡的时期，清末经历了"中日甲午战争""戊戌变法"运动和"八国联军侵华战争"，1901 年 9 月 7 日，《辛丑条约》的签订，中国自此彻底沦为半殖民地半封建社会，给当时的国家和人民带来了空前沉痛的灾难。1911 年的辛亥革命推翻了封建帝制，成立了中华民国（简称民国）。由于对外的惨败，使中国人再次认识到科技落后致使被动挨打的结局。向西方学习，特别是学习日本是最近的路径。同时，由于这一时期师范学校的出现，需要开设教育学课程，于是中国首选日本，开始教育学的引入。

1899 年,由日本人剑潭钓徒翻译的奥地利教育学家林度涅尔(G. A. Lindner)^①的著作《教育学纲要》,连载于《亚东时报》上,此为目前所见最早的中译教育学文本。接着出现的教育学文本是马毓福等人合编的《教育原理》,这部《教育原理》是根据日本学者波多野贞之助的讲义编纂成书,出版时间是 1901 年的 7～8 月间,比王国维翻译立花铣三郎的《教育学》要早两个月左右。^②随后翻译日本的教育学日渐增多。从 1901 年到 1919 年,中国教育学的引进以日本为主体,在学习日本教育学的同时,国人也开始尝试编写自己的教育学。

从当时学习情况来看,主要有三条路径:一是通过大量翻译日文教育学教科书,将西方的教育学理论传入中国;二是直接聘请日籍的教育学教师来中国授课,传播日本与西方的教育学理论;三是派遣大批的留学生到日本学习教育学(多是通过短期培训或速成班的学习方式),留学生回国后主要承担教育学课程。此阶段,无论是"请进来"还是"送出去",都是以学习和传播日本的教育学为主。而当时的日本教育学主要是受到德国教育家赫尔巴特教育学思想的影响,但我们引进的教育学是日本改造后的"日式"的赫尔巴特教育学理论。在学习日本的近 20 年间,前十年以引进为主,后十年以编著为主的方式呈现。但不管怎样,都可以看到,当时的教育学发展主要是接受国外的东西,对中国传统教育思想的继承与研究不够,脱离中国传统教育之根是明显的弱点。

1919 年,"五四运动"前夕杜威到中国讲学,中国开始转向学习欧美的教育学。中国教育学在向欧美学习的过程中,美国教育家杜威的实用主义教育学思想、其他国家的教育学思想相继在中国登场。中国教育学体系建设得到迅速发展并呈现出异彩纷呈的局面。在独立的教育学研究方面,宏观层面中国学者开始对学制建立、平民教育、普及教育、乡村教育和职业教育等方面进行研究;学校层次主要是对教材编制、教授法和智力测量、教育测量和心理测量等方面进行探索。不少研究成果是在借鉴国外的教育学理论、方法和量表的基础上,以中国学校教育和中国学生为研究对象而产生的成果。

这一时期的教育学引进,研究者的视野比较宽广,不仅注重美国实用主义教育学的引入与研究,而且西方一大批教育名著都被翻译过来,如夸美纽斯《大教学论》、洛克的《教育漫话》、卢梭的《爱弥儿》、赫尔巴特的《普通教育学》和斯宾塞的《教育论》等。同时,结合西方的教育学理论,也引进了不同国家的教育

---

① 林度涅尔,今译"林德纳"(G.A.Lindner,1828～1887),实为捷克教育学家。其代表作是《一般教育学》、《教育学词典》等。
② 叶志坚:《中国近代教育学原理的知识演进:以文本为线索》,杭州:浙江大学出版社,2012 年,第 37～38 页。

学思想流派，如德国的国家主义教育学思想、文化教育学的思想都被引进我国，我国学者在学习西方各种教育学思想流派的基础上，也编写出体现实用主义教育学思想的教育学著作，例如，庄泽宣的《教育概论》、吴俊升和王西征的《教育概论》以及余家菊的《教育原理》等。一些学者借鉴学习德国文化教育学的思想、国家主义教育学思想，编写出反映文化教育学、国家主义教育学的教育学教材，例如，石联星的《教育学概论》、余家菊的《国家主义教育学》等。有些学者借鉴苏联的教育学思想，撰写出马克思主义教育学思想的教育学著作，例如杨贤江的《新教育大纲》、钱亦石的《现代教育原理》等。当然还有一些学者结合民国教育政策的需要，撰写出反映三民主义思想的教育学，例如，张九如的《三民主义教育学》、潘廉方的《三民主义教育概论》等。

　　由此可见，这一时期由于引进的思想解放与开放，引进层次不断提升，同时由于引进西方大量的教育科学研究方法、教育测量、心理测量的科目，中国学者对教育问题的研究层次与研究方法也不断得到提升，使中国的教育学研究体现出博采、比较、评述、综合的特征，并产生了几种不同类型的教育学研究。一是教育（学）原理类的研究成果，重点阐述教育（学）的基本原理，如王炽昌的《教育学》、孟宪承的《教育概论》和杨贤江的《新教育大纲》等；二是指导实践型的研究成果，集中在学校的课程设置与教学方法等方面，如程湘帆的《小学课程概论》、俞子夷的《小学新课程》和沈百英的《设计教学演讲集》等；三是指导研究型的成果，内容集中在研究方法介绍，如罗廷光的《教育科学研究大纲》、钟鲁斋的《教育之科学研究》等，某一种方法或某一类研究所用的具体方法的介绍，如陈选善的《教育测验》、朱智贤的《小学研究工作实施法》等。[①]

（二）中华人民共和国成立后的教育学发展（1949 年至今）

　　新中国成立后，有学者提出，我国的教育学是在中国教育的现实环境中生成的，按照中国社会的发展和中国教育学自身逻辑的发展，将中国教育学发展历程分为中国教育学的重建阶段、中国教育学的破坏阶段和中国教育学的再建阶段。中国教育学的重建阶段可分为对旧中国教育学的改造（1949～1951 年）、学习苏联教育学（1952～1956 年）和教育学中国化的探索（1957～1966 年）三个时期；中国教育学的破坏阶段是指"文化大革命"时期（1966～1976 年）；中国教育学的再建阶段包括以中国式教育学为目标的建设阶段（1978～1981 年）、以中国特色教育学为目标的建设阶段（1982～1984 年）、以中国教育学本土化为目标的建

---

① 叶澜：《教育学原理》，北京：人民教育出版社，2007 年，第 25 页。

设阶段（1985～2000 年）和以中国教育学为目标的建设阶段（2001 年至今）①。

中华人民共和国成立至今，我国教育学发展历经以下五个阶段：

1. 依据老解放区的教育经验对旧中国教育学的改造

这一时期时间比较短，大致在 1951 年底完成。教育学改造集中体现在 1949 年 10 月 11 日华北高等教育委员会公布的《各大学、专科学校、文法学院各系课程暂行规定》中，该规定确定了教育系的任务是"根据新民主主义的教育方针及马克思主义的理论与方法，培养为人民服务的中级教育工作者的知识与技能"。以此任务为标准，当时教育系共设有 13 门课程，主要有新民主主义概论、教育方法、教育心理学、中国近代教育史、西洋近代教育史、教育行政、教育测验与统计、现代教育学研究、实习、政策法令等。对旧中国教育学的改造所带来的结果是：一是旧中国的教育学学科体系基本上被否定，旧中国教育学被彻底地改造；二是教育测验与统计改为教育调查和统计，后来又被合并到教育行政；三是对旧中国的教育学的改造主要采取了制度化的行政推进方式；四是这次改造没有开展对旧中国教育学的批判，而是直接采取了弃而不用的方式；五是这次改造更多意义上还停留在教育学学科门类的变革上，还没有真正进入学科内容；六是这次改造为下一阶段全面学习苏联教育学、进行教育学中国化探索奠定了基础。②在改造旧教育学的过程中，一些学者对建构新的教育学知识体系进行了尝试，例如，胡守棻的《新教育概论：马列主义的教育理论》（商务印书馆 1950 年版）和程今吾的《新教育体系》（生活教育出版社 1951 年版）都是这方面努力的成果。但由于新中国刚刚成立不久，我们对建设社会主义文化缺乏经验，当时编写的一些教育学教材，缺乏系统性，难以适应高校教材发展的需要；有些教材的编写，因作者缺乏马克思主义理论素养，教材编写的层次不高，难以满足教育工作者的需要。这些因素的制约，也迫使我们选择学习苏联的教育学经验，由此导致全国掀起学习苏联教育学经验的热潮。

2. 学习苏联教育学经验

在学习苏联教育学经验的过程中，我们一方面批判杜威的实用主义教育学理论、批判旧中国资产阶级教育学思想。另一方面开始启动学习苏联的教育学。1952 年 11 月，《人民教育》发表社论《进一步学习苏联的先进教育经验》指出，我们的社会，不是走资本主义道路，而是新民主主义走向社会主义的道路，所有在教育上资产阶级那一套理论、制度、方法等，对于我们根本上不适用，只有苏联先

---

① 侯怀银：《新中国成立以来教育学的发展历程及启示》，载《中国教育科学》，2020 年第 2 期，第 50～62 页。
② 侯怀银：《新中国成立以来教育学的发展历程及启示》，载《中国教育科学》，2020 年第 2 期，第 50～62 页。

进的经验，足以供我们借鉴。学习苏联的先进经验，对于我们今天的教育建设是有头等重要的意义。至此，中国教育学的发展发生第二次整体转向，由解放前的学习欧美教育学转向学习苏联的教育学，同时，使新中国成立后教育学发展中断了与解放前的联系。

当时人们主要采取三种手段进行学习苏联教育学经验。一是翻译苏联相关的教育学著作与教材，直接作为师范院校师生教学的教材，以凯洛夫的《教育学》为代表，凯洛夫教育学几乎成了教育领域的"圣经"，一直学习到 1957 年。这样一来，中国教育学的发展失去了原创性的动力，教育学及教育学理论的创建让位于凯洛夫教育学的学习与模仿，教育学理论体系出现了刻板化、单一化与模式化的特征。凯洛夫及当时翻译出版的苏联其他教育家的教育学著作与教材，其理论体系一般由四个部分组成，即"教育学的一般原理""教学论""教育论"和"学校管理"。这种体系对中国学者编写教育学有着直接的影响，翻开这一时期中国学者及各大师范院校编写的教育学教材，都会看到"四板块"的影子。有关这方面的内容，我们在后面的章节进行专门的探讨。

3. 明确提出教育学中国化问题

到了 1957 年以后，中苏在意识形态方面产生分歧，中国开始反思前一段学习苏联的教育学经验。1958 年的"教育革命"，开始了中国教育学领域全面以毛泽东思想为指导、中国特色社会主义教育学的建设，教育学建设进入"中国化"阶段。1957 年有学者提出"教育学中国化"问题，意在以马列主义为指导，建设适合中国国情的社会主义的教育学。[1]曹孚撰文专门讨论教育学研究中的方法论问题，反对教育理论中的僵化观念，反对把马克思主义教育理论教条化，反对把社会主义教育实践模式化与孤立化，从而在教育学中国化的方法论上取得理论思维上的进步。[2]

在反思学习苏联教育学经验的过程中，人们普遍认为，学习苏联的教育经验与教育科学，这无疑是正确的。但不同的社会主义国家，都有自己的国情，也有各不相同的特点，"我们应当根据我国自己的特点，把马克思主义的普遍真理同我国的具体实际结合起来，来规定我国的教育方针、教育政策、教育制度、教育方法等等"，即必须根据马克思主义的普遍真理，从我国的具体教育实际出发，建立起我们自己的教育科学。[3]在教育学中国化的影响下，当时编写的教育学教材，多

---

① 瞿葆奎：《关于教育学"中国化"问题》，载《华东师范大学学报》（人文社会科学版），1957 年第 4 期，第 26～38 页。
② 转引自瞿葆奎《教育学文集·教育与教育学》，北京：人民教育出版社，1993 年，第 579～599 页。
③ 陆定一：《教育必须与生产劳动相结合》，载《江苏教育》，1958 年第 18 期，第 7～12 页。

半是"教育政策汇编",形成了中国教育学发展史上的独特形态——"教育政策汇编式"的教育学。后来,人们发现问题,开始反思如何编写中国的教育学教材问题。在这种思想的指导下,刘佛年主编的《教育学》(讨论稿)问世。该教材以拨正"政策与理论""理论与实践"的关系,力争从"政策汇编"与"工作手册"式的教育学模式束缚下解放出来,力图以"古今中外法"为方法论原则,把教育学"中国化"拉回到正确的轨道上来,谋求教育学的复归。[①]

总体来看,教育学中国化阶段的探索时间不长,中间还有一些曲折,但经过前一阶段学习苏联教育学经验与反思,我们在教育学建设上取得一些成就。主要是确立了以马克思列宁主义、毛泽东思想作为我们建设教育学的指导思想,为社会主义教育学理论体系的建构奠定了思想基础;教育学中国化的明确提出与初步探索,使我们克服学习苏联教育学中的教条主义,更加关注中国教育历史与教育现实的有关经验,一些教育学分支学科得到重视;但在批判苏联教育学时,仍然有些地方不够实事求是。

4. 1966~1976年教育学遭到破坏

1966~1976年,是"文化大革命"的十年。这一时期,一切工作都"以阶级斗争为纲",中国教育学的发展走向了另类的"创建"。这一时期的教育学都是以革命导师的言论为中心,教材中大量引述马恩列斯特别是毛泽东同志的语录,教育学被"语录化"。教育学理论体系的建设在否定封建主义的教育、资本主义的教育和修正主义教育的前提下,又否定了建国前17年的教育成就,中国教育学出现了第三次中断,教育学的建设只有当下的"创造"——"语录化教育学"的出笼,中国教育学遭到严重破坏。这段历史留给我们的更多的是教训。我们对待历史要树立历史唯物主义的观点,在教育学学科建设上,既要坚持马列主义、毛泽东思想的指导地位,但也要尊重学科自身独立的逻辑,正确处理好意识形态与学科发展的关系,正确处理好批判、继承和创新发展的关系。

5. 改革开放以来教育学的发展

改革开放后,我国经过拨乱反正,高考制度的恢复与中国教育的发展,教育学建设在反思中迎来了新曙光。改革开放初期,我们一方面恢复与重建教育学及其教育学分支学科,另一方面开始全面介绍苏联、美国和日本教育学理论的发展。与此同时,在教育理论界展开"教育本质"大讨论、商品经济与教育的讨论、教

---

① 侯怀银等:《20世纪中国教育学发展问题研究》,北京:北京师范大学出版社,2011年,第67页。

育科学研究与实验讨论，不断解放人们的思想，开阔人们的教育视野，在教育学领域出现了教材建设的高潮。"文化大革命"以前被取消的教育学各个分支学科都得以恢复并且得到长足发展，特别是《1992 版学科国标》把教育学学科共分为 19个具体的二级学科，为教育学学科获得学术地位奠定了基础。中国教育学的发展历经反思与恢复、开拓与重建、学习与创新等阶段，不断推动中国教育学发展。在反思与恢复时期，教育学及其主要分支学科都恢复了学科建制，许多学科都在大学讲台上恢复了教席。结合国家宏观战略建设中国特色社会主义理论，教育学领域展开中国特色教育学的建设研究，面临全球化浪潮的冲击，人们开始关注教育学的本土建构，以至于最后喊出中国教育学的创建，在国际舞台上发出中国教育学的声音，说出中国教育学的话语。中国教育学经过百年的发展，几经周折，终于回到本真的轨道。

第四章

教育学的理论基础

赫尔巴特曾说:"教育学作为一种科学,是以实践哲学和心理学为基础的。前者说明教育的目的;后者说明教育的途径、手段与障碍。"[①]从此以后,许多学者都从不同视角论述教育学的理论基础问题,而且对该问题的讨论至今还没有统一的定论,教育学究竟有多少学科基础,一直争论不休。

一门学科的建立,只要确定其研究对象与研究方法,通过问题的解决,形成概念体系、系统理论知识或技术体系,这门学科即可成立。而在教育学的研究中,人们一般都要研究教育学的理论基础,原因为何? 陈桂生认为,是教育学长期成为"别的学科领域"造成的。[②]为了寻求教育学的独立性与科学性,人们日益增加教育学的相关理论基础研究,但遗憾的是,迄今为止,"有关教育问题的讨论因缺乏知识基础使得一种令人满意的教育理论一直没有出现,并导致教育理论的研究过分依赖于业已形成的那些知识体系,尤其是哲学、心理学和社会学"[③]。看来有必要对教育学的理论基础问题进行深入探讨。

[①] [德]赫尔巴特:《普通教育学·教育学讲授纲要》,李其龙译,杭州:浙江教育出版社,2002年,第207页。
[②] 陈桂生:《教育学的建构》,长沙:湖南教育出版社,1998年,第36页。
[③] [英]Downey M, Kelly A V:《教育的理论与实践:引论》,王箭,等译,南昌:江西教育出版社,1989年,第1页。

第一节　教育学理论基础的研究概况

翻开现时代的大多数教育学（原理）著作与教材，我们基本都能看到有关教育学理论基础的阐述，有的设专章探讨此问题，有的把理论基础渗透在各个章节之中。

一、国外学者对教育学理论基础的研究

在教育学发展史上，一些学者对西方教育学理论基础进行总结，列出教育学相关理论基础涉及的学科数目。具体内容见表 4-1 所示。[①]

表 4-1　19 世纪初～20 世纪初国外学者对教育学理论基础的选择

教育学的理论基础	代表人物
实践哲学（伦理学）、心理学	赫尔巴特、贝内克
形而上学（哲学）	奥伊肯、布德
实践哲学（伦理学）	施莱尔马赫、罗森克兰茨
思辨哲学、逻辑学、伦理学	纳托普
美学	韦伯
精神科学（文化学）	狄尔泰
神学	施瓦茨、福禄培尔
生理学、心理学、人类学	乌申斯基
心理学	孔佩雷
心理学、生物学、人类学、卫生学、经济学、伦理学、美学、神学	拉伊

对教育学理论基础的不同学科的选择，实质上反映了人们对教育学理论的不同认识，所建构的教育学理论具有不同的功能指向。

20 世纪以来，教育学的理论基础研究开始出现拓宽与分化的迹象。杜威以他的实用主义哲学为基础，建立了不同于赫尔巴特传统教育学的理论体系；涂尔干（E. Durkheim）在《教育与社会学》一书中提出，教育科学属于社会学，教育学既不是教育活动本身，也不是关于教育的思辨哲学，而是在社会学和心理学基础上从事教育或改革教育的原则科学。对 20 世纪以来西方关于教育学理论基础的研

---

① 陈桂生：《教育学的建构》，长沙：湖南教育出版社，1998 年，第 38～39 页。

究进行概括，具体内容如表 4-2 所示。①

表 4-2 20 世纪西方教育学者对教育学理论基础的认识

教育学的学科基础	代表人物
社会学、伦理学	涂尔干
心理学、统计学	桑代克、贾德
心理学、社会学、伦理学、神学	凯兴斯泰勒、高第希
哲学、伦理学	爱伦·凯、沛西·能
哲学（实用主义）、心理学、生物学（进化论）、伦理学、社会学	杜威
哲学、神学、伦理学	赫钦斯、阿德勒、马里坦
哲学、伦理学、文化学、社会学	巴格莱、布拉梅尔德、怀特海
心理学、行为科学、数学、工艺学	斯金纳、赫尔
心理学、生物学	布鲁纳
人类学、哲学、社会学	博尔诺夫

从 19 世纪教育学成为一门独立的科学开始，人们就不断追寻教育学的理论基础问题，由最初的哲学和心理学，逐步拓展到哲学、心理学、社会学等，反映了人们对教育学学科理论基础的重视，但对教育学理论基础的研究偏重"外部"探求。这是因为教育旨在影响人的心理，使人的发展更加善良，更加完善，更有理性，更符合时代发展的需要，而教育活动的价值取向并非教育自身所能决定的，故关于教育的价值观念、目的及规范，须借助哲学、伦理学的研究成果来说明。"教育学的理论基础问题"便由此而产生。一门学科以比它更带有基础性质的学科研究成果为理论基础，并不表示该门学科没有"独立"存在的价值，这说明教育学的完善受到心理学、哲学等之类学科发展与完善程度的限制。②

当然，对教育学理论基础的认识，也有学者持"内部"探寻的观点。代表人物有哈迪（C. D. Hardie）、奥康纳、布列钦卡、古德兰德（J. J. GoodLad）、斯坦纳（E. Steiner）等。这些学者认为，教育学以其他相关学科为理论基础似乎是一个古老而又为多数人所认可的结论，但这种认识带来不少的负面影响。教育学借助其他学科，却又不自觉地为其他学科所占领，成为其他学科的附庸。对教育学受外部学科"治理"现象，陈桂生认为，在教育学中，许多内容都充斥着其他学科的观点与思想，例如，教学过程依据哲学上的认识论，德育本质、内容的认识要靠伦理学来支撑，品德部分又依据心理学，体育、美育依据体育理论、美学理论，班级与师生关系需要靠社会学、管理学来解释。在教育学的相关章节中，都

① 胡炳仙：《教育学性：教育学之理论基础》，载《当代教育科学》，2006 年第 1 期，第 6～8 页转第 13 页。
② 陈桂生：《教育学"独立的学科地位"问题的再认识》，载《当代教育科学》，2006 年第 16 期，第 3～4 页。

渗透着其他学科的知识，例如，教育与社会发展一章中渗透着社会学的观点，在论述教育与经济、政治、文化等内容时，渗透着经济学、政治学、文化学的观点；在论述教育与人的身心发展一章中，渗透着生理学、心理学的学科知识；在论述教育目的的理论依据时，都要谈到"马克思主义关于人的全面发展学说"理论，如此等等，都说明教育学过分依赖于其他学科的知识。[①]

针对教育学受外部学科"治理"的现象，内部论者提出应该在教育学内部寻找其学科基础。兴起于 20 世纪 20 年代的分析哲学是其主要代表流派。1924 年英国哲学家哈迪发表了《教育理论中的真理与谬论》，从逻辑实证主义的角度对教育学被其他学科"占领"现象进行分析。20 世纪 50 年代，奥康纳挑起了长达十年之久的"奥康纳赫斯特之争"[②]，对教育理论性质进行了质疑与辨析，将教育学理论的学科基础问题推向深入。布列钦卡尝试从教育学语义分析哲学的角度对教育学的语言陈述体系进行探讨，试图调和"奥康纳赫斯特之争"，并且从形式的角度对教育学的理论基础进行解释。古德兰德通过解构教育学的概念范畴呼吁建立教育学自身的概念体系，以结束教育学理论被吞噬的现实状态；1964 年斯坦纳甚至提出建立所谓的"教理学"（Educology）。

尽管美国教育界一向不把教育学作为一门学科，而视为一个研究领域，但美国学者对教育学、教育的理论基础研究是比较重视的。例如，在《美国教育学基础》一书中，详细阐述了教育学的理论基础。在该著作中，奥恩斯坦用四章的内容，全面介绍了美国教育学的理论基础问题。第一章主要是介绍世界教育遗产的渊源，通过历史的追溯，说明美国教育的起源是以欧洲教育经验为基础的。第二章主要是介绍世界著名教育思想家的教育思想，说明这些思想家的教育思想对美国以至于整个世界教育发展所做的各具特色的贡献。第三章主要讲述了美国教育学的历史基础，说明美国教育继承了欧洲的教育经验，随着美国建立自由国家，美国逐步建立一种新的正规教育制度。20 世纪初，美国公共学校制度形成，当前和未来的主要教育问题是，设法使这些教育机构同样地为所有的美国人服务，而不分民族、信仰和社会经济地位。第四章全面总结了教育学的哲学基础。试图评论传统的教育哲学，如唯心主义和唯实主义以及传统的教育理论如永恒主义和要素主义，更重视讨论实用主义或实验主义哲学以及进步主义和社会改造主义的理

---

① 陈桂生：《"教育学"辨："元教育学"的探索》，福州：福建教育出版社，1998 年，第 77～78 页。

② "奥康纳赫斯特之争"是指在教育学史上出现的以奥康纳为代表的科学理论与以赫斯特为代表的实用（实践）理论的争论。奥康纳试图以科学理论的认识论规范来批判与重建教育理论，赫斯特认为教育理论只能是实用（实践）性理论，他从不同视角致力于揭示实践性理论的内在结构或逻辑联系以及证明这种理论的方法。在 20 世纪六七十年代，奥康纳与赫斯特进行了多次辩论。

论。对这些教育哲学理论的研究，揭示了教育的目的和目标之间的不同。通过研究这些不同的教育哲学，使人们可以鉴别教育理论的丰富复杂性，而且能够力求形成教师自己的教育哲学。①该著作在后面相关章节的内容中，又谈到教育学的心理学基础和社会学基础。

重视教育学的历史基础、哲学基础和社会学基础是美国教育学的特点。例如，理查德·D. 范斯科德（R. D. Van Scotter）等人合著的《美国教育基础：社会展望》，第一章即是教育史，接下来有教育哲学、教育政治学、教育经济学、教育社会学、教育中的价值论等内容，也充分体现了教育学的历史基础、哲学基础和社会学基础。②在美国学者看来，教育学作为一门学科，其历史发展的基础特别重要，他们非常重视叙述教育发展史的经验，再就是重视教育学的哲学基础和社会学基础。再如《教育基础》一书中，第3章、第5章、第6章专门讨论美国教育的历史基础；第4章专门讨论教育的哲学基础；第7~9章专门讲述教育的政治、经济和法律基础；第10~12章讨论教育的社会基础。③当然，还有其他一些著作，同样能够证明上述特点。

在20世纪七八十年代，苏联的教育学著作主要有：哈尔拉莫夫的《教育学教程》、巴拉诺夫的《教育学》、休金娜的《中小学教育》和巴班斯基的《教育学》。在这些教育学教材中，能够体现的教育学理论基础是哲学（马克思主义哲学）、社会学、伦理学、美学、经济学、心理学、控制论等。俄罗斯当代教育学者弗·弗·克拉耶夫斯基（В. В. Краевский）认为，研究教育的学科有很多，但关于教育的学科只有一门，即教育学。教育学是兼有基础和应用（科学理论和技术构建）功能的相对独立的学科。教育学作为自主、独立的学科，既依赖于那些在逻辑上与之有联系的学科，又取决于科学认识发展的总体水平。分化与整合是当代科学发展的趋势，教育学在整合其他学科知识的同时，千万不能导致其他学科对教育理论的"侵蚀"，怎样运用其他学科的知识和方法，应根据教育学自身发展的需要，要考虑教育学自身学科的特性。教育学一方面要与其他学科联合，另一方面要去掉自己借用的心理学、逻辑学等学科的知识与方法，这样便可建立统一的教育学。教育学与其他学科联系有四种形式：利用其他学科的基本思想、基本原理和概括性结论；利用其他学科的研究方法；利用心理学、医学、生理学等学科的文献资

---

① ［美］A.C.奥恩斯坦：《美国教育学基础》，刘付忱，等译，北京：人民教育出版社，1984年，第31页，第64页，第91页和第117页。
② ［美］理查德·D.范斯科德等：《美国教育基础：社会展望》，北京师范大学外国教育研究所译，北京：教育科学出版社，1984年，目录。
③ ［美］艾伦·C.奥恩斯坦，莱文·丹尼尔：《教育基础》（第8版），杨树兵，等译，南京：江苏教育出版社，2003年，目录。

料、数据和具体研究成果；开展综合研究。①可见，克拉耶夫斯基对教育学理论基础的分析是比较深刻的。

二、国内学者对教育学理论基础的研究

中国学者对教育学理论基础的研究，我们按照历史发展的顺序，分两大时期进行探讨。

（一）中华人民共和国成立前有关教育学理论基础的研究

自 20 世纪初，在教育学引进中国的同时，学者们就开始关注教育学的理论基础问题。有学者对我国 20 世纪上半叶教育学相关书籍的整理，列出教育学理论基础涉及的相关学科，具体内容见表 4-3 所示。②

表 4-3　1949 年以前有关教育学理论基础的认识

代表作品	教育学的理论基础
季新益：《教育学教科书》，广智书局 1907 年版	理化博物、伦理学、论理学③、审美学、生理学、心理学、社会学、学校卫生学、国家学、行政学
张毓聪：《教育学》，商务印书馆 1914 年版	伦理学、心理学、生理卫生学、历史学、审美学、论理学、哲学、社会学
蒋梦麟：《高等学术为教育之基础》，载《教育杂志》，1918 年第 10 卷第 1 期	生理学、遗传学、卫生学、心理学、伦理学、美学、生物学、动物学、植物学、理化及他科学、人种学、历史地理、政治学、群学（社会学）
舒新城：《教育通论》，中华书局 1927 年版	生物学、心理学、社会学、论理学、伦理学、美学
王倘等：《中国教育辞典》，中华书局 1928 年版	生物学、生理学、心理学、伦理学、论理学、美学、文化哲学
范寿康：《教育概论》，开明书店 1929 年版	伦理学、社会学、论理学、心理学、生理学、卫生学、生物学、美学
王炽昌：《新师范教育学》，中华书局 1933 年版	生物学、心理学、社会学、哲学
罗廷光：《教育科学纲要》，中华书局 1935 年版	生物学、心理学、社会学、经济学、政治学、伦理学、论理学、美学
范任宇：《教育概论》，商务印书馆 1943 年版	教育学应分教育"学"和教育"术"两方面，两者学科基础不同。教育"学"方面涉及的理论基础有：哲学的、史地的、社会的、政治的、经济的。教育"术"方面涉及的理论基础有：关于教育对象的、关于心理的、关于生物的、关于理化的、关于数学的
徐德春：《教育通论》，中华书局 1948 年	哲学、伦理学、心理学、生理学、人类学、社会学

---

　　① ［俄］弗·弗·克拉耶夫斯基：《教育学原理》，张男星，等译，北京：教育科学出版社，2007 年，第 97～99 页。
　　② 侯怀银：《中国教育学发展问题研究：以 20 世纪上半叶为中心》，太原：山西教育出版社，2008 年，第 146～148 页。
　　③ 在《中国教育辞典》（中华书局 1928 年版）中，论理学即"一种名学或辩学，音义兼译则为逻辑，研究思想历程与法则之科学也。其内容通常分原理论、方法论两步，前者论思想之原理及本质，后者论思想之方法。概念、判断、推理等皆思想之本质，属原理论。归纳、演绎、比论等为思想之方法，属方法论"。

　　除了这些书籍对教育学理论基础研究之外，20 世纪上半叶，中国学者也发表了一些文章专门探讨教育学的理论基础问题。例如：

　　刘伯明：《哲学与教育》，载《新教育》，1918 年，第 4 卷 3 期。

　　东荪：《哲学与教育》，载《学灯》，1918 年，第 9 期。

　　厚生：《教育的社会学之基础原理》，载《教育杂志》，1921 年，第 13 卷 7 期。

　　高卓：《生物学和教育》，载《教育杂志》，1923 年，第 15 卷 10 期。

　　余家菊：《生物学与教育之关系》，载《教育杂志》，1924 年，第 16 卷 11 期。

　　杨廉：《近代心理学社会学生物学在教育思想上的贡献》，载《中华教育界》，1925 年，第 15 卷 4 期。

　　陈启天：《论理学与教育》，载《新教育》，1925 年，第 11 卷 4 期。

　　袁昂：《教育学与现代科学》，载《福建教育》，1936 年，第 2 卷 10/11 期合刊。

　　由此可见，在 20 世纪上半叶，我国学者已经注意到教育学的理论基础问题，也展开了一些具体研究。对于教育学为什么要与诸多学科相互联系，有学者认为：

　　教育之内涵既如是之广，教育学所关联的科学自必繁多。欲儿童之身体有健全的发育，则于儿童身心发育之状况与法则以及保育之术不可不熟知之。于是不得不借助于生理卫生学。欲儿童之品格中正刚毅，则于德行优劣之标准与品格形成之因素，不可不了解。于是不得不借助于伦理学。欲儿童之学习费力少成功多，则于学习历程之自然与规范不可不探讨之，于是不得不借助于心理学与论理学。又教育为一种社会活动，欲明其制度变异之故，则须就社会的观点以考虑之，于是不得不借助于社会学。且人类为生物中之一种，欲了解人类生活之真相而改良之，促进之，自须了解生物之本质及其生活状况，于是又不得不借助于生物学。是故教育学之内容，取自生理学、伦理学、心理学、论理学、社会学、生物学者甚多。[①]

　　当时一些学者对教育学理论基础的论证已经关注到教育活动的特殊性以及相关学科的价值等问题，这些论述无疑是正确的。石联星认为：

　　初期的教育学，是以伦理学和心理学为根据的……所以确定教育的目的，就不能任伦理学的独裁，非以……哲学为依据不可。哲学的任务，是能将各

---

① 余家菊：《教育原理》，上海：中华书局，1935 年，第 3 页。

种认识内容，作最后之学理的统一……要想阐明以认识发展为目的的教育学——教育活动之理论的基础，就不应依靠已离开哲学的怀抱单独存在的某几种学科，应该以整个性的哲学为出发点。①

这种论述，把教育学与哲学的关系讲述得比较深刻。同时，石联星还对教育学与人类学的关系进行探讨。他指出：

教育事业，如果认为是求被教育者——儿童生命的发展，就须不断地顾虑到人生之全貌，即长短俱备的全体的人，始有完成之希望。因此哲学的人类学——新的全体观的人类学，就成为教育学上一个基础科学。②

有学者在论述教育学与社会学的关系时，写道：

于教育学与社会学，个人不能脱离社会而存在，教育与社会也不可一日分离。教育的目标，直接影响于社会的团体和发展。一个社会希望发展的目的为何，往往在其教育的规定上有明显的表现。藉此，教育学是社会学中间的一门，二者之间，具有密切的关联。举凡社会的演进、组织、发展等，莫不与教育学有关联，而为教育学所应当讨论的事。③

但教育学为什么要有理论基础？确立教育学的理论基础的标准是什么？不能把与教育学有关的所有学科都作为其理论基础，对这些问题还鲜有学者去探讨。

（二）中华人民共和国成立后有关教育学理论基础的研究

中华人民共和国成立后，我国学者有关教育学理论基础的研究，可以分为两个阶段：

1. 1949～1978 年的教育学理论基础研究

中华人民共和国成立后，我们主要是学习苏联的教育学，凯洛夫主编的《教育学》是我们学习的范本。凯洛夫教育学教材中，有关教育学的来源主要谈了三个方面：一是作为科学一般方法论基础的马列主义哲学以及马克思、恩格斯和列宁关于文化和教育的学说；二是经过批判地改造过了的教育学的历史遗产，学校及其他教育机关的工作与发展的历史经验，特别是我们祖国进步的教育学对于科学的贡献；三是学校及其他教育机关的现代工作经验以及家庭教育的经验。④苏联

---

① 石联星：《教育学概论》，上海：中国文化服务社，1946 年，第 41～42 页。
② 石联星：《教育学概论》，上海：中国文化服务社，1946 年，第 47 页。
③ 徐德春：《教育通论》，上海：中华书局，1948 年，第 249～250 页。
④ [苏联]凯洛夫：《教育学》（上册），沈颖，等译，北京：人民教育出版社，1950 年，第 38～45 页。

的教材一般认为：只有历史唯物论才能正确了解教育在社会生活中和个性发展中的作用以及教育与人所形成的其他因素的相互关系。苏维埃教育学，是建立在最先进的哲学理论——马列主义理论基础之上的。凭借着科学认识的唯一正确方法——马克思主义的辩证法，教育学才初次获得了正确反映教育现象规律的可能性，才能做出教育经验的客观分析并能建立获得论证的概括结论，做出行动的正确指针。①

当时我国已有的教育学教材，主要从四个方面来论述教育学的理论基础问题。一是马克思列宁主义关于年轻一代的教育、教养和教学的学说，是教育学的重要理论来源；二是重视学习苏联成功的教育经验，作为编写教育学的基础；三是以马克思主义的观点、方法批判地接受历史上优秀的教育遗产（教育史基础）；四是总结当前学校及有关儿童教育机关的工作经验和家庭教育经验。②也有教材这样描述教育学的理论基础：作为科学一般方法论基础的马克思列宁主义的哲学以及马克思、恩格斯、列宁、毛泽东关于文化教育的学说；历史上的教育遗产；党和政府关于文化教育的政策法令；当代学校和其他教育机关的工作经验以及家庭教育的经验。③可见这些描述基本是凯洛夫教育学的继承与移植。

在社会主义建设时期，我国教育学受社会政治意识形态的影响，更加强化马列主义作为教育学理论基础的重要性。有的教材认为，中国教育学必须以马克思主义的唯物辩证法为它的哲学原理或方法论，马克思主义的教育学是教育学发展的最高阶段。以马克思主义辩证法为方法论原理的社会科学，不管社会生活中的现象怎样复杂，都能成为像生物学一样的准确的科学，能利用社会发展规律来供实际的应用。④有的教材认为，新中国的教育学的理论基础是马克思列宁主义的哲学。但在具体论述教育学与其他学科的关系时，该教材指出，为了更好地吸收历史上教育学里有用的遗产，所以必须学习教育史；在研究许多教学和教育问题时，必须具有心理学的知识；教育学与人体生理解剖学也是紧密联系的……学校卫生学是研究如何保持和增强儿童时期健康的条件和方法，以及儿童的疾病预防等的科学，是跟教育学密切联系的。教育学与各科教学法也是密切联系的，各科教学法要以教育学的理论为基础，教育也要依靠各科教学法来丰富它的内容。⑤

还有的教材结合时代发展的需要，在关注马列主义学说的基础上，把毛泽东

① 郑金洲，瞿葆奎：《中国教育学百年》，北京：教育科学出版社，2002 年，第 123 页。
② 北京师范大学教育系教育学教研组：《教育学讲义》（上册），1957 年，第 49～50 页。
③ 开封师范学院教育教研室：《教育学讲义》，武汉：湖北人民出版社，1957 年，第 10 页。
④ 华东师范大学教育学教研组，上海师范学院教育学教研室：《教育学讲义》（上册），1959 年，第 32～33 页。
⑤ 南京师范学院《教育学》编写组：《教育学》，南京：江苏人民出版社，1959 年，第 6～8 页。

思想作为中国教育学的理论基础。同时指出，我国的教育学是以毛泽东同志的教育思想为纲，毛泽东同志的教育思想是马列主义教育学说在中国创造性地运用和发展，按照毛泽东同志的教育主张及其阶级观点与思想方法去分析处理教育及其有关的问题，像一条红线一样贯穿在全部教育学之中。中国教育学建设的来源主要是：①以马克思列宁主义的哲学和教育学说为指南；②以中国共产党的教育方针、政策为依据；③总结我国老解放区以及解放以来的教育工作的先进经验；④学习苏联先进的教育经验；⑤批判吸收我国历史上和国外一切进步的教育遗产。①

从上述各种论述中我们可以看出，当时人们对教育学的理论基础问题还是比较关注的，有些认识也是比较到位的。但限于当时的政治历史背景，有些正确的认识在实际的教育学理论体系建设中没能很好地运用。例如，对历史上的优秀教育遗产和国外优秀的教育成果，批判多于继承，未能合理地吸收。同时对教育学理论基础的一些认识还值得深思。例如，对教育学理论体系科学性的建构，对教育规律的探索，要处理好教育方针、政策与教育规律的关系，但在政治至上的年代，这些关系没能得到较好地处理，且在某种程度上忽视了教育学自身理论体系的逻辑性。

2. 1978 年以来的教育学理论基础研究

1978 年以来，尽管对教育学理论基础问题的探讨没有那么充分，但各种教育学著作与教材也都做出了种种尝试，各种教材都根据作者自己的研究视角与学科立场，对教育学的理论基础进行了相关探讨。这里以国内一些教育学原理、教育学书目为例，通过对这些书目的学习，来分析教育学中所蕴含的"理论基础"，具体内容见表 4-4、表 4-5 所示。

表 4-4 "教育学原理"书目中蕴含的"理论基础"

作者及作品名称	作品中蕴含的理论基础
成有信：《教育学原理》，河南教育出版社，1993 年版	教育史、社会学、心理学、哲学、伦理学、体育学、美学、马克思主义关于人的全面发展学说、认识论、价值论
胡德海：《教育学原理》，甘肃教育出版社，1998 年版	实践论、哲学、社会学、人类学、经济学、心理学、传播学、教育史、管理学、法学、评价学
柳海民：《现代教育学原理》，东北师范大学出版社，2002 年版	教育史、社会学、经济学、政治学、文化学、心理学、哲学、马克思主义关于人的全面发展学说、认识论、评价学、伦理学
叶澜：《教育学原理》，人民教育出版社，2007 年版	教育史、全球化信息化理论、社会学、心理学、哲学、生命——实践理论、价值论、主体性理论、班级管理论、生活理论
扈中平：《教育学原理》，人民教育出版社，2008 年版	教育史、社会学、经济学、政治学、文化学、哲学、心理学、知识论、教学认识论、伦理学、全球化多元化理论

---

① 广东师范学院教育学教研组：《中国教育学讲义》（上册），1959 年，第 11 页。

续表

作者及作品名称	作品中蕴含的理论基础
郝文武，龙宝新：《教育学原理》，北京师范大学出版社，2012 年版	教育史、社会学、经济学、政治学、文化学、生理学、心理学、哲学、价值论、主体间性理论、知识论、设计学、艺术学、伦理学、管理学、教育实验学
康永久：《教育学原理五讲》，人民教育出版社，2016 年版	教育史、社会学、经济学、政治学、文化学、生理学、心理学、哲学
《教育学原理》编写组：《教育学原理》，高等教育出版社，2019 年版	教育史、马克思主义哲学、经济学、政治学、文化学、人口学、社会学、生理学、心理学、伦理学、体育理论、美学、知识论、教学认识论、科研方法论

表4-5 "教育学"书目中蕴含的"理论基础"

作者及作品名称	作品中蕴含的理论基础
上海师范大学《教育学》编写组：《教育学》（讨论稿），人民教育出版社，1979 年版	政治学、经济学、生理学、心理学、哲学、知识论、教学认识论、伦理学、品德心理学、卫生学、行政学、美学、教育技术学
唐文中等：《教育学》，黑龙江人民出版社，1983 年版	教育史、哲学、生理学、心理学、认识论、伦理学、体育学、卫生学、美学、领导学、管理学
南京师范大学教育系：《教育学》，人民教育出版社，1984 年版	教育史、哲学、社会学、经济学、政治学、生理学、心理学、伦理学、体育学、卫生学、美学、认识论、管理学
顾明远，黄济：《教育学》，人民教育出版社，1987 年版	教育史、经济学、政治学、文化学、社会学、生理学、心理学、哲学、知识论、认识论、伦理学、美学、体育学、管理学
罗正华：《教育学》，中央广播电视大学出版社，1989 年版	教育史、经济学、政治学、生理学、心理学、哲学、知识论、社会学、认识论、伦理学、体育学、卫生学、行政学、管理学
王道俊，王汉澜：《教育学·新编本》，人民教育出版社，1989 年版	教育史、哲学、生理学、心理学、经济学、政治学、文化学、知识论、认识论、伦理学、美学、体育学、社会学、管理学
叶澜：《新编教育学教程》，华东师范大学出版社，1991 年版	社会学、教育史、生理学、心理学、哲学、认识论、管理学、经济学、政治学、文化学、生态学、体育学、美学
全国十二所重点师范大学联合编写：《教育学基础》（第 2 版），教育科学出版社，2008 年版	哲学、教育史、价值论、生理学、心理学、经济学、政治学、文化学、社会学、知识论、教学哲学、生活理论、管理学、评价学、研究方法论
袁振国：《当代教育学》（第 3 版），教育科学出版社，2004 年版	教育史、生理学、心理学、社会学、学习理论、知识论、哲学、伦理学、评价学、经济学、政治学、文化学
李剑萍，魏薇：《教育学导论》（2006 年修订版），人民出版社，2006 年版	社会学、教育史、哲学、生理学、心理学、经济学、政治学、文化学、人口学、可持续发展理论、知识论、教学认识论、评价学、伦理学、管理学
柳海民：《教育学概论》，北京师范大学出版社，2015 年版	教育史、哲学、经济学、政治学、文化学、人口学、可持续发展理论、生理学、心理学、体育学、美学、知识论、教学认识论、伦理学、管理学、社会学
石佩臣：《教育学基础理论》，教育科学出版社，2018 年版	哲学、社会学、经济学、政治学、文化学、生理学、心理学、教育政策学、伦理学、体育学、美学、教学认识论、知识论、环境论、研究方法论

这些著作与教材，对教育学与其他学科关系的研究，一般有两种方式：一是直接以"教育学的理论基础"为章节名称，具体论述教育学的理论基础问题；二

是间接地论述教育学的理论基础问题，把教育学与其他学科关系的论述分散在相关具体内容中进行阐释。

改革开放以来，除了教材、著作对教育学的理论基础进行一些探索外，一些学者还撰写论文探讨教育学的理论基础问题。例如：

李世邦：《马克思主义哲学是科学教育学的方法论》，载《四平师院学报》（哲学社会科学版），1983 年第 2 期。

项贤明：《试论教育学的哲学——科学基础》，载《上海教育科研》，1997 年第 2 期。

侯怀银：《教育学对哲学的接受机制及其内化》，载《山西大学学报》（哲学社会科学版），2001 年第 5 期。

石中英：《论教育学的文化性格》，载《教育研究》，2002 年第 3 期。

刘慧群：《教育学还在与心理学对话吗？》，载《教育科学研究》，2002 年第 11 期。

岳伟，王坤庆：《人：哲学与教育学的契合点——关于教育学为什么需要哲学的思考》，载《教育研究与实验》，2005 年第 3 期。

杨小微：《立场反思：教育学与哲学和科学的对话》，载《学术月刊》，2005 年第 10 期。

王小燕，卞军凤：《追根溯源：找寻教育学与心理学的契合点》，载《国家教育行政学院学报》，2006 年第 8 期。

张家：《教育学与哲学》，载《当代教育论坛·宏观教育研究》，2008 年第 3 期。

邬金莲：《教育学与美学对话的可能与意义》，载《湖南师范大学教育科学学报》，2008 年第 5 期。

雷江华：《我国教育学与心理学关系的历史考察》，载《河北师范大学学报》（教育科学版），2009 年第 3 期。

张楚廷：《教育学为何需要哲学》，载《高等教育研究》，2011 年第 9 期。

余小茅：《论"人—文化—哲学"相统整的教育学》，载《教育发展研究》，2011 年第 21 期。

姜勇，柳佳炜，庞丽娟：《中国教育学的文化根基：基于文化、为了文化、创新文化》，载《湖南师范大学教育科学学报》，2018 年第 2 期。

叶澜，罗雯瑶，庞庆举：《中国文化传统与教育学中国话语体系的建设》，载《苏州大学学报》(教育科学版)，2019 年第 3 期。

张旸，张雪：《中国文化传统在教育学中国话语体系构建中的价值与创生》，载《教育科学研究》，2020 年第 3 期。

从以上发表的论文来看，我国学者有关教育学理论基础的研究主要集中在哲学、文化学、伦理学和心理学领域，个别学者关注教育史学与教育学的关系。当然，还有一些学者把系统论、信息论、控制论作为教育学的理论基础等，这些研究成果从不同方面揭示了教育学的理论基础问题。但对教育学为什么要有理论基础，其理论基础究竟有哪些具体学科，还没有引起人们的普遍关注。

第二节　确定教育学理论基础的标准

教育学作为一门科学，为了更好地说明问题，也为了使自身具有更强的解释力，不断增强其科学性，需要一些相关学科为其理论基础，这也无可厚非。一些自然科学在发展中，也需要借助其他学科助力发展，例如，物理学、化学和生物学都需要借助数学基础等。但问题是一门独立学科不可能有太多的其他学科作为理论基础，否则，教育学自身的独立性就存在问题，这门学科的声誉就会受影响。

一、确立教育学理论基础的标准

研究教育学的理论基础问题，必须确立建构教育学理论基础的标准。《中国教育辞典》曾有简略回答："教育学一方以自然人的研究为基础，而重视生物学、生理学、心理学；另一方又当理想的研究为决定方针的凭借，而伦理学、论理学、美学、文化哲学等乃与教育学发生甚深切之关系焉。教育学实于此两大基础之上，而建立为一独立科学。"①这里言简意赅地指出，教育学的理论基础是生理学、心理学、伦理学、文化学和哲学。

陈桂生教授对此问题从三个层面分析：一是知识层面。他指出，是否能为教育学提供知识准备的学科，都堪称教育学的"理论基础"吗？二是价值层面。由于教育实践活动旨在造就一定社会—文化情境中所需要的人，而造就什么样的人对学生施加什么性质与程度的社会—文化影响，属于教育价值取向的问题。而这

---

① 王倘等：《中国教育辞典》，上海：中华书局，1928 年，第 649 页。

种教育价值取向并非教育部门所能决定的，它是由社会—文化情境中占主导地位的一般价值观念所决定的，而对这些问题的论证是政治学、经济学、伦理学、社会学、文化学等学科所做的事情。所以，这些论证教育价值取向的基础学科，堪称教育学的"理论基础"。另外，由于教育价值观念要落实在教育对象身上，教育活动实际上是以学生原有的心理活动为对象，心理学可以为学生心理活动提供解释性知识或实证性知识；故心理学（心理科学）虽不涉及价值问题，倒也是教育学不可或缺的"理论基础"。三是方法论层面。充实和改进教育科学的研究方法，是这门科学发展的重要因素。任何一门学科的研究，都要用到方法论知识，但方法论知识不属于一门学科，许多方法论知识是众多学科都可使用的"武器"，所以方法论知识不能成为理论基础，而只能成为"方法论基础"。① 这些分析与建议是比较中肯的。

"理论基础"是由"理论"与"基础"两词合并而成。"理论"是指人们由实践概括出来的关于自然界和社会的知识的有系统的结论。"基础"的含义为：①建筑物的跟脚；②事物发展的根本或起点。理论基础作为一个合成词，兼有上述两个词汇的意蕴，它是指建立一门学科（或科学）需要借助的、具有根本性质的系统知识。由此看来，教育学的理论基础：一是要为教育学成为独立学科奠基，二是要为教育学走向科学奠基。这才是教育学理论基础的标准。

二、教育学理论基础泛化的原因

正如前文所述，今天的教育学面临众多学科基础的困惑，几乎对教育学有用的学科知识都可以用来说明教育问题，教育学这种泛化现象，使得教育学对其他学科不设防，教育学忙于到处伸手，"占领"其他学科的知识，到头来，教育学便成了其他学科的俘虏，造成教育学成为"别的学科领地"的现象发生。②

产生这种现象的直接原因是人们没有认识到教育学知识结构中用到的其他学科知识与教育学学科得以独立的理论基础之间的关系。例如，开展教育学研究，需要用到方法论知识，需要用到"系统论、信息论、控制论"等相关理论来分析和解决教育问题。但系统论、信息论、控制论的方法思想还会被广泛地运用到其他自然科学和社会科学之中，方法论知识是学科共同拥有的知识，并不是教育学的理论基础知识。方法论知识对教育学的学科发展能够产生重大影响，但不能成

---

① 陈桂生：《教育学的建构》，长沙：湖南教育出版社，1998年，第42～43页。
② 陈桂生：《略论教育学成为"别的学科领地"的现象》，载《教育研究》，1994年第7期，第38～41页。

为教育学是否为独立学科的理论支撑。一门学科是不是独立的学科，关键是看它是否有独特的研究对象，是否有自己学科的概念范畴与理论知识体系；再如美学、卫生学等学科知识，对于阐明教育学知识有帮助，但也不构成理论基础知识。这是因为教育是培养人的实践活动，人要健全、健康发展，需要一定的美学素养，也需要卫生学的知识，但这些知识是在阐述教育理论的相关问题时用到的相关学科知识，不是教育学的理论基础知识。真、善、美是永恒的存在，任何一门学科都具有真、善、美的教育意义。所以在论述教育学理论基础方面，许多学者泛化了理论基础，把教育学运用了相关学科的假设与理论来分析解决教育问题，当成简单地移植相关学科的研究成果（结论与论证）。①这种简单的移植造成了用更多的其他学科知识来研究教育问题，却忽视了教育学自身研究的现象。例如，运用教育社会学的观点分析教育问题，运用教育心理学的思想观察教育问题，运用文化学的假设来研究教育问题等，这些研究成果都是运用社会学、心理学、文化学的理论逻辑来研究教育问题得到的，其研究成果更像教育社会学、教育心理学和教育文化学，而不是教育学自身的研究，最终也不能形成关于教育现象、教育问题的系统学说，却使得教育学成为其他学科的"跑马场"。此外，从逻辑上也说不通。一般说来，教育社会学、教育心理学、教育文化学等这些学科都是教育学的子学科，这些学科的研究成果能够促进教育学的发展，但问题是，这些子学科是从教育学中分化出来的，其研究理应遵循"母学科"教育学的逻辑。然而事实上，这些学科都是遵循社会学、心理学和文化学的逻辑。这些研究越多，只能说明教育社会学、教育心理学、教育文化学的繁荣，并不一定带来教育学的繁荣。因为研究逻辑已经分道扬镳。

产生教育学理论基础泛化现象的根本原因是人们没有认识清楚"理论基础"的根本内涵。理论基础是一门学科得以建立的根基，就像盖一幢大楼，要盖多少层，当地的地基情况怎样，整个大楼的重量是多少，需要几个根基承受全部重量，受力怎样分解与分配，地桩要打多深，只有把这些问题解决了，盖起来的大楼才能坚固稳定。教育学的理论基础是指教育学作为一门学科，它得以成立与发展的支撑学科，缺少这些支撑学科，教育学难以成为一门学科。这是因为教育现象不同于物理现象、化学现象，也不同于社会现象中的经济现象、政治现象、文化现象，它同医疗卫生、工程现象有些类似，它是与一定目的相联系的一整套实践活动，是为社会经济、政治、文化活动所制约的实践活动。

教育是培养人的实践活动，它以人的发展为对象，所以就需要对"人"的属

---

① 陈桂生：《"教育学"辨："元教育学"的探索》，福州：福建教育出版社，1998 年，第 87 页。

性与需求有所了解，而这方面的知识是哲学、生理学、心理学所研究的内容。故教育学是建立在哲学、生理学、心理学基础之上的一门学科，它的独立与发展需要哲学、心理学的支撑。教育活动是师生之间的交往活动，师生之间的交往要有中介，这就是教育内容。教育内容是社会文化的重要组成部分，文化既是教育主体交往、建构与创新的内容，又是教育传播与交流的重要方式，所以，有关文化属性和对文化需求的反映的解释，可诉诸"文化学"。任何教育活动都是在一定的社会背景下进行的，参与教育活动的人们又组成特殊的"教育社会"，所以这种实践活动的社会属性与对社会需求反映的解释，可诉诸"社会学"。[①]正是基于此种情况，人们往往把教育学归入社会科学领域，也有理由把它纳入"人学""文化学"之中。

教育学之所以借用社会学、文化学等相关学科的知识，是因为一方面这些学科的研究成果对教育学理论的发展能够产生影响，教育学需要借用这些相关学科知识来论证自身的理论问题。但这些相关学科的知识终究不能直接解决教育学自身的一些理论问题，因此，需要教育学者用教育学思维整合相关学科的知识，来阐明教育学的理论问题。对相关学科知识的运用，只需直接作为公理，而不需证明。例如，相关学科已经证明当代中国总的价值取向是建设"中国特色社会主义"，教育领域要建设"中国特色社会主义教育学理论"，至于什么是"中国特色社会主义教育学理论"，怎样建设"中国特色社会主义教育学理论"，其他学科不解决也解决不了此问题，这个问题的解决还要依靠教育学领域的专家学者的努力。所以教育学在发展过程中，既需要借鉴相关学科的研究成果，又要去掉其他学科的属性或痕迹，以保持教育学自身的独特性与独立性，这才是教育学与其他学科发展关系的辩证认识。

第三节　教育学理论基础的再确认

从教育学学科发展史来看，有关教育学理论基础的研究经历了一个复杂多变的过程。教育学由最初的经验学科逐步走向科学学科。在这里，教育实践是关键。实践是第一性的，教育实践是催生和推动教育学产生与发展的策源地。

教育学是一门学科，它是以教育现象中客观存在的教育问题作为研究对象，

---

① 陈桂生：《教育学的建构》，长沙：湖南教育出版社，1998年，第44页。

系统探讨教育规律的一门学科。诸如教育是什么？为什么教育？教育什么？谁来实施教育？谁来接受教育？怎样教？怎样育？教育效果如何？等等，这些问题形成一个问题链，对这些问题进行研究和揭示，达成一些规律性的认识，就形成了一门有系统知识的学科。当然，教育学的建构离不开教育实践、教育思想和教育理论。教育实践是教育学产生与发展之源，教育思想与教育理论是教育学学科发展之流，流与源共同支撑教育学学科发展。

从学科产生与发展的历史逻辑来看，实践、教育实践是教育学产生与发展的实践基础。当然，我们这里主要是讨论教育学的理论基础问题，对于教育实践基础我们就不再赘述。

教育学作为一门学科，在其建立与发展中需要其他学科相关理论作为支撑，但不能过于依赖其他学科，缺乏独立性，也不能盲目拒斥其他学科的研究成果，形成孤立学科，正确的做法是与其他学科互相融通，但要保持自己研究领域的独特性和研究对象的独立性。所以，教育学的理论基础主要有以下几个方面：历史基础、哲学基础、自然科学基础和社会科学基础。

一、教育学的历史基础

历史具有双重功能，一是可以提高我们根据现在理解过去的能力；二是可以提高我们根据过去理解现在的能力。[①]历史研究对于现在的重要价值是：通过史实的分析和理解，获得对事物发展的理性认识。任何一门学科的建立都离不开自身的发展历史，论从史出，历史的与逻辑的辩证统一，是建构科学的教育学理论体系的重要方法论原则。从历史的过程上说，今日的教育学，将成为明日的教育学史；从逻辑的顺序上说，今日的教育学，是昨日教育学历史的概括与总结。目前我国教育理论界对教育学理论体系的探索与建构正在进行时，教育学史当然不能坐等教育学理论研究的成果，相反，教育学史还应为教育学的理论探索，为教育学走向成熟的学科，从历史的角度提供有价值的理论材料，不断促进教育学的理论建设。有关这方面的内容，因与教育学史、教育史多半重复，故不再赘述。

二、教育学的哲学基础

教育学作为一门学科，在没有独立之前是从属于哲学的，那时人们在哲学（理

---

① ［英］卡尔：《历史是什么？》，陈恒译，北京：商务印书馆，2007 年，第 207 页。

论）的领域内探讨教育问题。所以，教育学独立之后，仍然受到"母学科"哲学的关照，许多教育学问题需要借助哲学（伦理学）的研究成果来解释、判断和深化，不断提升教育学的理论水平。关于教育学的哲学基础，许多学者都做出过相关论述。例如，"大多数一般性的教育问题归根结底是哲学本身的问题"。① "教育是一个变化的过程，它特别需要一个路标来指导它的活动，路标最终指向哲学。"② "教育是培养人的活动，主要是培养人的世界观……因此，在教育活动中需要一种正确的哲学作为指导，而每一时代教育总是被决定于那一时代的哲学的。"③杜威对教育学的哲学基础有着更多的论述。例如，"如果我们愿意把教育看作塑造人们对自然和人类的基本理智的和情感的倾向的过程，哲学甚至可以解释为教育的一般理论。""我们能给哲学下的最深刻的定义就是，哲学就是教育的最一般方面的理论。""哲学乃是作为审慎进行的实践的教育理论"，"教育乃是使哲学上的分歧具体化并受到检验的实验室。"④

　　教育学的哲学基础，这里的哲学作广义理解，不仅包括一般的哲学原理，也包括马克思主义哲学原理，还包括伦理学、逻辑学和美学等相关学科的内容。由于教育学是研究教育问题，揭示教育规律的科学，教育是培养人的社会实践活动，所以，怎样理解人，怎样对待人，这就涉及哲学的人性论问题、知识论与人的认识论问题、人的审美情趣与道德发展的问题等。张楚廷认为教育学需要借助哲学的火眼金睛，来认识"人是什么"这个高深问题，教育是教人以智慧的，而哲学正是智慧之学，所以教育学需要哲学。⑤还有学者认为，教育学需要哲学，关键的一点在于"人"是它们的共同主题，教育活动本身需要哲学，教育学理论自身的完善也需要哲学提供思维方式和价值导向。⑥

（一）人性论与教育学

　　人性问题是哲学史和教育史中争论最多、涉及范围最广的问题之一。人性在《现代汉语词典》中作两种理解：一是"在一定的社会制度和一定的历史条件下形成的人的本性；二是人所具有的正常的感情和理性。"⑦叶澜认为，"体现在个体

① 陈友松：《当代西方教育哲学》，北京：教育科学出版社，1982 年，第 28 页。
② ［美］约翰·S.布鲁柏克：《教育问题史》，吴元训，主译，合肥：安徽教育出版社，1981 年，第 101 页。
③ 傅统先，张文郁：《教育哲学》，济南：山东教育出版社，1986 年，第 4 页。
④ ［美］杜威：《民主主义与教育》，王承绪译，北京：人民教育出版社，2001 年，第 347 页，第 350 页，第 351 页，第 348 页。
⑤ 张楚廷：《教育学为何需要哲学》，载《高等教育研究》，2011 年第 9 期，第 1～5 页。
⑥ 岳伟，王坤庆：《人：哲学与教育学的契合点——关于教育学为什么需要哲学的思考》，载《教育研究与实验》，2005 年第 3 期，第 5～8 页。
⑦ 中国社会科学院语言研究所词典编辑室：《现代汉语词典》（第 7 版），北京：商务印书馆，2016 年，第 1100 页。

身上的，区别于其他生物的类特征统称为人性"①。一般说来，人性包括自然性与社会性两大方面，这两大方面在每个人身上的表现又体现出共同性与差异性的统一。人的自然性是由作为生命机体的人体之需要与构成机体的器官各自具有的以及整体协调的功能决定的，也即是本能。人性中的社会性是指人出生以后，在与社会交往过程中逐渐形成的各种能力与特性。它以自然性为其自身的物质基础，以个人的社会关系、生活方式、职业、政治、社交活动为基本内容，主要表现在人的各种心理品质以及由此构成的个性之中。可见，人的自然性与社会性，在来源上有先天、后天之分，在出现程序上有初始、后继之分，在内容性质上有自然与社会之分，在载体上有身体、心理之分。然而，这一切都体现在不可分割的同一个人身上。在人性结构中，是自然性具有决定意义，还是社会性具有决定意义，历来存在着争议。

自然性决定论认为，自然性在人性中具有基础地位，具有先天性，因而具有不可改变性。他们认为人天生素质不等，有上、中、下之分，每个人受教育的可能是受其天生素质的等第限制的，人在社会中的地位也应以受教育的程度而定。古希腊的哲学家柏拉图是这种观点的最早和最典型的代表。他强调上帝造人时使人分别含有三种不同的金属，一种人含金质，属最高贵者，应受最高级的教育，使其成为哲学王、统治者，这类人在人类中只占极少数；第二种人含银质，其特点是勇敢善战，他们接受的教育只要达到武士的要求即可；最后一种人是含铁质，他们无须受多少教育，只要能服从、会从事各种劳动即可。②中国汉代的思想家董仲舒认为："性者，天质之朴也。"③他把人分上、中、下三等，上品之性——圣人之性——至善之性——不教而能；中民（品）之性——有善有恶——教而善，不教而恶；下品之性——斗筲之性——至恶之性——教而难善。

强调社会性决定作用的论者认为，人的自然性并不是在出生时就已定形，它是可塑的，而且在人与人之间就自然性而言，没有很大的差异。决定人之性质及其差异的不是自然性，而是在后天的环境及教育的作用下形成的人之社会性。人的自然性只是人性形成的物质基础，它不是人性本身。在现实中，从来没有纯粹表现为自然性的人性。其次，他们肯定人的社会性对自然性具有驾驭能力，社会性决定自然性发展的方向、程度及表现的方式。人不是靠自己的初始能力，而是靠后天形成的各种社会能力适应社会环境，并得以生存和发展的。由此又进一步

---

① 叶澜：《教育概论》，北京：人民教育出版社，1991 年，第 185 页。
② 曹孚：《曹孚教育论稿》，上海：华东师范大学出版社，1989 年，第 525 页。
③ 《春秋繁露·实性》。

得出结论：人是万物之灵，人与动物有着根本的区别，那就是人通过教育能获得理性，具有道德，并能认识自己，使人成为自身与世界的主人。①

马克思主义从"社会存在决定社会意识"的观点出发，认为人的本质就是指人之所以为人的特有的质的规定性。"人的本质不是单个人所固有的抽象物，在其现实性上，它是一切社会关系的总和。"②人是有自然属性的（生物性），但其本质的方面是人的社会性。现实中的人性，说到底是自然性与社会性的"合金"。并进而阐明了人的本质观，即人是自然性与社会性的统一，人是受动性与能动性的统一，人是共性与个性的统一。

1. 性善论与教育

这里的"善"，主要指人有爱他人之本性及有利于人类发展的智慧与创造的本性。这种本性使人与人之间有可能合作、友爱，使社会有可能发展进步，使个人也可能发展完善。孔子是中国古代伟大的思想家，他认为"性相近也，习相远也"③。这里的"习"是指因后天习染积久养成的习性。人们的本性是相近的，后天的习染使人们之间相差甚远了。他还说："生而知之者，上也；学而知之者，次也；困而学之，又其次也；困而不学，民斯为下矣。"④从这里可以看出，孔子对教育的作用作了充分的肯定。孟子是中国性善论的代表。他认为："恻隐之心，人皆有之；羞恶之心，人皆有之；恭敬之心，人皆有之；是非之心，人皆有之。"⑤这四个"人皆有之"在《三字经》中被概括为："人之初，性本善"。

在西方，自古至今也不乏性善论者，如当代美国著名心理学家、伦理学家埃·弗洛姆（E. Fromm）。他在自己的著作中充满激情地讴歌人性之善："爱汝邻人并不是一种超越于人之上的现象，而是某些内在于人之中且从人心中迸发出来的东西。爱既不是一种飘落在人身上的较大力量，也不是一种强加在人身上的责任；它是人自己的力量，凭借着这种力量，人使自己和世界联系在一起，并使世界真正成为他的世界。"⑥相信人性本善者，一般对教育的力量充满信心，且能强调教育的作用就是顺乎自然，使人的本性充分发展，反对社会对人做出种种不合本性的规范，并把社会中的人表现出来的恶行，都看作是由坏的文化或社会造成的。正如

---

① 叶澜：《教育概论》，北京：人民教育出版社，1991 年，第 188～189 页。
② 马克思，恩格斯：《马克思恩格斯选集》（第一卷），中共中央马克思恩格斯列宁斯大林著作编译局编.北京：人民出版社，1995 年，第 56 页。
③ 孔子等：《四书·五经》，北京：华文出版社，2009 年，第 126 页。
④ 孔子等：《四书·五经》，北京：华文出版社，2009 年，第 124 页。
⑤ 孔子等：《四书·五经》，北京：华文出版社，2009 年，第 174 页。
⑥ [美]埃·弗洛姆：《为自己的人》，孙依依译，北京：生活·读书·新知三联书店，1988 年，第 55 页。

卢梭所言："出自造物主之手的东西都是好的，而一到人的手里，就全坏了。"①

2. 性恶论与教育

此处的"恶"有两意：一是人的自然欲望是贪婪的，永远不会满足的，非理性的，因而是卑劣的；二是人天性是自私的，敌视他人的，人在本性中就富有攻击性，这是造成社会上种种恶行的根源。中国古代思想家荀子就是性恶论的代表。他说："人之性恶，其善者伪也。"②人生性好利、好嫉妒、好声色、好争斗，所以，如若顺其本性发展，必将使社会陷于混乱。古希腊哲学中，就认为人的身体较之灵魂总是卑俗的，这种观点在中世纪已发展为原罪说，因为人有罪，故需要奴役、惩罚。性恶论者虽不颂扬人性，却同样强调教育，但他们认为教育的主要意义是对人性恶的矫正、改造、控制，以形成人对社会秩序有益的习惯，通过教育养成的习惯可以成为人的第二天性，使人高于动物，使社会保持秩序，他们看重的是教育的规范作用。③

（二）马克思主义哲学与教育学

马克思主义哲学从社会存在决定社会意识、物质基础决定上层建筑等唯物史观出发，论证了教育与社会政治、经济和文化发展的辩证关系。马克思主义关于人的全面发展学说是制定社会主义教育目的的重要理论来源，为我们实施全面发展的教育和制定各种教育课程奠定了理论基础。马克思主义的认识论原理向我们揭示了人类的认识规律，即实践—认识—再实践—再认识……这样一个螺旋上升过程，同时指出实践出真知，实践是检验真理的标准。教学过程在本质上是一种特殊的认识过程，也是促进学生身心全面发展的过程。这些理论为我们制定教学过程的阶段与程序提供了有力的方法论思想。马克思主义的价值学说理论，为我们确立正确的教育价值观与教育价值取向奠定了理论基础。

（三）伦理学与教育学

从学科分类来讲，伦理学属于哲学。哲学中的伦理思想，为我们研究教育学理论、道德教育理论和制定道德教育原则与方法提供了理论基础。教育学之所以需要伦理学作为基础，主要是因为教育专业是一项伦理的事业。

首先，从教育的本体功能上看，教育是培养人的社会实践活动。培养什么样的人，这就是一个价值判断的问题，具有道德性。教育通过各种途径和方法挖掘

---

① ［法］卢梭：《爱弥儿》，李平沤译，北京：商务印书馆，1978 年，第 5 页。
② 孟宪承：《中国古代教育文选》，北京：人民教育出版社，1979 年，第 69 页。
③ 叶澜：《教育概论》，北京：人民教育出版社，1991 年，第 192 页。

人的内在潜能，解放人的力量，发展人的个性，实现人的价值，提升人的地位，这是其最终目的。这就体现了教育的人道精神，体现了教育对人的尊重和关爱。教育就应具有人道、理性和公正等道德性。

其次，从教育作为一项社会福利事业来看，它是按照一定社会的要求，即教育目的，选择多种方式和手段，通过培养人实现人的全面和谐发展，进而实现人类社会的可持续发展。在这里，教育是一个中间环节，即通过教育实现人的全面和谐发展，全面和谐发展的人积极参与社会实践活动，最终达到人类社会的可持续和谐发展。可见，教育在完成这些任务的时候，必定肩负一定社会的责任，这种责任本身就是关爱、人道和善意。

再次，从教师的教学任务与教育过程来看，教师在传授知识的教学过程中，总是在一定的思想体系指导下，受一定的哲学观和一定阶级立场所支配。在教育过程中，教师总是执行一定阶级的教育方针，有目的、有意识地按照一定阶级的要求，朝着一定的思想政治方向去引导学生的。再者，人民教师的根本任务是教书育人，这个任务也决定教师在教育过程中要把教书与育人结合起来。教书是手段，育人是目的，即通过教书达到育人之目的。所以，立德树人是教育的最终目的。

最后，从课程与教育内容上看，各门学科的文化知识本身也具有思想教育价值。因为各科教材的内容，从不同的方面揭示了自然界、人类社会和思维现象发生、发展变化的规律，学生掌握各门学科的知识，从中吸取营养，将对学生起到思想教育的作用。也正如列宁所说："只有用人类创造的一切财富的知识来丰富自己的头脑，才能成为共产主义者。"[①]同时，教育组织形式和教育方法也富有深刻的教育性。杜威在其《道德教育原理》中指出："教育者——不论是家长还是教师——的职责就是一定要使儿童和青年生气勃勃地获得尽可能多的观念，从而使之成为促使行动的观念，指导行为的原动力。这种要求和这种机会使道德目的普遍存在于一切教学中并处于主导地位，不管教学主题如何。要不是这种可能性，一切教育的终极目的在于品格的形成这一耳熟能详的句子，恐怕是虚装门面而已。"[②]可见，教育必然具有道德性。

由于教育专业是伦理专业，教育活动必须具有伦理的品质，所以教育活动中必须坚持人性、人道、理性和公正。以教育伦理专业为研究对象的教育学就具有伦理的品性，教育学理论的建构需要借助伦理学的基本原理。

---

① 列宁：《列宁选集》（第四卷），中共中央马克思恩格斯列宁斯大林著作编译局编译，北京：人民出版社，2012 年，第 348～349 页。

② [美]杜威：《道德教育原理》，王承绪，等译，杭州：浙江教育出版社，2003 年，第 8 页。

例如，当代道德教育模式理论，都是在伦理学原理指导下展开的。这里以"价值澄清"道德教育流派为例来分析此问题。价值澄清模式是美国教育专家路易斯·拉思斯（L. Raths）、梅里尔·哈明（M. Harmin）和悉尼·西蒙（S. Simon）等人创立的一种道德教育模式。价值澄清模式以两个理论假设为前提：其一，当代儿童处于充满互相冲突的价值观的社会之中，这些价值观深深地影响着他们的身心发展；其二，在当代社会中，根本就没有一套公认的道德原则或价值规范体系。因此，价值澄清论者认为：①在个人与社会的关系上，强调价值的个人意义，强调价值源于个人的经验，服务于个人的生活，要"通过改变个人从而改变社会"；②在理智与情感、行为的关系上，强调三者的有机统一，它们的整合是价值形成的充要条件；③在形式与内容的关系上，强调内容为形式服务，内容是可变的，形式是不变的；④否认"道德原则"这一概念，坚持价值的经验特性，反对"灌输"，认为价值澄清的主要目的是"帮助儿童澄清他们的价值陈述和行为"，以适应不断变化的社会。[①]

价值澄清模式认为，个人的价值或价值观是经验的产物，不同经验产生不同的价值观，价值本身没有真伪与对错。价值的形成与发展完全是个人选择的结果。教育者不能也无法向儿童传授和灌输任何价值观。价值教育的重点是从价值内容转移到澄清个人已有价值的过程，教师的任务在于帮助学生澄清自己的价值观，而不是将教师的价值观传授给学生。为此，价值澄清理论提出有效的价值澄清形成过程有七个步骤，七个步骤主要有三个内容：选择、珍视和行动。在课堂教学中，价值澄清模式还创立了许多价值澄清策略，例如对话策略、书写策略、讨论策略、提高对后果的认识策略以及其他 19 种策略。[②]价值澄清理论具有现实性、实用性、可操作性和有效性，其德育模式体系较为完整。但是，该理论存在形式主义、相对主义的不足，没有区分道德价值和非道德价值，只关注价值澄清过程而不关注学生到底获得什么样的价值观，极易导致基本道德是非标准的缺失。[③]由此可见，教育学需要伦理学的支持，许多道德教育活动开展与评价都需要伦理学的相关理论，教育本身就是一项伦理的活动。

三、教育学的自然科学基础

教育学的自然科学基础主要是指生理学和心理学。众所周知，生理学、心理

---

① 戚万学：《冲突与整合——当代西方道德教育理论》，济南：山东教育出版社，1995 年，第 284～304 页。
② ［美］拉思斯：《价值与教学》，谭松贤译，杭州：浙江教育出版社，2003 年，第 1～2 页。
③ 檀传宝：《德育原理》，北京：北京师范大学出版社，2007 年，第 45 页。

学都属于自然科学。生理学、心理学是教育学得以建立与发展和取得合法地位的最根本的理论基础。因为教育学是研究教育问题的一门科学，教育是培养人的活动。人既是一个具体概念，也是一个抽象概念。在具体化时可以单指一个人，十分具体；在抽象化时，可泛指人类。但不管怎样，人首先是一个生物体，通过教育活动逐步走向社会性。

（一）人的身心成长规律对教育学理论的制约

人的身心发展的一般规律是指不同个体在身心发展过程中表现出来的共同规律，它是由人的机体成熟规律和各种外部条件的发展状况相互作用所决定的，不是个人的意志可以改变的。教育要获得预期的效果，必须首先了解这些基本规律，了解自己的教育对象，在此基础上合理地设计教育教学活动。也正如俄国教育家乌申斯基所说："如果教育学希望从一切方面去教育人，那么就必须首先也从一切方面去了解人。"[①]

第一，人的身心发展的统一性决定教育必须实施身心全面发展的教育。此规律决定教育工作要全面地关心学生身心两方面的发展，不能孤立地、片面地发展某一个方面。要把长智慧与长身体结合起来，互相促进，使学生得到全面的、和谐的发展。

第二，人的身心发展的顺序性、阶段性决定了教育活动的顺序性和阶段性。人的身心发展的顺序性，决定教育教学工作要循序渐进，既不能超越，也不能滞后，要由浅入深，由易到难。否则，欲速则不达，影响学生身心的健康发展。人的身心发展的阶段性，决定了教育教学工作的阶段性，针对不同年龄阶段的学生，在教育教学的要求、内容和方法上，要区别对待，不能不分阶段地"一刀切"。同时，还应看到，各个年龄阶段又是相互联系、相互衔接的，不能截然分开。因此，在教育教学工作中也要考虑这种衔接性。根据学生身心发展的阶段进行教育和教学，绝不意味着要迁就学生的现有水平，而是要向学生不断提出高于原有水平，而又为他们力所能及的要求，以促进他们的发展。

第三，人的身心发展的稳定性和可变性，决定教育教学工作必须掌握每一年龄阶段儿童身心发展的稳定性特征，并依此确定与之相适应的教育教学内容与方法，而不是从主观愿望出发，任意规定和改变教育教学内容和方法。同时，还要看到儿童身心发展的可变性，改变僵死的教育教学模式和陈腐的教育教学内容和方法，充分利用学生发展的潜在可能性，促进他们身心获得较快的发展。

---

① 转引自张焕庭：《西方资产阶级教育论著选》，北京：人民教育出版社，1979年，第502页。

第四，人的身心发展的不平衡性决定教育必须适时而教。人的身心发展的不平衡性，说明人的身心某方面的发展存在"发展关键期"。研究证明，关键期内 1 年的教育效果，超过其他时期 8 至 10 年的教育效果。所以，针对人的身心发展的不平衡性，为了更有效地促进儿童身心发展，教育教学工作就要抓住"关键期"，把握"火候"，适时而教，这样才能在最短的时间内取得最优的教育教学效果。

第五，人的身心发展的个别差异性，决定了教育教学工作必须"因材施教"，有的放矢，充分发挥每个学生的潜力和积极性，有利于长善救失，使具有各种差异的学生都能获得最大限度的发展。

第六，人的身心发展的互补性要求教育应根据学生个体发展的具体情况有针对性地"取长补短"和"长善救失"，即通过发展人的身心某一方面的长处去弥补和补偿另一方面的短处，不一定非得要求学生越是某一方面不行就越是朝这方面努力，而是可以通过适当发展另一方面的长处来弥补某一方面的短处，这样既可提高教育效能，又可促进学生个性与特长的发展。

（二）心理学的发展影响教育学的发展

人的发展是指人的身体和心理的发展。身体的发展主要依靠体育，体育的成效主要取决于我们是否遵循人的生理发展规律和运动生理规律；心理的发展主要靠智育、德育、美育以及劳动技术教育。每当心理学取得重大研究成果时，教育学理论就会得到快速发展。

1. 认知心理学的发展对教育学的影响

瑞士心理学家皮亚杰（J. Piaget）通过长期的专业性的心理学研究，寻求心理学与生物学之间的逻辑的内在联系。经过多年的研究，在他的《发生认识论原理》一书中，提出了著名的"认知发展理论"。他把儿童从出生到少年的认知发展，区分为感知运动阶段（0~2 岁）、前运算阶段（2~7 岁）、具体运算阶段（7~11 岁）和形式运算阶段（11 岁至成人期）。皮亚杰的认知发展阶段理论的提出，为教育学制定学校教育制度和课程教学内容的改革指明了方向，同时也为教学改革提供了依据。

2. 生理成熟理论对教育学的影响

美国心理学家格塞尔（A. L. Gesell）是成熟理论的代表人物，他研究的兴趣集中于生理成熟、成长和心理发展的同步关系。格塞尔本人很少去研究其他人的观点，而是醉心于自己的研究。他的著作大部分是介绍自己的研究材料，其中最著名的研究是同卵双胞胎的对照性研究。格塞尔于 1929 年发表了该实验的材料。

其过程如下：一对同卵双生子在满 46 周时，其中之一开始接受爬梯训练，每天持续 10 分钟，另一个不做训练。6 周后，测量他们攀爬同一梯子所需时间，结果为：受训儿用 26 秒；未受训儿用 45 秒。接着对后者也进行同样训练，2 周后再次测量时，只受训 2 周的儿童花 10 秒就完成了爬梯任务。这个实验说明，在儿童还没有达到成熟准备之前，经验的训练是收效甚微的，即使在最初取得一点成绩，也同样没有多大的价值；到了一定的成熟准备期，从未接受训练的孩子，只要略加训练就可以迎头赶上。这种生理成熟理论对于我们建构"体育理论"和教学中的"量力性原则"具有重要启发意义。

3. 道德心理学的研究对教育学的影响

在皮亚杰认知发展理论的影响下，科尔伯格（L. Kohlberg）等人在实践上创建操作模式，形成了道德认知发展理论。科尔伯格认为，道德教育的根本目的在于促进社会的伦理范畴或基本道德价值在个体身上的发生和发展，这个过程的核心是道德思维能力的发展。道德品质发展主要是指以道德判断和推理能力为核心的道德认知的发展，道德情感、道德行为都是受道德认知支配的，所以应该把注意力更多地放在道德认知的培养上。道德教育不以传递特定具体的道德规则为目标，而应以发展普遍的人类基本道德价值为目标。科尔伯格认为道德判断能力和认知能力发展一样具有阶段性，他通过"道德两难故事法"的实验研究，根据人们对问题回答的反应，发现人的道德判断与推理能力的发展，普遍地经过"三个水平六个阶段"，并认为这是人的道德发展的基本模式。其具体内容如表 4-6 所示。[①]

表 4-6　科尔伯格的道德认知发展理论的三个水平六个阶段

水平	阶段	道德取向	关于"对"的理解
前习俗水平	第一阶段	惩罚和服从的道德定向	所谓对的，就是绝对服从规则和权威，避免惩罚，不造成物质损害
	第二阶段	个人的工具主义目的与交换定向	所谓对的，就是能够满足自己或他人的需要，按具体交换原则作公平交易
习俗水平	第三阶段	相互的人际期望、人际关系与人际协调定向	所谓对的，就是扮演一个好角色，关心别人，珍视别人的感情，对伙伴保持信赖和忠诚，遵守规则和期望
	第四阶段	社会制度与良心维持定向	所谓对的，就是对社会尽职尽责，恪守社会秩序，维护社会或群体的福利
后习俗水平	第五阶段	至上的权利、社会契约或功利定向	所谓对的，就是维护基本权利、价值和合法的社会契约，即使它们与特定群体的规则和法律相冲突亦如此
	第六阶段	普遍的伦理原则定向	由那些需要全人类共同遵守的普遍伦理原则所指导

---

① 转引自扈中平：《教育学原理》，北京：人民教育出版社，2008 年，第 422 页。

科尔伯格认为,道德教育的目的就是促进人们道德判断和推理不断走向成熟,一直达到理解平等、公正等普遍原则的地步。为此,他提出两种基本的道德教学模式,即新苏格拉底模式(道德两难问题讨论法)和新柏拉图模式(公正团体法)。道德认知发展理论有其合理性,为我们确定德育目标和内容顺序提供了一些理论依据;根据儿童道德发展水平,循序渐进地进行德育,具有针对性;道德两难问题讨论法对发展儿童道德认知能力和道德判断能力具有积极意义。但这种德育模式也有其缺陷,主要是不同程度地忽视了情感和行为;尽管这一理论是在跨文化研究的基础上建构的,但是,一些研究证明该理论还是存在问题的。

4. 人格理论的发展对教育学的影响

精神分析学派的创始人弗洛伊德(S. Freud)认为,儿童从出生到成年要经历几个先后有序的发展阶段,每一阶段都有一个特殊的区域成为"力比多"兴奋和满足的中心,这个区域称为性感区。弗洛伊德按"性感区"的变化,把人从出生到性成熟的青春分为五个阶段:口唇阶段(0~1岁)、肛门阶段(1~2岁)、性器阶段(3~5岁)、潜伏期(6~12岁)、生殖阶段(12~20岁)。[①]埃里克森(E. H. Erikson)在弗洛伊德精神分析学说基础之上,提出新的精神分析的理论模式。他更为强调后天学习的重要性,强调社会环境和社会文化遗产对心理发展的影响。他认为人的发展是一个生物与社会事件所引起的进化过程,发展中包括成熟和偶然事件所带来的影响。他认为人的心理发展要经历八个阶段:第一,基本信任对基本不信任(0~1岁);第二,自主对羞怯和疑虑(2~3岁);第三,主动对内疚(4~5岁);第四,勤奋对自卑(6~11岁);第五,同一性对角色混乱(12~18岁);第六,亲密对孤独(19~24岁);第七,繁殖对停滞(25~65岁);第八,自我整合对绝望(65岁到死亡)。[②]人格发展理论的提出,尽管在研究视角和发展阶段上有差异,但有些基本规律是可见的,遵循这些规律,为教育学开展人格教育、性教育、人生发展规划教育和心理健康教育都提供了宝贵的经验。

5. 情感心理学对教育学的影响

体谅模式由英国道德教育专家彼得·麦克菲尔(P. Mcphail)等人提出,该模式是一种以研究道德情感为主线的德育模式。麦克菲尔等人在调查的基础上,提出学校德育的理论假设,即满足学生与人友好相处的需要是教育的首要职责;道德教育重在引导学生学会关心;角色尝试有助于青少年人际意识和社会行为的发展。体谅模式的道德教育目的重在提高儿童的人际意识和社会意识,引导他们通

---

① 转引自[美]赫根汉:《人格心理学导论》,何瑾,冯增俊译,海口:海南人民出版社,1986年,第36~41页。
② 转引自瞿葆奎:《教育学文集》(第2卷),北京:人民教育出版社,1989年,第289~317页。

过学会关心、学会体谅来形成完整的、与他人密切关联的自我形象，并在关心、体谅中获得快乐。体谅模式的特征不是教人知不知的问题，而是教人怎样做的问题，道德教育要把人生修养和行为举止塑造与发展学生道德判断能力结合起来，在关心他人的生活中学习。体谅模式重视道德情感，强调关心他人，将道德情感和道德判断相结合，注意观察学习、教育环境的创设对于道德教育的重要性，这对于今天的道德教育具有重大现实意义。当然，该模式既具有人本主义的色彩，又具有行为主义的倾向，有时自相矛盾。同时，该模式忽视人际冲突情境的文化因素，对师生在德育过程中的作用阐述不明。

四、教育学的社会科学基础

教育学是研究教育问题的一门科学，而教育是培养人的一种社会实践活动。所以，教育是一种社会现象，是社会的一个有机组成部分；教育中所开展的一切活动，都是人类社会实践活动中的一个组成部分。教育作为社会的一个有机组成部分而存在，既不存在脱离社会的教育，也不存在无教育的社会。

社会需要对教育学理论发展的影响总是以间接的方式来表现的，这就是统治阶级的政策以及在主要阶级之间的思想斗争和社会政治斗争中表现出来的各种倾向。正因为如此，在同一历史时代，既会提出保守的而且往往是直接反动的教育学理论，又会提出进步的教育学理论。由于世界上至今存在着阶级对抗，在两个主要的社会经济制度即资本主义制度和社会主义制度之间还存在斗争，所以教育学同从前一样，在这个斗争中仍然起着重要的思想意识作用和社会政治作用，它仍然是阶级性非常强的一门科学。[1]

教育学的社会科学基础不像教育学的哲学基础、心理学基础那样直接决定教育学的相关思想和理论，教育学的社会科学基础一般是间接对教育学发生作用的，他们之间往往是互相制约、互相促进的。例如，教育与经济发展的关系，一方面经济发展为教育发展提供了物质基础，同时也对教育发展提出客观要求。教育借助经济发展提供的物质平台，不断改善教育条件，结合社会经济发展需要不断调整人才培养目标，通过改革教育手段，一方面提高教育质量，另一方面更好地满足社会经济发展所需要的人才培养。

教育与政治的关系是人类发展到一定阶段上的产物。总体而言，教育与政治

---

① ［苏联］哈尔拉莫夫：《教育学教程》，丁酉成，等译，北京：教育科学出版社，1983 年，第 18 页。

的关系经历了两大阶段：从"教育从属于政治"到"教育相对独立于政治"。①社会政治经济制度对教育发展的影响和制约主要表现在：政治经济制度决定教育的性质、决定着教育的领导权、决定着受教育权和决定着教育目的和思想品德的教育内容。教育的根本任务是培养人，但在一定的社会中，培养什么样的人，培养的人具有什么样的政治方向和思想意识，为谁服务，这是由一定社会的政治经济制度所决定的。任何一个国家和社会的学校课程都必须符合特定的政治发展和意识形态的需求，这是学校课程获得合法化的前提。此外，教育管理体制直接受制于社会关系。在教育发展史上，不同的社会政治经济制度历来决定着不同的教育体制。例如，法国是高度统一的中央集权制国家，决定了教育管理体制的中央集权制；美国由于采用了地方分权的政治经济制度，也就决定了美国的教育管理体制是地方分权制。

学校作为社会的一个组成部分，体现了一种正式的社会组织特征，即有着共同的目标；有相对固定的彼此之间相互作用的形态，这种形态以权力或权威结构亦称科层体制的形式表现出来；组织成员之间能够协调合作，共同完成预定目标。在学校教育中，尽管教育主体不同，但在促进学生身心发展方面是大家的共同目标，这种目标将不同的社会群体汇集在一起，统领着学校的一切活动。马克思•韦伯（M. Weber）认为，科层体制具有四个特征：由一系列的职位或官阶所形成；依照一定的专门性才能，选任适当的人员担任职务；具有正式颁布的组织章程、行动规范，规定任职者的权利义务以及彼此之间的交互关系；对任职者的升迁、待遇以及发展机会均有明确合理的保障。②依据上述特征来看，学校有科层体制的特征。在学校中，学校教育教学活动、课外活动都是以"班级"为单位进行的，"班级"最能体现学校的特征，它更是一个严整的社会体系。社会学家帕森斯（T. Parsons）认为，任何社会体系都具有四个基本条件：适应、目标达到、整合和潜在的模式维持。具体到班级来说，适应就是如何适应外在社会文化的变化，调整其内在功能；目标达到就是确立师生在班级教学中应当实现的目标；整合就是如何使教师与学生之间以及学生与学生之间成为一个有机联系的整体；模式维持就是维持班级团体，使教学井然有序。③关于教育的社会学基础，一般的教育社会学都有详细的阐述，这里不再赘述。

文化在社会系统中占着十分重要的地位，它同教育密切相关，相辅相成。英

① 袁振国：《当代教育学》（第3版），北京：教育科学出版社，2004年，第337页。
② 转引自郑金洲：《教育通论》，上海：华东师范大学出版社，2000年，第148页。
③ 转引自[美]特纳：《社会学理论的结构》，吴曲辉，等译，杭州：浙江人民出版社，1987年，第82～83页。

国人类学家爱德华·泰勒（E. B. Tylor）在其《原始文化》一书中对文化的定义是："文化是社会成员在社会所学得的复合整体，它包括知识、信仰、艺术、道德、法律、风俗等等，以及其他能力与习惯。"①在文化的诸因素中，价值观处于核心的地位。一般说来文化具有下列特征：文化为人类所特有；文化是人后天习得和创造的；文化为一定社会群体所共有；文化是复杂的整合体。②可见，教育是一种文化现象。但教育的双重文化属性（传递和深化文化与构成文化本体）决定了它在社会文化中具有十分特殊的地位。一般说来社会文化的水平制约着教育的水平、教育观念、教育内容、影响教育目标。由此可见，教育既是社会文化的重要组成部分，又承担着传播文化、发展文化的重任，所以，以教育问题为研究对象的教育学自然与文化学不可分割，教育学诸多理论的发展都要受到文化学的制约。

---

① ［英］爱德华·泰勒：《原始文化》，连树生译，上海：上海文艺出版社，1992 年，第 1 页。
② 郑金洲：《教育文化学》，北京：人民教育出版社，2000 年，第 2～4 页。

第五章

教育学的知识体系

　　教育学作为一门科学，除了有自己独特的研究对象和可靠的理论基础之外，关注教育学自身知识体系的科学建构也是教育学原理研究的重要问题之一。在教育学独立以来的历史长河中，不少的教育学者对教育学的知识体系进行了探索，以赫尔巴特为代表，力图建构科学的教育学，这种意愿成为后来的教育学者不懈的追求。但到目前为止，还没有一本教育学的知识体系成为人们的共识，教育学知识体系的建构似乎陷入"二重困境"。它既没有遵循理性主义的逻辑，秉承现代性所研究的普遍性、确定性和逻辑性，成为科学化、体系化程度较高的社会科学；也没有恪守人文主义的道路，完全秉承后现代所希冀的境域性、相对性和批判性，成为经验化程度较高的开放性知识领域，这就使得教育学面临着合法性、独立性的危机。所以深入开展教育学知识体系的研究，促进教育学知识体系的科学化，不仅关系到教育学自身的效用和价值，更关系到教育学的学术声誉是否得到维护，这对于教育学能否成为一门真正意义上的"科学"，对于提升教育学的地位和形象都具有重要意义。

第一节　教育学知识体系研究现状

关于教育学知识形态问题，已有不少学者进行探索，但由于大家分析问题的视角不同，使用的分类标准不同，对教育学知识体系存在形态的描述与概括也就不同。这里对学者们的研究现状进行简单综述。

一、以研究方法为标准呈现的教育学知识形态

结合教育学历史发展过程中存在的理论知识形态，以研究方法（或研究范式）为标准把教育学理论知识类型分为三个方面：思辨哲学的教育学、实验教育学、文化教育学（精神科学教育学）。[①]王坤庆教授以"方法论—研究范式"为主要标准，兼顾历史事实、论从史出，把教育学的知识形态分为五种，即"经验—描述"教育学、"哲学—思辨"教育学、"科学—实证"教育学、"规范—综合"教育学和"科学—人文"教育学。[②]

教育学在发展的过程中形成了思辨性教育知识、实证性教育知识、诠释性教育知识和批判性教育知识四种主要知识传统。教育学知识体系的建构应秉持"尊重知识传统，注重分类建构；发展知识传统，促进学科成熟；沟通不同传统，建构自身逻辑"的原则，按照经验教育学、科学教育学和普通教育学三条路径分别进行。经验教育学以具体情境中的问题解决为旨归，创生实践性教育知识，帮助实践工作者明智行动。科学教育学研究教育系统中的各种教育变量间的关系或规律。普通教育学则以教育行动本身为研究对象，沟通和整合教育学各分支学科，确立教育学自身的学科逻辑。从经验教育学、科学教育学到普通教育学，是一条从个别到一般、从具象到抽象、从开放到内敛的教育学学科建构之路。[③]

（一）哲学思辨的教育学

19 世纪末 20 世纪初，哲学思辨的教育学以那托普（P. Natorp）为代表。在教育观上，那托普是社会本位论者，他认为，教育学不是一种技术，而是一门学问，

---

① 叶澜：《教育学原理》，北京：人民教育出版社，2007 年，第 20～23 页。
② 王坤庆：《教育学史论纲》，武汉：湖北教育出版社，2000 年。
③ 王成军：《教育学的多元知识传统与学科建构》，载《教育理论与实践》，2019 年第 7 期，第 3～8 页。

"是陶冶的学问、教化的学问，是关于教育及教学问题之理论基础的东西"①。教育学要真正成为"学"，就不能只为教育、教学提供指导。与实践相联系的内容只是教育学中的一部分，对于教育学来说，最重要的是形成教育与教学的理论基础，而这本身又必须借助于相关的基础理论学科。那托普在哲学观上是一个新康德主义者，认为真、善、美以及个人与社会都出于同一根源，理念显现于个人意识之中；显现于意识与意识的结合，便成为社会。教育目的是使人的意识最终达到真善美的逻辑学、伦理学和美学构成，而不是像赫尔巴特那样仅把教育学建立在伦理学与心理学基础之上。在他看来，不仅教育目的应从哲学中引申出来，而且教学方法也应到哲学中去探求，因而他不赞成赫尔巴特把心理学作为教育学的理论基础。他认为，心理学的主要任务并不是研究一般的、客观的心理规律，而是对个人主观意识经验的阐述。教育的方法、手段等问题应该是规定性的东西，与心理学没有关系。在将经验的规定性与思维的规定性紧密联系在一起的基础上，那托普认为，诸如教育方法等问题也应该在逻辑学、伦理学、美学当中去探求。因此，他的社会教育学理论体系是从道德观念出发，推演出社会伦理的理念，再从社会伦理推演出应有的教育，即意志教育。

（二）实验主义的教育学

19 世纪下半叶，在欧洲形成了以实证主义为主流的科学主义思潮，出现了把自然科学的观察、统计、归纳尤其是实验等方法运用于人文科学、社会科学的趋向。这种思潮既对教育思想产生了影响，也使教育学研究方法向科学化转向，直接催生了实验主义教育学。其代表人物是德国的教育家梅伊曼和拉伊。

梅伊曼认为教育学应是一门独立的科学，因为教育学有自己独特的目的，即从教育和陶冶儿童的角度来考察各个具体的教育问题。因此，他否认把教育学看成是伦理学、心理学应用的观点。梅伊曼把教育学分为两部分，一部分是描述和说明的部分，主要说明教育事实，如教育、教学的心理过程和一般规律。这一部分可以通过实验加以验证，因而，它像一般科学一样具有普遍性。第二部分则是根据时代、文化状态、国家、社会变化等因素对有关的事实加以组织。这一部分因为涉及教育目的等具有教育价值和规范的内容，不能用实验来验证。基于这样的认识，梅伊曼对传统教育学的性质与方法加以检验，认为传统教育学的研究方式有两种：一是直观思维和经验概括；二是逻辑推理。以这两种方式建构的教育学是概念和规范的学科，是思维和推理的产物，其根本缺陷在于没有运用科学的

---

① 转引自钱歌川：《现代教育学说》，上海：中华书局，1934 年，第 55～56 页。

研究方法——经验科学的实验方法。因此，这样的教育学只能告诉人们怎样进行教育，实属实践教育学的范畴。由于这种教育学缺乏可验证性，终究不能成为科学，所以需要用具有科学性质的教育学加以补充，这就是通过实验来揭示教育规律、说明和阐释教育事实的实验教育学。可见，梅伊曼并没有否认实践教育学，只是主张以科学的实验教育学来弥补传统教育学的不足。

梅伊曼认为，实验教育学的科学性表现在观察和实验上。观察是一种有目的、有计划的感知，由此得出的结果具有同一性。实验分为两类，一是为教育所适用的心理学实验；二是纯教育学实验。实验教育学的研究范围主要有：①研究学校儿童身心发展规律；②研究儿童心理的各组成部分的发展情况；③研究儿童的个性；④研究儿童的特殊的禀赋；⑤研究儿童的学习特点；⑥研究教学方法；⑦研究教师的工作和学制问题。①

拉伊作为实验教育学的主要代表，他认为实验教育学是一种"完整的教育学"，其完整性表现在学科基础上、研究对象上。他批判赫尔巴特只是把心理学和伦理学作为教育学的"辅助学科"，而实验教育学则以所有生物学科和哲学学科为基础。生物学科是指狭义的生物学（即生态学）、解释学、生理学、卫生学、心理学和精神病学；哲学学科包括知识论（认识论）、政治经济学、论理学、美学和宗教哲学。因此，新教育学建立在比旧教育学更为广泛而坚实的基础上。②从研究对象来看，"实验教育学通过观察、统计和实验，不仅要探究学生的心理的，而且要探究学生的生物的、人类的、卫生的、经济的、逻辑的、伦理的、审美的和宗教的经验，以及探究学生的社会环境"③。实验教育学的新颖性和科学性主要表现在它的研究方法上。旧教育学以直觉、内省观察和观察别人为方法，拉伊认为，这些方法本身不完善，实验教育学通过全面观察、统计和实验，来补充和完善旧的研究方法。在实验问题上，他主张将心理实验与教育实验区别开来，并认为只有当一项实验的主要目标是解决教育学的问题时，这项实验才是教育学实验。心理学实验在心理学实验室中进行，而教育学实验则应在正常的学校环境中进行。这与梅伊曼强调实验室实验的可靠性形成了鲜明的区分。

（三）精神科学的教育学

19 世纪下半叶，在科学主义盛行的同时，人们也开始怀疑和抵制自然科学方法的研究，认为社会现象、生命现象与自然现象在性质上有着明显的不同。因此，

---

① 吴式颖：《外国教育史教程》，北京：人民教育出版社，1999 年，第 467 页。
② ［德］拉伊：《实验教育学》，沈剑平、瞿葆奎译，北京：人民教育出版社，1996 年，第 14 页。
③ ［德］拉伊：《实验教育学》，沈剑平、瞿葆奎译，北京：人民教育出版社，1996 年，第 8～9 页。

应当发展一门既不同于思辨哲学又不是自然科学附庸的"精神科学"。狄尔泰（W. Dilthey）是这个学派的主要代表人物之一。他认为，精神科学方法论的根本特点是"体验"和"理解"，"体验""理解"指的是个人主观的心理体验以及对这种主观心理体验的把握和理解，这种理解是在意义与价值的世界即文化史中进行的，这是一种"历史主义"的方法。狄尔泰认为，建构如同赫尔巴特的具有普遍性、一般性的"普通教育学"是不可能的，因为教育的目的只有在文化史中，依据人的心理体验和理解才能建立起来。他主张把教育学分为两部分。一是从历史学、社会学、心理学等不同的角度来研究作为一种文化体系的教育学。教育学在历史学方面的研究，主要是研究教育和学校的起源和发展，比较各种教育形态等；在社会学方面，考察教育、学校与家庭、社会团体、国家、教会等之间的关系，并研究学校管理问题；在心理学方面，考察教师的教育能力以及学生的素养等问题。二是教育学要从对教育过程的分析出发，规定各种规范性的规则。文化教育学的另一位代表人物斯普朗格（E. Spranger）在 1919 年出版的《文化与教育》中，阐述了科学教育学的意义，认为教育学既不是纯科学的东西，又不能停留在教育技术的阐述上，应该从文化与教育的相互关系入手，将社会文化的复杂结构解析为教育要素，从而提出教育的规范，因而这种教育学以某种价值为基础，阐述价值"陶冶"问题。文化教育学注意到教育学要以人的教育为研究对象，因而不能像自然科学那样具有完全的客观性、普遍性。尽管这一学派不赞成哲学思辨的研究方法，但他们以超经验的"体验"和对体验的理解，仍无法摆脱哲学思辨的气息。

（四）批判主义的教育学

批判主义教育学通常从政治、经济和文化等角度出发，批判教育中的不公正现象和意识形态压迫。这种知识的核心是一种泛化的意识形态批判，旨在帮助学习者在更加自由、公正和平等的社会中达到主体的解放，[①]其批判方法源于马克思。尽管批判教育学研究也强调经验的重要性，但在多数情况下，其知识形态却类似于一种"实践理论"。它试图建立一种打破"学科本位"，而强调学科之间互动的知识形式，批判教育学的知识特征就是综合性，也是批判教育学唯一合法性的重要理由。[②]具体来说，它是一种规范性和策略性的知识，表现出文化性、境域性、价值性、辩证性和工具性等特征。

---

① 彭正梅：《德国教育学概观》，北京：北京大学出版社，2011 年，第 245～259 页。
② 唐莹：《元教育学》，北京：人民教育出版社，2002 年，第 349 页。

二、以知识建构价值取向为标准呈现的教育学知识形态

有学者认为，教育学自成为一门独立的学科以来，先后亲历了"理性狂飙"（18 世纪）、"科学突进"（19 世纪及 20 世纪初期）和"人文反思"（主要是 20 世纪中期以来）等阶段。教育学的这种发展现象，在教育学知识体系的建构中留下四种印记，即四种知识派别、类型或取向的教育学。一是以赫尔巴特教育学为代表的"哲学—思辨"取向；二是以实验教育学为代表的"科学—实证"取向；三是以精神科学教育学、现象学教育学等为代表的"人文—诠释"取向；四是兼具上述三种取向的某些特征、带有整合意义的"实践—批判"取向。若从时间发生来看，它们在一定程度上存在着前后相继的纵向关系；若从它们发展进程来看，它们又逐渐形成了多元并进的横向格局。①

陈桂生认为，"科学—技术"理论是"价值—规范"理论的客观根据，"科学—技术"理论经过价值评价与选择转化为规范，才能在实践上产生效用。如图 5-1 所示。②

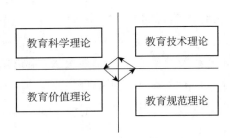

图 5-1　教育理论现象图式

对于四种教育理论各自的研究对象、主要理论命题类型和理论成果形式，陈桂生分别做出描述，具体内容见表 5-1 所示。③

表 5-1　四种教育理论的功能指向

象限	教育问题（指向研究对象）	主要理论命题类型	理论成果形式
象限Ⅰ教育技术理论	做什么、怎样做	程序性命题	教育规则
象限Ⅱ教育科学理论	是什么	描述性命题	反映教育规律的原理，或称"自然法则"
象限Ⅲ教育价值理论	应当是什么	评价性命题	教育理念的原理，或称"当然法则"
象限Ⅳ教育规范理论	应当做什么、怎样做	规范性命题	教育理性规范、原则

① 程亮：《教育学的"理论—实践"观》，福州：福建教育出版社，2009 年，第 19 页。
② 陈桂生：《教育学的建构》，长沙：湖南教育出版社，1998 年，第 65 页。
③ 陈桂生：《"教育学"辨："元教育学"的探索》，福州：福建教育出版社，1998 年，第 49~50 页。

三、以理论知识与实践知识为标准呈现的教育学知识形态

若以理论知识与实践知识为标准，来划分教育学知识体系的类型，存在着多种建构教育学知识体系的方式。这里着重介绍"两分法"、"三分法"和"五分法"。

在教育学发展史上，关于教育学理论的两重划分可谓源远流长。古希腊哲学家柏拉图认为所谓"科学"，是指理论知识（纯粹知识）。人们从事研究，是为了认识永恒的事物，把握事物的本质。亚里士多德认为"科学"不仅指理论知识，还包括实际知识（如政治学、经济学知识）与应用知识（如修辞学等），承认实践知识的独立地位。这就是理论知识与实践知识、理论学科与实践学科最早区分的依据。后来德国学者尼迈尔（A. H. Niemeyer）依托伦理学、心理学、生理学等学科建立起来的一般教育学称为"理论教育学"，将阐述一般原理在实践中应用的"教育术"称为"实践教育学"。①后来赫尔巴特学派的代表人物莱因（W. Rein）直接绕开赫尔巴特的"目的—手段"的知识理论体系，将教育学划分为"历史的教育学"与"系统的教育学"，历史的教育学即是教育史的研究，系统的教育学即教育组织的研究，又可分为"实践的教育学"和"理论的教育学"，前者侧重教育形式和教育行政方面的问题，后者侧重于教学过程的目的和方法问题。②

针对理论教育学与实践教育学的划分，后来人们认识到这种划分没有从认识论方面进行反省，具有"独断"的嫌疑。随后德国学者维尔曼（O. Willmann）把教育学分为"科学教育学"与"实践教育学"，前者阐明"是什么"的问题，因而是经验的、分析的、归纳的、解释的知识体系；后者回答的是"应该做什么"的问题，因而是规范的、演绎的知识体系。两者的区别是"法则"和"规则"的不同诉求。涂尔干从研究目的出发，也区分了两类知识，一是以科学为目标、旨在描述和说明"是什么"或"曾经是什么"的"教育科学"，它试图把教育作为社会事实来加以解释；二是以实践为目标、旨在规定未来行为的"实践理论"（或实践教育学），它阐发的是同一定的历史时期的社会精神相联系的各种规范。③这两种分类没有实质的差异，都试图"勘定"教育科学理论与教育实践理论的"边界"，要求人们在各自的"边界"内追求科学的知识或建构实践的原则。

在教育学理论体系进行"两分"的时候，一些学者开始抛弃对立思维，例如，实验主义教育学者梅伊曼认为，传统教育学（或实践教育学）和"实验教育学"之间具有区分，前者是以经验直觉和逻辑推演为特征的规范体系，必然依据特定

① 转引自瞿葆奎：《元教育学研究》，杭州：浙江教育出版社，1999年，第313～314页。
② 唐钺，朱经农，高觉敷：《教育大辞书》，上海：商务印书馆，1933年缩印本，第1018页。
③ ［法］涂尔干：《道德教育》，陈光金，沈杰，朱谐汉译，上海：上海人民出版社，2001年，第333～335页。

时代的背景、国家、社会、文化等因素才能进行，它涉及教育价值和规范问题，这种知识难以用实验的方法加以验证。实验教育学是以观察、实验和统计等方法建构的描述体系，其任务是说明和揭示教育、教学过程中的事实问题。两者之间不是相互冲突的，可以相互补充。洛赫纳（R. Lochner）把教育学知识体系划分为教育科学体系和教育学说体系，并指出，前者的目的"并不在于对实践产生影响……而在于认识事实"；后者的目的"在于行动"，在于为实践提出目标和建议，规范和评价教育实践。①两种教育学体系是并存的相互依赖的关系，实践教育学理论需要以科学教育学理论为基础，并通过科学教育学理论来说明自身的合理性。

由于"两分法"具有合理性，但也存在一些问题，"企图在同一命题体系下将实践理论的规范性任务与科学理论的描述性任务结合起来"，结果使教育学变成了一个大杂烩，既不能为建立科学的教育学提供方法论的支持，也不能为教育实践提供适切的指导框架。②于是，一些学者试图提出"三分法"来调节上述矛盾。克勒（F. Köhler）把教育学分为"思辨教育学""经验教育学"和"批判教育学"；施特恩（E. Stern）分为"纯粹思辨的教育学""纯粹经验的教育学"和"经验—思辨的教育学"；伯克尔曼（H. Bokelman）分为"经验—实证的教育学""描述—现象学的教育学"和"诠释—思辨的教育学"；克劳尔（K. J. Klauer）分为"描述教育学""规约教育学"和"规范教育学"。描述教育学研究教育事实及其因果关系，规范教育学旨在确立和检验教育的应然性原理，而规约教育学则以前两者为基础，寻求解决教育问题的条件和途径。③

从理论—实践维度划分出理论教育学与实践教育学，不少学者认为，二者之间有着不同的知识分工，有些知识与实践无关，有些知识直指实践。理论知识不能替代实践知识，实践知识也不能取代理论知识，这样就在理论与实践之间画出一道"断裂沟"。英国学者卡尔在经验分析的基础上，对此进行批判。他认为，教育理论与教育实践之间在逻辑上是相互关联的，每一种教育理论都蕴含着某种"实践观"和"理论—实践"观，他从理论与实践的内在关联出发，分析了五种取向的教育理论："常识"取向的教育理论、"应用科学"取向的教育理论、"实践"取向的教育理论、"诠释"取向的教育理论、"批判"取向的教育理论。④

有学者结合理论的性质与实践的特征，以卡尔的分类框架为基础，进而提出

---

① ［德］W.布雷岑卡：《教育学知识的哲学：分析、批判、建议》，李其龙译，载《华东师范大学学报》（教育科学版），1995年第4期，第1～14页。
② ［德］W.布雷岑卡：《教育学知识的哲学：分析、批判、建议》，李其龙译，载《华东师范大学学报》（教育科学版），1995年第4期，第1～14页。
③ 杨深坑：《理论·诠释与实践——教育学方法论论文集》（甲辑），台北：台湾师大书苑，1988年，第202页。
④ 转引自唐莹：《元教育学》，北京：人民教育出版社，2002年，第342～343页。

五种类型或取向的教育学。一是"科学"取向，与"经验教育学""经验—分析的教育科学""科学教育理论""描述教育学"等相当；二是"艺术"取向，与"科学"相对，是一种"规范教育学"，包括"传统教育学""思辨教育学""实践教育学"等；三是"实践"取向，以"实践哲学"为基础，谋求实践者的"操作性理论""个人知识"或"实践智慧"；四是"诠释"取向，以现象学和诠释学为基础，与"精神科学教育学"或"诠释教育学"同义；五是"批判"取向，以社会批判理论为基础，与"批判教育学"或"解放教育学"相当。①

四、以知识的陈述形式为标准呈现的教育学知识形态

布列钦卡认为，长期以来，人们对于建构教育学理论体系的讨论，是假定只有一种教育学存在的可能性，要么是科学教育理论，要么是实践教育理论，或者既是科学理论又是实践理论的混合体，这种逻辑的前提就是错误的。事实上，存在多种建构教育学理论的可能性。他以知识陈述形式为分类标准，将教育学分为三类教育理论：教育科学、教育哲学和实践教育学。②教育科学以事实—规律的探索为主要任务，指向科学知识的获取；教育哲学以价值—规范的辩护为核心，指向价值规范的确立；实践教育学则以规范—行动的建立为旨趣，指向行动的理性选择。三者之间彼此独立、各司其职而又相互关联。

总体来看，由于人们的认识标准不够统一，对教育学知识体系的分类就会存在差异。但可以看出，人们对教育学知识体系分类研究，基本上是基于教育学发展史来划分的，大多反映了过去的教育学知识体系是怎样的。随着社会的发展，教育学不断演进，人们对教育学知识体系的研究也在不断推进，这体现了教育学知识体系发展的历史逻辑与认识逻辑的辩证统一。今天随着教育实践发展的多样性，教育学自身理论体系建构就存在多元化的趋势，建构各种形式的教育学知识体系依然任重而道远。

第二节　国外教育学知识体系现状

为了更好地认识和研究教育学的知识体系，我们首先看看国外一些国家现代使用的教育学教材，看看他们的教育学有着怎样的知识体系与特点。

---

① 程亮：《教育学的"理论—实践"观》，福州：福建教育出版社，2009 年，第 34～35 页。
② 转引自唐莹：《元教育学：西方教育学认识论剪影》，北京：人民教育出版社，2002 年，第 6 页。

一、俄罗斯（含苏联）《教育学》的知识体系

苏联作为世界上第一个社会主义国家，经过多年的社会主义教育实践，逐步创建了社会主义教育学的知识体系，其教育学知识体系对世界上其他社会主义国家都产生了重大影响，特别是对中国产生的影响更为深远。从某种意义上说，中国今天的教育学知识体系，还能看到凯洛夫主编《教育学》的影子。1978年以来，我国翻译出版了4本苏联的教育学教材，其教材的知识体系如表5-2所示。

表 5-2　苏联"教育学"知识体系一览表

图书信息	目录体系
巴拉诺夫，沃莉科娃，斯拉斯捷宁等：《教育学》（1983）	Ⅰ　教育学一般原理 1. 教育职业和教师人格；2. 教育学的对象、任务和方法；3. 共产主义教育的目的和任务；4. 苏联共产主义教育制度；5. 个性的发展、培养和形成；6. 儿童是教育的客体和主体 Ⅱ　教学论 7. 教学过程的本质；8. 教学原则；9. 教养内容；10. 教学组织；11. 教学方法 Ⅲ　教育论 12. 教育过程的本质；13. 教育的一般方法；14. 集体的组织与教育；15. 共产主义世界观基础的形成；16. 道德教育；17. 劳动教育；18. 美育；19. 体育；20. 学校少先队组织；21. 课外活动和校外活动；22. 学校教育、家庭教育和社会教育的一致性 Ⅳ　学校管理 23. 国民教育和学校的管理
哈尔拉莫夫：《教育学教程》（1983）	Ⅰ　教育学的一般问题 1. 作为科学的教育学的形成和发展以及教育学研究范围的扩大；2. 教育学的方法论原理和教育学的研究方法、教育学和其他科学的联系；3. 在教育学中对教育目的问题的研究、作为共产主义教育基本目的的个性全面发展；4. 国民教育系统和它对实现教育目的和任务的作用；5. 个性发展问题及其对教育的意义；6. 学生发展和教育的年龄特征和个性特征 Ⅱ　教学的理论原理和方法原理（教学论） 1. 教学是个性全面发展的因素、教学论对教学的研究；2. 苏联学校的教养内容；3. 教学过程的实质，它的规律性与重要原则；4. 教学方法；5. 学校教学工作的组织形式；6. 苏联学校的课堂教学及其教学论原理；7. 游览参观是学校教学工作的一种形式；8. 学生的家庭作业 Ⅲ　教育的理论原理和方法原理 1. 教育是全面发展并按共产主义方式培养个性的因素；2. 学校中学生集体的组织和教育；3. 教育人格化的教育学原理；4. 共产主义教育的一般方法和方式；5. 学生科学世界观的形成；6. 学生德行的原理；7. 苏维埃爱国主义和社会主义国际主义教育；8. 学生的劳动教育和就业指导；9. 培养自觉纪律和文明行为；10. 美育；11. 体育；12. 列宁少先队组织的教育工作；13. 共青团组织的教育工作；14. 对学生家庭教育的指导 Ⅳ　学校管理问题 1. 苏联教师、学校的班主任；2. 学校管理和教学教育工作领导的一般原理
休金娜：《中小学教育学》（1984）	Ⅰ　教育论 1. 共产主义教育过程的本质；2. 教育方法；3. 在集体中培养个性；4. 学生的世界观和公民积极性；5. 道德教育；6. 劳动教育；7. 体育；8. 学校的美育；9. 学校的共青团组织和少年先锋队组织；10. 学生的课外活动；11. 儿童的家庭教育；12. 班主任工作 Ⅱ　教学论 13. 苏联学校的教养内容；14. 教学过程的实质；15. 教学原则；16. 教学方法；17. 教学的组织形式；18. 学生学业成绩的考核 Ⅲ　学校管理 19. 学校的管理和领导

续表

图书信息	目录体系
巴班斯基：《教育学》（1986）	前言 Ⅰ　教育学的一般原理 1. 教育学的对象和科学教育学的研究方法；2. 发展、教育和个性的形成；3. 个性的全面发展是共产主义教育的目的；4. 教导过程 Ⅱ　教学论 5. 苏联教学论的对象和基本范畴；6. 苏联学校的教养内容；7. 教学过程；8. 教学原则；9.教学方法；10. 教学的组织形式；11. 现代学校教学的最优化；12. 对学生的学习——认识活动结果的检查、评定和考核 Ⅲ　教育论 13. 共产主义教育过程的本质；14. 共产主义教育的原则；15. 教育的综合处理方法；16. 教育方法；17. 集体的形成与集体对学生个性的影响；18. 共产主义世界观的形成；19. 思想政治教育与学生社会积极性的培养；20. 道德教育；21. 劳动教育；22. 美育；23. 体育；24. 班主任的教育工作；25. 学校的共青团和少先队组织、学生委员会；26. 课外和校外教育活动；27. 学校、家庭和社会团体的协同工作、儿童的家庭教育、长日制班的工作 Ⅳ　学校管理 28. 学校管理和领导

总体来看，苏联的教育学知识体系到了 20 世纪 80 年代，其理论模块与基本内容仍然是对 20 世纪三四十年代的继承，理论体系仍然是"四板块"①结构，即：教育学一般原理、教学（理）论、教育论和学校管理。内容比较全面，但具有明显的政治色彩。当代俄罗斯学者弗·弗·克拉耶夫斯基的《教育学原理》，依学科建构的视角来看，该著作可算是一本比较适切的"教育学原理"知识体系的建构。该著作以教育学为研究对象，具体探讨教育学的研究对象、教育学的任务、教育学的学科体系与范畴体系，系统阐述了教育学与教育实践的关系、教育学与其他学科的联系和教育学的方法论等问题，其章目如下：

1. 教育学是科学；2. 教育科学与实践的互相联系；3. 教育学与其他学科的联系；4. 教育学方法论和教育研究的方法。②

这是俄罗斯教育界出版的为数不多的名为《教育学原理》的著作，前期可看到的文献仅有冈察洛夫著的《教育学原理》，该著作与冈察洛夫的著作相比，在许多方面都有突破，在教育学原理知识体系建设方面做出了有益的探索与贡献。

---

① 关于"四板块"的说法曾有过歧义，学者们通常认为凯洛夫教育学由总论、教学论、教育论、学校管理论四板块构成，而陈桂生教授认为凯洛夫教育学并不是明确由四板块构成，"四板块"的说法只是人们与凯洛夫教育学影子作战而形成的普遍性错误。笔者考察凯洛夫教育学的两个版本确实并没有体现出所谓的"四板块"，但凯洛夫教育学在"教育学总纲"框架下的"教育学的结构"中明确指出教育学分为一般部分、教学、教育、学校管理四个部分。在这里，笔者认为，"四板块"的说法是凯洛夫教育学中国化的成果。
② ［俄］弗·弗·克拉耶夫斯基：《教育学原理》，张男星，等译，北京：教育科学出版社，2007 年，目录。

二、美国《教育学》的知识体系

美国作为世界上最发达的国家之一，它的教育学研究在全世界产生了广泛的影响力。虽然美国不把教育学作为一门学科，仅仅作为一个研究领域，但其教育学方面的研究成果仍然对中国产生了重大影响。中国教育学在20世纪上半叶向西方学习的过程中，首选日本的教育学，但很快教育界学习教育学的内容发生转变，转向学习欧美，特别是美国的实用主义教育学对我国产生了广泛的影响。中华人民共和国成立以前，美国教育学理论基本上占据了中国教育学理论的主导地位，像桑代克的《教育原理》、杜威的《民主主义与教育》、克伯屈（W. H. Kilpatrick）的《教育方法原论》等著作，对中国教育学理论的发展产生了深远影响。美国教育学教材的知识体系如表5-3所示。

表5-3　美国"教育学"知识体系一览表

图书信息	目录体系
理查德·D.范斯科德等：《美国教育基础：社会展望》（1984）	1. 教育史——传统的和修正的观点；2. 教育哲学——关于教育意义的探索；3. 教育政治学——权力与管理；4. 学校教育经济学——报偿和自相矛盾；5. 教育社会学——学校的社会化；6. 教育中的价值观——宗教的和世俗的；7. 种族主义与种族差异——承认差异；8. 性别歧视——认为女人是糖、是调味品、是嘲弄的对象；9. 学校的组织结构——教育体制的结构；10. 课程——教育体制的结构；11. 专职教师——任务与职责；12. 可选择的学校教育；13. 全球的幸存者——教育的问题和模式；14. 社会与教育的未来
A. C. 奥恩斯坦：《美国教育学基础》（1984）	1. 教育遗产的渊源；2. 教育先驱；3. 美国教育的历史发展；4. 教育的哲学概念；5. 教师的学习理论；6. 课堂智力活动的组织；7. 认知的发展；8. 学校的课程；9. 学校组织和学校改革；10. 社会阶层、种族和教育成绩；11. 教师的教育和评定
艾伦·奥恩斯坦，丹尼尔·莱文，杰拉尔德·古泰克：《教育基础》（第11版）（2013）	第一部分　理解教师职业 1. 教师从教的动机、准备及条件；2. 教师职业 第二部分　教育的历史和哲学基础 3. 美国教育的世界根源；4. 教育先驱者；5. 美国的历史发展史；6. 教育的哲学基础 第三部分　教育的政治、经济、法律基础 7. 公共教育的行政与管理；8. 公共教育财政；9. 教育的法律问题 第四部分　教育的社会基础 10. 文化、社会化与教育；11. 社会阶层、种族与学业成绩；12. 提供平等教育机会 第五部分　教育的课程基础 13. 不断变化的美国教育目的；14. 课程与教学 第六部分　有效教育：国际和美国教育展望 15. 国际教育；16. 美国学校效能与学校改革

从表5-3可见，美国的教育学知识体系也相对比较集中。其特点表现在：一是比较注重教育学的历史基础。他们的教材，不仅梳理东西方教育史上的优秀教育思想，而且特别注重美国教育史的发展与研究，使得学习者获得宽厚的教育史学知识；二是比较注重教育学理论基础的研究。许多教材都浓墨重彩书写教育学的理论基础，主要有教育学的哲学基础、教育学的史学基础、教育学的社会基础

（包括政治、经济、法律基础）；三是注重课程研究和学校组织研究；四是关注教师专业发展。美国通常把有关心理学理论与教学理论内容放在教育心理学这门学科中进行探索与学习。美国的教育学具有教育学科综合的特性，关注教育史和教育哲学研究，注重实用知识的教学。

三、日本《教育学》的知识体系

日本教育学的发展历程与中国较为相似，也是经历了引进与建构的过程。由于日本学术研究的传统具有强烈的"批判性"，使得日本教育学脱离了"欧—亚"二元对抗，走向了"人文性"与"科学"融合的轨道，使日本摆脱了"自我"与"他者"二元对立的文化偏见，在"反思性推翻、批判性吸收"的发展态度中，逐步建构了日本本土的教育学体系。①从表 5-4 来看，日本的教育学知识体系相对来说比较简捷，知识内容主要包括教育基础理论、教育实践问题和教育研究方法。但在具体内容编排上，体现出日本教育学既有东方的传统又有西方的借鉴，内容比较全面，具有综合的特征。

表 5-4 日本"教育学"知识体系一览表

图书信息	目录体系
筑波大学教育学研究会：《现代教育学基础》（1986）	第一部分 教育基础 1. 教育学的目标；2. 近代教育的遗产；3. 现代教育的演进；4. 发展与教育；5. 文化与教育；6. 社会与教育；7. 教育目的；8. 教育制度的传统与革新；9. 终身教育；10. 现代公共教育的经营 第二部分 教育实践论 1. 教育实践的课题与意义；2. 教育课程；3. 课堂教学；4. 语言与数理的教学；5. 自然与社会的教学；6. 道德教育；7. 生活指导；8. 教育评价；9. 教育实践的运筹；10. 教师 第三部分 教育学的历史与研究法 1. 教育学的历程；2. 教育学研究法

四、德国《教育学》的知识体系

改革开放前，我国主要翻译了康德的《论教育学》、赫尔巴特《普通教育学·教育学讲授纲要》和拉伊的《实验教育学》等；改革开放以来，我国对德国教育学派的理论进行研究，例如，德国的实验教育学研究、文化教育学研究和元教育学研究等，具有"教育学"教材性质的仅有本纳（D. Benner）的一本。该著作的知

---

① 娜仁高娃：《日本教育学研究的历史嬗变与发展动向》，载《日本问题研究》，2017 年第 2 期，第 50～54 页。

识内容体系如下①：

第一章　引论：关于普通教育学的困难性、必要性和可能性

1. 关于对教育实践和作为科学的教育学达成共识的困难性；2. 关于普通教育的必要性和可能性；3. 关于教育实践和教育科学的人类行为学定义的初步思考；

第二章　关于教育实践在人类总体实践范畴中的地位

1. 实践的概念；2. 实践受到的双重危害，人类总体实践因分化领域的优先而受到的危害和实践受到的根本危害；3. "实践"与"职业活动"的区别，根据教育职业矛盾性对"教育行动"所做的初步定义

第三章　教育思想和行动的原则

1. 教育思想和行动的基本性原则；2. 教育思想和行动的调节性原则；3. 关于教育思考和行动的基础性原则与调节性原则之间的关系

第四章　系统教育科学的行动理论问题

1. 教育理论；2. 教养理论；3. 教育机构的理论

第五章　教育实践的行动维度

1. 作为对未成熟者的自我否定的强制关系的教育行动；2. 作为教育性——教养性教学的教育实践；3. 作为向社会行动领域过渡的教育实践

第六章　展望：教育学的统一性，教育领域的多样性和教育科学研究的基本结构

1. 普通教育学的论证层面；2. 论按照分支教育学而分化的教育科学的系统结构；3. 教育科学研究的基本结构

自赫尔巴特开创普通教育学的传统以来，追求"普通教育学"的建构是德国教育学发展的传统和特色，即使在多元化的当代，仍然出现了一些寻求普遍性的普通教育学家。其中，本纳的《普通教育学：教育思想和行动基本结构的系统的和问题史的引论》是德国当代教育学的经典。

本纳认为，由于历史上的传统教育学思想财富的流失危机，导致 20 世纪新的教学思想对教育和教学的实践问题鲜有建树。其原因在于对研究方法的重视超越了对研究问题本身的关注。基于此，本纳在书中从四个层面展开论述，即普遍的行动理论的论证层面、与教育行动相关的论证层面、分化的教育行动理论层面以

---

① ［德］底特利希·本纳：《普通教育学：教育思想和行动基本结构的系统的和问题史的引论》，彭正梅，等译，上海：华东师范大学出版社，2006 年，目录。

及教育行动维度的区分。

本纳构建的普通教育学理论体系，以反对在科学讨论中对教育理论、教养理论和教育机构理论所做出的变化无常和任意性的解释。在这个体系中，他把教育实践理解为人类总体实践中不可或缺的部分，既有其自身的基本特征，也有着与其他分化的实践形式的调节性的特征，并进一步提出了非肯定性的教育行动理论。这是一个从实践哲学出发、基于实践、为了实践并向实践开放的教育学体系。本纳的教育学不仅有着强烈的实践关怀，同时还有着教育科学对实践保持距离和变革实践的谨慎态度。如果说布列钦卡试图把教育学转变为教育科学，那么，本纳完成了教育科学向教育学的发展。本纳认为，人和人性就是实践，实践也就是人性。实践创造了人自身。显然，这里的实践并不仅仅是劳动，而是包括经济、伦理、政治、审美、宗教和教育等六大领域。本纳提出了各个分化实践之间的非等级性和非目的性的近代实践哲学原则，并在这个哲学基础上建构了实践的教育学体系。[①]

本纳的理论体系更多的是与赫尔巴特相衔接，并且在实践形式、教育学的基本概念和基础理论以及教育行为的形态这些领域内都做出了系统的区分。把"可塑性"和"要求自主性"理解为教育学以及一切关于教育的理性论述的基本概念。[②]从赫尔巴特的《普通教育学》体系的设想，到本纳的《普通教育学：教育思想和行动基本结构的系统的和问题史的引论》体系的完善，体现了德国理性主义教育学发展之路，它们一直在寻求基于社会实践和教育实践的关系而建立的对教育的基本原则、结构和方法的陈述。具身性立场、实践性立场、科学性立场和基础性立场是德国理性主义教育学在发展中表现出来的基本特征。

从上述材料的叙述和分析来看，由于各个国家对教育学的价值追求不同，对教育学知识体系的建构就不同，教育学知识体系的发展呈现出多元化的状态。

第三节　中国教育学知识体系现状

关于中国教育学知识体系建构问题，有学者结合中国百年教育学发展历史，总结概括为四种体系变化：20 世纪 50 年代以前赫尔巴特的"目的—手段"体系、

---

① 转引自彭莉莉：《德国教育学性质大讨论的结晶：实践哲学的〈普通教育学〉建构》，载《全球教育展望》，2007 年第 5 期，第 95～96 页。

② 彭正梅，顾娟：《德国当代普通教育学：人物、基本概念和比较——与本纳教授的对话》，载《湖南师范大学教育科学学报》，2017 年第 4 期，第 33～41 页。

20 世纪 50 年代凯洛夫的"价值—规范"体系、20 世纪 60~70 年代的"精神—规范"体系和 20 世纪 80 年代以来的"新价值—规范"体系。[①]为了更好地了解中国教育学的知识体系，我们按照历史发展的顺序，简要回顾一下中国的教育学知识体系建构状况。

一、中华人民共和国成立前的教育学知识体系

1949 年以前，中国的教育学发展大体上可以分为两个阶段，一是学习日本教育学阶段；二是学习欧美教育学阶段，这为国内学者所公认。不管怎样，这两个阶段，大家都没有"教育学原理"知识体系建构的清醒意识，所以，当时的"教育学""教育原理""教育概论""教育通论"是没有严格的学科意义上的区分，这些名称往往混同使用，所以教材内容基本上是一致的，基本上都属于"教育原理"方面的著作与教材。下面择其主要书籍的章目进行汇总，以便统揽全貌。具体内容见表 5-5 所示。

表 5-5　1949 年以前的中国教育学知识体系

图书信息	目录体系
张子河：《大教育学》（1914）	第一编　绪论（1. 教育学之起源；2. 教育之意义；3. 教育之效力及限界；4. 教育之必要；5. 教育学与术之关系；6. 教育学范围及与其他科学之关系） 第二编　教育者论（1. 教育者之天职；2. 教育者之资格） 第三编　被教育者论（1. 概说；2. 被教育者身体之组织；3. 身体发育之顺序；4. 身心之关系；5. 心之所在与特质；6. 知情意；7. 个性及男女性；8. 被教育者之社会的关系；9. 教育期之区分） 第四编　目的论（1. 意义及关于目的论之诸家见解；2. 关于目的之思想及历史的变迁；3. 教育之十原则；4. 结论） 第五编　教授论（1. 教授之意义及目的；2. 教授之心理以及理论的基础；3. 教材之选择及分类；4. 教材之排列法；5. 教授细目教案及日课表；6. 关于教授方法之三条件；7. 形式的阶段；8. 教式；9. 教态） 第六编　训育论（1. 训育之意义及目的；2. 训育之二主义；3. 训育与教授之关系；4. 训育之心理的基础；5. 训育之统一；6. 训育之方法） 第七编　学校论（1. 教育场；2. 学校系统；3. 各种学校）
王炽昌编，郑宗海等校：《教育学》（1922）	1. 绪论（教育之意义；教育之必要与可能；教育与社会；教育学与教育及其他科学之关系；教育学之分类）；2. 教育之目的；3. 儿童；4. 课程；5. 教学；6. 训育；7. 美育；8. 养护；9. 教师；10. 学校
庄泽宣：《教育概论》（1932）	1. 绪论；2. 受教人之性质；3. 学习与游戏；4. 环境与卫生；5. 教法与分类；6. 课程与教材；7. 测验与统计；8. 课外事业；9. 学校制度；10. 幼稚教育；11. 初等教育；12. 中等教育；13. 高等教育；14. 特殊教育；15. 教育行政与经费；16. 教育之研究（教育学之独立……）
余家菊：《教育原理》（1935）	1. 绪论；2. 资质论；3. 目的论；4. 课程结构；5. 方法论（一）；6. 方法论（二）；7. 学校论

---

① 郝军：《20 世纪中国教育学体系的嬗变》，载《内蒙古师范大学学报》（教育科学版），2005 年第 9 期，第 20~22 页。

续表

图书信息	目录体系
吴俊升，王西征：《教育概论》（1935）	1. 儿童的发展；2. 学习的功能；3. 社会的适应；4. 教育的意义；5. 教育目的；6. 教育机关（上）；7. 教育机关（下）；8. 学校系统；9. 教育行政；10. 课程；11. 教学；12. 教员
钱亦石：《现代教育原理》（1934）	1. 绪论；2. 教育的本质与目的；3. 教育原理的生物学基础；4. 教育原理的社会学基础；5. 教育原理的哲学基础；6. 政治教育；7. 生产教育；8. 文化教育；9. 教育与人类前途
张九如：《三民主义教育学》（1928）	1. 绪论；2. 三民主义教育的目的论；3. 三民主义教育的政策论；4. 三民主义教育的儿童论；5. 三民主义教育的教师论；6. 三民主义教育的课程论；7. 三民主义教育的教学论；8. 三民主义教育的训育论；9. 三民主义教育的学校论
石联星：《教育学概论》（1946）	1. 绪论；2. 教育与文化；3. 人与教育；4. 民族与教育；5. 教育意识之本质；6. 教育活动方法之原理
孟宪承，陈学恂：《教育通论》（1948）	1. 中国教育的演进；2. 各国教育的普及；3. 大教育家的思想；4. 儿童的发展；5. 文化的传演；6. 国民的教育目的；7. 国民学校；8. 教学；9. 训导；10. 教师
徐德春：《教育通论》（1948）	1. 教育之意义与目的；2. 社会组织与教育；3. 教育之演进；4. 普及教育趋势；5. 教师；6. 训导；7. 中国教育家之生活与思想；8. 西洋教育家之生活与思想；9. 世界主要教育思潮；10. 教育学制研究

从表 5-5 中的内容可以看出，我国在 1949 年以前，教育学的知识体系呈现出多元化的格局。早期的教育学受日本教育学知识体系的影响，例如，张子河的《大教育学》知识体系就是例证，该教材内容体系主要取材于日本学者松本孝次郎和松浦的《教育学》。后来由于中国教育学转型学习欧美，教育学主要受美国实用主义和行为主义的影响，套用或直接介绍美国的教育学理论体系。例如，王炽昌编的《教育学》，在"编辑大意"中直接指出："教育思想……依现代民本主义、试验主义及自动主义而编辑……本书于作者意见外，大部分取材于杜威、桑代克及密勒三氏之学说。"[1] 此外，像庄泽宣、余家菊和吴俊升等人的教材也受美国教育学理论的影响。由于受到德国文化教育学的影响，石联星的《教育学概论》具有浓厚的德国文化教育学知识体系的气息。第三种是以苏联的教育学理论体系为建构模式，以马克思主义的唯物主义作为理论基础，对教育学理论进行探讨，钱亦石的《现代教育原理》是这方面的代表。当然这一时期还有本土化的探索，结合民国时期的"三民主义"政策，一些学者建构了"三民主义教育学"的知识体系，像张九如的《三民主义教育学》是代表。此外还有一些教材是适应《师范学校课程标准》（1934 年）而编写的，其教育价值取向指向教学，例如，孟宪承、陈学恂编的《教育通论》是这方面的例证。由此可见，当时的教育学知识体系的建构，不分区域国别，不分"学术"是"资本主义"的或"社会主义"的，这

---

① 王炽昌：《教育学》，上海：中华书局，1922 年，编辑大意。

种兼容并包的态度，开阔了国人的教育视野，拓宽了中国教育学者编写教育学的知识视野。

二、中华人民共和国成立后的教育学知识体系

中华人民共和国成立至今，已有 70 多年的发展历程。依据教育学学科自身发展的逻辑，教育学知识体系建设大体上可以分为三个阶段。

（一）教育学知识体系的"苏化"阶段

新中国成立后，中国的教育发展进入新时代，教育学知识体系的建构也进入了一个新时代。建国初期，在改造旧教育学的同时，我国一些学者以马克思主义为指导，建构新的教育学知识体系，例如，胡守棻的《新教育概论：马列主义的教育理论》（商务印书馆 1950 年版）、常春元的《新民主主义教育教程》（上海杂志公司 1950 年版）和程今吾的《新教育体系》（生活教育出版社 1951 年版）等。当时中国学者编写的教育学教材缺乏系统性，教材编写者的马克思主义理论素养不够，难以编写高水平的教材。在这种形势下，一些苏联教育家的教育学教材和著作纷纷被翻译成中文出版，其中凯洛夫主编的《教育学》对中国影响最大。随后我国一些高校教师以凯洛夫《教育学》教材为蓝本，结合中国的实际，开始编写自己的教育学教材。总体来看，从 1949 年新中国成立，到 1956 年社会主义改造基本完成，这一阶段我国教育学的知识体系基本上是承袭苏联教材的体系。这里列举一些教材的章目，可以窥见一斑，具体内容见表 5-6 所示。

表 5-6 1949～1957 年的中国教育学知识体系

图书信息	目录体系
曾广杨：《教育学》，（1953）	1. 总论（教育的本质；教育的作用；教育与教育学）；2. 新民主主义教育的性质、目的和任务；3. 新民主主义学校教育制度；4. 教学原理；5. 小学教学的内容；6. 课堂教学；7. 学方法；8. 课外活动；9. 德育；10. 体育；11. 美育；12. 学校中的学生组织；13. 人民教师；14. 学校与家庭；15. 小学组织和领导
华南师范学院教育学教研组：《教育学讲授大纲》（1955）	第一部 教育学的一般原理 1. 教育学的对象和方法；2. 教育的历史性和阶级性；3. 共产主义教育的目的和任务；4. 国民教育制度 第二部 教学理论（教学法） 5. 教学过程；6. 教学原则；7. 教学内容；8. 课堂教学；9. 教学方法 第三部 教育理论 10. 德育原理；11. 德育方法；12. 爱国主义教育；13. 劳动教育；14. 自觉纪律教育；15. 美育；16. 体育；17. 校内团队组织及其在培养学生集体中的作用；18. 课外活动和校外活动；19. 人民教师；20. 家庭与学校 第四部 学校行政 21. 学校管理与领导

续表

图书信息	目录体系
罗景濂：《教育学讲义》（上册）（1957）；杨汉清：《教育学讲义》（下册）（1957）	第一编　教育学的一般原理 1. 教育学的对象和方法；2. 教育的历史性和阶级性；3. 共产主义教育的目的和任务；4. 各年龄阶段的儿童的发展与教育；5. 国民教育制度 第二编　教学理论（教学论） 6. 关于教学过程的学说；7. 教学原则；8. 教学内容；9. 教学方法；10. 上课——学校教学工作的基本组织形式 第三编　教育论 11. 共产主义道德教育的任务和内容；12. 共产主义道德教育的原则和方法；13. 爱国主义和国际主义教育；14. 爱劳动和爱护公共财物的教育；15. 自觉纪律教育；16. 学生集体组织与教育；17. 美育；18. 体育；19. 课外活动和校外活动；20. 学校与家庭；21. 人民教师和班主任 第四编　学校管理和领导 22. 学校管理和领导；23. 二部制的组织和领导
开封师范学院教育教研室：《教育学讲义》（1957）	第一编　教育学总论 1. 教育学的对象和方法；2. 教育的历史性和阶级性；3. 共产主义教育的目的和任务；4. 各年龄阶段儿童的发展与教育；5. 国民教育制度 第二编　教学论 6. 关于教学过程的学说；7. 教学原则；8. 教学内容；9. 教学方法；10. 上课 第三编　教育论 11. 共产主义道德教育基础；12. 共产主义道德教育的原则和方法；13. 爱国主义和国际主义的教育；14. 爱劳动和爱护公共财物的教育；15. 自觉纪律教育；16. 学生集体的组织和教育；17. 美育；18. 体育；19. 课外活动和校外活动；20. 学校与家庭；21. 人民教师和班主任 第四编　学校管理和领导 22. 学校管理和领导；23. 二部制学校的管理和领导
北京师范大学教育系教育学教研组：《教育学讲义》（上、中、下）（1957）	第一编　教育学总论 1. 教育学的对象和方法；2. 马克思列宁主义关于个性形成的学说；3. 共产主义教育的目的和任务；4. 儿童年龄特征与教育；5. 国民教育制度 第二编　教学论 6. 关于教学过程的学说；7. 教学原则；8. 教学内容；9. 上课——学校教学工作的基本组织形式；10. 教学方法；11. 学生学业成绩考查与评定 第三编　教育论 12. 共产主义道德教育的基础；13. 共产主义道德教育的原则和方法；14. 爱国主义和国际主义教育；15. 劳动教育；16. 自觉纪律教育；17. 集体主义教育；18. 体育；19. 美育；20. 学生集体的组织和教育；21. 课外活动及校外活动；22. 人民教师和班主任；23. 学校与家庭 第四编　学校管理与领导 24. 校长和教导主任；25. 学校工作制度；26. 学校的工作计划、检查和总结；27. 学校的总务工作和设备

　　由表 5-6 可知，当时的教育学体系框架受苏联模式影响很大，教育学的知识体系基本上由"四板块"组成，即教育学的一般原理、教学论、教育论和学校管理。这种四板块结构对新中国教育学知识体系的建构影响十分深远。

（二）教育学知识体系的探索阶段

　　1957～1976 年是我国教育学知识体系的探索阶段。由于这一时期教育学深受社会政治的影响，教育学理论体系被异化，甚至出现由国家政策法规汇编，或者国家领导者语录集代替教育学知识理论体系的现象,[①]我国的教育学知识体系的探索遭受重大挫折。

(三) 教育学知识体系的恢复与重建阶段

随着 1977 年高考制度的恢复,高等学校的招生与教育教学工作逐步走向正常化,教育学学科在恢复与重建中获得快速发展。40 多年来,教育学的知识体系研究是怎样的呢? 笔者通过对"教育学原理""教育原理""教育概论""教育基本理论""教育学"这几类书籍进行"知识体系"的统计,来呈现中国当代教育学知识体系发展与研究的具体情况。

表 5-7 是"教育学原理"书目知识体系的统计情况。这类教材主要服务对象有四类:①为教育学专业的研究生提供教学参考书目,主要有成有信、胡德海和叶澜等的《教育学原理》;②为本科生提供教学用书,如柳海民和蒲蕊等的《教育学原理》;③为考研服务的复习参考书,如扈中平的《教育学原理》;④为师范生公共课"教育学"而编写的教材,如《教育学原理》编写组的《教育学原理》。

表 5-7 "教育学原理"书目知识体系一览表

图书信息	目录体系
成有信:《教育学原理》(1993)	1. 教育学;2. 教育的产生和发展;3. 教育概念与教育本质;4. 教育和社会;5. 教育与发展;6. 教育目的;7. 教育制度;8. 教学论的历史和现状;9. 我国教学论建设的基本理论问题;10. 教学结构和课外活动;11. 人的价值·教育价值·德育价值;12. 人的身心发展过程·教育过程·德育过程;13. 体育;14. 美和美育;15. 劳动教育、综合技术教育和职业教育
胡德海:《教育学原理》(1998)	Ⅰ教育学概论(1. 教育学的对象、性质、任务和体系;2. 教育学的基础;3. 教育学发展的历史过程;4. 教育科学研究) Ⅱ教育基本理论(5. 教育的起源;6. 教育的存在和发展;7. 教育的形态和本质;8. 自我教育是人类文化另一传承手段;9. 教育功能的基本理论;10. 教育对人的作用;11. 教育对社会的作用及其地位) Ⅲ教育活动(12. 教育者;13. 受教育者;14. 教育目标和教育内容;15. 教育形式和教育手段) Ⅳ教育事业(16. 教育事业及其目的与结构;17. 教育与社会;18. 教育事业的管理;19. 教育事业管理的法治化;20.教育评价)
叶澜:《教育学原理》(2007)	1. 教师的教育学之旅;2. 当代社会转型与教育改革;3. 当代儿童成长与教育改革;4. 学校教育价值取向与培养目标重建;5. 课堂教学的原理与策略;6. 学生组织建设的原理式透析;7. 学生校外生活的教育内涵;8. 学校教育改革与教师发展
扈中平:《教育学原理》(2008)	1. 教育学概述;2. 教育及其产生与发展;3. 教育与社会发展;4. 教育与人的发展;5. 教育目的、培养目标;6. 教育制度;7. 课程;8. 教学;9. 德育;10. 教师与学生
蒲蕊:《教育学原理》(2010)	1. 教育学概论;2. 教育的历史形态;3. 教育本质;4. 教育与人的发展;5. 教育与社会发展;6. 教育目的;7. 教育制度;8. 教育内容;9. 教育活动;10. 教育过程;11. 教师与学生;12. 学校

---

① 靳玉乐:《现代教育学》(修订本),成都:四川教育出版社,2011 年,第 13 页。

续表

图书信息	目录体系
柳海民：《教育学原理》（2011）	1. 教育学概述；2. 教育及其产生与发展；3. 教育与社会发展；4. 教育与人的发展；5. 教育目的与培养目标；6. 教育制度；7. 课程；8. 教学；9. 德育；10. 教师与学生
康永久：《教育学原理五讲》（2016）	1. 教育的概念与理想；2. 教育的历史发展；3. 人的发展与教育；4. 教育与社会发展；5. 历史情境与教育学
《教育学原理》编写组：《教育学原理》（2019）	绪论：教育学及其发展；1. 教育及其本质；2. 教育与社会发展；3. 教育与人的发展；4. 教育目的；5. 人的全面发展教育；6. 学校教育制度；7. 课程；8. 教学；9. 教师与学生；10. 教育科学研究

由表 5-7 可以看出，尽管各个时期都有教育学原理类教材出版，但知识体系大同小异。比较有特色的"知识体系"是胡德海的《教育学原理》和叶澜的《教育学原理》。

在"教育原理"知识体系建设上，笔者选取了国内比较有影响的 10 种"教育原理"教材和著作为例，具体内容见表 5-8 所示。

表 5-8 "教育原理"书目知识体系一览表

图书信息	目录体系
厉以贤：《现代教育原理》（1988）	1. 现代社会与现代教育；2. 现代教育的功能；3. 教育与经济建设；4. 教育与文化建设；5. 教育与新技术革命；6. 教育与人口；7. 教育与人的身心发展；8. 教育目的；9. 教育体制；10. 家庭教育、学校教育、社会教育；11. 教师；12. 教育法与教育立法；13. 教育决策、教育预测和教育评价
陈桂生：《教育原理》（1993）	1. 教育的简单要素；2. 教育过程中的两极：教育主体与客体；3. 教育资料的构成；4. 教育组织型式的演变；5. 制度化教育的形成；6. 教育与传播媒介；7. 教育与社会生产力；8. 教育与社会经济结构；9. 教育与政治；10. 教育与闲暇；11. 教育的"自我保存"与"自我更新"的属性；12. 教育的本质；13. 教育目的；14. 教育的构成；15. 学校的职能；16. 教育与家庭；17. 中国社会主义初级阶段教育理论问题
孙喜亭：《教育原理》（1993）	1. 教育原理研究的对象、任务和方法；2. 教育的起源与教育的历史发展；3. 教育的本质；4. 教育与社会生产；5. 教育与经济、政治及其他社会意识形式之间的关系；6. 教育与儿童的发展；7. 教育价值问题；8. 教育目的与人的全面发展学说；9. 教育与生产劳动相结合的理论与实践；10. 学校教育制度；11. 课程；12. 教学任务与教学过程；13. 德育的意义、任务和内容；14. 德育过程；15. 体育；16. 美育；17. 教师
柳海民：《现代教育原理》（2006）	1. 教育认识的历史演进；2. 教育实践的历史发展；3. 教育概说；4. 教育与人的身心发展；5. 教师；6. 学生；7. 教育与社会发展；8. 教育目的；9. 教育制度；10. 教育内容；11. 教育形态；12. 教育途径
袁振国：《教育原理》（2001）	1. 教育是什么；2. 教育为什么；3. 谁受教育；4. 谁教育；5. 教什么；6. 怎么教；7. 教育的有效组织形式是什么
金一鸣：《教育原理》（第 2 版）（2002）	1. 教育科学的研究对象及其功能；2. 教育本质之争引发的思考；3. 教育与经济；4. 教育与政治；5. 教育与文化及其他；6. 中国社会主义教育的轨迹；7. 教育与人的发展；8. 教育目的；9. 课程；10. 教学；11. 德育；12. 体育与美育；13. 教育评价；14. 教育科学研究
冯建军：《当代教育原理》（2009）	1. 当代教育应该是什么；2. 人类的发展与教育；3. 个体生命发展与教育；4. 教育目的；5. 教育主体；6. 教育系统的产生与发展；7. 社会发展与教育发展；8. 当代社会与当代教育

续表

图书信息	目录体系
王枬等：《教育原理》（2007）	序：教育的意义；1. 什么是教育——探寻教育本质；2. 什么是学校——解剖狭义教育；3. 教育为什么——揭示教育目的；4. 教育有什么用——追溯教育功能；5. 谁有资格当教师——了解教师职业；6. 学生是谁——透视教育对象；7. 怎样保证教育的实施——审视教育法规；8. 教育如何成为可能——鸟瞰教育实践；9. 教育将走向何方——展望教育趋势
刘家访：《教育原理》（2011）	1. 教育是什么；2. 作为一种职业的教师；3. 作为教育对象的学生；4. 教育功能；5. 教育目的；6. 教育的理论基础；7. 当代教育改革
唐智松：《教育原理：研究与教学》（2017）	1. 教育的始点；2. 教育的内涵；3. 教育的目的；4. 教育的主体；5. 教育的内容；6. 教育的途径；7. 教育的管理；8. 教育的环境；9. 教育的科学

从表 5-8 来看，这些"教育原理"著作与教材，许多与"教育学原理"相似，主题内容基本重合，有些教育原理书目也讲述了"教育学的学科问题"，只不过这些著作往往把教育学原理的课程与教学部分称之为教育内容、教育途径，其实质内容没有太大的差异。比较有特点的著作是陈桂生教授的《教育原理》。

下面我们再来讨论我国各种名称的"教育学"书目知识体系。为了更好地了解这方面的内容，笔者选取国内比较有影响的各种名称的教育学教材为例，内容包括"教育学""教育学基础""教育学教程"和"教育学概论"等。具体内容参见表 5-9。

表 5-9　"教育学"书目知识体系一览表

图书信息	目录体系
王道俊，郭文安：《教育学》（第 7 版）（2016）	绪论；1. 教育的概念；2. 教育与人的发展；3. 教育与社会发展；4. 教育目的；5. 教育制度；6. 课程；7—9. 教学（上、中、下）；10. 德育；11. 美育；12. 体育；13. 综合实践活动；14. 班主任；15. 教师；16. 学校管理
南京师范大学教育系编：《教育学》（1984）	1. 教育学的对象和方法；2. 教育的本质；3. 教育与社会的关系；4. 教育与人的身心发展的关系；5. 教师与学生；6. 教育目的；7. 智育；8. 德育（一）；9. 德育（二）；10. 德育（三）；11. 体育；12. 美育；13. 劳动技术教育；14. 教学工作（一）；15. 教学工作（二）；16. 教学工作（三）；17. 教学工作（四）；18. 课外教育工作；19. 学校教育制度；20. 学校管理
常春元，黄济，陈信泰：《中国社会主义教育学》（1987）	导言；1. 教育的客观规律与我国教育的特点；2. 我国中小学学生的年龄特征与教育；3. 马克思主义的人的全面发展学说和我国社会主义教育的目的；4. 我国的教育方针；5. 我国的教育结构与学制；6. 智育；7. 教学过程；8. 教学的基本规律；9. 教学原则；10. 教学内容；11. 教学方法；12. 教学组织形式；13. 课堂教学效果的检查和评定；14. 我国学校德育的性质、意义、目标和内容；15. 德育过程；16. 我国德育的原则、途径和方法；17. 体育与卫生；18. 美育；19. 劳动技术教育；20. 电化教育；21. 人民教师和班主任；22. 课外活动与校外活动；23. 中小学团、队和学生会的工作；24. 学校、家庭和社会教育；25. 学校领导和管理；26. 教育行政管理；27. 教育科学研究及其方法论
沈适菡：《实用教育学》（1991）	1. 绪言；2. 教师与学生；3. 教育与人的发展的关系；4. 教育与社会的关系；5. 教育目的；6. 教育制度；7. 学校德育（上）；8. 学校德育（中）；9. 学校德育（下）；10. 学校体育与卫生；11. 学校美育；12. 劳动技术教育；13. 教学（上）；14. 教学（中）；15. 教学（下）；16. 课外活动；17. 班主任工作；18. 学校与家庭、社会

续表

图书信息	目录体系
石中英：《公共教育学》（2008）	1. 学校的性质、价值与目的；2. 学校的历史与教育遗产；3. 学校的结构、体系及类型；4. 学校组织与文化；5. 课程、教学与学习；6. 学生、教师与校长；7. 学校领导、形象管理与关系经营；8. 学校的评价与督导；9. 学校的法律地位与法律问题；10. 学校的环境与设施；11. 学校效能、变革与改进
叶澜：《新编教育学教程》（1991）	导论：时代、教师与教育学；1. 学校教育的产生及其功能的演变；2. 现代学校教育的社会功能；3. 学校教育的个体发展功能；4. 学校教育模式构成的主要成分及其基本概念；5. 理论上的学校教育模式；6. 国家的学校教育模式；7. 学校教育活动概述；8. 教学活动的基本原理；9. 教学工作的基本程序和基本方法；10. 现代教学模式；11. 学校课外活动与班级活动
李剑萍，魏薇：《教育学导论》（2000）	绪论：走向专业化的教师职业；1. 教育；2. 教育与社会发展；3. 教育与人的发展；4. 教育目的与教育制度；5. 课程；6. 教学；7. 教学过程与教学原则；8. 教学方法与教学组织形式；9. 教学模式；10. 教学评价；11. 德育；12. 德育过程与德育原则；13. 德育内容与德育方法；结语：21世纪中国教师与教育学
扈中平：《现代教育学》（第3版）（2010）	1. 教育与教育学；2. 教育的功能与教育的客观制约性；3. 教育规律、教育原则和教育艺术；4. 教育目的；5. 现代学校制度；6. 教师与学生；7. 课程；8. 教学理论；9. 教学实施；10. 德育；11. 班主任工作
靳玉乐：《现代教育学》（修订本）（2011）	导论：1. 现代教育的本质；2. 现代教育目的；3. 现代教育与人的发展；4. 现代教育与社会发展；5. 现代教师与学生；6. 现代课程；7. 现代教学；8. 现代德育；9. 现代班主任工作；10. 现代教育制度与管理
袁振国：《当代教育学》（第3版）（2004）	1. 教育与教育学的发展；2. 当代世界教育；3. 当代中国教育；4. 教育与人的发展；5. 教师与学生；6. 当代学习理论；7. 当代课程理论；8. 当代教学理论；9. 当代教学策略；10. 当代学校德育；11. 当代教育评价；12. 当代学校管理；13. 教育与经济发展；14. 教育民主化与政治民主化；15. 教育与科学技术的发展；16. 教育与文化
全国十二所重点师范大学联合编写：《教育学基础》（2002、2008）	1. 教育与教育学；2. 教育功能；3. 教育目的；4. 教育制度；5. 教师与学生；6. 课程；7. 课堂教学；8. 学校教育与学生生活；9. 班级管理与班主任工作；10. 学生评价；11. 教师的教育研究；12. 教育改革与发展
石佩臣：《教育学基础理论》（2018）	绪论；1. 教育与社会发展；2. 教育与人的发展；3. 教育的本质；4. 教育的基本规律；5. 教育形态；6. 教育制度；7. 教育方针；8. 教育目的；9. 全面教育的组成部分；10. 教育过程的本质；11. 教育过程的基本结构；12. 教育过程的基本原则；13. 教育者；14. 受教育者；15. 教育内容；16. 教育手段；17. 教育途径；18. 教育环境；19. 教育科学研究方法的一般问题；20. 教育科学研究过程；21. 教育科学研究的基本方法

从上述所有表格材料来看，尽管我国在新时期使用的教材名称不同，但教材内容的主题基本一致，主要包括以下几类：教育与教育学；教育本质与功能；教育与社会发展；教育与人的发展；教育目的；教育制度；课程；教学；德育；班级管理与班主任；教育科学研究方法和教育评价等内容。由于教材名称不同，编写者也注意到问题的偏向不同。同样，有学者选取我国1987年以来的230种（本）教育学教材为研究样本，运用文本分析法，采用数据呈现的形式，概括出我国教育学知识体系陈述模式，主要有："基本原理+教学+德育+管理"的逻辑主线、"基本原理+教学+德育+管理+其他"的逻辑主线、"基本原理+教学+德育"的逻辑主线、"基本原理+教学+德育+其他"的逻辑主线、"基本原理类"的逻辑主线和"其

他特色编排方式"的逻辑主线。①中国教育学知识体系的特征是：教育学理论体系基本结构相对稳定、形式多样、内容逐渐丰富。但从唯物辩证法的联系性和整体性观点来看，我国教育学理论体系还存在着碎片化、无序性和学科价值立场不明等问题。②其实，这种概括基本上反映了我国教育学知识体系的概貌，但仔细区分，中国教育学知识体系建构模式还有："基本原理+课程+教学+德育"的逻辑主线、"基本原理+课程+教学+管理"的逻辑主线和"基本原理+课程+教学+德育+其他"等。总之，这些不同版本的教育学教材多数既符合教材组成的普遍标准和基本原则，与世界各国教育学教材有相同或相似的普遍特点，又有自己的特殊性，对我国的教育学教学发挥了不同程度的作用。有的教材内容比较全面合理，既有明确的对象针对性，也能处理好继承和创新、公共知识和个人知识的关系。有的教材则不然，存在明显甚至严重问题。③有些教育学教材体系残缺不全，要么重视教育基本理论部分的内容，要么重视教学论的内容，忽视德育部分的内容，对教育学基本问题阐述不够全面；雷同现象仍然没能很好地处理，缺乏有思想、有个性的教育学知识体系。

第四节　教育学逻辑起点研究

改革开放以来，我国教育学教材经历了一个相对繁荣的出版期。教材出版的繁荣并没有带来教育学知识体系建构的理想状态，于是引起了教育学逻辑起点的探讨。此研究起源于 20 世纪 70 年代末，在八九十年代成为研究的热点，现就研究现状进行评述。

一、教育学逻辑起点的前提理论研究

确立教育学的逻辑起点，其前提根据在哪里？有学者依据黑格尔（G. W. F. Hegel）在《逻辑学》中论述科学的逻辑起点问题展开讨论，逻辑学的开端应当是怎样的？哪一个范畴适合于这种开端的要求？④依据上述的两点，论证逻辑起点是

---

① 司云飞：《教育学理论体系建构问题研究——以近三十年 230 本高校教育学教材为研究样本》，长春：东北师范大学硕士学位论文，2019 年，第 52～59 页。
② 司云飞：《教育学理论体系建构问题研究——以近三十年 230 本高校教育学教材为研究样本》，长春：东北师范大学硕士学位论文，2019 年，摘要。
③ 郝文武：《现代中国教育学教材内容的问题和合理化思路》，载《教育学报》，2014 年第 2 期，第 41～49 页。
④ 邓晓芒：《思辨的张力——黑格尔辩证法新探》，长沙：湖南教育出版社，1992 年，第 65 页。

理论体系中作为开端的范畴。另一个重要依据是马克思的《资本论》。马克思的《资本论》是社会科学理论体系的典范，借鉴《资本论》的分析法，以辩证逻辑为方法论来为教育学的逻辑起点辩护成为研究者的共识。有学者指出，应该运用马克思在写《资本论》时用的从抽象上升到具体的方法，要像列宁指出的"马克思在《资本论》中首先分析资产阶级社会（商品社会）里最简单、最普遍、最基本、最常见、最平凡、碰到过亿万次的关系：商品交换。这一分析从这个最简单的现象中（从资产阶级社会的这个'细胞'中）揭示出现代社会的一切矛盾（或一切矛盾的萌芽）。往后的叙述向我们表明这些矛盾和这个社会——在这个社会的各个部分总和中、从这个社会的开始到终结——的发展（既是生长又是运动）"[①]。以此为依据，有学者认为，教学是普通教育中最基本、最常见、碰到亿万次的关系或"细胞"形态，在它里面孕育着中小学的一切矛盾，它就是教育学的逻辑分析的起点。[②]

明确了教育学逻辑起点问题的理论前提，接下来就要探讨教育学到底有没有逻辑起点？是有一个还是有多个逻辑起点？对此问题的解答，需要人们探讨逻辑起点的规定性。有学者总结出逻辑起点有五个规定：一是它由该学科或理论的最基本概念以及反映这些概念之间的关系的最基本的公理所构成，非本学科所独有的概念则不能算为逻辑起点的要素；二是逻辑起点中的概念不能定义或不需要定义，逻辑起点中的公理不能被证明；三是公理间是相容的；四是公理间相互独立，不能由此推出彼；五是由逻辑起点可推演出本学科的基本内容。[③]瞿葆奎和喻立森根据黑格尔对逻辑起点提出的三条规定，总结归纳出有关逻辑起点的规定性是：①逻辑起点是一门科学或学科中最常见、最简单、最抽象的范畴；②逻辑起点应与研究对象相互规定；③逻辑起点是一切矛盾的"胚芽"，是事物全部发展的雏形；④逻辑的起点同时也是历史的起点。[④]符合以上规定性我们才能说它是教育学的逻辑起点。

遵循黑格尔的逻辑学范畴体系，按照"存在"—"本质"—"概念"的顺序排列。马克思的《资本论》是从"商品"这个存在开始，按照"商品"—"货币"—"资本"的逻辑体系展开研究。可以说，各门学科体系建立共同的方法论是从"存在"到"本质"再到"概念"这一程序。因此教育学理论体系的建构也要遵循这

---

① 列宁：《列宁选集》（第二卷），中共中央马克思恩格斯列宁斯大林著作编译局编，北京：人民出版社，1995年，第558页。
② 刘刚：《教育学研究中的几个问题》，载《教育研究》，1979年第1期，第18~22页。
③ 冯建军：《教育基本理论研究20年（1990~2010）》，福州：福建教育出版社，2012年，第7页。
④ 瞿葆奎，喻立森：《教育学逻辑起点的历史考察》，载《教育研究》，1986年第11期，第37~43页。

个逻辑，所以，"教育存在"即是教育学理论体系建构的开端。①也有学者提出教育学的逻辑起点是构建教育学理论体系的思维前提或取向，实质上是建构教育学理论体系的思维向度，并不是具体构建教育学理论体系的理论起点—起始范畴。因此，作为逻辑起点的思维向度应该是统一的，但不同理论的起始范畴可以多样化。②胡中锋认为，每位教育家都有自己的逻辑起点，大家都可以根据自己的"逻辑起点"建构自己独特的"教育学"知识体系，因此教育学就无所谓逻辑起点问题了。③

二、教育学逻辑起点的研究

笔者通过阅读大量研究文献，总结我国学者对教育学逻辑起点问题的研究，总体上可以概括为两类观点：单一起点论与多重起点论。

（一）单一起点论的思想与观点

单一起点论认为教育学只有一个逻辑起点，即"单一起点论"是大多数学者观点。"单一起点论"总结学者们的意见，可有 10 多种观点。例如，人本起点论、体育起点论、管理起点论、知识起点论、生活起点论、目的起点论、学习起点论、本质起点论、教师起点论、儿童起点论、受教育者起点论和教学起点论等，④还有培养起点论、育人——"使人成人"起点论。⑤这里简要介绍几种起点论的思想。

知识起点论。知识起点论的提倡者是英国教育家斯宾塞，他在《什么知识最有价值》一文中认为，真正的教育应该放在实际需要的基础上，"教育的理想乃是为生活的各个方面做一种完满的准备"。⑥为满足完满生活需要做准备，教育应该以什么知识作为其内容呢？关键是看什么知识最有价值，他的结论就是"科学知识"⑦。与这种观点相类似的还有"经验起点论"。有学者认为，经验传递是教育的起源，传递与接受是教育学的中心范畴，经验则是教育学的起始范畴，是教育

---

① 郭元祥：《教育学逻辑起点研究的若干问题思考：兼与有关同志商榷》，载《教育研究》，1995 年第 9 期，第 30～34 页。

② 曹世敏：《教育学逻辑起点新论》，载《教育研究》，1994 年第 10 期，第 21～24 页。

③ 胡中锋：《"教育学逻辑起点"研究述评：教育学有没有逻辑起点》，载《现代教论丛》，1999 年第 1 期，第 15～18 页。

④ 瞿葆奎，喻立森：《教育学逻辑起点的历史考察》，载《教育研究》，1986 年第 11 期，第 37～43 页。

⑤ 石远鹏：《教育学逻辑起点的反思》，载《唐山师范学院学报》，2013 年第 1 期，第 133～135 页。

⑥ [英]赫伯特·斯宾塞：《教育论：智育、德育和体育》，王占魁译，北京：中国轻工业出版社，2016 年，第 12 页。

⑦ [英]赫伯特·斯宾塞：《教育论：智育、德育和体育》，王占魁译，北京：中国轻工业出版社，2016 年，第 57 页。

学的逻辑起点。只要是教育，都由经验开始，通过经验的传递和接受，最终形成受教育者的经验。受教育者在既得经验的基础上，创造新的经验，扩大人类知识经验的总和。[①]

目的起点论。这种观点的代表人物是亚里士多德和英国教育家沛西·能（P. Nunn）。亚里士多德在其著作《伦理学》一书中提到，每一种艺术都设想着以某种善为目的。沛西·能在《教育原理》中提到："我们将在本书研究的教育，当然是一种艺术。因此，开始就问它以哪种善为目的，这是合情合理的。"[②]他认为人类社会除了在一个个男男女女的活动中，并通过这些活动获得善以外，再没有其他什么善了，教育实践必须按照这个真理来计划。

学习起点论。理由是：古今中外任何形式的教育，最终都可以归结为"学习"与"教导"。学习是教导的前提和基础，学习比教导更简单，不需要依据，它本身就是教育学的全部依据；教育起源于学习，教导、教育等概念都产生于学习之后，学习是第一个教育范畴，学习是人们在教育实践中遇到的最普遍的现象，它能够最抽象地表现教育，并且还能完全表现出教育的所有特征。以"学习"作为教育学的逻辑起点，符合人们对教育的认识，也与人类的教育实践史和思想史相吻合。[③]"学习"是教育学中必不可少的一个基本范畴；"学习"在教育学中不以其他范畴为依据、为前提；"学习"也是教育思想史中出现最早、认识最深刻的范畴。与其他起点论相比，学习起点论更符合逻辑起点的要求。

随着研究的深入开展，有学者对教育学逻辑起点问题进行综合概括，认为教育学逻辑起点研究，主要分为四类：一是"活动起点论"，即把某一活动作为教育学的逻辑起点；二是"关系起点论"，即把某种关系或矛盾作为教育学的逻辑起点；三是"要素起点论"，即把教育活动中的某一组成部分或要素作为教育学的逻辑起点；四是"属性起点论"，即把教育活动或教育学所表现出的属性作为教育学的逻辑起点。[④]

（二）多重起点论的思想与观点

持这类观点的学者认为，教育学的逻辑起点有多个（包括两个或多个）。有学

① 钱立群：《论经验是教育学的逻辑起点》，载《北京师范大学学报》（社会科学版），1997 年第 2 期，第 34～40 页。
② ［英］沛西·能：《教育原理》，王承绪，赵端英译，北京：人民教育出版社，2005 年，第 4 页。
③ 张晓鹏：《试论教育的辩证逻辑：教育学范畴体系初探》，载《华东师范大学学报》（教育科学版），1991 年第 3 期，第 47～56 页。
④ 瞿葆奎，郑金洲：《教育学逻辑起点：昨天的观点与今天的认识》，载《上海教育科研》，1998 年第 3 期，第 2～9 页；1998 年第 4 期，第 15～20 页转第 6 页。

者认为，任何科学都有两个起点，即叙述起点（逻辑起点）和认识起点（研究起点）。二者之间是有区别的，研究起点是现实的感性具体，而叙述起点则是抽象的东西。研究起点是整个研究过程的直接前提，逻辑起点是作为研究结果的整个逻辑体系的开端。①研究起点比逻辑起点更重要，因为它是逻辑起点的基础和前提。②"在形式上，叙述方法必须与研究方法不同。研究必须充分地占有材料，分析它的各种发展形式，探寻这些形式的内在联系，只有这项工作完成后现实的运动才能适当地叙述出来。"③

与"二重起点论"相比，"多重起点论"引起了更多学者的关注。认为一门科学的建立，逻辑起点并非唯一。不同的逻辑起点对应着同一门科学的不同理论，这些理论不必是同一的，也不是等价的。④现代教育学研究的逻辑起点不会只有一个，教育学研究起点应该是决定教育系统各要素关系的那些点，即是如此，它们必然多于一点。从这一角度看，凡是决定现代教育各要素间存在的相互关联的逻辑结构的点，都是现代教育学研究的源泉，都可以作为现代教育学研究的逻辑起点。⑤

三、教育学逻辑起点研究的反思

（一）教育学逻辑起点研究目的是否达成

对教育学逻辑起点的研究，是为了建立严谨的教育学知识体系，构建教育学知识体系的起始范畴，这种研究是建构具有中国特色的教育学体系的一个新的突破口。⑥但令人遗憾的是，这种目的似乎没有达成。梳理有关研究文献，我们看到的是琳琅满目的各种逻辑起点说，都是唯逻辑起点论逻辑起点，在质疑别人逻辑起点的同时，每个研究者都提出一个自己的新的逻辑起点，在论证完逻辑起点之后，依据自己的逻辑起点，究竟怎样建构教育学的知识体系？新的教育学知识体系是怎样的？我们没有看到。正如学者所言，当人们为自己找到某个"逻辑起点"而沾沾自喜的时候，却忘了以自己的逻辑起点去建构教育学知识体系的任务，以此来证明自己观点的正确性、合理性。

---

① 程少堂，邵涌：《教育学二重起点论》，载《教育研究与实验》，1992年第3期，第14~18页。
② 张奎良：《论历史唯物主义的二重起点》，载《学习与探索》，1982年第3期，第30~34页。
③ 马克思，恩格斯：《马克思恩格斯选集》（第二卷），中共中央马克思恩格斯列宁斯大林著作编译局编.北京：人民出版社，1995年，第111页。
④ 孙宏安：《学科教育学的一个逻辑起点》，载《教育科学》，1995年第3期，第52~53页。
⑤ 李小融：《现代教育学研究应有多个逻辑起点》，载《教育理论与实践》，1987年第1期，第46~48页。
⑥ 钱立群：《论经验是教育学的逻辑起点》，载《北京师范大学学报》（社会科学版），1997年第2期，第34~40页。

（二）教育学体系的建构是否有逻辑起点

在教育学逻辑起点的讨论中，多数人认为有逻辑起点，但也有质疑者。不管怎样，一个前提就是都认为教育学有逻辑起点，但忽视了黑格尔提出的逻辑起点的缘由和条件。教育学逻辑起点的研究对教育学知识体系的建设并没有带来积极价值，企图通过寻找一个逻辑起点来建构教育学知识体系是行不通的。后现代知识观启示我们，教育学知识体系的发展正面临着一个范式的转变。[1]要明确教育学知识体系的建构应该考虑学科的性质、研究对象和方法，不能期望通过找到一个正确的逻辑起点就能解决所有问题。教育学知识体系的建构是一个主观建构过程而不是一个客观发展过程，随着知识范式的演进，教育学知识体系也会不断发生变革。教育学知识体系的建构过程是一个辩证否定的过程，衡量教育学知识体系的标准与建构教育学知识体系的方法都具有多元性。

对于一门科学理论来说，都有其基本假设和基本问题，有其建立理论的逻辑起点。问题是教育学是否符合那些具有逻辑起点的理论科学的要求，对于这样的问题，首先要回答：教育学是不是科学？逻辑起点的运用要遵循"从抽象到具体"的方法，是否所有的科学都能体现这一规定？逻辑起点等同于历史起点，教育学是否有历史起点？它的历史起点在哪里？这些问题对教育学来说，回答起来不轻松，也难以说清。把教育学与逻辑起点的规定性相比较，教育学不具备逻辑起点的条件，因此教育学没有逻辑起点。[2]看来，教育学逻辑起点的有无问题，教育学逻辑起点的"一"与"多"问题，至今仍是没有完成的研究任务。多数学者承认教育学有逻辑起点，且"教育学逻辑起点具有唯一性"。[3]"本质上说，多逻辑起点的观点，必然导致'泛逻辑起点'或'无逻辑起点'的观点。"[4]但在一个理论之中，只能有一个"最抽象的概念"。[5]

教育学走向科学化，需要建构科学的知识体系，要建构科学的知识体系，就要探讨教育学的逻辑起点。看来对于这个问题的认识争论，关键是看建构一种理论，还是建构一门学科（或科学），一种理论可能只有一个逻辑起点，一门学科（或科学）可能存在多个逻辑起点，不然的话，在我国现有的教育学研究中，就出现了十多种逻辑起点说，这不是最好的证明吗？此外，在教育学逻辑起点研究中，

① 何菊玲：《教育学逻辑起点研究之质疑》，载《华中师范大学学报》（哲社版），2007 年第 6 期，第 119～124 页。
② 冯建军：《教育基本理论研究 20 年（1990～2010）》，福州：福建教育出版社，2012 年，第 18 页。
③ 郭元祥：《教育学逻辑起点研究的若干问题思考：兼与有关同志商榷》，载《教育研究》，1995 年第 9 期，第 30～34 页。
④ 胡中锋：《"教育学逻辑起点"研究述评：教育学有没有逻辑起点》，载《现代教育论丛》，1999 年第 1 期，第 15～18 页。
⑤ 孙宏安：《学科教育学的一个逻辑起点》，载《教育科学》，1995 年第 3 期，第 52～53 页。

还存在一些问题，诸如混淆教育学逻辑起点与教育简单要素或简单活动的区别；混淆了逻辑起点与历史起点的区别；混淆了教育学"应然"的逻辑起点与现存教育学"实然"逻辑起点的区别；混淆了教育学逻辑起点与教育学研究的逻辑起点……①看来寻找教育学逻辑起点是一个比较棘手的问题，对于教育学逻辑起点的研究还没有结束，还有待我们今天的学者去探索。

第五节　教育学知识体系建构的再思考

从知识论视界来看，教育学的所有问题都可以归结为知识问题。教育科学的学术史就是知识史，即知识的生产史、创新史和增长史。②建构科学化的教育学知识体系是建设"科学教育学"的基本前提和基本的切入点。科学教育学的标志是逻辑清晰、表述严谨的知识系统。科学的教育学不仅具有独特的研究对象和适切的研究方法，拥有专门的概念和命题系统、独特的话语陈述方式以及合理的知识逻辑结构是其科学化的基本条件。

从上述文献中可以看出，改革开放以来，中国教育学图书的出版可谓繁荣，然而繁荣的教育学未必是科学的教育学。当我们认真审思现有教育学著作与教材的知识体系时，就会发现其中存在教育学理论深度不够、逻辑性不强、体系化程度不高等问题。教育学知识体系的建构缺乏学科立场、缺少本土情怀，缺乏问题意识、缺乏普遍性的结论等现象严重，以至于人们可以任意调换教育学内容体系中的章节秩序。所以，在众多的教材中，大家叙述的基本内容差不多，但章节顺序有不少的差异。那么，究竟怎样来建构教育学的知识体系呢？除了上文所说的找到教育学知识体系建设的逻辑起点外，有学者提出"人—文化—哲学"相统整的教育学知识体系探索框架。③还有学者认为关键在于聚焦科学问题，加强实证研究，不断推进教育学知识增长速度是加强教育学知识体系建设的紧迫任务。④

一、教育学知识体系建构的种种思路

教育学知识体系建设的思路可能有两个：一是我们应完成教育学的现代性，

①　冯建军：《教育基本理论研究 20 年（1990~2010）》，福州：福建教育出版社，2012 年，第 19 页。
②　李政涛：《教育科学的世界》，上海：华东师范大学出版社，2010 年，第 165 页。
③　余小茅：《论"人—文化—哲学"相统整的教育学》，载《教育发展研究》，2011 年第 21 期，第 28~31 页。
④　袁振国：《科学问题与教育学知识增长》，载《教育研究》，2019 年第 4 期，第 4~14 页。

力争使教育学成为一门科学，既要规范教育学的研究对象，澄清教育学的基本概念，又要架构教育学的知识体系，寻求教育学理论的一般性、确定性和系统性，使教育学担负起对教育规律的"说明"任务。①二是借用后现代的教育思想，追求教育学的多样化、多元化，否定教育学具有一般理论性，追求教育学知识生产的多元化。但就目前我国的教育学建设来说，完成教育学的现代性任务更为紧迫。"仅一般地说教育学是关于教育的科学，是远远不够的。问题的关键在于教育学内容是否科学，是否是科学化的教育学。"②在教育学追求科学化的过程中，教育学知识体系的科学化是其最为基础的一个方面。通过教育学知识体系的科学化，不断推进教育学学科的科学化。

当然，探索教育学知识体系建设的思路是多元的。有学者提出加强教育学知识体系的科学性、逻辑性，尽量充分反映教育规律，进而提出教育学的知识框架是：第一部分教育；第二部分教育目的和任务；第三部分教师和学生；第四部分五育；第五部分教学；第六部分教育制度与教育管理。③方天培等提出出人民教师、教育的根本规律、教育目的、教育内容、教育途径、教育方法和教育科学研究构成教育学的知识框架；④关达提出绪论（阐述教育的概观和研究方法）、教育属性、教育者、教育对象、教育目的、教育内容、教育途径、教育方法、教育原则、教育管理和教育科研的框架；⑤还有学者通过对教育学研究对象的分析，提出两种新范畴（宏观教育与微观教育），进而提出教育学体的两种框架：一是建立一个《大教育学》知识体系，内容包括教育本质论、宏观教育论和微观教育论；二是分别编写两本教育学，即《微观教育学》和《宏观教育学》。⑥还有学者以方法论为突破口，提出教育学知识体系的建立只能运用马克思在写《资本论》时运用的从抽象上升到具体的方法，即辩证逻辑方法。⑦还有以系统论的方法论思想为指导来建立教育学的知识体系，强调教育学知识体系的科学性、整体性及综合性。⑧陈元晖运用辩证逻辑的方法，即正、反、和的方式建立教育学的知识体系。⑨还有学者认为要从系统发生学及人类学本体论的一些方法来建构教育学的知识体系等。⑩也有

① 陈元晖：《中国教育学史遗稿》，北京：北京师范大学出版社，2001 年，第 68 页。
② 石佩臣：《教育学基础理论》，长春：东北师范大学出版社，1996 年，第 9 页。
③ 吴志超：《关于加强教育学教材的科学性问题》，载《教育研究》，1982 年第 5 期，第 67～69 页。
④ 方天培等：《教育学体系的几点新设想》，载《杭州师院学报》，1983 年第 3 期，第 68～71 页。
⑤ 关达：《论教育学教科书体系的改造》，载《教育研究》，1984 年第 2 期，第 76～78 页。
⑥ 徐毅鹏：《关于当前教育学研究中的几个问题》，载《东北师大学报》（哲学社会科学版），1984 年第 2 期，第 67～75 页。
⑦ 刘刚：《教育学研究中的几个问题》，载《教育研究》，1979 年第 1 期，第 18～22 页。
⑧ 罗正华：《学习系统科学，建立教育学的科学体系》，载《教育研究》，1983 年第 11 期，第 73～75 页。
⑨ 陈元晖：《科学与教育学》，载《教育研究》，1985 年第 6 期，第 6～11 页。
⑩ 刁培萼，吴也显：《教育学逻辑起点新探》，载《教育研究与实验》，1987 年第 4 期，第 1～5 页。

学者主张把教育学改为"教育概论"与"教育科学"两种教材。"教育概论"是通俗读物，可由现在的"教育学"改写，把政治性、政策性的内容编写在"教育概论"中。"教育科学"则是专业性的教材，加强自然性，使之原理化和量化，建立在严格的科学基础上。①还有学者基于人性论的认识，认为教育学的知识体系可以这样建构：当我们开始研究教育时，遇到的第一个问题是"什么是教育？"这是教育的本质问题，教育是培养人的社会实践活动，所以，"培养人"便成为教育学理论建构的基点；第二个问题是"为什么要有教育？不要教育行不行？"这些问题是对教育功能与意义的拷问。第三个问题是"什么样的教育才有价值？才能发挥出功能？"这是对教育目的——"培养什么人"的探究；第四个问题是"谁来做教育？教育谁？"这是教育的主体问题，亦即"谁来教育人"的问题；第五个问题是"用什么来教育？如何教育？"这是教育的过程问题，亦即"怎样教育人"的问题。其中，第三个问题是教育观的核心问题，其他几个问题都围绕这一问题展开。这五个问题构成了一个有机的整体，对这五个问题的看法就构成了系统的教育观，即教育学。②

二、区分教育学知识体系与教育学教材体系

教育学作为一门科学，应该有自身科学的、逻辑的知识体系，否则不能成为科学。但教育学作为一门学科的知识体系与作为一门课程的知识体系是否有区分呢？有的学者认为，教育学的知识体系与教育学教材体系应是一致的。③有的主张教育学的学科知识体系是人们根据已经认识的一些规律及规律之间的联系，人为建立起来的一个由概念、公理（或规律）以及分支学科所构成的系统。教育学教材体系与一门学科的知识体系有相同之处，但两者不是同一概念，前者是对后者内容的缩编。④还有教育学的学科知识体系与教材体系是不同的概念，前者是后者的基础，前者要正确反映研究对象和客观规律，后者要在前者的基础上正确反映学生学习教育学的客观规律，教材体系比学科知识体系更复杂。⑤教育学作为一门学科，其知识体系主要是以理论形态来表现，而作为一门课程的教育学，其知识体系不仅要有理论形态，还要考虑学生的年龄特征和认识水平，不能纯理论化、纯学术化。⑥可见，人们已经认识到教育学的学科知识体系与教育学课程的知识体

---

① 垠全：《论教育学的科学基础》，载《教育理论与实践》，1985 年第 3 期，第 6~11 页。
② 杨兆山，张海波：《基于人性论的教育学学科体系建构》，载《教育研究》，2010 年第 4 期，第 12~16 页。
③ 王铁军：《倾听教育改革的呼声，探讨教育学的自身发展》，载《中国教育学刊》，1988 年第 4 期，第 61~63 页。
④ 高德建：《教育学体系之我见》，载《天津师大学报》，1984 年第 5 期，第 30~34 页。
⑤ 张晓鹏，张启航：《教育学体系问题初探》，载《教育理论与实践》，1987 年第 3 期，第 17~20 页。
⑥ 邢永富：《对普通教育学研究对象的再认识》，载《教育理论与实践》，1988 年第 1 期，第 58~61 页。

系是两个概念，教育学的学科知识体系是教育规律自身的逻辑运行，教育学课程是学科知识体系自身逻辑与学习者心理逻辑的统一。但在现实中二者怎样有效结合还需要继续探索。

三、明确教育学知识体系建设的价值取向问题

教育学研究一般分为基础研究和应用研究。在构建教育学知识体系上也便产生了教育学知识体系的"理论建构"或是"应用建构"的两种价值取向。有的学者主张教育学研究是基础研究，教育学知识体系建设应该指向理论教育学的建构上；有的学者主张教育学知识体系应是纯应用科学体系。[①]于光远认为，基础理论研究是把教育当做社会现象及认识现象来研究，而应用研究是以提出教育措施、政策、方法等为直接目的的研究，教育学知识体系应是理论与应用相结合的体系，这样做对理论和实践的结合很有好处。[②]此外，还有学者对教育学的知识体系是"理论体系"还是"工作体系"进行探讨。以笔者之见，教育学知识体系建设问题，首先要廓清是建构一门学科的教育学知识体系，还是编写一门课程的教育学知识体系。我们这里研究的是作为一门学科（或科学）的教育学，当然其知识体系的建构应该是理论知识体系，这种体系要具有逻辑性和科学性。

在教育学知识体系"学科（体系）价值取向"建构遭遇尴尬之时，一些学者主张研究方向要转化，即提出"实践取向""问题取向"。甚至提出"多研究些问题，少谈论些体系"。[③]教育学"学科取向"（或体系意识）在学科建立之初的研究起到一定的作用，但也会造成教育学研究为体系而体系的弊端，忽视体系之外的具体教育问题和教育现实。因此，教育学研究应转向以教育问题为核心的研究模式。[④]但更多的学者认为，问题取向与学科取向并不矛盾，要看到问题之间的普遍联系性，问题本身可以成体系，从而把"问题取向"和"学科取向"统一起来。[⑤]事实上，体系研究要依托于问题研究，问题研究也依赖于体系的发展与成熟，我们应该采用多元化的研究范式，从抽象到具体、从具体到抽象来建构教育学理论体系。

① 吴杰：《东北地区高师公共课教育学教材和教学问题讨论》，载《教育研究》，1982 年第 8 期，第 96 页。
② 于光远：《关于教育科学体系问题》，载《教育研究》，1979 年第 3 期，第 2～10 页。
③ 董标：《教育哲学的学科地位及其生长点的再辨析》，载《教育研究》，1993 年第 8 期，第 35～38 页。
④ 张斌贤：《从"学科体系时代"到"问题取向时代"：试论我国教育科学研究发展的趋势》，载《教育科学》，1997 年第 1 期，第 16～18 页。
⑤ 孙振东，李仲宇：《论教育问题研究与教育学体系构建的统一》，载《中国人民大学教育学刊》，2015 年第 4 期，第 5～23 页。

四、确定和厘清教育学的概念范畴与命题系统

教育学的知识结构，应该是它的基本范畴及命题系统的表现形式。范畴是认识世界的过程中的一些小阶段，是帮助我们认识和掌握自然现象之网的网上纽结。然而每一个范畴反映的是客观世界的个别方面，想要反映整体，必须有一般的概念、规律等的无限总和，才能提供全部具体的东西。要使教育学知识体系科学化，必须真正把握各个"纽结"及其总和。由于教育是一种极其复杂的社会现象，把握"纽结"及"总和"谈何容易。

一般而言，建构教育学的知识体系是建构一些相互联系的命题，而命题是概念关系的陈述。可见，概念是理论知识的基本单位，所以一门学科有明确而准确的概念对建构这门学科的知识体系有着直接的关系。当前的教育学知识体系中，概念不够确切，命题陈述不够准确是其发展中的重大问题。例如，教育、教学、课程等都是教育学的核心概念，翻开各种类型的教育学教材，很难找到一致的观点，每本教材都有自己的概念界定，概念混乱是教育学发展中碰到的问题之一。没有明确的概念，就不会有恰当的判断，就不会有合乎逻辑的推理和论证。[①]

教育学作为一门科学，其知识体系的陈述要有科学性。命题是由一系列概念组成，并且命题之间要呈现一定的关系，还要对关系进行论证。命题的陈述以及命题之间的关系推理，要经受住证伪或批判的检验，此时的理论才能成立。由于对教育学知识体系的建构存在两种可能，即理论教育学（或教育科学理论）与实践教育学，两种教育学建构知识体系的目的不同，命题的类型、命题规则就不同，因此检验命题的标准也就不同。长期以来，在教育学的知识体系中，由于存在概念的模糊性而导致命题的模糊性，再加上不明白理论教育学的命题规则与实践教育学的命题规则，导致教育学知识体系缺乏科学性。按照逻辑学的规定，命题类型通常有三类：描述性命题、评价性命题和规范性命题。描述性命题是指对概念关系作实然判断的命题，要求对客观事物之间的关系如实加以表述，旨在判断事物的真伪；评价性命题是根据一定的价值观念对概念关系做出评价，隐含着应然判断，旨在判断事物的对错、善恶、美丑等；规范性命题是关于概念关系经过价值评价做出选择的表述，规定"应当做什么""不应当做什么""应当这样做""不应当那样做"。[②]可见，不同的教育学知识理论体系的建构需要不同的命题类型。理论教育学（或科学教育学），主要是研究教育现象、揭示教育规律，这种教育学

① 金岳霖：《形式逻辑》，北京：人民出版社，2005年，第24页。
② 陈桂生：《教育学的建构》，长沙：湖南教育出版社，1998年，第115～121页。

知识体系的建构需要描述性命题；实践教育学主要是提供教育实践的原则、规范，来指导实践，所以适宜用规范性命题、评价性命题来陈述问题。我们现实的教育学，都标榜是科学的教育学，但翻开内容看看，更多是实践教育学，内容里面充满了大量的原则和规则命题，缺乏精确的描述性命题。今后教育学知识体系的建构首先要区分不同性质的教育学类型，然后按照不同的命题规则进行阐述各自的原理与规则，使其各司其职，各得其所，共同促进不同类型、不同性质的教育学知识体系的建构。

五、建构教育学知识体系有多种可能性

教育学在历史上有多种存在样态，这说明建构教育学知识体系具有多种可能性。问题的关键是对教育学进行合理分类，在各自研究范式内建构独特的知识体系。

有学者对德国、英国、美国和中国教育学在知识建构方面所形成的传统进行了跨文化比较研究。认为德国的教育学知识体系以规范科学为主导，通常是一种旨在探究何为目的、何为实现目的的手段的知识形式。[1]德国教育学关注教育的本体结构或自身逻辑，明确地追求教育知识的普适性或体系化，更多地倾向于哲学或理论的研究路径。教育学以教育问题作为研究对象，无法回避对"目的—手段"的探讨，从这种意义上说，教育学天然地就是一门规范科学。教育学家本纳甚至说，"如果说德国教育学有自己的传统特色，在我看来，首先在于其根源是世界性的，它从形成伊始，就放眼全世界，正是因为其根源的世界性和由此而来的丰富性，所以才形成了能够为世界所接受的学术传统"[2]。

英国的教育学以"基础学科"为支撑。英国教育学制度化的过程是从大学以外的独立教师培训学院开始的，这使得英国的教育学从一开始就带有强烈的实践特征，否定教育学是一门自主的学术性学科。英国学者更多地认为教育学就像是地理学、政治学、医学之类的学科，主要是其他学科理论和方法的应用或借用。因此，其知识上的合理性和成熟度都取决于其他学科的贡献，这些对教育学有贡献的学科在英国称为基础学科（或贡献学科）。英国教育学的发展就是其所依赖的基础学科不断扩展的过程。英国教育学不仅在知识生产上，而且在学术制度上逐

---

① 程亮：《多元的传统与交互的生成：教育学知识建构的跨文化比较》，载《教育研究》，2016 年第 5 期，第 4～13 页。

② 李政涛，巫锐：《德国教育学传统与教育学的自身逻辑：访谈德国教育学家本纳教授》，载《教育研究》，2013 年第 10 期，第 142～148 页。

渐形成了四大"基础学科"支撑的格局，即教育哲学、教育心理学、教育社会学和教育史学。实际上，从 20 世纪 70 年代以来包括经济学、地理学、管理学等都开始在英国教育学中占有一席之地。

美国教育学以经验研究为取向。从渊源上说，美国的教育学也与赫尔巴特的教育学有着密切的关系。但到了 19 世纪中后期，美国教育学开始关注"科学"问题。主要表现在：一是源于教育管理决策的需要；二是新教育对儿童的重视；三是源于大学对教师培训的争夺。真正让美国教育学走向经验科学要归功于桑代克等人对测量和统计方法的强调以及在 20 世纪初兴起的学校调查运动。实验教育学是这一时期教育学领域的显学，他们试图"把教育学从哲学的桎梏中解放出来，提高到独立的科学高度"。①在这些力量的作用下，美国教育学逐步确立了经验研究的取向。

中国教育学以实用逻辑为依归。前面三个传统无论是否承认教育学作为独立学科的地位，但都重视教育知识本身的建构。比较而言，中国教育学在发展中逐渐走向了实践或者更为宽泛的实用的方向，"'教育学'在中国被定位在'用'上"。②这种实用的考虑，在很大程度上驱动了中国教育学的演变，构筑了中国教育学的逻辑。一是为"师范"开设课程用；二是为"实践"所用。但长期以来的教育学理论与教育实践的关系紧张，使得中国教育学越来越多地关注教育实践的多样性、情境性、不确定性、生成性等内在特征，强调教师在实践中的主体性以及教师个人经验的支撑价值。③

当然，上述研究主要是基于各个国家的文化传统，并非唯一。在建构教育学知识体系的过程中，我们要充分探讨各种特色之间的通约性，最大限度地实现教育学知识体系建构的科学性。

① [日]筑波大学教育学研究会编：《现代教育学基础》，钟启泉译，上海：上海教育出版社，1986 年，第 469 页。
② 叶澜：《中国教育学发展世纪问题的审视》，载《教育研究》，2004 年第 7 期，第 3~17 页。
③ 程亮，杜明峰，张芸：《重心转移与问题转换：改革开放以来教育理论与实践关系研究之研究》，载《教育研究与实验》，2013 年第 5 期，第 12~16 页。

第六章

教育学的科学化

　　人类教育思想的积淀和有文字记载的教育事实源远流长，从某种意义上说，人类诞生便有教育活动。最早有文字记载的学校是在奴隶社会的印度、埃及、巴比伦和中国。最有影响的古代教育思想家，在西方可追溯到古希腊时代的苏格拉底，在中国可追溯到春秋时代的孔丘。但研究"教育之学"的教育学，作为一门学科的诞生，是近代社会发展的产物。我国一般认为捷克教育家夸美纽斯《大教学论》（1632年）的出版，标志着教育学作为一门学科产生，而西方一些国家的学者多以德国教育家赫尔巴特《普通教育学》（1806年）的出版为教育学产生的标志。教育学自从学科化以来，经历了二三百年的历史，然而其科学性一直受到人们的青睐，个中缘由在于教育学"落后于我国教育事业发展的需要，落后于当前世界教育科学的发展水平，落后于现代科学发展的总体水平，落后于相邻科学的发展水平"①。此种背景下的教育学科学化研究就成为一个事关教育学尊严和声望的问题。

---

　　① 叶澜：《关于加强教育科学"自我意识"的思考》，载《华东师范大学学报》（教育科学版），1987年第3期，第23～30页。

第一节　教育学科学化问题的争论

教育学能否在科学的殿堂里占有一席之地？它有没有自己独特的研究领域和研究方法？它究竟具有什么样的理论性质？这是长期以来困扰教育学家们的一些经典命题，也是制约教育学科学发展的一些根本问题。

一、学科与领域、普遍妥当教育学可能性之争

在教育学科学化问题上，最早引起人们讨论的是教育学是一门学科，还是一个研究领域的问题。围绕这个问题，教育学界展开了系统的探讨。承认教育学是一门学科者有之，赞成教育学是一个研究领域者有之，介于两者之间者亦有之。直到今天，教育学是学科还是研究领域的争论仍未真正结束。学科是知识分类产生的结果，它是知识传承、生产和创新等活动的基本依托。领域的基本内涵是：一个国家行使主权的区域；学术思想或社会活动的范围。①相对于学科而言，领域在这里是指"学术思想或社会活动的范围"。学科与领域既相互联系又有区别，一门学科肯定是一个研究领域，一个研究领域未必是一门学科；一个研究领域既可以小于一门学科，成为学科内部的研究领域，也可以大于一门学科，成为跨学科的研究领域。②一般说来，学科有规训制度，是规范的、制度化的，领域没有规训制度，是不规范的、非制度化的，具有松散的特点。学科与领域没有高低之分，只是人们研究的规训制度不同，领域较为宽泛，没有规范的制度约束，学科有制度规范，而且还有学科建立的条件与标准。

教育学若是科学，必然具有普遍性，能否建立一门普遍妥当的教育学呢？在教育学创立初期，赫尔巴特便希望借助坚实的理论基础和丰富的教育经验将教育学打造成一门科学，并认为"教育学是教育者自身所需要的一门科学"。③从此之后，无数教育学者为了追求教育学的独立地位和形成科学的教育学知识体系进行了不懈的努力。西方教育学史上的若干教育学知识形态的探索便是教育学科学化的最好明证。从最早的教育学是研究"教学法"到"教育艺术"的探索，这是属于经验描述形态的教育学阶段，教育学的理论来源是对历史经验的总结和教育思

---

① 中国社会科学院语言研究所词典编辑室：《现代汉语词典》（第 7 版），北京：商务印书馆，2016 年，833 页。
② 齐梅，马林：《学科制度视野下的中国教育学学科发展研究》，北京：人民出版社，2012 年，第 166 页。
③ ［德］赫尔巴特：《普通教育学·教育学讲授纲要》，李其龙译，杭州：浙江教育出版社，2002 年，第 13 页。

想家自身教育实践的概括，其代表著作缺乏严密的逻辑体系。赫尔巴特为了扭转这种状态，以伦理学和心理学为基础，力求建立一种既具有学术性格，又能指导教育实践的"普遍妥当的教育学"。后来的实验教育学主张把自然科学的实验法引进教育领域，开展教育实验研究，重点揭示教育规律，说明"教育是什么"，使教育学走向实证科学。由于教育问题的复杂性，再加上后来的人文主义与科学主义的争论，使得人们认识到教育学学科的复杂性与多样性，开始注重教育学的规范与综合研究。这些探索，不仅承认教育学是一门学科，更相信教育学能成为一门科学。但是，在教育学发展史上，自从赫尔巴特建构普通教育学开始，一些学者就对教育学的科学性进行质疑。从科学教育学建立（1806 年）到实验教育学的兴起，有一百多年的历史。但在 1826 年，德国学者施莱尔马赫（F. D. E. Schleiermacher）就认为，教育理论既作为研究教育的理论基础，又必须联系实际，因而凡是受教育者的现实情况与未来发展，都不能不加以研究。从这个角度看来，它是随时间、地点的变化而变化的。可见普遍适当（适用）的教育学终究不能成立。第斯多惠（F. A. W. Diesterweg）也认为，在法国，每修改一次宪法，教育内容和形式也随之相应地改变。从这些历史事实中可以得出这样一个结论：我们不可能提出一种适合每一地区和每一时代的教育学说，万能的教育学是很难存在的。利特（T. Litt）认为，自然科学其本身具有客观性，即普遍适当性，作为其应用学科的工艺学亦不能不具有同样的性质。自然科学所考察的是因果关系的必然法则，工艺学则是考察目的与手段关系的必然法则，它们都以经验事实为研究对象，所用的技术都只受事物的客观法则所支配，同人格并无直接的内在联系……教育属于人格塑造的活动，其中必定含有从超事物法则的人格中产生的非合理要素。在伦理法则中，精神作用具有重要价值，并且考察教育不能脱离历史形成的社会文化的影响，不允许教育学具有自然科学及其应用科学那样的客观性，即普遍适当性。[①]可见，反对建立普遍适当的教育学的学者也坚持了一百多年。

二、关于教育学研究对象与教育学理论性质的争论

对教育学是学科或是研究领域的争论，引发了关于能否建立普遍妥当教育学的争论，最后又引发了关于教育学理论性质的争论。教育学能否成为一门独立的学科，原先人们认为要看教育学是否有独立的研究对象，并以独特的研究方法建

---

① 陈桂生：《历史的"教育学现象"透视：近代教育学史探索》，北京：人民教育出版社，1998 年，第 334～338 页。

构了严密的理论体系。后来随着研究的深入，人们认为，同一门学科不一定只用一种专门的方法，而每一种研究方法也可以运用于不同学科，所以，是否有独特的研究方法已不能成为衡量学科独立的标尺。但一门学科是否成立应有三个条件：一是要具有独特的研究对象；二是要形成本学科的专门概念和运用专门概念进行逻辑推理的命题，成为一门成体系的学问；三是所提出的命题及命题系统要有科学依据。以这种学科观来审视教育学，教育学的科学性确实存在不少的问题。首先教育学的研究对象还存在争论。日本学者试图从确立教育学的研究对象开始，确立教育学的科学化，并认为只有在把事实作为一个问题提出来的时候，科学才能开始。教育学以教育问题为研究对象，教育学研究分为理论研究领域、实证研究领域、实验研究领域和历史研究领域。对不同研究领域分别采用理论研究、实证研究、实验研究和历史研究方法。①教育学的概念更是模糊不清，关于教育是什么、教学是什么、课程是什么等概念，还真说不清楚，至于教育学的知识体系，由于学者们的价值取向不同，建构的教育学知识体系就不同。相关文献已经说明，科学取向的教育学是建构规律性的知识体系；艺术取向的教育学是制定规则的知识体系；实践取向的教育学是反思取向的知识体系；批判取向的教育学是意识形态批判的政治取向的知识体系，如此等等，教育学的知识体系不够统一，普遍妥当的教育学建构还在路上。关于教育学相关命题的论证依据（或者说是教育学的理论基础），更是一个重要问题。对这些问题的探索，形成教育学理论性质的讨论，使得人们对教育学进行系统分类，亦即是理论（科学）教育学与实践教育学。科学教育学具有科学的性质，它是按照实证—实验科学的逻辑进行研究和建构教育学的知识体系，意在揭示教育活动的客观规律，不太关心指导实践的功能。面对这种理论，人们发现在教育实践中怎样遵循规律去办事，仅有科学理论是不够的，客观实践活动要求有应用指导的学科，人们尝试建构实践教育学，而实践教育学关注的是将"理论教育学"应用于实践的教育艺术，是规范知识体系的建构。教育学理论的分化研究，一方面加深了人们对教育规律的探索，使教育学研究进一步科学化，但另一方面面对众多不同价值取向的教育学，怎样把不同性质、不同类型的教育学进行整合，使之形成一般的、普遍的科学教育学，难度进一步加大。

在有关教育理论性质的争论中，奥康纳等逻辑实证主义认为，教育理论应以科学理论为范式，应成为一门严格意义上的科学理论。衡量教育学的科学性，不仅以教育学研究是否运用实验方法，而且以教育学概念、命题和体系是否严密和

---

① ［日］大河内一男等：《教育学的理论问题》，曲程，迟凤年译，北京：教育科学出版社，1984年，第24～32页，第193～196页。

具有逻辑性为标志。认为教育学理论必须用科学的概念进行系统的阐述，"只有在我们把心理学或社会学上充分确立了的实验发现应用于教育实践才有根据称得上理论"，现行的教育学理论对形而上学和价值判断的陈述都是难以实证的，因而教育学理论只能是"尊称的理论"，并不是真正科学的理论。①奥康纳认为，已经建构出来的教育理论通常包含形而上学、价值判断和经验性判断三种很不相同的陈述，"所谓很不相同的陈述，意思是说，它们属于不同的逻辑系统，因此需要用完全不同的方法加以证明"，只有经验性判断才是"能用可以观察到的证据来证明"。②这些"很不相同的陈述"与科学理论还相距甚远，因此，教育学远不能称为科学的教育理论。尽管奥康纳并不认为教育理论已经达到了科学理论所具有的较强解释能力的要求，但他仍然试图通过理论的自觉把教育理论建构成科学理论，或至少达到科学理论的逻辑地位。赫斯特则持相反意见，认为教育学不是一门科学化的学科，而是一门实践性和应用性的学科，应该为教育实践提供规范性的指导，为教育实践提出一种类似于"经验—分析"的实证方法、分析哲学的方法。他认为教育理论是从理论上探讨和研究制定指导人的教育行动原则的实用科学，一个完整的人是不能用心理学的语言加以解释的。③布列钦卡把教育学看作合规律性和合目的性统一的综合科学，认为从事科学的目的是要获得认识，而不是要塑造世界和影响人类。教育行为只能在目的和手段关系的框架中得到理解。教育科学并不只是一种描述事实的科学，而是一种分析目的和手段的科学。我们应该抛弃过去那种认为教育学理论是自然科学的认识上的错觉和批评，教育学应该是获得教育行为的客观认识的教育科学，规范教育行为和价值趋向的教育哲学，只为实践不为科学的指导合目的教育行为的实践教育学的总和。④

三、教育学词源演变过程反映着教育学的科学化过程

教育学（Pedagogy）一词，在西方最早是从希腊语"教仆"（Pedagogue）派生而来的。在古希腊，负责照料、陪送年幼奴隶主子弟来往于学校，并帮助他们携带学习材料的奴隶被称为教仆。从词源来看，教育学是指"照看、照顾、管理和教育儿童的方法"，教育学被认为是一种"引导术"，这时的教育学不具有"科学"的含义。从 19 世纪末开始，在英语国家，教育学一词由过去使用"**Pedagogy**"

　　① 华东师范大学教育系，杭州大学教育系编译：《现代西方资产阶级教育思想流派论著选》，北京：人民教育出版社，1988 年，第 430 页。
　　② 瞿葆奎：《教育学文集·教育与教育学》，北京：人民教育出版社，1993 年，第 479 页。
　　③ 陈友松：《当代西方教育哲学》，北京：教育科学出版社，1981 年，第 71～72 页。
　　④ 郝文武，郭祥超：《教育学的改造》，北京：北京师范大学出版社，2014 年，第 192～193 页。

逐步转向使用"Education"一词。这主要是因为教育学一词最初是作为培养小学教师的师范学校的教学科目。当教育学在教育学院或大学里成为一门课程或学科后，大学里的专家们认为，教育学教授的主要是学科知识而非方法。面对批判的声音和社会日益丰富的教育知识，为了使教育学获得平等的学科地位，有必要用新的术语替代原有的词汇。于是，教育界开始使用"Education"一词取代"Pedagogy"。这种用词的变化，带来教育学含义的变迁。首先，"Education"词义涵盖面更为广泛，它不仅指教育方法和学校管理这两方面；其次，它更科学。[①]但是，随着词汇的变化，也带来了一些新的问题，因为"Education"这一术语既可指一种教育活动，又可作为一门学科，是指关于一门学科知识的教育学。这样人们在探讨问题时，常常因为理解不同而造成语义上的一些混乱。在这种情况下，有学者进行反思，试图创造新的术语来规范整个教育知识体系，于是便提出了"Educology"（教理学）一词。最早提出"Educology"一词的是美国俄亥俄州立大学的哈丁（L. W. Harding），他在 1951 年出版的《教理学选集》一书中，首先使用这一术语。而使"Educology"一词广为人知的，则是斯坦纳（E. Steiner）的贡献。1964 年，斯坦纳为美国第 20 届教育哲学年会提交了《教育学的逻辑与教理学的逻辑：教育哲学的诸方面》的论文，论文中使用"Educatology"一词。会议上，格伦（W. Gruen）建议用"Educology"替代"Educatology"。

就目前英美国家而言，在指称整个教育知识体系的层面上，教育和教育学几乎成了同义词，甚至出现了"Education"取代"Pedagogy"的现象。不过在欧洲大陆，两个词汇还是区分使用的，一般把"教育"理解为对儿童的培养过程，把"教育学"理解为研究教育儿童的一门学问。尽管"Educology"一词引起了人们的关注，但还是没有广泛使用。从上述教育学的词源分析来看，教育学一词从"Pedagogue—Pedagogy—Education—Educology"的演进历程，就彰显了教育学从艺术到科学的演进过程。[②]

四、多种教育学知识体系的建构体现出不同的教育学科学化追求

从各种教育学的科学化探索中我们可以看出，由于教育问题的复杂性和多样性，研究问题与研究方法也就存在多种组合性，只要问题与方法之间具有适切性，各种教育学研究都具有科学性。"在问题和方法之间，存在着某种辩证关系。那么，

---

① 瞿葆奎：《教育学文集·教育与教育学》，北京：人民教育出版社，1993 年，第 295 页。
② 柳海民：《现代教育学原理导论》，北京：高等教育出版社，2013 年，第 2 页。

我们为什么会采用这种而不是另外一种研究方法呢？这种选择绝不仅仅是一时的突发奇想、个人偏好与喜好或者是赶时髦。"①所以，任何单一的教育学科学化取向都不可避免地带有理论建构的局限性和片面性。教育学科学化研究要面对不同类型的教育问题，采用不同的科学研究方法与范式，发挥多种研究方法的整体功能，从各个视角对教育问题进行研究，共同丰富与发展科学的教育学是教育学走向科学化的必由之路。

康德与赫尔巴特最早明确教育学的科学性问题，倡导理性主义的教育科学观，认为只有当教育学变成能够用清晰的概念和命题表达的知识体系时，才能真正地成为一门相对独立的、普遍的科学。赫尔巴特甚至主张，"普通教育学必须把论述基本概念放在一切论述之前"②，在这种思想指导下，《普通教育学》成为第一部有清晰概念意识与严密理论体系的教育学著作。同时他把教育学建立在"统觉心理学"的基础之上，他本人也被尊称为"教育科学之父"，以至于"在很长的时间里，人们把'赫尔巴特理论'和'科学教育理论'作为同义词"。③

实验教育学批判了强调概念思辨的理性主义教育科学观，指出概念思辨的虚妄性，提出实证主义的教育科学观，认为教育学要想成为一门科学，就要把每一种教育现象都看成是各种原因的结果，教育学研究必须放弃概念思辨的传统，要在有意识的控制条件下，观察引发的各种教育现象，也就是进行教育实验。其代表人物是威尔曼、梅伊曼和拉伊等人。他们矢志不移地进行教育学的科学化研究，主张从心理学、生理学的角度去研究儿童，用实验、观察等实证研究方式，力求客观地对教育现象做一描述。

文化教育学既反对理性主义教育科学观，又反对实证主义的教育科学观，提出精神科学的教育科学观。在教育学走向科学化的路途中，一部分学者主张用理论的逻辑或方法论的革新来建构科学的教育学，但还有一部分学者主张用非实证化的研究取向，即建构科学教育学的人文科学取向。这些学者试图重新定位教育学的学科性质，将教育学定位于一种以人的精神、意识、意义为研究对象，以理解和解释为方法的科学。教育学科学化的人文科学取向主要从两个方面展开研究：一是从研究对象的逻辑规定性出发，论证教育学人文科学取向的必要性。教育学的研究对象是人的教育，是人类的教育活动，它必须深入人的精神世界，这是自然科学无法触及的。同时，教育实践还涉及价值与规范问题，教育学理论还必须

---

①　[加]马克斯·范梅南：《生活体验研究：人文科学视野中的教育学》，宋广文，等译，北京：教育科学出版社，2003年，第2页。
②　[德]赫尔巴特：《普通教育学·教育学讲授纲要》，李其龙译，杭州：浙江教育出版社，2002年，第209页。
③　[德]弗·鲍尔生：《德国教育史》，滕大春，等译，北京：人民教育出版社，1986年，第165页。

发挥对教育实践的指导功能，这更是实证研究所不能做到的。二是教育学的科学化也不具有可行性，教育理论原本就具有实践理论的逻辑特征。由于教育关涉人的实践，且教育实践与其他社会实践的不同之处在于，教育实践必须涉及实践参与者的意识、情感、体验、价值、判断、感悟、理解、认识、观念等主观性的或精神性的现象，而这些对象或现象是科学所无法处理的，所以是教育学科学化难以触及的领域。①例如，文化教育学认为，人是一种历史文化的存在，人不能被作为抽象的存在来认识，也不能用纯技术的手段来测量，而只能作为一个具体的鲜活的文化生命通过"理解"来把握。教育事实是一种以人为主体的充满意义的整体，教育活动是一种价值形成与价值创造的活动，教育理论应当深入理解、诠释教育事实背后的意义，把握教育系统中各要素的互动关系，形成价值引导与规范。

分析教育哲学家奥康纳与批判理性主义者布列钦卡在 20 世纪后半叶以自然科学为榜样，站在逻辑经验主义的立场，严厉地批判了传统教育学的非科学性，认为教育学要想成为受人尊重的科学必须走纯粹经验描述和逻辑建构的道路，排斥偏见，以科学的质量标准为取向，这些科学质量的标准包括对信息内容、简明性、主体间可验证性、客观性、逻辑上的正确性、同其他知识的系统联系以及（在强调事实时）可作经验证明或验证。②赫斯特从教育学研究的目的分析入手，认为教育学理论实质上是一整套由多种成分构成的知识体系，教育学是实践科学。他认为要发展理性的教育实践，必须"考察当前的实践，考察当前实践实际上包含的规则、原则，考察实践者在描述那种实践的特征和决定应该干什么时所运用的知识、信念与原则"。他称这种对教育实践的分析和理解为"操作性的教育理论"，即"有关阐述和论证一系列实践活动的行动准则的理论"。③作为一种操作性理论，教育学中"事实与价值"是紧密地联系在一起的。赫斯特实际上否定了教育学作为一门独立的教育科学的可能性。马克思主义教育学认为，教育学只有自觉地以马克思主义为指导，在教育研究中切实做到历史与逻辑、事实与价值、一元与多元、理论与实践的统一，才能真正把教育学变成科学。

第二节　教育学科学化的探索历程

二三百年的历史，在人类的历史长河中可谓昙花一现，但对一门学科的发展

---

① 周兴国：《"教育学的科学化"辨》，载《中国教育科学》，2019 年第 3 期，第 74～84 页。
② 瞿葆奎：《元教育学研究》，杭州：浙江教育出版社，1999 年，第 201 页。
③ 瞿葆奎：《教育学文集·教育与教育学》，北京：人民教育出版社，1993 年，第 441～445 页。

来说，可谓是有一定时期。在这个时期内，教育学总是像一个长不大的"孩子"，始终受到其他学科的关照和呵护，这种现象严重影响了教育学的学科独立问题，进而影响教育学学科的科学性。

一、西方教育学科学化的探索历程

教育学最初是从属于哲学的，随着教育实践的发展，研究教育问题的论著不断增加，加之国家办教育也需要一定的理论学科作指导，教育学才从哲学中分化出来。教育学作为一门学科（或科学）从产生到现在，其学科的理论形态主要经历了六种形式的变化。

（一）教学法与教学艺术的探索

教育学从学科教学法研究到教学艺术的探索可称为"经验描述形态"的教育学阶段。教育学作为一门学科的出现，最早由英国哲学家培根提出，他在《论科学的价值和发展》一文中，把教育学作为一门科学单独列出，解释为"指导阅读"的科学，并在《学术的进展》《智慧之球》等著作中，把教育学理解为"讲述和传授的艺术"。不管怎样，人们最初对教育学的认识是从教学法意义上来认识的。到了17世纪，随着社会的发展，科学的进步，教育开始普及，夸美纽斯在自己教育实践的基础上，总结前人的教育经验，写出了《大教学论》这本著作，可视为教育学成为一门科学的开端。夸美纽斯并非构建教育学的科学体系，而主要是进行教育经验的描述，把教育看成是一门职业训练的方法，实属教育艺术的探讨。正如他谈到《大教学论》，认为它阐明"把一切事物教给一切人们的全部艺术"。[①]这一时期的教育学是在经验的层面上进行总结，教育思想存在是其主体表现，并不是教育学学科科学体系的探讨，但不管怎样，教育学从哲学的怀抱中分化出来，独立门户了。这种情况一直持续到18世纪末。后来的教育思想家，例如洛克、卢梭、裴斯泰洛齐等人，都有自己的教育思想，但在教育学学科建设上，没有进行研究，教育学学科建设出现了多年的相对沉寂。

（二）哲学思辨型教育学的诞生

到了18世纪后期，随着教育事业的发展，许多心理学家和哲学家对教育学的研究停留在夸美纽斯阶段表示不满，试图改变教育学的命运，从教学艺术研究转

---

① ［捷克］夸美纽斯：《大教学论》，傅任敢译，北京：教育科学出版社，1999年，第1页。

向"科学教育学"的建构。1776 年德国思想家康德率先在大学开设教育学讲座，并于 1803 年出版了《论教育学》（也译成《康德论教育》），全书包括导言、保育、导训（教化）、心理之训育、道德之陶冶和实际教育六章内容，形成一个较有系统的理论体系。其理论体系以他的"实践理性"哲学为基础，采用演绎推理的方法，通过哲学思辨而建立，属于哲学思辨型的教育学，教育学研究发生转向。

为解决教育学成为一门独立学科的问题，赫尔巴特倾其毕生精力，力图使教育学成为一门科学，1806 年他发表了《普通教育学》，由此被尊称为"科学教育学"的奠基人。赫尔巴特指出："教育学作为一种科学，是以实践哲学和心理学为基础的。前者说明教育的目的；后者说明教育的途径、手段与障碍。"①他的《普通教育学》就是以实践哲学（伦理学）和心理学为基础建立起来的。现在看来，无论是赫尔巴特的实践哲学还是他的心理学，都存在一些局限性。以实践哲学为基础建立的"五种道德观念"（内在自由的观念、完美的观念、善意的观念、法律的观念和正义的观念），并由此演绎出的教育目的的知识，只是教育活动的规范性知识，不是关于"教育是什么"的科学知识。他的心理学是一种哲学心理学，还不是现代意义上的科学心理学，因为科学心理学是在 1879 年诞生的。可见，赫尔巴特的《普通教育学》还算不上科学的教育学，只能是哲学思辨型的教育学，这主要归因于他的教育学基础，实践哲学和哲学心理学都出自哲学。赫尔巴特的教育学说之所以产生巨大影响，主要归功于一系列教育范畴的创建以及行之有效的教学过程阶段理论。

（三）科学实证教育学的创生

在赫尔巴特教育学产生广泛影响的同时，19 世纪下半叶，欧洲出现了以实证主义为主流的科学主义思潮，他们反对哲学思辨的教育学，竭力倡导建立"科学的教育学"，教育学理论形态再次发生转向。实证主义的基本观点是：科学应以经验或现象的观察为基础，而不应以纯粹的概念思辨为基础；科学研究的目的是获得"实证的"知识，即现实的、有用的、确实的、精确的、积极的、相对的知识；科学研究应采取实证的方法。②在这种思潮的影响下，实验教育学学派诞生。实验教育学者认定教育学可以而且应该成为一门科学，教育学是以研究揭示教育现象的客观规律为目的的实证科学，要使教育学科学化，就必须对旧的以纯粹的概念思辨为特征的教育学进行批判和否定，因为概念思辨的教育学有主观主义、教条

---

① [德]赫尔巴特：《普通教育学·教育学讲授纲要》，李其龙译，杭州：浙江教育出版社，2002 年，第 207 页。
② 石中英：《教育学的文化性格》，太原：山西教育出版社，1999 年，第 32 页。

主义的色彩。科学的教育学，其研究对象是教育事实，研究方法是实验的方法，主张要对教育现象进行观察、统计和分析，教育学的研究目的是形成"科学的"亦即"实证的"教育知识，该种知识对教育活动最有意义。实验教育学强调实验、定量研究教育现象，推动教育学的发展，但他们也走向极端，在反对哲学思辨教育学的同时，也否定了理性思维在人类认识活动中的作用，这不利于教育学的真正科学化，因为教育目的涉及价值判断和选择的问题，实验方法是不能解决的。片面强调实验法和定量研究，使教育学走向"唯科学主义"的迷途，使实验教育学的发展也走到了死胡同。

（四）精神科学教育学的创建

在实验教育学盛行的同时，许多学者指出，社会现象、生命现象与自然现象在性质上有着明显的差异，教育学的发展，应该成为一门既不同于思辨哲学，又不要依附于自然科学的"精神科学"，主张建立一门"精神科学教育学"。由于这种教育学注重从历史和文化解释教育问题、其研究的方法论是解释学，因此这一学派也被称为"文化教育学""解释学教育学"。[①]其代表人物有狄尔泰、利特和斯普朗格，代表作品有《关于普遍妥当的教育学的可能》《文化与教育》。文化教育学认为：人是一种文化的存在，人类历史是一部文化发展史；教育的对象是人，教育是在一定社会历史背景下进行的，因此教育过程是一种历史文化过程。正因为教育过程是历史文化过程，教育研究既不能采用赫尔巴特的哲学思辨来进行，也不能依靠实验教育学的数量统计来进行，必须采用精神科学或文化科学的方法，也就是用理解与解释的方法来进行，其教育目的就是把社会的客观文化转化为个体的主观文化，从而塑造完整的人格，培养途径为"陶冶"与"唤醒"。精神形态的教育学作为对哲学思辨型和科学实证型教育学的反动，既有其理论基础，也有社会现实条件和教育背景，这表明他们对教育学根本问题的深入探讨，在维护教育学的独立学科地位，克服教育理论与教育实践脱节等问题上有积极作用。但是这种形态的教育学也有缺陷，尽管他们以反对哲学思辨教育学为主旨，但在实际问题的论述上同样走到哲学思辨和形而上学的老路上；精神科学和自然科学的两分法以及解释学对自然科学的排斥也过于绝对化；把教育现象简化为历史性、价值性与精神性，看不到教育现象的复杂性、客观性，把解释方法当成教育学研究的唯一有效方法也有片面性。

---

① 邹进：《现代德国文化教育学》，太原：山西教育出版社，1992年，第5页。

（五）批判取向教育学的形成

批判教育学是 20 世纪 70 年代之后兴起的一种教育思潮，也是当前在西方教育理论界占主导地位的教育思潮。该流派的代表人物有美国的鲍尔斯（S. Bowles）、金蒂斯（H. Gintis）、阿普尔（M. Apple）和吉鲁（H. Grioux）以及法国的布厄迪尔（P. Boudieu）等。

批判教育学认为：当代资本主义的学校教育不是一种民主的建制和解放的力量，而是维护现实社会的不公平和不公正的工具，是造成社会差别、社会歧视和社会对立的根源；教育是与社会相对应的，有什么样的社会政治、经济和文化，就有什么样的学校教育机构，社会的政治意识形态、文化样态、经济结构都强烈地制约着学校的目的、课程、师生关系、评价方式等，学校教育的功能就是再生产出占主导地位的社会政治意识形态、文化关系和经济结构；大众已经对这种事实上的不平等和不公正丧失了"意识"，将之看成是一种自然的事实，而不是某些利益集团故意制造的结构。批判教育学的目的就是要揭示所谓自然事实背后的利益关系，帮助教师和学生对自己所处的教育环境及形成教育环境的诸多因素敏感起来，即对他们进行启蒙，以达到意识"解放"的目的，从而积极地寻找克服教育及社会不平等和不公正的策略；教育现象不是中立的和客观的，而是充满着利益纷争的，教育理论研究不能采取唯科学主义的态度和方法，而要采取实践批判的态度和方法，揭示具体教育生活中的利益关系，使之从无意识的层面上升到意识的层面。批判教育学仍处在发展之中，它必将对 21 世纪的西方教育理论和我国教育理论产生相当的影响。[①]

（六）综合规范教育学的趋向

20 世纪初，教育学开始走向分化，教育学自身分解为教育原理、教学论、课程论、德育原理、学校管理学等，原来意义上的教育学被剥离得体无完肤，进而出现了教育科学和元教育学。经过几百年的探索，人们构建科学教育学的情结始终未变，但由于教育现象的复杂性，大家一时又找不到共同认识的途径，教育学在原来综合研究的基础上走向分化研究，这也许是教育学科学化进程中的必要阶段。分化研究到了一定阶段，人们在反思研究的基础上，又开始整合教育理论，从而产生了分析教育哲学和专门研究教育学问题的元教育学。分析教育哲学以奥康纳、索尔蒂斯、谢弗勒等人为代表，他们主要从逻辑实证主义和日常语言学的

---

① 全国十二所重点师范大学联合编写：《教育学基础》，北京：教育科学出版社，2002 年，第 20～21 页。

角度出发来研究教育问题，并指出教育哲学的任务不是制定规范，提出准则，而是对教育概念、语言进行逻辑分析。总的来看，分析教育哲学对"教育""教学""知识""教育理论"等概念、术语和命题的研究，有利于澄清人们对这些概念的认识，对构建科学教育学有积极意义，但分析教育哲学由于缺乏统一的合理标准，在方法论上有偏向繁琐哲学的嫌疑。在元教育学研究方面，德国教育家布列钦卡贡献突出。他认为在教育学研究上，前人或从哲学上、科学上，抑或从实践上研究教育，往往各执一端，看不到各学科之间的联系性。他以综合规范研究为趋向，认为教育学研究一方面存在多种构建教育理论的可能性，另一方面，不同种类的教育理论不是相互排斥的，而是可以互相补充的。①由此他把教育理论划分为教育科学、教育哲学和实践教育学。教育科学是教育的科学理论，主要研究教育事实，揭示教育规律，是说明教育"是什么"的学科；教育哲学是教育的哲学理论，主要从哲学观点出发，采用理性批判，创建价值与规范；实践教育学是教育的实践理论，是为教育行为和活动提供实用性的命题系统。

纵观教育学独立以来走过的路程，无论是在经验描述阶段、哲学思辨阶段、科学实证阶段，还是在批判、规范综合阶段、科学人文阶段，都不难看出它既是一条生长和建构之路，也是一条"终结"和解构之路，教育学的发展过程是以合理性为实质的科学化的历史过程。②从历史发展来看，教育学知识形态出现了多种形式，我们在追溯这些教育学知识形态的过程中，不能采取一种非此即彼的思维方式，要采取兼容、合作的思维方式。历史地看，每种教育学知识形态的出现都是特定时代发展的产物，有其合理性和必要性。教育学科学化未必只有一种答案，科学化的教育学知识体系，也未必是一种单一的知识体系，不同性质或类型的教育学知识体系应该相互借鉴，达到和谐共生的目的。

二、中国教育学科学化的探索历程

在中国，对教育学学科的科学化探讨始终没有停止过。相对来说，对此问题的研究有两个比较集中的时间段。

一是 20 世纪二三十年代。1919 年美国教育家杜威到中国讲学，随后美国的克伯屈等专家来华讲学，将设计教学法、道尔顿制等介绍到中国，同时国人开始翻译和介绍西方的实验心理学和教育科学研究方法等学科，这些思想和方法对中

---

① 转引自叶澜：《教育学原理》，北京：人民教育出版社，2007 年，第 15 页。
② 郝文武，郭祥超：《教育学的改造》，北京：北京师范大学出版社，2014 年，第 191 页。

国一些教育学者产生了较大影响。于是一些学者开始到中小学开展教育实验。与此同时，这一时期作为文化大背景的有 1923 年学术界开展的"科玄之争"，最后以科学派的胜利告终。由于当时的中国正处在向西方学习之中，国人特别需要科学，需要科学精神与科学态度。在这种背景下，教育学科中的一些学者，也想借助科学提高教育学的学科地位，于是积极提倡教育学的科学化，并认为，教育学术至今不能称为科学，这是古今从事教育者的奇耻。"教育学在学术上的地位一天不确定，教育事业便不能赎回固有的独立性质，用科学方法增进教育效率的理想永远不能实现。""教育学术科学化问题，不独是我们少数人事业成败问题，乃是教育事业成败问题。"为此提出："此后我们的努力，应当促成教育学术为独立的、专门的、严整的、充实的应用科学，使一般人无冷讥热嘲、排斥嫉视、乱发议论、乱做文章的余地。"①这种思想反映了当时中国学者要把教育学建设成为一门独立学科的强烈愿望。甘豫源指出，教育学术受了科学的洗礼，以后的教育研究应打破个人之私见，以求客观的标准；废除散漫的观察，做严密的试验；由等级的评判，进于单位的测量；由定性的方法，进于定量的研究。②钟鲁斋更明确地指出："如教育学变为一种真正科学，一切教育方法和效率都有客观的标准，正确的量表，去权衡、去批评，其造成教育学上的原则和定律，与自然科学的原则和定律的相同的位置。那时教育学本身的价值，可以提高。一切教育事业非有教育者去办不可，教学非习过教学法和教育原理者去担任不可，教育的问题非用着科学的方法去解决不可。如此教育学愈有研究的必要，教育家愈有特殊的权衡。"③梁漱溟认为，中国人的教育偏着在情意的一边，"西洋人"的教育偏着在知的一边，这种不同是由于两种文化造成的。他主张"教育应当是着眼一个人的全生活而领着他去走人生大路，于身体的活泼、心理的活泼两点，实为最重要，至于知识的讲习，原自重要，然固后于此。……社会帮助人生向上，一切合于教育意义，形成一个完全教育化的环境，启人向学之诚，也萃力于创造自己，其结果，亦就是学术文明文化进步，而收效于社会，这样，才合于'人生在创造'那意义"。④可见，梁漱溟跳出科学、哲学、技术视角来认识教育，着眼于人生、文化等更为根本的视野来讨论教育问题，从教育本身的特性来认识教育的价值，找出教育学的知识性质，这些比较真切论述没有引起人们的关注。

新中国成立初期，由于我们缺乏社会主义建设经验，所以初期阶段主要是学

---

① 夏承枫：《教育学术科学化与教育者》，载《教育杂志》，1926 年第 2 期，第 3～4 页。
② 甘豫源：《论教育上之科学方法》，载《教育杂志》，1927 年第 17 期，第 1～7 页。
③ 钟鲁斋：《教育科学研究之史的演进及其最近趋势》，载《中华教育界》，1937 年第 11 期，第 7～20 页。
④ 宋恩荣：《梁漱溟教育文集》，南京：江苏教育出版社，1987 年，第 2～3 页，第 221～222 页。

习与借鉴苏联的教育学经验。凯洛夫在其主编的《教育学》中提到教育学的科学性问题。我国学者进一步深化这一问题的研究。例如，有研究者提出，我们的教育学和资产阶级的教育学以及封建社会的教育学根本不同，它有高度的科学性。为什么？我们的教育学是根据马克思主义的思想体系的，因而具有以下特点：①它根据社会历史发展的规律来了解教育发展的规律。过去地主阶级和资产阶级的教育学说主要是反映他们阶级的要求以及他们的主观空想，只零星地、片断地反映一些教育规律。②我们的教育学根据无产阶级的立场观点……我们的教育学知识追求教育方面的客观真理。③我们的教育学有唯物辩证法作为它的方法论，因此最能客观而全面地考虑问题。④我们的教育学在苏联社会主义教育建设经验以及中国革命教育建设的经验中提炼出许多经验和原则，在这些经验和原则的指导下，我国社会主义的教育建设将取得进一步的发展。[①]

　　二是 20 世纪八九十年代。我国经历了拨乱反正、实践是检验真理标准讨论等活动，逐步解放了人们的思想，特别是党的十一届三中全会的召开，使中国走向了改革开放的新时期。在教育领域人们开始批判和纠正极左路线的错误，中华人民共和国成立后被撤销的一些关于教育科学研究方法的科目，开始恢复与重建，用科学方法指导教育学研究逐步成为人们的共同认识，特别是 20 世纪 80 年代，我国翻译介绍了苏联教育家赞科夫的"实验教学论"思想、美国教育家布鲁纳的"结构课程论"和"发现学习理论"，使人们认识到教育实验研究对于促进教育学的发展有重要意义。据笔者统计，1991～1992 年，《教育研究》开辟专栏"教育实验科学化问题的探讨"，先后发表 26 篇文章。80 年代中期，出版了一些教育科学研究方法的著作与教材。此外，随着教育社会学的复苏，问卷研究法风行一时，客观上也推动了教育学的科学化研究。总结改革开放以来的教育学科学化研究，大体上有以下几个方面的问题。一是对教育学性质的研究，人们围绕教育学是基础科学还是应用科学进行广泛的讨论。二是对教育学知识体系改革的研究，针对我国教育学教材出版"繁荣"的现象，大家就教育学知识体系改革创新进行探索，由此引发了教育学逻辑起点的争论。三是对元教育学理论的探索。四是对教育学学科危机与学科立场的探索。世纪之交，有学者提出教育学"终结"的观点，围绕这一问题，进行一定范围内的讨论；也有学者对教育学学科危机进行概括，认为中国教育学学科出现"中国性"缺失，教育学学科性质模糊和教育学独立性缺失等危机。围绕教育学学科危机论，学术界进行讨论并提出教育学学科建设的中国立场的观点，这些内容在前面都已涉及，这里不再赘述。

---

① 张凌光，朱智贤，陈选善：《教育学》（第 1 册），北京：人民教育出版社，1954 年，第 14 页。

第三节　教育学科学化问题剖析

在回顾完教育学学科科学化进程的历史探索之后，我们再来看看教育学学科形象问题。对教育学的科学性问题和学习教育学的人来说，其尴尬境地莫过于钱钟书先生在《围城》中的描述，他说道："在大学里，理科学生瞧不起文科学生，外国语文系学生瞧不起中国文学系学生，中国文学系学生瞧不起哲学系学生，哲学系学生瞧不起社会学系学生，社会学系学生瞧不起教育系学生，教育系学生没有谁可以给他们瞧不起了，只能瞧不起本系的先生。"[①]元教育学家布列钦卡曾说："作为一种学术性学科，教育学陷入了深刻的危机，在这门学科中，人们更多地看到的是互相矛盾的意见而非知识，是一厢情愿的思辨而非现实主义的态度，是意识形态和世界观而非科学。没有哪一门学科像教育学这样泛滥着非科学的废话、派性的热情和教条主义的狭隘性。"[②]比利时学者德朗舍尔也说："科学教育学在西欧大学里几乎找不到自己的席位，往往只有心理学才被承认有一定的学术价值。"[③]由此可见，教育学学科的科学性有问题，甚至存在严重问题，若非如此，人们不会对其说出那样难听的话，并对其学科的科学性质疑。其实，在教育史上，1826年德国学者施莱尔马赫就对创建"普遍妥当的教育学的可能性"发出疑问，一直到今天人们仍在探索，那么，教育学科学性问题主要有哪些呢？

一、教育学单数和复数的称谓问题

教育学从诞生到今天，人们在一般意义上使用单数的教育学，赫尔巴特的教育学就是单数的教育学，其主要内容是中小学教育学，这种现象一直持续到19世纪末20世纪初。然而到了20世纪初期，随着教育事业的发展、教育的制度化，教育学的分支学科纷纷崛起，形成了庞大的教育学科群，原先的单数教育学已不能容纳所有的教育分支学科，特别是学前教育学、职业教育学、成人教育学、高等教育学、终身教育学的出现，更使原来的教育学无法包容，应时代发展需要的教育科学概念诞生。这样教育学与教育科学之间的关系就需要澄清，有的人认为

---

① 钱钟书：《围城》，北京：人民文学出版社，1991年，第72页。
② 转引知石中英：《教育学的文化性格》，太原：山西教育出版社，1999年，第72页。
③ [比利时]G.德朗舍尔：《实践教育学与教育科学研究的演变》，张人杰译，载华东师范大学教育科学资料中心编：《当代国外教育研究》，上海：华东师范大学出版社，1986年，第3页。

教育科学就是教育学,就像物理科学就是物理学一样,教育学是教育科学的简称,[①]教育学与教育科学既可以在单数意义使用,也可以在复数(教育学科群)意义上使用。时至今日,这一问题仍没有得到很好解决,人们使用教育学时,有时在第一种意义上(单数),有时在第二种意义上(复数),这种概念混乱现象影响了教育学的科学形象。还有学者对两种教育学的起源进行研究,指出,"日耳曼式教育学"与"盎格鲁式教育科学"是不同的,教育学与教育科学是两种不同的研究范式,教育学是建立在德国现代哲学基础上的一门学科,是由赫尔巴特的思想发展而形成的一门学科;教育科学发源于美国,其目的在于解决某一确定的问题,并提供个案或很具体的教育知识。[②]

二、教育学是科学还是艺术抑或是一个研究领域的问题

教育学是科学还是艺术,这是教育学史上的一个经典问题。教育学的研究最初是对教学法的研究,而奠定教育学雏形的夸美纽斯也把教育学作为一门艺术进行探讨。教育学是一门艺术,这种预设和先验理论对以后的教育学发展带来了很大影响,尽管赫尔巴特努力使教育学"科学化",但始终改变不了一些人对教育学是艺术的看法。尽管康德从某种意义上建构教育学的理论体系,但他依然认为教育学是一种艺术。人文主义思想家沃尔夫(F. A. Wulf)认为教育学不能成为一门科学,只能是一门艺术。黑格尔坦率说出:"教育学是使人们合乎伦理的一种艺术。"[③]乌申斯基也认为教育学是一门最高级的艺术,是"一切艺术中最广泛、最复杂、最崇高、最必要的一种",因为"教育学力图满足个人和人类的最伟大的需要——满足他们求取人的天性本身完善的愿望。"[④]实验教育学的代表拉伊认为,教育学既是一门科学,又是一门艺术。他说教育学和医学一样,"不仅是一门通过实践经验得来的艺术……而且是一门科学"。[⑤]这种观点在我国直到现在还有市场。此外还有教育学是介于科学与艺术之间的一门学科的观点;还有"教育学过去一度是一种艺术——教学艺术,现在已经成为了一门科学……然而,教师对于教育学的应用,在很多情况之下,仍然把它当作一种艺术,而不把它当作一门科学。"[⑥]

①　胡德海:《教育学概念和教育学体系问题》,载《教育研究》,1990年第3期,第46~48页。
②　黄志成:《教育研究中的两大范式比较:"日耳曼式教育学"与"盎格鲁式教育科学"》,载《教育学报》,2007年第2期,第3~9页。
③　[德]黑格尔:《法哲学原理》,范杨,张企泰译,北京:商务印书馆,1961年,第111页。
④　[俄]乌申斯基:《人是教育的对象》(上),郑文樾译,北京:人民教育出版社,1989年,第2页、第17页。
⑤　[德]拉伊:《实验教育学》,沈剑平,瞿葆奎译,北京:人民教育出版社,1996年,第144页。
⑥　联合国教科文组织国际教育发展委员会编:《学会生存:教育世界的今天和明天》,华东师范大学比较教育研究所译,上海:上海译文出版社,1979年,第163页。

有的学者还认为："教育学的问题既不单纯是逻辑实证的问题，也不单纯是语义分析的问题，而首先是历史观、价值观的问题，是社会批判和文化批判所依据、所坚守的理想与信念的问题。就此而言，教育学并不是严格意义上的一门科学，而是一个专门化的研究领域，或者更确切地说，教育学既是一门科学，又是一个专门化的研究领域。"①如此等等，教育学究竟是什么样的一门学科？问题在哪里？我们认为关键的问题是"教育学"这一词汇的丰富内涵。"Pedagogy"表示教育学时，往往局限于教学论，随着教育实践的发展，人们对教育的认识日益深刻，在英语国家，"Pedagogy"一词逐渐被"Education"所取代。由于"Education"这一术语既表示教育实践活动，又表示教育理论或学科，这样就产生教育与教育学使用的混乱，在某种意义上损害了教育学的学科形象。尽管后来有人创建了新的词汇"教理学"来表示教育的知识体系，但始终没有改变教育与教育学的使用混乱局面。总体来看，教育学是科学，指向知识体系，论证教育事实，探索教育规律，是属于科学理论的探索；教育是活动，指向教育行为，探讨指导教育实践的规则和技艺，属于实践理论的研究，是有艺术性质的。如此说教育学是科学、教育是艺术的结论更为妥当。

三、教育学研究对象的名实不符问题

研究对象的确定，标志着一门学科的独立和成熟。任何一门学科的确立，首要的前提是有自己明确而严格的独特的研究对象。教育学学科的科学性受到质疑，主要原因之一是研究对象的不确定性。关于教育学的研究对象，学术界有多种观点。其研究对象有教育说、教育现象说、教育问题说、教育规律说等。目前影响比较大的有两种观点，一是教育学的研究对象是教育问题，主要是日本的观点。日本学者村井实在《教育学的理论问题》一书中，对教育学研究对象进行了全面和系统的分析，得出教育学研究对象是教育问题的结论。②一是教育学的研究对象是教育现象。我国早期的教育学著作和教材基本上持这种观点，至今也有不少学者坚持这种观点，例如，刘伟芳通过对教育学研究对象的历史考察，得出"教育学的研究对象只能是教育现象，而不能是教育问题"③。另外就是研究对象与研究

---

① 劳凯声：《中国教育学研究的问题转向：20世纪80年代以来教育学发展的新生长点》，载《教育研究》，2004年第4期，第17～21页。
② 转引自[日]大河内一男等：《教育学的理论问题》，曲程，迟凤年译，北京：教育科学出版社，1984年，第32页。
③ 刘伟芳：《我国教育学研究对象的历史考察与现时探讨》，载《当代教育科学》，2005年第13期，第3～6页。

内容的不统一问题，有的学者认为教育学的研究对象是教育现象，其研究内容并不是教育现象；有的学者认为教育学的研究对象是教育问题，其研究内容并不是教育真问题，如此等等，研究对象的不确定性，研究对象和研究内容的名实不符现象还不同程度存在着，此种状况严重影响教育学的科学性问题，这一问题还需要继续探讨。

四、教育学的学科性质的定位问题

人们在论述教育学的学科性质时，首先建立了一个基本的假设，就是教育学是一门科学，否则其他论述则无意义。而在谈论教育学的性质时，更是令人眼花缭乱。例如，教育学是一门社会科学，这是我国教育学界多数人的看法。教育学是一门人文学科；教育学的学科性质是价值科学与经验科学的"合金"。[①]有人认为，教育学的性质是指教育学这种知识所具有的内在特征，主要由研究方法和研究对象决定，尤其研究方法对教育学的性质影响重大，以此分析得出体悟、总结赋予教育学的经验性质，反思、批判赋予教育学的哲学性质，实证、实验赋予教育学的科学性质，价值沉思赋予教育学的文化性质。[②]石中英教授认为"教育学在本质上是一类价值科学、主观性科学、文化科学"[③]。还有许多人认为，教育学既是一门理论学科，又是一门应用学科，同时还是一门专业思想教育学科。陈桂生教授对这种"三栖学科"现象进行分析，说出了人们对教育学的"厚望"与"薄待"的反差现象。[④]还有学者认为，教育学原理属于原理理论，是通过经验世界本身来确立新的基本假设，运用分析的方法揭示出教育的普遍特征，它是建立于原理（原则）基础之上的演绎推理体系，教育学原理是基础研究学科，是所有教育学分支学科的基础。[⑤]有学者认为，教育学科学化困难的重要原因是：教育学没有成为教育之学，它长期关注教师培训的"教什么、怎么教"的学问与艺术，没有发展为关注"教育是什么"的学术性学科。教育学不应简单地依附于自然科学、社会科学或人文科学，在学科性质上，它要努力超越人文科学和社会科学的两分法，通过学科整合，使自己最终成为一门综合性学科。[⑥]看来教育学的学科性质还值得深究。

① 张华：《教育学的"合理性"重建：科学哲学的观点》，载《华东师范大学学报》（教育科学版），1996 年第 4 期，第 40～46 页转第 98 页。
② 刘庆昌：《论教育学的性质》，载《山西大学师范学院学报》，2002 年第 1 期，第 71～76 页。
③ 石中英：《教育学的文化性格》，太原：山西教育出版社，1999 年，第 315 页。
④ 陈桂生：《"教育学"辨："元教育学"的探索》，福州：福建教育出版社，1998 年，第 382 页。
⑤ 齐梅，柳海民：《教育学原理学科的学科性质与基本问题》，载《教育研究》，2006 年第 2 期，第 28～32 页。
⑥ 王建华：《教育之学：超越人文科学与社会科学》，载《中国教育学刊》，2006 年第 9 期，第 2～4 页转第 12 页。

五、教育学的理论基础问题

任何一门科学的建立，都需要相关学科的支撑，这是无可厚非的。然而，教育学的学科基础如此复杂，是其他学科所无法比拟的。夸美纽斯在宗教哲学和经验哲学基础上创建了教育学独立形态的雏形，赫尔巴特最早以伦理学和心理学为基础力图建立科学的教育学。从那时起，以相关学科为基础构建教育学的方法被后人沿袭，且愈演愈烈。如今人们不仅把哲学、心理学作为教育学的理论基础，还增添了社会学、文化学、生理学、政治学、经济学、人类学、美学、信息科学等。好像是教育学的理论基础越多，其科学性越强，殊不知物极必反。英国学者对教育学理论基础差和用过多理论学科作支撑评价说："有关教育问题的讨论因缺乏知识基础使得一种令人满意的教育理论一直没有出现，并导致教育理论的研究过分依赖于业已形成的那些知识体系——尤其是哲学、心理学和社会学。"[①]最终造成教育学常常用别人的"话语"讲自己的"故事"，从而模糊了自己的学科专业性，以至于有人说教育学只剩下一块领地，成了其他学科的"跑马场"。鉴于此，教育学建立是否需要学科基础，需要哪些学科，教育学在哪种知识范围内用到这些学科的相关知识等问题，还需要我们进行认真研究和梳理。

可见，由于教育学的科学性存有问题，其科学性受到人们的质疑也在情理之中。华勒斯坦（I. Wallerstein）曾说："教育学不是一门学科，今天，即使把教育学视为一门学科的想法，也会使人感到不安和难堪。……在讨论学科问题的真正学术著作当中，你不会找到'教育学'这一项目。"[②]美国哈佛大学的丹尼尔·贝尔（D. Bell）在其《第二次世界大战以来的社会科学》一书中，列举了从1900～1965年间的社会科学基本成就，有62项，有心理学、哲学、经济学、政治学等，就是没有教育学。

第四节　教育学科学化再思索

若教育学的研究对象具有独立性，理论体系结构具有严谨性和逻辑性，人们自然无法否定它的科学地位，看来教育学本身是存在一些问题。那么教育学是否

---

① ［英］Downey M，Kelly A V：《教育的理论与实践——引论》，王箭，等译，南昌：江西教育出版社，1989年，第1页。
② 转引自庄西真：《由教育学问题说开去》，载《湖南师范大学教育科学学报》，2005年第1期，第11～17页。

"终结"了？是否还有存在教育学的必要？我们的回答是：教育学不仅没有终结，而且有着更加广阔的发展前景，其学科的存在不仅是可能的，而且更是必要的。

一、教育学存在的可能性与必要性

（一）教育学存在的可能性

学科学认为，学科的产生与发展皆导源于实践。从广义上说，人类诞生便有教育。人类社会的发展史也是一部教育发展史，先人从事教育活动的历史源远流长，人类教育经验的积累相当丰厚，教育活动的频繁，教育事务的处理，都需要有一定的规则，丰富的教育实践经验的积累和积聚，为教育学学科的诞生提供了客观的经验基础，这是教育学产生的源。

人类在社会发展的不同时期，创造了各种不同的教育实体，随着办教育历史时间的延伸，一些人开始总结办教育的经验，思索治"教育之学"。历史上各个时期的思想家在研究其他学科的同时，也对教育现象、教育问题进行种种解说，以至于历史上形成了形形色色的各种教育流派和思潮，各种教育流派依据自身的理论基础，创建各种教育学说，这是教育学产生的流。从以上"源""流"两点就足以说明教育学学科产生是可能的。

（二）教育学存在的必要性

人类的教育活动，由最初的口耳相传和模仿学习，发展到独立的学校教育的产生，经历了非制度化教育到制度化教育再到开放化教育三种形态。如何办教育，怎样办好教育等问题，需要人们给予解答，特别是在当代，教育事业已成为国家的公共事业，随着教育事业的发展和壮大，人们在如何办教育和如何发展教育等方面，既积累了经验，也面临着许多新的教育问题和教育矛盾，需要我们进行归纳整理、分析综合、抽象概括，从而形成一门理论学科，分析教育实践中客观存在的问题，指导以后的教育实践的发展。马克思曾说："每个原理都有其出现的世纪。"[1]从培根首次提出把教育学作为一门独立学科，夸美纽斯奠定教育学雏形，赫尔巴特使之科学化，历史事实证明它已经客观地存在了二三百年的历史，这是谁也无法回避和否定不了的事实，直到今天，这门学科依然存在，而且其整体发展日益强大，即可证明其存在之必要。

---

[1]　马克思，恩格斯：《马克思恩格斯选集》（第一卷），中共中央马克思恩格斯列宁斯大林著作编译局编，北京：人民出版社，1995年，第146页。

由于教育事业的快速发展，教育学的分支学科越来越多，而且在当今快速发展，不断产生新的教育学科，进而形成了一个庞大的、纷繁复杂的教育学科群。教育学的分化与综合，教育学科的繁荣，同时也产生了一个共同的问题，即需要一门研究各该分支学科的一般问题的学科，从整体上统领教育学科的发展。可见，研究一般教育问题的教育学是有存在和发展的必要，这种教育学才是真正意义上的教育学，属于一级学科的范畴。

二、教育学走向科学化的思路

教育学既有存在的可能，又有存在的必要，说明教育学是一门学科，不需赘述。教育学是一门学科，它就要向科学靠近，最终成为一门科学。然而在现实中，人们对其科学性存有疑虑，原因是多方面的。教育学学科理论体系的不够成熟是其主要原因，当然还有其他原因，比如，人们对什么是科学、科学的标准有哪些等问题还没有达成一致意见，甚至还没有搞清楚。我国教育家陈元晖认为，教育学是一门科学，但在中国，教育学成为一门科学的前提是：把编写教科书放慢一些，先搞专题研究；要大胆冲破凯洛夫教育学的限制；要重视教育学史研究；注重探讨教育学与自然科学的关系。①现实的教育学怎样实现科学化呢？我们认为应注意以下一些问题。

（一）加强教育学分类与定位研究

对教育学合理分类，准确定位各个类型的教育学，确立名实相符的研究对象，这是教育学科学化研究中的重中之重。任何一门学科的产生，都有其社会政治经济和文化的基础，有其相对的社会背景，当时代变迁以后，学科就要随着时代的发展变化而发展变化。在这个发展变化过程中，一些学科完成了时代所赋予的任务，可能就要消亡，可能就要分解，也可能要打乱原先的秩序重新整合，这是正常现象。

关于教育学的分类，西方早有研究，最初把教育学理论作了二重区分，即把教育学理论分为教育艺术和教育科学，后来又分为理论教育学与实践教育学。当代元教育学家布列钦卡把教育学理论做了三重区分，即教育科学、教育哲学、实践教育学（或教育行为学）。我国教育学家陈桂生教授，提出自己的四分法构想。他的理论基础在于假定价值理论与规范理论的区别、科学理论与技术理论的区别，

①　陈元晖：《谈谈教育学成为一门科学的五个前提问题》，载《东北师大学报》（哲学社会科学版），2013 年第 5 期，第 147～150 页。

他们可以分别以一定的命题为主，各陈述不同性质的研究成果，回答不同的教育问题。这样他把教育学的理论分为四个部分：教育技术理论→教育科学→教育价值理论→教育规范理论。四种理论相互联系，后者以前者为基础，并指明各自的研究对象、理论命题类型和理论成果形式，从而构建了一个完整的教育学理论体系框架。①这对于教育学科学化研究有着重大启发和借鉴意义。

据笔者理解，现时代的教育学和可能必要的教育学，是一般意义上的理论教育学，就是布列钦卡和陈桂生所指的教育科学。教育规范理论就是实践教育学，就是我们作为教材经常使用的教育学，尽管人们本意或者说自称是建立教育科学，但实际上建立的是规范教育学，亦即实践教育学。教育学的科学化，是各种教育理论的科学化，尤其是教育科学意义上的教育学，它是最基础的教育学，应该是我们努力构建的科学的教育学。这种教育学应建立在人类最广泛的教育实践基础上，通过对所有的教育现象、教育问题进行总的研究和概括，但要撇开具体的教育现象和教育问题，通过归纳与演绎、抽象与概括，形成研究教育之学。它是一门理论学科，是一门思辨学科。从横向上说，它不仅研究学校教育现象，也应研究家庭教育现象和社会教育现象；从纵向上说，它不仅研究学前教育现象，还要研究小学、中学、大学、成人和终身教育现象。其基本内容主要包括为什么要教育、什么是教育、教育是什么、教育什么、怎样教育、谁来教育、教育谁、应该怎样评价教育、如何进行教育研究等问题。

（二）加强教育学的理论基础问题的研究

任何一门学科的建立都不是无基大厦，需要一些相关学科为基础，"科学教育学"的创始人赫尔巴特就以伦理学、心理学为基础建立了他的教育学理论体系，他以伦理学为基础解决教育目的问题，主要解决培养什么人的问题；如何实现教育目的，解决怎样培养人的问题，其理论基础是心理学。教育目的研究培养什么人，它是超经验的、形而上的东西，代表了人文的一极；教育过程研究怎样培养，是经验的、形而下的东西，代表了科学的一极。但是现代人们无限制地增加教育学的理论基础，使得教育学学科独立性丧失，没有自己的学术领地。一般地说，教育学的理论基础学科有哪些，不能凭人的主观任意增加，而应由其研究对象和研究任务决定。教育学是研究教育现象也好，研究教育问题也罢，总要涉及教育活动、教育行为、教育价值、教育内容、如何办教育、怎样办教育等问题，这就涉及教育史学、自然科学（包括行为科学、生理学、心理学等）、哲学（包括伦理

---

① 陈桂生：《"教育学"辨："元教育学"的探索》，福州：福建教育出版社，1998年，第49～50页。

学、美学等)、社会科学,这是教育学建立的四个理论支柱,即教育学的理论基础。对此问题,不能走向极端,凡是与教育学有关联的学科都作为教育学的理论基础,这样不仅不能强化其科学性,反而会适得其反。

(三)加强科学的含义与标准研究

教育学是不是一门科学,不是我们主观任意想象的,从学理上说,探索教育学的科学性有两种方式:理论的方式和历史的方式。理论的方式是指根据一定的标准(如"什么是科学"的标准)来衡量教育学是否符合这个标准。这种探究方式脱离教育学自身,是通过其他学科的标准来检验教育学的科学性。由于"科学是什么"本身就是一个复杂而争论不休的问题。历史的方式就是让教育学自证其逻辑,亦即回归学科史,追问教育学的属性是从哪里开端,如何发展到今天。只有通过考察教育学学科史的途径,我们才能不受限于现代学科的框架来对教育学本身展开讨论,才有可能达成更为深刻和内在说服力的自我理解。①教育学自身发展史的研究在前面相关章节已有探讨,因此这里主要从"科学"标准的视角进行研究。

"科学"一词有多种理解。英语和法语的科学(science)是从拉丁文"scientia"发展而来的,而"scientia"一词又从动词"scire"变化而成,"scire"意义为"求实";德语的科学(wissenschaft)是指各种有系统的学问。我国《现代汉语词典》对科学的解释是"反映自然、社会、思维等的客观规律的分科的知识体系"。②不列颠百科全书认为"科学是涉及对物质世界的各种智力活动。一般说来,科学涉及一种对知识的追求,包括追求各种普遍真理或各种基本规律的作用"③。还有"科学是关于自然、社会和思维的知识体系,是社会实践经验的总结和概括,并在社会实践中得到检验和发展。"④李政涛认为:"科学是关于不同世界及其现象,以及现象之间关系的整体性的不断发展的知识体系,它要求主体依据研究对象的性质,在具体情境下,基于某种价值取向与立场,进行观察和有针对性的实验,在主体间性和主客体间性的双向多元多层次的转化过程中,追求普遍性和特殊性、绝对性和相对性相结合的有限度的客观性真理与知识。"⑤从这几个科学的含义中我们可以看到,科学在一般意义上来说是指有系统知识的各门学问的统称。科学是人

---

① 娄雨:《教育学"科学还是技艺"的历史重审:从夸美纽斯出发的思想史研究》,载《教育研究》,2020年第7期,第62~74页。
② 中国社会科学院语言研究所词典编辑室:《现代汉语词典》(第7版),北京:商务印书馆,2016年,第735页。
③ [美]《不列颠百科全书·国际中文版》(第15卷),北京:中国大百科全书出版社,1999年,第137页。
④ 张诗亚,王伟廉:《教育科学学初探:教育科学的反思》,成都:四川教育出版社,1990年,第175页。
⑤ 李政涛:《教育科学的世界》,上海:华东师范大学出版社,2010年,第103页。

们在对物质世界和精神世界的认识活动中形成的系统化知识体系，不管运用何种认识方法，只要认识结果与认识对象相吻合，这种知识体系就是科学知识体系。有人把科学认定为实证科学，并认为只有建立在实证经验和逻辑推理的基础上的知识体系才是科学，这是一种偏颇的认识。安文铸在《教育科学学引论》一书中，提出一门学科独立的标志主要有三个维度：一是属于"理论维"的，包括有明确的研究对象和研究范围，有相对独立的概念、范畴、原理，并正在或已经形成学科结构体系；二是"操作维"的，指有专门的研究者、研究活动、学术团体、传播活动、代表作等；三是实践维度或称"功能维"，该学科的思想、方法已经在教育实践中被应用、被检验，并发挥特有的功能。①还有学者认为，科学学科的划分标准有四个方面：具有确定的研究对象；具有特色的科学方法和工具；有研究方向明确的科学家群体或队伍；相应的教育、学术机构和出版物。②笔者认为科学有两个基本标准：一是要有相对明确的研究对象；二是有系统的、较为逻辑的知识体系。从这两个标准来看教育学是一门科学，它以教育现象、教育问题为研究对象；有系统的知识体系（尽管目前的教育学理论体系不够完善）；在"唯科学主义"的影响下，教育学的科学化也走向极端，人们总是希望教育学像自然科学那样有自己严密的逻辑体系，努力使教育理论做到"价值中立"，教育实践能以经验实证得到客观的检验，在科学主观、客观二分的思维方式影响下，教育活动被理解为主体改造客体的活动，而不是主体之间的交往活动，现实的教育现象、教育问题被忽视，在生活之外构筑理论体系。随着自然科学弊端的逐渐显露，教育家们才开始关注教育学的人文科学性质，强调教育学的人文精神和人文关怀，并认为一门科学必须有独特的理论体系和研究范畴，而是否具有独特的研究方法（特别是自然科学的研究方法）并不能作为是不是一门科学的判断标准。科学的发展是永无止境的，所有的科学都难以宣布其科学性达到极致境地。

（四）加强研究对象、研究方法与理论基础的有效统一

有相对稳定的研究对象是一门学科产生的标志，研究对象的确立，就决定其研究方法，在使用研究方法的同时，就要利用一定学科的理论作基础。可见，科学的建立与发展是坚持研究对象、研究方法与理论基础统一的，否则，这门学科的发展既不能保持正常，其学科的科学性也会受到损害。教育学作为一门科学，

---

① 安文铸，贺宏志，陈峰：《教育科学学引论》，南昌：江西教育出版社，1997年，第71页。
② 孙振东，李仲宇：《论教育问题研究与教育学体系建构的统一》，载《中国人民大学教育学刊》，2015年第4期，第5～23页。

其研究对象是教育价值与教育事实（教育现象），教育价值以教育事实为基础，教育事实本质上又是教育价值主导下的事实。研究对象的特殊性，决定了教育学学科性质的特殊性，教育学的学科性质是价值科学与经验科学的"合金"，并以价值研究为主导。教育学发展史上的逻辑实证主义（或科学主义）和历史主义（或人文主义）之争，就是把教育价值与教育事实对立起来，科学主义坚持以教育事实为研究对象，因而是经验科学；人文主义以教育价值为研究对象，把教育学看成是价值科学。由于研究对象的不同，带来研究方法的不同，科学主义主要采用实证方法进行研究，理论基础主要依赖自然科学；人文主义主要采用哲学思辨的方法，理论基础依赖于哲学。依据这些认识我们可以把教育学的研究对象进行分层研究：第一层次的研究对象是教育事实，主要使用实证方法，理论基础是自然科学；第二层次的研究对象是教育问题与规律，主要采用归纳与演绎，抽象与概括的方法，理论基础是人文学科；第三层次的研究对象是教育价值，哲学思辨是其方法，目标是形成教育价值观，具有一般和普遍意义。当然，在具体的研究过程中，三个层次的教育学研究方法应注意上下沟通，坚持实证研究、人文研究和哲学思辨研究的统一，这样就使教育学摆脱"亲哲学""亲科学"的局面，最终形成"技术科学知识""事理科学知识"或"学理科学知识"，走向独立，实现科学、人文的整合。教育学作为一门科学，它有着自己的科学观和科学目标，它并不像自然科学那样是一门纯科学，教育学存在着多种科学建构与合理性解释的可能，教育学研究的科学性不可能都是对教育事实的因果关系的研究，不可能完全做到客观、确定与终极描述，因为许多问题还需要意义性、合理性的解释与论证，[①]教育学研究的教育问题不仅涉及事实判断，还涉及价值判断的问题，有些问题的求证和阐释无法做到"价值中立"，问题的关键是把事实判断与价值判断做到客观、合理的有效统一。

（五）加强科学教育学知识的创新生产

要提高教育学的科学化程度，就必须提高教育学知识的科学化。要弄清这个问题，有必要简单介绍一下知识、教育知识和教育学知识的基本内涵。知识是"人们在社会实践中所获得的认识和经验的总和"。[②]《中国大百科全书·哲学卷》认为："知识是人类认识的成果。它是在实践的基础上产生又经过实践检验的对客观

---

① 郭元祥：《关于教育学研究的科学性的若干问题思考：兼析对教育学研究现状的评价》，载《华中师范大学学报》（哲学社会科学版），1997 年第 1 期，第 69～74 页。

② 中国社会科学院语言研究所词典编辑室：《现代汉语词典》（第 7 版），北京：商务印书馆，2016 年，第 1678 页。

实际的反映。"①两个概念相比而言,《中国大百科全书·哲学卷》的概念比较严谨。两者都将知识理解为人类在实践活动中获得的认识成果,都承认经验本身是一种知识。但后者对知识做了限定,是经过实践验证的对客观实际的反映。这表明知识不是人类全部的认识和经验,只有可靠的认识和经验才是知识,这就把前者概念中包括的错误认识和经验排除在外。

知识与教育有着天然的联系,一方面教育是知识筛选、传播、分配、积累和发展的重要途径,另一方面知识又是教育的重要内容和载体,离开了知识,教育就会变为无米之炊,各种各样的教育目标也就无法达成。②教育知识是人类总体经验中有关"教育"的那部分内容,可被理解为教育活动参与者对教育活动的认识。作为对教育实践的直接回应,教育知识在其本质上是一类实践型知识,它是为教育活动参与者在教育实践中证明"有效"的教育经验的集合体,按其适用的范围,教育知识可分为个体性教育知识和普遍性教育知识。

与教育知识相比,教育学知识的产生比较晚,它是在教育学出现之后才出现的,是教育知识发展到一定阶段的产物,也是研究者试图以系统化和学理化的方式分析教育活动以及归纳、梳理普适性教育知识的结果。③教育知识是有关教育过程的知识,具有实践性、过程性和经验性,而教育学知识是有关"教育学"的认识,是对教育学中的规律、概念的学理研究,具有科学性、规律性与抽象性。④科学知识是体系化的知识,凡成体系者,必然是一个有机的整体……构成体系的要素是按照一定的顺序或方式结合的。⑤也就是说,教育学知识的表述不但遵循着一定的逻辑顺序,彼此间还有着关联性,融合成了一个有机整体。有学者概括出教育学知识具有五个特征:教育性、理论性、体系性、人文性和价值性。五种特征同时具备方为教育学知识。可见,教育学知识是学者在教育学学术研究活动中获得的关于教育实践活动以及教育学自身,具有较高理论化和体系化水平,且兼具客观性、人文性以及价值性的一类知识信息,它由一系列的教育学的基本概念、范畴和命题组成。⑥

教育学知识的科学化力图通过科学的教育学知识的生产,以点带面地推动教育学的学科科学化。教育学知识是构成教育学整个学科的最基本要素,若以"点"

---

① 中国大百科全书总编辑委员会《哲学》编辑委员会,中国大百科全书出版社编辑部编:《中国大百科全书·哲学卷》,北京:中国大百科全书出版社,1987年,第1169页。
② 石中英:《知识转型与教育改革》,北京:教育科学出版社,2001年,第1页。
③ 高鹏:《教育学知识科学化研究》,北京:经济日报出版社,2018年,第36~38页。
④ 郭军,吴原:《从教育知识到教育学知识》,载《宁波广播电视大学学报》,2007年第4期,第87~90页。
⑤ 刘庆昌:《论教育知识发展的实质》,载《教育理论与实践》,2005年第6期,第1~5页。
⑥ 高鹏:《教育学知识科学化研究》,北京:经济日报出版社,2018年,第42页。

"线""面"的关系而言，教育学知识则是教育学当中的"点"，教育学学科框架则是教育学当中的"线"，而由知识和框架搭建起来的教育学则形成一个完整的"面"。教育学知识科学化在教育学学科科学化的进程中，它具有逻辑上的优先性，因为先有科学化的知识，然后才能有科学化的知识体系，最终才能形成一门学科或科学。科学的教育学知识生产，不但是知识本身的问题，还会关系到知识生产的主体、知识生产的对象、知识生产的方法、知识生产的成果等因素，而要生产出科学化的教育学知识，要保证上述各因素都是在科学化状态下进行。

（六）加强批判继承不断超越自身

辩证否定即扬弃，是任何一门学科发展的普遍逻辑。教育学作为一门学科，在发展过程中也必须坚持扬弃原则。教育学从产生到现在，经历了一个复杂的演变过程，即使在目前，教育学也有许多不尽如人意的地方。例如，教育学缺乏一整套的、令人信服的概念、范畴、专门术语，其命题也缺乏逻辑性；再如教育学的研究对象和研究方法也存在问题，教育学的研究对象一般认为是教育问题，因而科学的教育学其研究方法就应该是"提出问题，解决问题"的方法模式，可惜的是目前的教育学研究方法普遍采用"提出理论，适应理论"的方法模式，这种研究对象与研究方法的不协调也说明教育学的科学性问题。最后是教育学自身发展的危机，教育学的独立和发展，在某种意义上过分依赖于其他学科，教育学理论的发展必须借助于其他学科的研究成果，使得教育学有失去研究领地的危险。如此看来，教育学的发展，必须坚持否定之否定原则，不断否定自身的不足，在相关研究成果中汲取营养，不断拓展自身的研究空间，才能增强其科学性，才有独立地位，成为研究"教育之学"的一门科学。教育学作为一门学科，它主要研究人的教育问题，主要属于人文学科，但也有自然科学和社会科学的部分属性，是一门综合性学科。教育学的问题主要是教育事实判断和教育价值判断问题，即教育的实然判断和应然判断问题，教育学如果是科学，就要涉及事实判断和实然判断，如果属于人文学科，就要涉及价值判断和应然判断。从这种意义上看，元教育学家布列钦卡把教育学分为教育科学、教育哲学、实践教育学三个层次，是很有见地的，也许代表未来教育学的发展方向。

综上所述，我们认为教育学是一门科学。但这门科学的问题还很多，其科学性还有待完善，但不能因此否定教育学是科学。教育学的科学化问题，除了社会政治、经济以及意识形态等外部因素的影响外，还有一个重要原因就是人们过分推崇"科学"的标准，用"科学"的标准来诊断教育学。在教育研究中，以成熟的自然科学为效法的榜样，以精确、定量、客观为目标，由此导致教育研究就是教育科学研究，科学是教育的唯一决定因素。[1]所以，在教育学走向科学化的路途中，我们一方面要坚持教育学多样化的科学建构，同时还要大力加强元教育学研究，增强教育学学科的自我意识，厘清问题，加强反思与探索、重视继承与创新，通过培育学科内部创新力量，促使教育学研究主体走向理论自觉，[2]不断开创教育学科学化研究的新路径、新方法。

---

[1] 杜时忠：《教育学要走出"唯科学"的迷途：对科学主义教育思潮的批判》，载《华中师范大学学报》（哲学社会科学版），1996 年第 2 期，第 79~84 页。

[2] 侯怀银，时益之：《我国教育学元研究的探索：历程、进展和趋势》，载《中国教育学刊》，2019 年第 12 期，第 50~56 页。

第七章

教育学的中国化

　　教育学在中国的"降临"，一开始就是从国外引进的，人们形象地称它为"舶来品"。况且教育学作为一门学科在中国发展的"命运"并不好，其间有过快速发展，也有过曲折反复。教育学在中国既没有先天的发育，且后天营养又不良，随之而来的问题就是教育学的中国化问题。一百多年来，这个问题就如"病魔"一般始终纠缠在中国教育学者身上，至今我们仍无法摆脱，使中国教育学者受尽折磨、百般痛苦，以至一些理论工作者发出"教育学的迷惘与迷惘的教育学"的感叹，[①]更为甚者断然做出"教育学终结"的结论，[②]教育实践者称教育之学是无用的教育学和脱离实际的教育学。21世纪，中国的教育学如何发展，如何建立中国自己的教育学体系，这是中国教育学自身建设无法回避的重大现实问题。

---

① 陈桂生：《教育学的迷惘与迷惘的教育学》，载《华东师范大学学报》（教育科学版），1989年第3期，第33～40页。

② 吴钢：《论教育学的终结》，载《教育研究》，1995年第7期，第19～24页。

第一节　教育学中国化问题探析

教育学自 1901 年引进中国以来，它在中国存在与发展已有一百多年的历史。纵观百年的中国教育学发展史，可以简单概括出四个基本特征：教育学由对国外的效仿到本土化的建构；教育学由从属意识形态到学科发展的自立；教育学由大教育学到分化的教育学；由教育学的建设到批判性反思。[①]

一、教育学中国化的发展历程

关于教育学在中国的发展历程，许多学者在一般意义上进行了研究与探索，这部分内容在前面的第三章中已有叙述。

关于教育学中国化发展历程的探讨，陈桂生教授最早进行了梳理，他认为，以教育学中国化为中心目标，我国在 20 世纪先后对教育学研究成果有过三次反思。第一次，50 年代对进口的凯洛夫主编《教育学》的反思，导致标榜"中国化"的"政策法令汇编"式的《教育学》（1960）问世；第二次，60 年代初，主要以"政策法令汇编"式的《教育学》为反思对象，反思的结果形成刘佛年教授主编的《教育学》；第三次，70 年代末 80 年代初，主要以"文化大革命"期间混乱的教育思想为反思对象而以刘佛年主编《教育学》为参考。[②]陈桂生主要探讨了中华人民共和国成立以来的教育学中国化研究情况。若把研究视角伸展到1901 年，教育学作为一门学科在中国的百年发展，若以教育学中国化为划分依据，可以把教育学中国化的发展历程分为六个阶段。[③]

第一阶段：1901～1915 年，其路径是割断中国教育传统——学习日本——教育学在中国出现，产生教育学中国化的朦胧意识。

第二阶段：1916～1949 年，其路径为抛弃学习日本——转向学习欧美的教育学——教育学中国化多元的初步探索。

第三阶段：1949～1966 年，其过程是改造旧教育学——全面学习苏联教育学——批判苏联教育学——明确提出教育学中国化问题——结果是中国

---

① 郑金洲、瞿葆奎：《中国教育学百年》，北京：教育科学出版社，2002 年，第 261～275 页。
② 陈桂生：《"教育学"辨："元教育学"的探索》，福州：福建教育出版社，1998 年，第 278 页。
③ 张忠华：《教育学中国化百年反思》，载《高等教育研究》，2006 年第 6 期，第 86～92 页。

"政策化"教育学的产生。

第四阶段：1966～1976 年，主要是中国教育学的"独创"——形成"政策化+语录化"的教育学——教育学的科学性遭到破坏。

第五阶段：1977～1984 年，此阶段主要是苏联和西方教育学理论的全方位介绍和翻译——教育学的恢复和重建。

第六阶段：1985 年至今，教育学中国化的建设和探索交互进行。

为了更好地探明教育学中国化的历程，我们重新划分了发展阶段，具体叙述各个阶段中国学者在教育学中国化方面而做出的种种努力和成果。

（一）教育学中国化朦胧意识的产生（1901～1915 年）

从 1901 年至 1915 年，中国教育学的引进从其表面现象上看是直接学习日本，实际上是间接地学习德国赫尔巴特的教育理论。其实，这一时期国人并没有真正见过赫尔巴特的教育学，赫尔巴特的《普通教育学》一直到 1936 年才由商务印书馆出版，我们原先学习日本的教育学是第二手的材料，这种现象对中国建立教育学，形成教育学的科学理论带来了先天不足的缺憾。同时这一时期也是中国传统教育思想研究与教育学科建设中断的开始，教育学是全盘"进口"，满足师范学校开设课程的需要。

1912～1913 年中华民国颁布了"壬子癸丑学制"，师范教育体制的确立，日籍教师纷纷离开中国，中国人开始独立从事教育学的教学工作。随着时间的推移和教育实践的发展，完全"日式"的教育理论表达及教学方式令国人感到不适，国内一些学者和师范学校的教育学教师都主张教育学应"以适于吾国现情为主"，教育学中国化意识朦胧产生。于是中国人编写教育学教材和著作出现了第一次高潮，教育学中国化迈开了艰难的第一步。例如，张继煦编辑的《教育学讲义》、张子和的《大教育学》和张毓骢的《教育学》都在不同程度上反映中国的教育实际。张九如说："我们采取人家发明的教学法绝不是抄 A 即 A，抄 B 即 B，照抄一下就算的，必须将 AB 结合，化成一个适合国情、童心的 C 来。"[①]但由于编著者多半是留日学生，他们又多是速成班培训出来的，其食洋不化或浅尝辄止不可避免，再加上当时引进教育学，不是以研究教育、服务中国教育实际为宗旨的，而是以传授国外教育学知识，应师范教育开课之急需，这些现象的存在，对早期教育学的中国化带来不利影响。

---

① 转引自瞿葆奎：《中国教育学百年》（下），载《教育研究》，1999 年第 2 期，第 23～30 页。

（二）教育学中国化的多元探索（1916～1949 年）

1916 年，中国一些学习教育理论的留洋学者纷纷回国，除郭秉文 1914 年回国外，像胡适、蒋梦麟、陶行知、晏阳初等人，都是 1917 年回国，这些人在当时的教育界被委以重任，他们都曾留学美国，深受美国教育家杜威教育思想的影响。1916 年开始，《教育杂志》开始介绍杜威的实用主义教育学说。再加上杜威从 1919 年 4 月 30 日来中国，1921 年 7 月 11 日回国，在中国住了两年多的时间，所到之处宣讲其教育学说，中国的教育学开始全面转向，丢掉日本，转为主要学习美国，同时也学习和介绍西方其他国家的教育理论。由于不断涌入的各种思想和流派，给中国学者带来传统与现代、西方与本土、理论与实践、理想与现实等多重矛盾，于是引发一些学者思想自觉，开始探索教育学中国化问题，有的走本土之路进行实践探索，有的思考理论改革，致使教育学中国化得到充分探索。主要表现在以下几个方面：

一是西方教育理论的广泛传播。新文化运动之后，民主与科学的思想深入人心，学术探讨的社会环境较为宽松，中国教育界人士在前一段学习赫尔巴特教育理论的基础上，结合学习西方的教育理论，对教育学有了一定的认识，开始思考教育学的理论体系问题。

二是当时有一批学习教育理论的专家。如前文提到的学者中有相当一批是专攻教育的，而且还获得硕士、博士学位，他们迫切希望把他们学到的先进教育理论应用到中国。

三是教育团体的成立，中国第一代教育学家群体的形成。1902 年，蔡元培等人在上海成立中国教育会；1915 年成立了全国教育会联合会；1917 年中华职业教育社在上海成立；1918 年中华教育社成立；1922 年中华教育改进社成立；1923 年中华平民教育促进会成立，有一批教育家躬身教育实践，身体力行，实践其教育理论。像晏阳初的平民教育实践；陈鹤琴的"活教育"实验；陶行知的生活教育理论；黄炎培的职业教育思想等，都是这一时期中国化、有中国特色的教育学理论。

在对待实用主义教育学上，中国学者更多地吸取杜威的教育学思想，比较有代表的教育学著作是王炽昌的《教育学》、孟宪承的《教育概论》和吴俊升、王西征的《教育概论》。在教育学中国化方面，吴俊升、王西征的《教育概论》有一定代表性。该书不仅沿袭了杜威的教育学理论，而且强调要根据中国的实际来发展教育，教育内容要与中国的生产力发展水平相一致。该书内容丰富、全面，既介绍杜威的教育思想，又没有忘记中国的教育实际，既吸收西方教育学理论的科学性、时代性，又抓住了中国教育的民族性和特殊性，形成一个较完备的体系。可见，当时中国教育学的发展已经达到一个相当高的水平。

国家主义教育理论在五四运动之后盛行但时间不长，对当时的教育学产生较大影响，其代表作是余家菊的《国家主义教育学》。这种教育学的贡献是对教育目的、宗旨和任务的论述上，特别强调教育与政治、经济、文化方面的联系，强调教育的实施应完全根据国家的需要，根本目的是培养国民，培养国民共同的民族意识、民族精神。

1928 年 5 月，《中华民国教育宗旨说明书》中指出，中华民国的教育宗旨，就是三民主义的教育。于是一些学者开始探索三民主义教育理论，最终形成张九如的《三民主义教育学》和汪懋祖的《教育学》。这些书籍的出版，不失为一种中国化的探索。

五四运动以后，马克思主义在中国得到广泛传播，一些早期的马克思主义者开始了马克思主义教育理论的探讨，其中以杨贤江的《新教育大纲》和钱亦石的《现代教育原理》为代表。他们运用辩证唯物主义的观点及现代科学知识，比较系统地论述了教育学上的一些基本理论问题，可视为有中国特色的马克思主义教育学的探索。此外，这一时期还有受德国文化教育学的影响，进行文化教育学的探索，以石联星的《教育学概论》为代表。

总之，这一阶段教育社团的活动和教育家的实践，有力地促进了中国教育学的发展，迎来了教育学在中国百年发展史上的一个高峰，这一时期出版的教育学有近百本（种）。但总体看来，这一时期的教育学体系主要受实用主义教育理论、国家主义教育理论、三民主义教育理论、马克思主义教育理论和德国文化教育学的影响。因此，教育学体系是多元的，各种教育学体系在借鉴外国教育理论的基础上，不同程度地结合国情进行研究，教育学的中国化探索也是多画面的。但对过分引进与学习他国经验，舒新城就呼吁过，教育学研究不再专读外国书籍，多取国外资料，而在用科学的方法，切实研究中国的情形，以求出适当之教育方法，使中国的教育中国化。[①]

（三）教育学由模仿到中国化"独创"（1949～1976 年）

回顾我国的教育学发展史，关于教育学中国化与中国教育学的关系问题，始终是学者们关注的问题。在新中国成立初期，钱俊瑞就提出"在毛主席教育思想

---

① 舒新城：《论道尔顿制精神答余家菊》，载《中华教育界》，1924 年第 8 期，第 1～11 页。

基础上逐步建立新中国的教育科学"的问题。①首先是对旧教育学的改造，这主要集中在 1950 年至 1951 年底。当时对新中国的教育性质进行规定，强调教育服务于新民主主义建设，强化教育与劳动的结合，这些探索是有积极意义的。在改造旧教育学的同时，中国的教育学也开始学习苏联，凯洛夫主编的《教育学》和苏联其他教育家的《教育学》也开始被翻译介绍到我国。一时间学习苏联的《教育学》成为教育界的中心和热点，与其说是学习苏联教育学，倒不如说是中国教育学的全面"苏化"。

在我国社会主义改造基本完成之时，国际形势发生重大变化，中苏在意识形态上发生争论。"教育学中国化"这一口号的提出，并非偶然，它是针对"进口教育学"现象的不满提出的，也是当时中国"无处进口"形势所逼，是中国教育实践对教育学的强烈呼唤，同时也是我国学者对教育学学科发展反思的结果。

"创建和发展新中国教育学"②，早在 1955 年就提出。但"教育学中国化"问题是在 1957 年被正式提出的，1957 年，《人民教育》刊发《为繁荣教育科学创造有利条件》一文，发表了当时中国教育界一些教育学者的意见，有的学者提出，我国教育科学发展最迫切的是教育学的中国化问题。1957 年瞿葆奎在《华东师范大学学报》（人文科学版）第 4 期上发表《关于教育学"中国化"问题》的文章，就教育学"中国化"的含义和如何使教育学"中国化"等问题进行了探讨。同年，曹孚在《新建设》上发表了《教育学研究中的若干问题》长文，对苏联教育学研究中的问题进行批判。这是我国学者最早对教育学的反思研究，对当时教育学中国化研究具有重大的方法论价值。然而，1958 年 4 月，在中央召开的教育工作会议上，讨论了教育方针，批判教育部门的教条主义、右倾保守思想和教育脱离生产劳动、脱离实际，并在一定程度上忽视政治、忽视党的领导的错误，主张中国要有自己的教育学。随后"教育革命"开始了，全面批判和否定苏联的教育学，中国的教育学受政治意识形态的影响走向了"政治化"的道路，教育学变成了当时教育方针和政策的汇编与解说，这种"教育学中国化"实际上是对教育学的科学性的否定。在"教育革命"的时代，一些带有中国化痕迹的教育学诞生了。1958年 9 月编写的《教育学教学大纲》中说："过去教育学的教学，不是从毛主席的教育思想出发，不是从党的教育方针出发，不是从我国的教育实际出发……"这几乎成了许多教育理论工作者"深刻反思"的共同说法。③在这种形势下，20 世纪 50

---

① 钱俊瑞：《学习和贯彻毛主席的教育思想——为纪念中国共产党的三十周年而作》，载《人民日报》，1951年 6 月 29 日第 3 版。

② 程谪凡：《对教育学教学大纲的意见》，载《光明日报》，1956 年 11 月 26 日第 3 版。

③ 郑金洲：《中国教育学 60 年（1949~2009）》，上海：华东师范大学出版社，2009 年，第 227 页。

年代末出版的一些教育学教材，就具有明显的"中国化"特征。

1961 年教育部召开了高等学校文科教材会议，总结了新中国成立以来正反两方面的经验，为编写中国化的教育学提供了一些条件。嗣后，刘佛年主编的《教育学》教材试用到 1966 年。这本教育学教材注意中国的教育实际，改变了教育学是教育政策学的方向，在一定范围内突破了苏联教育学的模式，在教育学中国化的探索中迈出了可贵的一步。当然，在特定的历史背景下，该教材也不可避免地存在"政治化"的痕迹，教育学变成了当时教育方针和政策的汇编与解说。从表面上看，这一时期教育学，其理论体系突破了苏联教育学的框架，教育学的面貌相当"中国化"了，但却变成了经验化、政策化、语录化的形态，实质上是教育学的自我否定。这种"教育学中国化"，实际上并没有真正实现中国化，而是对教育学科学性的否定，是"化"掉了科学的教育学。①

1966 年 5 月，《五一六通知》指出"彻底批判学术界、教育界、新闻界、文艺界、出版界的资产阶级的反动思想，夺取在这些文化领域中的领导权"。同年 6 月 1 日，《人民日报》发表了《横扫一切牛鬼蛇神》的社论，从此，一场声势浩大的"文化大革命"迅速在中国大地卷起。"文化大革命"的十年是在一片打倒声中，一片砸烂声中，一片批判斗争声中度过的，教育学在劫难逃。当时首先是批判凯洛夫主编的《教育学》，认为凯洛夫主编的教育学是以"全民教育论"为纲，以"智育第一论""教学阶段论"和"教师中心论"为核心的"黑三论"。到了 1971 年，全国教育工作会议上，全盘否定中华人民共和国成立以来的 17 年的教育工作，提出了错误的"两个估计"。在这种形势下，教育学被指称"伪科学"，教育学教师是资产阶级知识分子，是改造的对象，许多大学的教育系被解散，幸存的教育系，其课程主要内容是"毛泽东教育思想课"。中国的教育学走向了"语录化"。这一时期的教育学书籍，都是大段大段地引用马恩列斯毛的语录，特别是毛泽东同志的语录，对领袖教育思想的学习替代了教育学的研究，教育学科学性荡然无存，其体系中国化更是无从谈起。

（四）教育学中国化的创新发展（1977 年至今）

1976 年"文化大革命"结束后，经过拨乱反正和解放思想的大讨论，教育学恢复其学科地位。当时一些大学恢复教育系开始招生，教育学研究开始起步。刘佛年主编的《教育学·讨论稿》（1979 年）、五院校编写的《教育学》（1980 年）

---

① 张斌贤，楼世洲：《当代中国教育学术思想研究（1949～2009）》，北京：中国社会科学出版社，2011 年，第 98 页。

均由人民教育出版社出版发行，作为当时的教育学教材，其影响广泛而深远。

这一时期，由于思想的解放，教育学及其子学科相继得到恢复和发展，世界各国的教育学理论大量被翻译介绍到中国，教育学迎来了科学的春天。教育学中国化又作为一个时代课题被学者们关注，经过两年多的探索，学者们认为，有中国特色的社会主义教育学体系，应有三个方面：要从中国的实际出发，总结古今中国的教育经验；要以马列主义、毛泽东思想作为研究和建立教育学体系的指导思想；教育学要突破传统、僵化的模式，顺应时代发展，注意分化与综合。[①]但是，这一时期的教育学主要是恢复和重建，教育学的理论体系基本上是凯洛夫主编《教育学》的继承和改造，中国化的特色还不浓厚。

1985 年，《中共中央关于教育体制改革的决定》颁布，我国教育进入全面建设和深化改革的时期。20 世纪 90 年代初，我国确立了建设中国特色社会主义理论，继而开展了素质教育大讨论、创新教育、主体性教育研究，中国的教育理论得到长足的发展，为创建中国特色的教育学理论体系奠定了基础。1985 年后，教育学的研究进入迅速发展阶段，这一时期，教育学的研究论题增多，主要涉及教育学的历史发展问题、教育学的研究对象问题、教育学的分化问题、教育学的逻辑起点问题、教育学的理论基础问题、教育学的知识体系问题等。随着研究的深入，教育学学科建设得到快速发展，教育学书籍的出版如雨后春笋、应接不暇，据不完全统计，这一时期出版书名为《教育学》的书籍就有 200 多种（本）。

经过一个教材建设和出版的"繁荣"时期，人们对教育学中国化建设并不满意，进而又引起人们对教育学中国化的反思。从理论上对教育学中国化进行全面研究，是从 20 世纪 90 年代开始的，人们开始探索教育学教材建设问题。这次研究得到了国家教育委员会的支持，1991 年 3 月，国家教育委员会在北京召开全国师范院校公共课教育学教材改革研讨会，1995 年国家教育委员会师范教育司发表了经过五次讨论、八次修改其稿、历经五年的《教育学学科建设指导性意见》（人民教育出版社 1995 年出版）。由于对教育学学科建设反思研究的深入，进而引起"元教育学的研究"，目的是试图通过对元教育学研究的性质、范围、方法的探讨，为"教育学的反思"这类研究定位，提供研究的规范，促进反思研究工作的系统化。

总体来看，教育学中国化与中国教育学问题成为人们研究的热点问题，总结前期的研究成果，可以看出主要有以下几种价值取向：一是内容取向。认为教育学中国化就是把苏联的教育学或马列主义教育学与中国教育实际相结合。它的内

---

① 徐毅鹏等：《当前我国教育学研究中的一些问题——全国教育学研究会第三届年会讨论综述》，载《教育研究》，1983 年第 11 期，第 58～65 页。

容必须符合中国实际，它的理论要能够指导解决中国的实际问题，它的语言要使中国人看懂并感到亲切。[①]二是形式取向。形式取向的学者们认为，建构具有中国特色的教育学，其特点是采用中国语言风格，体现中国传统特点的教育学。[②]三是目标取向。教育学中国化有两种基本内涵：创建中国的教育学和引进国外的教育学。使它与中国的教育实践相结合，为中国教育服务。但在相当长的时间内，我们主要做了第二层含义（引进国外教育学）的努力，不断地引进与转化。四是问题取向。就是引进的教育学能够帮助和解决中国教育问题，逐步形成自己的本土教育学理论。这是在中国本土、由本土人、就本土问题、以本土的方式自主创生的一种教育学，这才是真正的中国教育学，它既有教育学中国化的成分，又超越教育学中国化，实现本土化的教育学诞生。[③]

关于建立"有中国特色的教育学"（或中国教育学），理论界存在争议。有学者不赞成这种提法，认为教育学作为一门科学，是没有国籍的。教育学研究的是教育中的普遍规律，结果应具有普遍性，若是根据规律提出一些操作层面的策略、途径，则谈不上"特色"，因为提出策略、途径的根本依据依然是基本规律，这是普遍性的规律。还有学者认为"有中国特色的教育学"的提法完全是"口号"，不能把"特色"同"学"割裂开来。有学者认为"有中国特色的教育学"的说法是科学的，它是以中国特色社会主义建设新时期的教育为基点，研究中国特色社会主义教育的规律，回答中国教育的理论与实践的实际问题。[④]对于建设有中国特色的教育学，学者们提出了多种建议，诸如注重中国的文化与社会境遇，研究者应有中国话语的特征，最宝贵的资源在于研究者的本土资源和本土实践。[⑤]还有学者提出建立中国特色的教育学，要回归自身的文化原点，对外来理论批判性借鉴的基础上回归中国教育的现实。[⑥]

综上所述，从各个历史时期的教育学中国化过程中，我们可以看出，无论是学习日本的教育学，还是学习美国和西方的教育学，最终形成"苏化"的教育学，都是以引进为主。其历史贡献在于：中国有了教育学；促进中国教育学理论的发

[①] 瞿葆奎：《关于教育学"中国化"问题》，载《华东师范大学学报》（人文社会科学版），1957年第4期，第26~38页。

[②] 侯怀银，王喜旺：《教育学中国化：一个世纪以来中国学者的探索和梦想》，载《教育科学》，2008年第6期，第6~10页。

[③] 张忠华，贡勋：《教育学"中国化""本土化"和"中国特色"的价值取向辨析》，载《高校教育管理》，2015年第5期，46~53页。

[④] 梁廉玉：《"有中国特色的教育学"辨析》，载《中国教育学刊》，1995年第1期，第16~20页。

[⑤] 吴康宁：《"有意义的"教育思想从何而来：由教育学界"尊奉"西方话语的现象引发的思考》，载《教育研究》，2004年第5期，第19~23页。

[⑥] 刘黔敏：《建设中国特色的教育学：挑战与应答》，载《教育理论与实践》，2004年第11期，第5~8页。

展，使我国教育学理论可以和其他国家对话，缩短了中国对教育学理论探索的进程；教育学的引进，解决了中国开办师范教育开设课程之需；通过引进使中国学者认识了教育学，特别是学习苏联的教育学，确立马克思主义教育学说的指导地位，通过多年的建设，中国有了初步的社会主义教育学理论体系结构，为教育学中国化奠定了基础。但是，大量的"进口"教育学，也带来了其负面的影响。其主要表现是：教育学在中国失去其个性，过分照搬照抄，脱离中国实际；特别是全面学习苏联的教育学，形成"大教育学"，使1949年以前的教育学科多样化，被一门"大教育学"所取代，形成僵化的"四板块模式"，客观上也影响了教育学中国化的发展进程。

二、对教育学中国化的认识

"中国化"这一词汇来源于"马克思主义中国化"。1938年，毛泽东在六届六中全会上作《论新阶段》的政治报告中，明确地提出了"马克思主义的中国化"这个命题。毛泽东深信马克思主义作为一种外来的思想文化要在中国生根、开花、结果，除了它要适应中国的经济、政治等发展外，还必须与中国的历史、文化传统相结合，做到民族化、中国化。[1]

关于教育学中国化的含义学者们的理解并不一致。例如，教育学中国化就是将外来的教育学转化为能够在中国应用，并发展成为反映中国教育需要并有自身内容的学问的过程，教育学中国化的主要目的正是在于使教育学的民族特性得到凸现。[2]还有教育学中国化就是建立中国的教育学，要赋予教育学中国特殊的性格，使它能够立足本土，服务实践。20世纪80年代以后的探讨主要是指第一种含义，亦即创建中国自己的社会主义教育学。[3]从教育学学科发展的历史来看，教育学中国化有着特殊的内涵，它主要是指中国没有教育学这门学科，教育学作为一门学科是"西学东渐"的结果，也是中国创办师范教育开设课程之需。从最初的课程设置、传授教育理论的需要，到要求教育理论解决中国教育实际问题的转变，人们最初朦胧意识到教育学的中国化问题，到明确提出教育学中国化经历了一个漫长的历史过程。纵观教育学在中国的百年发展史，教育学中国化既是"中国教育学者自始至终所肩负着的核心使命，更是中国近代教育学发展的核心命题"。[4]

---

① 张忠华，贡勋：《教育学"中国化""本土化"和"中国特色"的价值取向辨析》，载《高校教育管理》，2015年第6期，第46～53页。
② 侯怀银：《中国教育学发展问题研究：以20世纪上半叶为中心》，太原：山西教育出版社，2008年，第90页。
③ 瞿葆奎：《中国教育学百年》（下），载《教育研究》，1999年第2期，第23～30页。
④ 叶志坚：《中国近代教育学原理的知识演进：以文本为线索》，杭州：浙江大学出版社，2012年，第239页。

教育学中国化其本义蕴藏着中国没有教育学，要向国外学习，要引进教育学。但国外的教育学未必都适应中国的需要，需要对教育学进行改造，使之符合中国的需要，这是一个"由外到内"的转化过程。为什么会产生这种现象呢？这与近代中国科学技术落后有关，与近代中国学科建设、学科分化落后有关。正如张祥龙教授曾说："我自认还没有那样的能力，能够完全不求助于西方而让华夏的古文献自己说出新话语，获得当代的新生命。"①所以，要使中国的科技与学科发展赶上西方发达国家的水平，接受间接经验向他人学习是最直接、最经济、最有效的方法。教育学中国化的过程，是"由外到内"的过程，是引进、认同、吸收与学习的过程，就其价值导向来说，主要是学习和借鉴国外的教育学，做到"洋为中用"。

然而教育学中国化的进程有其特殊性，致使教育学中国化出现三种偏差：一是照抄照搬与模仿学习外国教育学，崇洋媚外心态作祟；二是忽视中国教育的历史与传统，使"进口"的教育学无根；三是漠视中国的教育现实，在中国的教育实践中做"国外教育的事"。也有学者认为，教育学中国化是教育学在中国特殊社会和时代背景下的独特发展之路，有其历史的正当性、合理性和有效性；但教育学中国化前提假设、研究路径、研究方法中存在矛盾，由此导致研究者思维方式和研究方式的集体无意识，已成为阻碍中国教育学发展的瓶颈。②开创中国教育学原创性研究，是创生中国教育学的"生产方式"。

自 1901 年《教育世界》连续刊登由日本学者立花铣三郎讲述、王国维翻译的《教育学》，这是国人看到的最早的教育学。此后，一些学者相继翻译了日本的多部教育学，在中国掀起了学习日本教育学的高峰。在学习日本的教育学中，有学者就提出了日式的教育理论陈述方式及教学方式令国人感到不适。例如，张子和在编写的《大教育学》"自序"中说道："余为中国产，思欲讨论修饰，以适合于中国教育界之理想实际。"③还有学者谈到，"唯总以适于吾国现情为主"④。教育学中国化朦胧意识产生。总体来说，这一时期的教育学学科建设，重点是引进，教育学的进口主要是满足开设课程的需要，满足传播国外教育理论知识的需要。

其后，由于留美学者的回国，再加上杜威等西方学者来华的讲学，中国进口与学习教育学的方向发生转变，开始全面介绍和学习欧美的教育学，特别是杜威

---

① 张祥龙：《从现象学到孔夫子》，北京：商务印书馆，2001 年，第 9 页。
② 袁德润：《从"教育学中国化"到"中国教育学"：学科建设的视角》，载《现代教育论丛》，2008 年第 3 期，第 2～6 页转第 10 页。
③ 转引自郑金洲、瞿葆奎：《中国教育学百年》，北京：教育科学出版社，2002 年，第 16 页。
④ 转引自侯怀银等：《20 世纪中国教育学发展问题研究》，北京：北京师范大学出版社，2011 年，第 60 页。

的教育学说。在全面引进欧美教育学说的同时，国人对此现象也进行了反思，特别是对国外教育理论的照搬与模仿，令国人不适。舒新城就明确地指出："此时我们所当急于预备者，不在专读外国书籍，多取外国材料，而在用科学的方法，切实研究中国的情形……使中国的教育中国化。"①庄泽宣则明确地提出了教育学中国化问题，他说："现在中国的新教育不是中国固有的，是从西洋贩来的，所以不免有不合中国的国情与需要的地方。"进而提出新教育中国化的四个条件，即"合于中国的国民经济力、合于中国的社会现状、能发扬中国民族的优点、能改造中国人的劣根性。"②这一时期教育学的"进口"与学习具有相当的开放性，教育学中国化探索也是多画面的，不仅有实用主义教育学，还有国家主义教育学、三民主义教育与马克思主义教育学等。③这一时期在教育学中国化的探索中，以陶行知、晏阳初最具代表性。陶行知在 1928 年出版自己的教育论文集《中国教育改造》中说道："凡是为外国教育制度拉'洋车'的文字一概删除不要，所留的都是我所体验出来的。"④通过多年的实践和努力，他创造了中国的"生活教育理论"。晏阳初的"平民教育"运动对当时的中国也产生了较大的影响。

　　中华人民共和国成立后，限于当时的国际国内形势，中国主要是学习苏联，凯洛夫的教育学直接作为高校教材。这一时期，中国的教育学既没有有效继承中国的教育传统和新中国成立前的教育经验，也没有充分调研中国的教育实际，而是直接"拿来"苏联的教育学。到了 20 世纪 50 年代末，中苏意识形态产生分歧，中国教育学界开始批判凯洛夫教育学，特别是到了"文化大革命"时期，西方国家的教育学被戴上资本主义的"帽子"，苏联的教育学被戴上修正主义的"帽子"，中国传统的教育学说被戴上封建主义的"帽子"，中国教育学的发展面临绝境，一切来源都被堵死，只有当下"创造自己的教育学"才是唯一的出路，于是在这种背景下，我国再次明确提出"教育学中国化"的口号。就这一时期的教育学中国化研究而言，人们开始意识到学习苏联教育学中的教条主义倾向，开始关注中国的历史与现实，但到了 1958 年，"教育革命"开始，特别是在"文化大革命"时期，教育学变成了教育方针、教育政策的阐释以及领袖人物言论的注解，教育学受当时政治的影响，教育学中国化实质上是形成了特殊的"政治（政策）教育学"，化掉了科学的教育学。

---

① 舒新城：《论道尔顿制精神答余家菊》，载《中华教育界》，1923 年第 13 期，转引自闫引堂：《"教育学中国化"命题之再认》，载《教育研究与实验》，2005 年第 2 期，第 11～14 页。
② 庄泽宣：《如何使新教育中国化》，上海：民智书局，1929 年，第 23～24 页。
③ 张忠华：《教育学中国化百年反思》，载《高等教育研究》，2006 年第 6 期，第 86～92 页。
④ 转引自郭笙：《为中国教育寻觅曙光：陶行知教育思想研究》，沈阳：辽宁教育出版社，1991 年，第 271 页。

从以上来看，教育学中国化，首先是对国外教育学的全盘抄袭、模仿与学习，先是抄袭日本，再到学习与效法欧美，最后"全盘苏化"，以至于最终失去"学习与模仿对象"，才响亮喊出"教育学中国化"。自从提出教育学中国化，教育学在中国经历的又是一条曲折坎坷的路程，最终也没能够形成标志性的中国教育学，所以教育学中国化基本上停留在"口号"阶段，教育学中国化基本上是不断地追随西方，引进与学习西方的各种教育学说，"假如我从胡塞尔（E. Husserl）的主体间性谈教育的主体间性，你不懂胡塞尔，怎么与我进行争论呢？要弄懂胡塞尔，至少要花费三五年的时间去读他的书……当你还没弄懂胡塞尔，教育学研究又引进了哈贝马斯的新的主体间性……你又要花三五年的时间读他的书，才能与之争论。伴随着教育主体间性的交往理论，教育学研究又引进了马丁·布伯（M. Buber）的'我与你'、海德格尔（M. Heidegger）的存在论对话、伽达默尔的哲学解释学对话等，如果你要将这些思想一一弄懂，就只能读书，顾不上对话了。"①这种认识真是一语中的。其次，在教育学中国化过程中，我们取得的成绩颇为有限。叶澜教授在总结和回顾中国教育学科的百年发展历史中，曾说出中国教育学科发展在百年中出现了三次历史性的中断和三次大的转向。第一次中断是在学习日本时期，是中国传统教育思想研究与教育学科建设中断的开始；第二次中断是在学习苏联阶段，使新中国成立后的教育学发展中断了与解放前的联系；第三次是在"文化大革命"期间，教育学遭受重创，只有当时情况下的"独创"，即教育学中国化。在那种特殊的政治背景下，我们最终是在中国"化掉"了教育学，教育学有其名无其实，教育学的科学性也无从谈起。②

总体来看，中国改革开放之前的教育学理论研究相当薄弱，研究历史比较匮乏，研究现状是为无产阶级政治服务，这三者之间缺乏必要的沟通，没有形成系统整体的教育学研究，教育学也谈不上"中国化"。如果说有的话，也只是"方针、政策、领袖言论注解的教育学"，这是历史上的"独特"教育学。中国文化教育是"道器合一"的文化教育，其核心是人格论与价值论，然后才是知识体系；而我们往往遵循"西体中用"的逻辑，接受的是西方的知识论与工具论，必然导致学习西方是"得其形而遗其神"。③引进的教育学没能有效地指导中国的教育改革和发展，教育学中国化仍停留在"进口与外化"水平。这种现象在 20 世纪 40 年代，有学者就认识到并指出："奇怪得很，中国谈教育哲学者不从自身的历史背景着手，

①　孙迎光：《为什么教育学理论对话越来越少》，载《教育理论与实践》，2008 年第 1 期，第 8~10 页。
②　叶澜：《中国教育学发展世纪问题的审视》，载《教育研究》，2004 年第 7 期，第 3~17 页。
③　晋浩天：《传统文化教育不能"得其形而遗其神"》，载《光明日报》，2014 年 4 月 23 日，第 6 版。

对中国过去的教育理论，从来就少有人作详尽的研究，对目下国内的文化基础更是不讲究，成天在搬运外洋的把戏，硬要把这个塞进中国的社会里。"①这种批评至今仍具有现实意义。

第二节　教育学本土化的理解

教育学本土化是一个非常重要的问题，由于任何教育实践都是建立在一定社会政治、经济、文化基础上的活动，它的每一步发展都不可避免地受到这些因素的制约，而各个国家的政治、经济发展程度不同，文化背景有别，教育发展状况也必然不同，这就要求作为指导教育实践的教育理论必须是本土的教育学理论。中国本土教育学的基本内涵是：教育学理论源于中国的教育经验，是基于中国教育经验提炼而成的中国教育知识和教育科学知识。②

一、教育学本土化的背景

在近代以前，不同民族都有自己的独特的教育文化传统，人类教育思想具有多源头和多线索的特征。而近代以来，随着国际范围内政治、经济和文化交流日益频繁与加深，教育知识的交流也逐步走向深入。在这种各民族教育学大荟萃的时代，不同国度、地区的教育学理论的交流往来、相互对话并不是对等的，而是有着"中心"与"边缘"的区分。在交流中，一些政治、经济和文化发达的国家，凭借政治、经济的优势，占据着世界教育知识的核心地位，将自身合法化、普遍化，使其他国家或地区的教育学成为西方发达国家教育学的"跑马场"。从纵向看，德国在19世纪占据了这个中心位置，20世纪美国取而代之。从横向看，西方发达国家的教育学处于"中心位置"，其他发展中国家的教育学理论处于边缘的位置。这种现象的存在，对于发展中国家是不利的，直接造成西方国家的学术思想与教育实践处于优势地位，使发展中国家的教育学理论丧失自主性，面临着被殖民化的危险。为了克服这种学科依附或被殖民化的危险，许多国家都先后提出了"教育学本土化"的要求。

在教育学史上，赫尔巴特第一个提出建立"普遍妥当的教育学"的理想，他

① 转引自李太平，杨国良：《教育研究的"西方中心主义"现象及其超越》，载《社会科学战线》，2020年第9期，第231～239页。

② 李政涛：《教育科学的世界》，上海：上海教育出版社，2010年，第297页。

的《普通教育学》以概念的界定和逻辑推导为建构原则，试图超越具体的教育情境而对教育的目的、原则和方法做抽象的概括。狄尔泰对他的这个学说第一个进行了批判，反对适用于各个社会、各个时代的普遍的教育目的，认为只有适用于某个社会、某个阶段的具体的教育目的。他提出了教育目的的"历史性"问题，主张教育学探讨教育目的必须具有历史感，在历史发展的连续性中把握真正的教育目的。俄国教育家乌申斯基也提出了"文化适应性"原则，指出教育必须适应于社会的需要和符合民族的特征，他不否认教育具有普遍性的规律，但他强调当教育成为某个国家或民族的一个重要的"生活因素"之后，这种教育就必然按照这个国家和民族自己的特殊的道路去发展。建立在这种特殊的教育实践之上的教育学，也必须是民族的、本土化的。教育学者应致力于建立具有民族风格的、反映民族精神的教育学。

二、教育学本土化的涵义与旨归

在《现代汉语词典》里，找不到"本土化"这一术语，只有"本土"的解释，"本土"有三种含义：一是乡土，原来的生长地；二是指一个国家固有的领土；三是指殖民国家本国的领土（对所掠夺的殖民地而言）。[①]"本土化"一词，英文为"indigenization"，它由动词"indigenize"变化而成，又译为"本国化""本地化"或"民族化"。在汉语中，"本土化"系"本土"一词后缀"化"字而构成。"化"字缀于名词或形容词之后，表示转变成某种性质或状态。因此，从语义上说，本土化就是使某事物发生转变，适应本国、本地、本民族的情况，在本国、本地生长，具有本国、本地、本民族的特色或特征。[②]这种理解与教育学中国化具有相同的意义，所以国内学者对"教育学中国化""教育学本土化"混同使用。实际上，按照"本土"的语义来讲，本土不存在"化"的问题。凡本土（或本地）原有的文化，无论是源于历史的民族传统文化，还是源于现实生活的本土文化，都不存在"化"的问题。"本土化"严格意义上来说，这种说法不确切，"本土""本土特色"的表达更为合适。

教育学中国化、教育学本土化具有不同的时代含义。教育学中国化，其主要任务是解决外来的教育学如何被中国使用，使之符合中国实际。教育学本土化是出现在 20 世纪 80 年代全球化、国际化时代下的命题，是弱势文化面对强势文化

---

① 中国社会科学院语言研究所词典编辑室：《现代汉语词典》（第 7 版），北京：商务印书馆，2016 年，第 62 页。

② 郑杭生，王万俊：《论社会学本土化的内涵及其目的》，载《吉林大学社会科学学报》，2000 年第 1 期，第 40～46 页。

的入侵，防止被殖民化而提出的一个词语，它含有保持本土特色的意味。可见，教育学本土化有两种意义[①]：

一是"化为本土的"。这是由外到内的"本土化"，即国外的教育学在本土被吸收、认同进而转化为本地教育学的有机组成部分，亦即是教育学中国化的过程。此种意义上的教育学本土化、中国化都是把国外的教育学作为创建中国教育学的"原料"，是外援，需要通过"精加工"，使之符合中国的实际，解决中国的教育问题。

二是"本土生化的"。这是"由内到外"的过程，即在本土，由本土人就本土的问题、以本土的方式自主创造生成的一种教育学，此种本土化亦即是中国（特色）教育学。此种意义上的教育学本土化是以本土为基础，把本国的优良教育传统与本国现实的教育国情相结合，采用先进的教育理论，指导本国的教育实践，提升本国的教育实力，是内力，这种本土化的教育学具有中国（特色）教育学的意义。

由此可见，"教育学本土化"可作两种理解，它承载着两种教育学的成分，一是教育学中国化成分；二是中国（特色）教育学成分。教育学本土化就其本意来说，是防止教育学被"殖民化"，要创生本土特色的教育学。

教育学本土化理应包含教育学中国化、中国（特色）教育学，教育学本土化既是一个过程，又是教育学发展的最终期待。说它是一个过程，是因为中国有着丰厚的教育思想，但没有一门学科的教育学，要创建中国（特色）教育学，必须要引进，做到从无到有，这个过程首先注重的是入乡随俗，也就是说引进的教育学要符合中国的国情，能够在中国生根、发芽与成长。然而，在教育学本土化的历程中，我们看到的是如何使中国的服从国外的，不是入乡随俗，而是"削足适履"，这是本末倒置的做法。

教育学本土化其主要意义是指"本土生化的"，是在本土，由本土人就本土的问题、以本土的方式自主创造生成的一种教育学。本土化的根本原则是"主义可以拿来，问题必须是本土的，理论应该是自立的"[②]。教育学本土化反映了"由内到外"的过程，是在中国文化教育传统的基础上，结合中国教育现实自主创生的教育学，其主导价值是内树，注重自主建构、自主创生。好比佛教从印度传入中国，融会儒家的"仁爱"和道家的"清净无为"思想，而发展出特有的中国佛教来。这是教育学本土化的应然追求。教育学的本土化过程就是中国

---

① 张忠华，贡勋：《教育学"中国化""本土化"和"中国特色"的价值取向辨析》，载《高校教育管理》，2015 年第 6 期，第 46～53 页。
② [美]爱德华·W.萨义德：《东方学》，王宇根译，北京：生活·读书·新知三联书店，2000 年，第 416 页。

教育学的建构过程，这种"本土建构"之路实质上是一种"回乡"之路。①瑞典著名教育家胡森（T. Husen）曾说："教育作为一个实践的领域，其真正的本质在于地方性或民族性。教育毕竟是由它所服务的具体国家的文化和历史传统形成的。"②教育学的真正本性实际上也正在于其民族性或地方性。中国的教育学也只能在中华民族文化的土壤中孕育胚胎、生根发芽、茁壮成长。有学者说道："如果不以建构主义的态度去对待建构主义，他本身就不是一个建构主义者。"③在全球化、国际化的当今，如果我们没有清醒的头脑，在与国际接轨中会主动放弃自己的价值取向，自觉不自觉地放弃了批判意识，这是一种心智上的被"俘虏"现象。实在可怕！所以，我们要拿起"批判性反思"这个武器，正确地认识到"教育学中国化""教育学本土化""中国（特色）教育学"到底是谁？教育学本土化是在一种辩证的张力中发展的，它既显示了中国或者中国某一特定区域内教育现象的特殊性，同时也显示了其普遍性、普适性的特点，这一点我们是要坚信的。④

纵观教育学发展的百年历程，我们可以看到中国教育学走了一条曲折发展的道路。有学者认为，中国教育学本土化陷入困境的表现主要有四个方面：一是借用异域的理论研究中国教育实践问题；二是回到传统经典中寻找与西方教育理论相适应的东西；三是运用异域研究方法研究本土教育问题；四是用西方内部学术争鸣的问题参与国际交流，不能发出中国教育学的声音。走出教育学本土困境，需要教育学者树立研究自信、文化自信和教育自信，建构基于本土文化的方法论体系，基于本土教育经验建构教育学的概念体系与理论体系。⑤

教育学的科学化与教育学的中国化、本土化不是矛盾的，而是相互联系、相互促进的。教育学的科学化主要追求用科学方法研究教育问题，揭示教育发展与运行过程的基本规律。就科学教育学而言，它具有普遍性。但哲学的教育学、实践教育学都涉及价值问题，它具有思想性、民族性和文化性。因此，这些教育学的建构就具有中国化、本土化特色。

① 许可峰：《"本土建构"与中国教育学的"回乡"之路》，载《西北师大学报》（社会科学版），2011 年第 3 期，第 62～68 页。
② ［瑞典］胡森：《教育研究的国际背景》，载瞿葆奎主编：《教育学文集·教育研究方法》，北京：人民教育出版社，1988 年，第 56 页。
③ 高文：《建构主义教育研究》，北京：教育科学出版社，2008 年，第 3～4 页。
④ 庄西真：《"接轨"还是"拿来"：教育学本土化的思考》，载《当代教育科学》，2004 年第 11 期，第 3～8 页。
⑤ 安富海：《中国教育学本土化研究的困境及超越》，载《教育研究》，2019 年第 4 期，第 50～56 页。

第三节　中国（特色）教育学的建构

早在 1985 年，董纯才曾说："写作《中国社会主义教育学》，我双手赞成。建国后不久，我们曾经翻译出版了苏联凯洛夫的《教育学》。流传很广，影响也很广泛。采用外国的教育学，脱离了我国的实际。搬用国外的教育学，而不自己写作符合本国情况的教育学，追究其根源，还是主观主义、教条主义作祟，是思想的懒汉。"[1]

一、中国（特色）教育学的意蕴

教育学中国化、本土化，其"化"要义在"转化"与"生化"。但我们却是重视"转化"，忽视了"生化"。这种"转化"具有先天的缺憾，一是把中国教育学定位"转化"，消解了本土创生的价值追求；二是使西方文化入侵中国合法化，拒绝中国历史与现实生发教育学的智慧努力。[2]教育学作为一门学科，中国需要引进，但引进的教育学不一定适合中国国情，需要使之中国化，能够帮助我们解决教育实际问题。在教育学中国化的过程中，我们不仅关注"外化"，还要结合中国的历史文化教育传统和现实的教育状态，进行理论研究，使"化"上升到"生化"，"生化"出具有民族色彩、具有本土意识的教育学。本土生化的教育学经过总结和概括，不断上升理论层次，逐步形成具有一定民族文化特色的话语，具有一定国际化的理论话语，这种教育学既能承载中华民族历史文化教育传统，又能关照与指导当下的中国教育现实，亦即是创生出中国（特色）教育学，这是教育学在中国发展的历史与现实的逻辑。由此可见，教育学中国化、本土化，其最终目标是形成中国（特色）教育学，这才是我们的本真追求。为了更好地表达教育学中国化、教育学本土化与中国（特色）教育学的逻辑关系，笔者勾画了一个中国（特色）教育学发展的应然逻辑关系图，如图 7-1 所示。

---

[1]　常春元，黄济，陈信泰：《中国社会主义教育学》，南京：江苏教育出版社，1987 年，序 I。
[2]　项贤明：《教育：全球化、本土化与本土生长——从比较教育学的角度观照》，载《北京师范大学学报》（人文社会科学版），2001 年第 2 期，第 32～41 页。

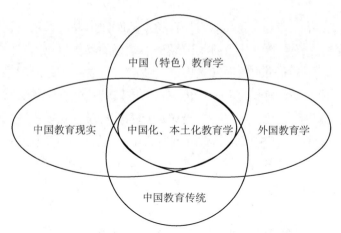

图 7-1　教育学中国化、本土化、中国（特色）教育学逻辑关系图

由此可见，中国教育学的建立要立足中国传统，学习国外的教育学，有一个教育学中国化的过程，在中国化的基础上形成中国特色，建构具有中国特色的社会主义教育学，其最终目的是建构中国的教育学。中国的教育学立足于中国教育经验，中国教育经验是根植于中国社会的文化、历史及学术传统中，而不是建构在西方社会的文化、历史及学术传统中。因此，中国教育学研究就要强化自主性，要在中国人、中国社会、中国文化及中国教育传统中建构中国教育经验，生产中国教育学知识，这是中国教育学得以存在发展的基本方式。

二、中国（特色）教育学建设的历史探索

发展与建设中国教育学，在中华人民共和国成立之初就被提出。1983 年第二次教育科学规划会议把建设中国特色的社会主义教育科学体系作为一个研究课题。1987 年《教育研究》编辑部召开了"关于建设具有中国特色的教育科学体系"的专题座谈会，同年由常春元、黄济和陈信泰三位学者主编的《中国社会主义教育学》（江苏教育出版社 1987 年版）出版，实为中国教育学的一种建构探索。1991年《中国教育学刊》发表了一些相关研究的学术论文。此后，学者们对中国特色的教育学进行了研究与探索。

中国特色的教育学应该包括哪些内涵呢？有学者提出，它的内容必须符合中国教育的实际情况；它的理论要能指导解决中国教育中的实际问题；它的语言要使中国人能看懂并感到亲切。①鲁洁教授认为，中国特色的教育学应是符合中国社

---

① 冯忠汉：《教育学研究要团结协作面向实践》，载《教育研究》，1983 第 11 期，第 76～77 页。

会主义经济、政治、文化教育实际的教育学，从制度出发，我国教育学必然是社会主义、马克思主义型的；从当前我国经济与教育的具体特点出发，我国教育学应是多元的；从我国所处的世界背景出发，我国教育学又应是赶超型的。这三方面相互结合，形成一个统一的整体，构成具有中国特色教育学的模式，她认为，具有中国特色的教育学是"具有中国传统特点的教育学，是以中华民族为主体创建的教育学"。①当然，在中国特色教育学研究中，也有学者对"中国特色教育学"提出不同的看法。②总体看来，建立有中国特色教育学的赞成者居多，笔者也赞成此种观点，主要是因为教育学作为一门人文社会科学，具有一定的民族文化特质。作为一门科学，教育学具有一定的通识知识，存在着一定的普适规律。但教育学研究的对象是教育现象和教育问题，教育本身具有历史继承性，各个民族在不同的历史文化环境下形成了各具特色的教育制度、教学形式，这些内容具有一定的惯性，具有一定的特殊性，体现了教育学研究的个性差异。著名元教育学家布列钦卡把教育学分为教育科学、教育哲学和实践教育学，并且认为构建教育学理论有多种可能性，不同种类的教育理论不是相互排斥的，而是可以互相补充的。③教育科学是教育的科学理论，其主要任务是研究教育事实、揭示教育规律，是教育"是什么"的学科，这种教育学是普适的教育学，没有特殊性也没有特色，反映教育规律的本然。教育哲学是教育的哲学理论，其主要任务是从哲学观点出发，运用理性批判，创建教育价值与教育规范。这种教育学受到不同哲学思想和流派的影响，具有自己特定的理论色彩，具有一定的特殊性，历史上有形形色色的教育哲学流派，就有不同的教育观。实践教育学是教育的实践理论，其主要任务是为教育行为和活动提供实用性的命题系统，当然由于各国的教育现实不同，使用的哲学思想不同，历史传统不同，都可能产生不同的教育行为和教育实践活动，具有一定的特殊性。④所以，教育学本身可以进行理论层次的划分，不同层次的教育学其任务不同，面对的教育实践不同，也就形成色彩各异的教育学说，结合本国历史文化教育传统和现实，就形成了具有本国特色的教育学。

中国（特色）教育学的创建，其价值导向是内树为主，主张自主创新。其发展路径是由内到外的过程，把基于中国文化教育传统和中国教育现实之上的教育问题进行理论研究，创建具有中国文化特质的教育学，以此推向世界和其他国家

---

① 鲁洁：《建设具有中国特色的社会主义教育学管窥》，载《教育评论》，1988 年第 1 期，第 1～5 页。

② 丛立新：《关于"建立有中国特色的教育学"口号的争议》，载《中国教育学刊》，1993 年第 2 期，第 57～61 页。

③ [德]W.布雷岑卡：《教育学知识的哲学：分析、批判、建议》，李其龙译，载《华东师范大学学报》（教育科学版），1995 年第 4 期，第 1～14 页。

④ 张忠华：《教育学学科科学性研究探索》，载《现代大学教育》，2007 年第 2 期，第 10～17 页。

的教育学进行平等对话，为教育学学科发展贡献出中国人的智慧。而不是一味地追逐他人，这样容易陷入"教育学被殖民化"或"要教育学殖民化"的危险。中国教育学的出路是立足本土，强化内树，借鉴外援但不依靠外援，中国社会主义现代化建设发展之路也充分证明了这一点。有学者总结新中国教育学70年的发展历程，认为我们距中国教育学的建设目标还有一段距离，中国教育学发展中存在的问题主要是偏离主题现象比较严重，学科发展进程中的断裂痕迹清晰，原创性不够，学风浮躁，思想禁锢未能彻底解除，适合的评价标准未能建立，教育学的学科自觉与自主性不高。①

行文至此，可能有人要问，究竟怎样形成中国（特色）教育学，中国（特色）教育学的未来发展路在何方？有学者针对中国教育学教材文本70年的发展情况进行研究，揭示出中国教育学建构过程中必须处理好的四对关系，即教育学与教育政策、教育实践的关系；教育学的中国特色与共同性的关系；教育学的中西方教育理论的关系；历史与现实、史与论的关系。②

三、中国教育学的建构之路

中国教育学的建构要立足本土的历史与现实，强化理论创新，自主建构。

（一）教育学要走出作为一门课程的教育学知识理论体系的建构与作为一门学科的教育学理论体系建构的迷途，强化理论研究

教育学作为一门学科的出现，是中国近代师范教育体系确立的结果，一开始就是为了开设课程的需要，传授教育理论知识和教学法知识，这样使得中国的教育学建设基本上停留在教材建设上，没有严格区分作为一门课程的教育学与作为一门学科的教育学，教育学的研究注重教育使用之"术"，忽视教育学"学"的研究，理论创新工作比较滞后。就新中国教育学学科建设而言，我们力争建构的教育学，实质上是实践教育学，亦即是作为一门师范院校课程的教育学。而这门课程的性质是应用性。但中国教育学的建设基本上停留在这样一门课程教材体系的建设上，其主要任务是为教育行为和教育活动提供实用性的命题系统，是形而下的研究。理论上要建构的具有通识价值的教育学是教育科学，这是形而上的学科，

---

① 储朝晖：《中国教育学70年发展与反思》，载《广州大学学报》（社会科学版），2019年第5期，第115～124页。

② 冯建军：《中国教育学70年：从中国化到主体建构——基于不同时期教育学文本的分析》，载《课程·教材·教法》，2019年第12期，第4～11页。

是规律的探索。长期以来，我们没能有效区分二者的关系，造成研究的混乱，实践教育学不能有效指导教育实践，理论研究又不能上台阶、上层次。今后的研究要对教育学合理分层，确定研究的对象与层次，采用有效方法，揭示相对领域的规律与原理。使教育学在科学方面、哲学方面、实践方面各有对应点，做到理论研究、对象研究、方法使用的有效对接。

（二）深化中国教育史研究，有效承接中国文化教育传统的特色

文化教育传统是一种基因，通过中华民族代代相传，它和生物遗传基因一起深入每个中国人的骨髓，这些因素具有相当的稳定性，其变革非常缓慢。中国有着五千年的文明发展史，而且是没有中断过的人类文明史，也是世界上最早有学校教育的国家之一。早在西周时期，就形成了较为完备的教育制度，《学记》也是世界上最早的教育学的雏形。漫长的中国文化传统给中国的教育染上了浓重的民族特色，中国教育传统的特点是强调社会本位，重视人伦观念，强调师道尊严，注重人文精神，强调教育的世俗性，注重学以致用。"成人""至善"是中国教育的最终追求，在教学认识论和教学方法论上，注重内省、体验，强化教的功能。特别是注重内省、体验的思想，与当今教育改革的主旋律是一致的。建构主义是今天教育改革的主要指导思想，注重个体自主建构，与中国古代的内省、体验、感悟建构是一致的。再如，当今的教学改革注重"以学为本"，中国古代教学论的精髓就是"学论"，世界上第一部教育学专著是中国的《学记》。宋代教育家朱熹的"六条读书法"，更是充分体现了"以学为本"的思想。当今教学组织形式的变革，其主导思想是因材施教，这种思想在我国更是有着优良的历史传统。教育向生活回归，陶行知先生的"生活教育理论"在民国时期就给我们树立了典范。我们从国外引进的"被标榜为先进的思想"，其实中国教育传统中都有先驱，而且思想极为丰厚。郑金洲教授对此有过批评，认为教育学研究存在着割断"史与论"的关系，缺乏"史"的意识，没有把历史作为历史研究的基础。[①]这方面的研究，美国有值得我们学习的地方。改革开放以来，我国翻译出版了一些美国的教育学著作和教材，从这些教材与著作中可以看到，美国人非常重视美国教育史的研究，其教育学版本中都有美国教育史的章节，对美国历史上的教育流派都有分析和借鉴，各章节的编写都是立足美国的现实，具体分析美国的教育现象、教育问题。而我国的教育学很少有中国教育史的章节，有些著作和教材有此内容，一般都是批判传统中落后的内容，对优秀的教育遗产的总结继承显得较为干瘪。

---

① 郑金洲：《中国教育学 60 年（1949～2009）》，上海：华东师范大学出版社，2009 年，第 238 页。

（三）结合中国经济社会发展的国情，积极开展教育实验，开辟中国教育改革新路径

教育学发展的根基在于教育实践，在教育实践中开展教育实验是丰富和发展教育学的唯一路径，教育实验亦是检验教育理论的唯一试金石。钟鲁斋在 20 世纪 30 年代就指出："吾国人历来办教育，都模仿外人的，无独立思想，无创造精神，其中原因虽甚复杂，然缺乏实验教育专家，自当为其主要原因之一。……要改造吾国的教育，必先注重教育的实验。"①中国（特色）教育学要解决中国的现实、中国的问题，关注中国当下教育国情，积极开展中国教育现实调查，总结经验，发现问题，提出改进思路，积极倡导教育实验，以中国的教育实验总结经验，以经验的概括提炼上升理论，再以理论指导实践，这是中国（特色）教育学发展的循环路径。在此项工作中，我们要重点解决三个关键问题：一是注重培养"草根"教育专家。积极鼓励各级各类教师及教师团体开展教育实验与教育改革，不断推出新的思想和方法，丰富和发展当下的教育学理论。二是鼓励与支持大学理论专家"下嫁"到中小学教育教学实践第一线。高校教师拥有先进的理论，但缺乏中小学的教育实践经验，他们经常习惯于"书斋式"的研究方式，其理论研究往往与实践产生偏差。这种现象的发生，与中国高校教师的用人机制相关，大学教师一般拥有博士学位（甚至是海外博士），但他们都是从学生到学生，没有中小学实际工作经验，建议高校教师（特别是从事教育学教学与研究的教师）都要到中小学工作或挂职锻炼 2～3 年的时间，然后再从事高校的教学与研究工作。三是鼓励与倡导高校理论专家与实践工作者的合作研究。这些合作既有利于理论工作者了解实际，又有利于实践者提升理论水平，解决实际问题，这是理论与实践相结合的契合点。

（四）对国外教育理论引进、借鉴进行再审思，走出"要教育学殖民化"的误区

中国教育学百年，养成了中国教育学者的惯性思维，一直学习外来的教育学，好多人认为谈教育理论，言必称西方，甚至产生中国的教育学不是"被殖民化"，而是要"殖民化"的现象。"被殖民化"是一种被动状态，人们还有抗拒心态，因它不是主动选择的结果；"要殖民化"是一种主动的心态，心里没有防备意识，它是一种心甘情愿的"被奴化"，在这种状态下人的主体建构意识被湮灭。当代一些

---

① 转引自侯怀银：《中国教育学发展问题研究：以 20 世纪上半叶为中心》，太原：山西教育出版社，2008 年，第 122 页。

学者发出的感叹令人吃惊，甚至有些学者一讲教育学，就提出国外的某某理论、某某学者，甚至认为中国人写的书不要看，一定要读外国人的书，心甘情愿地被教育文化殖民，这是最令人痛心的！造成这种状况的原因是多方面的，但主要原因是教育学的门槛太低。笔者曾做过调查，现今中国高校教育学硕士研究生、博士研究生中跨专业的人多于科班出身的。殷海光先生早在20世纪60年代就指出："中国近百年来之吸收西学，基本的推动力，……除了应急之外，就是新奇的心理。这样一来很容易走上'浅尝辄止'的道路。结果，'中学'荒废了，西学也只抓到一点皮毛。……真正要吸收'西学'，除了从语言文字的训练入手以外，必须在理论的构造上痛下功夫。'理论构造'是'西学'之'体'的核心。掌握这个核心，'西学'之'用'就不难了。"①

要创建中国（特色）教育学，就要扎根中国实际，研究中国历史，关注中国当下，批判借鉴国外的理论，这才是中国（特色）教育学的正当出路。例如，当今的中国基础教育改革，我们大量引进、植入西方的教育理论、教育理念，但我们是否考虑到中国的现实。历史上美国20世纪50年代末到60年代初的课程改革是不理想的，到了70年代遭到恢复基础运动者的反对，美国重新回归基础教育这一案例值得我们反思。所以，创建中国（特色）教育学，一定要学习、借鉴国外的教育学，但要克服盲目信服的心态，学会用中国人的立场和眼光打量和审视国外的教育学理论，要有中国教育学的文化自觉和理论标准，要立足中国的具体实际，最终建构出我国社会文化背景下的教育学。

第四节　中国教育学建设应注意的问题

中国教育学就是教育学理论的中国民族化，是中国教育实践经验的累积和教育理论创新的结合；中国教育学就是一般教育学理论在中国的具体化，是在中国教育实践的基础上丰富和发展起来的特殊的教育学理论。从中国教育学的发展历史来看，因教育学是引入的一门学科，有必要将外来的教育学资源转化为中国的教育学资源，就需要有一个中国化的阶段；但在中国化的过程中，我们不能全盘接受，要结合中国的教育国情大胆创新，形成"中国特色"的教育学理论，最终走向中国教育学的建立。教育学百年来的发展历程已经揭示了中国教育学的发展

---

① 殷海光：《殷海光文集》（第3卷），武汉：湖北人民出版社，1995年，第265页。

路径，即"教育学中国化、本土化"走向"中国教育学"，这是发展教育学的态度、立场、视角、方法和典范，中国教育学表现为中国特色、中国原创和中国体系。[①]总结中国教育学发展的百年历程，笔者认为，中国教育学的发展应注意以下几个方面的问题。

一、明确中西教育学产生和发展的特点不同

从逻辑和时间上看，西方的教育学是建立在教育实践基础之上的，教育实践和教育经验在前，教育学理论形成在后；而中国早期的教育学，是在教育实践和教育经验之前的，是先引进，再运用，也是师范教育开课之需，起初教育学不是研究教育问题、指导教育实践、服务教育实际的，而是以传授国外教育学知识为主。

从教育学与意识形态的关系上看，西方的教育学从产生到发展，受到意识形态的影响比较小，这与西方的学术自由是一致的。而中国教育学的"进口"，是客观实际发展的需要，受意识形态的影响较大，起初是应师范教育开设课程之需，随后，教育学在中国的发展，都不同程度地受到社会意识形态的影响，"文化大革命"使教育学的研究大起大落可见一斑。教育作为一种社会实践活动，不可能不受到社会意识形态的影响，如果教育学研究完全变成意识形态的附庸，它的发展也就被窒息了。

从学术流派和学术团体来看，西方有多种学术流派和学术团体，不同的学术流派和学术团体，都有自己的理论建树，有着核心的教育领袖和教育代表作。1949年之前中国的学术流派和学术团体不如西方集中而强大，因为我们的研究落后于西方。但从 20 世纪 80 年代至今，中国教育事业发展规模之大，从业人员之多，研究机构之数目和研究人员队伍之庞大，都堪称世界领先，然而时至今日，中国在世界上有影响的教育家与教育流派仍然屈指可数，具有全球影响的教育代表作又有多少，这就值得我们很好地反思了。

从师范教育的发展史来看，西方比中国要早 200 多年，西方早在 1684 年由法国创立了教师讲习所，1794 年欧洲第一所师范学校诞生。师范教育的诞生，为教育学的产生和发展提供了契机。我国师范教育最早是 1897 年由盛宣怀在上海创办的南洋公学师范学堂，比西方晚了约一个世纪。教育实践不够丰富，教育学在中国的基础不够牢固，也是我国教育学发展的一大障碍。

---

① 李政涛：《走向世界的中国教育学：目标、挑战与展望》，载《教育研究》，2018 年第 9 期，第 45～51 页。

二、整合团队创新研究方法

任何一门学科的产生和发展都离不开一定的研究方法，研究方法是否科学，决定着学科发展的水平。在现今的教育学著作和教材中，绪论部分都提到教育学的研究方法，观察法、实验法、统计法等都是学者们经常谈到的，而打开他们编写的教育学著作和教材，多是采用现象描述法和内容分析法，甚至用引证、简单类比、不全面地演绎推理来叙述教育学的内容，更为甚者是直接移植、照抄照搬。中国教育学的发展逻辑是先有理论体系，后以指导实践，理论体系的构建多是借鉴外国的理论，而中国活生生的教育实践常被忽视。历史上的教育家，都是教育实践在先，而后有他的教育著作问世，此方面的典例，不胜枚举。

历史上教育学的发展受不同方法论的影响，其发展方向也就不同，哲学思辨作为主要方法，力图建构"以教为主"的教育学理论，构建了"目的手段"的教育学知识体系；实验实证作为研究方法，力图建构"以学为主"的学习理论，构建了科学的学习理论体系。

而今的中国，教育团体林立，教育人员队伍之大，都是历史之最，但躬身教育实践，做到理论与实践"联姻"的教育家又有多少？在这方面，中国近代的一些教育家是我们学习的楷模，如陶行知、梁漱溟、黄炎培等人，他们在那个时代，作为教育理论工作者，走出大城市，纷纷深入偏远山区和农村，进行平民教育、生活教育，进行教育实验，积累经验，进而提出教育理论，这才是中国的教育学理论、中国的教育学。如果我们今天的教育学理论者不能做到这一点，不能从事"行动研究""教育体验"，创生中国教育学的重任仍将遥遥无期。

三、协调好科学研究与意识形态的关系

一般说来，社会科学的发展，都会受到社会意识形态的影响，当二者关系协调时，学术繁荣。否则，社会意识形态对学术研究干扰较大，就会影响学科发展，使学科发展偏离方向。教育学作为一门社会科学，有其自身的研究对象，也有其自身的发展和研究逻辑，要进行客观的研究，不能凭借政治意识形态来研究和发展教育学，这是历史经验。教育学中国化的百年历史充分证明了这一点。民国时期的"党化"教育学，就影响了教育学的发展；"文化大革命"期间，阶级斗争扩大化，一切以阶级斗争为纲，导致教育学的"语录化"等，都没有很好地解决学术研究与意识形态的关系，其结果"教育学'中国化'……在中国'化'掉了教

育学"。[1]相反，社会意识形态对教育学影响较小时，教育学学术研究相对繁荣。20 世纪二三十年代，教育学的中国化发展就说明这一点。特别是改革开放 40 多年，我国的教育学发展非常之快，出现了不少别具一格、具有创新性的教育学原理著作和教材，在中国教育学建设上有一些突出成就。

总之，我们在坚持以马列主义、毛泽东思想、邓小平理论、"三个代表"重要思想、科学发展观和习近平新时代中国特色社会主义思想为指导的同时，要善于运用这些理论的方法论思想，不要把这些理论绝对化，否则，就容易变成本本主义和教条主义，不仅不能坚持这些正确的思想导向，还会有碍中国教育学的研究，影响教育学在中国的正常发展。

四、开展中国教育学原创性研究

原创性研究是学科发展不可缺少的环节，原创性研究具有问题的原发性、研究素材的原始性、研究结论的独特性和创新性等特点。纵观中国百年教育学发展史发现，我们学习的时间多，思考问题少，介绍别人的教育学多，教育学原创性研究意识弱，也是制约中国教育学发展的一个症结。造成这种状况的原因是多方面的，既有历史的原因，中国两千年的封建专制制度，"大一统"思想的影响，使得人们大多随俗，而很少脱俗，创新思维意识差；也有政治制度上的原因，"文化大革命"十年内乱，使教育学遭到新中国成立以来最严重的挫折和损失，人们对教育的一些敏感问题不敢涉足，也影响了中国教育学的发展进程；另外，教育学在中国出现的时间较晚，人们一时间还不能科学正确地认识它，再加上中国的教育理论工作者问题意识淡薄，创新观念不够也影响了中国教育学的进展。时至今日，现在我们有着庞大的教育体系结构和学术研究队伍，学术环境宽松，有了百年的教育学研究的理论基础，又有 70 多年的教育实践经验，所以，开展原创性研究，生发新的教育学的时机已经基本具备。

教育学原创性研究，就是立足中国的教育实际，依靠中华民族优良的教育传统，开展中国教育研究，最终形成有独特个性的中国式的教育学。这种研究哪怕是初级的，也是具有中国特色的，是解决中国教育实践问题的；这种原创性研究，要借鉴其他学科的研究成果，但又不依附于其他学科，应体现教育学研究的特性，在教育学语境下研究教育问题，问题来源于教育实践，研究的结论又高于并且能够指导教育实践。这样看来，我们的教育学研究者要走出书斋，回到教育实践中

去，在实践中发现问题、研究和解决问题，如此，我们的教育学理论才能回到实践并指导实践，才能创生出中国的教育学。

五、摆正教育传统与借鉴国外经验的关系

任何文化的产生都有其民族性原因，教育作为文化的一个重要组成部分，也有其民族性。教育学的中国化，就是教育学的中华民族化，就是教育学的理论与研究要从中华民族的教育实际出发，扎根于中华民族的文化教育传统，具有中华民族的教育基因、教育特点。

回首教育学中国化的百年历程，我们的教育学基本上是模仿和学习，在教育学的著作中，充斥着大量的国外材料，先是赫尔巴特的教育理论，后是杜威的教育学说，再是全面"苏化"的教育学，就是少见中华民族教育传统的内容，我们过去的"教育学中国化"在某种意义上是舍本逐末。其实，中国有着优秀的文化教育传统，众所周知，中国文化是以道德伦理文化为核心的，我们在道德教育方面有着十分优秀的教育传统，在道德教育规律、内容和方法等方面积累了丰富的经验，应该成为教育学中德育论的重要成分；再如教学理论，我国古代也有丰富而宝贵的遗产，我们缺乏应有的吸收和改造。盲目从外，给教育学中国化带来不利的影响。在教育学的发展过程中，我们学习借鉴别人的多，但对本民族优秀传统文化挖掘得不够。

教育学作为一门学科在中国的出现，是西学东渐的结果，教育学在中国一开始就打上了"全球化"的烙印。在今天全球化的大背景下，教育学如何面对全球化，又如何发展和保持中国化的特色，更是一个大问题。当然，在今天教育学的中国化过程中，我们要注意汲取国外教育学的精华，为我所用，积极参与国际对话。但现实的教育学研究中存在一些问题，主要表现在：大量移植国外教育理论，缺少自己的思考；照搬移植其他学科成果，失去了教育学研究的特性；漠视实践，失去了理论的针对性。[①]这些问题的存在，严重影响了中国教育学的创生进程和发展水平。

六、树立教育学知识生产的主体意识

纵观百年来的中国教育学发展历程，中国教育学的发展与中国教育学知识体

---

① 岳伟：《中国教育学研究的反思与方向定位》，载《教育研究与实验》，2004年第1期，第33~34页。

系的生产具有两个特征：一是"社会规划导向型"。教育学研究大多依靠教育行政部门、教育科研管理部门等制定的教育发展和教育科学发展规划而进行，教育学的知识生产是服务型、需要型。二是"他者导向型"。①教育学研究多是依赖国外的教育思潮和其他学科研究的热点问题，或直接翻译国外的教育理论，或者简单移植其他学科的研究成果，教育学研究忘记了自己的任务与立场。这两种研究具有一定的价值与意义，但对于建构教育学自身知识体系和中国特色教育学也带来了不利的影响。所以，今后的教育学研究应该转向问题导向性的知识生产范式，教育学者应该坚持教育学的学科立场，应该立足于当前中国教育实际，从教育学自身问题出发，从学科发展的内在逻辑出发，解决教育问题，形成教育学的研究成果，生成中国特色的教育学的知识体系。

七、建构中国教育学的话语体系

话语权是一个民族、一个国家文化软实力的重要标志。话语权包括话语的创造权、表达权、传播权、自主权等。话语体系的建设是拥有话语权的核心，是发出话语权的支撑。话语体系不只是"谁说话、说什么话、怎么说话"的技术问题，更是一个社会、一个民族、一个国家的整体思维方式、价值观念、文化模式的综合反映。构建教育学话语体系是我国教育学百年来发展的最终追求，也是我国教育学走向科学化、独立化，走出中国，走向世界的必然之需。20 世纪期间，中国教育学从引入到模仿学习以及独立的"创造"，始终摆脱不了对外的依赖，在有些时候也没有处理好教育学发展与社会意识形态的关系，叶澜把它概括为"中国教育学世纪问题"，包括政治、意识形态与学科发展的关系问题，教育学发展的"中外"关系问题，教育学的学科性质问题。②由于"中国教育学世纪问题"的存在，致使教育学发展出现"中国性"缺失、教育学属性缺失等问题，这就要求我们把教育学研究的中心放在中国，注重本土教育实践，在思维方式、研究方法、理论表达语言等方面进行创新，逐步形成中国教育学话语体系。建构中国教育学话语体系，就需要我们掌握传统文化与教育现代化的契合点，找到与西方教育学理论对话的视域融合点，通过文化自觉、理论自觉、语言自觉来建构中国教育学话语，③在国际舞台上发出中国的声音，彰显中国人的中国教育学理论贡献。中国教育学

---

　　① 阎亚军：《中国教育学知识生产方式的反思与重建：从研究者的角度看》，载《贵州师范大学学报》（社会科学版），2008 年第 6 期，第 109～113 页。

　　② 叶澜：《中国教育学发展世纪问题的审视》，载《教育研究》，2004 年第 7 期，第 3～17 页。

　　③ 吴晓蓉，张晓文：《建构教育学话语体系的本土化省思》，载《广西社会科学》，2018 年第 10 期，第 203～209 页。

的建设要以中国话语建构为起点，中国教育学话语具有三种形态：真理话语、权力话语与实践话语，三种话语形态因各自的内在本性、存在空间、运行逻辑各异，致使各种话语体系缠绕交织。真理话语表达了"是什么""如何"的问题；权力话语主要解决"必须如何"的问题；实践话语重在效用，指向生活。三种话语立足于教育学的学科根基，围绕人的"想要"和"需要"，关怀内在精神，并形成三种话语共生共荣的对列图景。①也有学者提出，建构中国教育学话语体系要坚持"马魂、中体、西用"的方法论，即建构中国话语的教育学要坚持以马克思主义精神为引领，以中国教育学为主体，合理借鉴西方教育思想为我所用。②

---

① 秦楠，郑航：《真理、权力、实践：教育学话语形态的缠绕》，载《教育理论与实践》，2020 年第 1 期，第 8～12 页。
② 余可心：《教育学中国话语建构的"中、西、马"问题》，长春：东北师范大学硕士学位论文，2019 年，摘要。

第八章

教育学的研究方法论

　　一门学科的建立需要有独立的研究对象，有相对成熟的知识体系。但一门学科的发展与走向成熟对方法论有着重要的依赖。从前面相关章节的论述中我们可以看出，在教育学的历史发展中，教育学呈现的不同知识形态，都是教育学研究方法论的变革带来的结果。所以，深入探讨教育学研究方法论的规范与创新，对于教育学的发展有着重要的价值与意义。

第一节 方法论与教育学研究方法论

工欲善其事，必先利其器。人们在认识和解决问题时，总是要充分发挥主观能动性和创造性，事先设计好工具、手段、途径，总要采取一定的方法。人们的任何实践活动都贯穿着方法，也都离不开方法。因此，方法也就成为任何一门学科所关注的重要课题。

一、方法的含义

"方法"一词源于希腊文，其意为"在给定的前提下，为达到一个目的而采用的行动、手段或方法"①，有"沿着正确的道路运动"之含义。②在一般意义上，方法是人们在进行实践活动中所采取的一种较为固定的行为路径或行为模式。在认识论意义上，方法是人们通向某些事物的途径或方式。方法是指人们为解决某一问题而采取的特定步骤和方式，既指认识方式，也包括实践方式。③总之，方法是人类认识世界和改造世界的思路、途径、方式和程序。它既包括认识方法，也包括实践方法，是为实现目的服务的有机系统，是人类经验与理性的结合体，是人类进行实践活动和从事理论创造的工具。

二、方法论的解说

方法论这个词来自希腊语"μετα"（沿着）和"ǎδás"（道路）。因此，它在字面上意指"一门罗各斯"，即"关于沿着——道路——（正确地）行进的学问"④。方法论是"关于认识世界、改造世界的根本方法的学说；在某一门具体学科上所采用的研究方式、方法的综合"⑤。对方法论的解释有多种认识。例如，方法论是指将"某一领域分散的各种具体方法组织起来并给予理论上的说明"⑥；方法论是

---

① [德]阿·迈纳：《方法论导论》，王路译，北京：生活·读书·新知三联书店，1991年，第5～6页。
② 吕世伦，文正邦：《法哲学论》，北京：中国人民大学出版社，1999年，第603页。
③ 张文显：《马克思主义法理学：理论与方法论》，长春：吉林大学出版社，1993年，第45页。
④ 陈波，何文华，谢旭：《社会科学方法论》，北京：中国人民大学出版社，1989年，第8页。
⑤ 中国社会科学院语言研究所词典编辑室：《现代汉语词典》（第7版），北京：商务印书馆，2016年，第366页。
⑥ 张文显：《马克思主义法理学：理论与方法论》，长春：吉林大学出版社，1993年，第15页。

指运用世界观的基本原理和原则来认识世界和认识方法的学说。①从这些认识中可以看出，在最广泛的意义上，方法论就是指一切关于方法的理论和学说。从最根本上讲，方法论也是一种方法，只不过它是对方法的理论说明与哲学抽象，是具体的、个别的方法之理论化与体系化，是方法的方法。可见，方法论是以方法或科学方法为研究对象的科学（或理论）。

三、方法论的层次与价值

根据一定的标准可以对方法论进行分类，使方法论呈现出一定的层次性。当然，由于使用的标准不同，对方法论的分层也就不同。例如，依据人们认识过程的阶段性可以把方法论划分为三个层次：感性方法、理性方法和创造方法。一般说来，根据方法作用范围的大小和普遍适用程度，从低到高可以把方法论分为以下三个层次。

1. 具体方法（最低层次的方法论）

各门学科具体方法是以某一个具体领域的客体为认识和改造对象，并以某一学科所研究的特殊规律为客观依据。因此，各门学科具体方法是某一个具体领域的特殊规律的主观运用，它的突出特点是专一性。如物理学中的光谱分析法、化学中的酸碱滴定法、电解法；植物遗传育种学的"杂交育种"的方法等。

2. 一般方法论（中间层次的方法论）

一般科学方法论是以许多有关领域的客体为认识和改造的对象，并以许多有关领域的共同的一般的规律为客观依据。因此，一般科学方法论在一些学科中有较高的普遍适用性，它的突出特点是跨学科性，它对于低层次的具体方法具有指导作用。如科学研究中的系统方法论、自然科学方法论、社会科学方法论和思维科学方法论等。

3. 哲学方法论（最高层次的方法论）

哲学方法论是以哲学的原理、范畴和规律为基础的研究方法，是以整个世界为认识对象，并以世界的普遍规律为客观依据。所以，哲学方法论是世界普遍规律的主观运用。而世界的普遍规律，是世界上任何事物都要服从的，因此，哲学方法论具有普遍适用性。哲学方法论是认识世界和改造世界的最根本方法，它是低层次方法的灵魂。例如，量变质变统一规律，辩证否定原理，实事求是、具体

---

① ［苏联］《科学与教学文献》编辑部：《历史科学·方法论问题》，刘心语译，北京：中国社会科学出版社，1990年，第146～147页。

问题具体分析的方法，透过现象看本质的方法等，都是哲学方法论。

方法论对于人们的理论研究和社会实践具有重要价值。首先，科学方法是我们掌握知识、培养能力和开发创造力的一项不可或缺的工具性知识。科学史告诉我们，科学技术的重大突破，往往依赖于科学方法的重大改革和创新。例如：笛卡儿（R. Descartes）创立解析几何，采用的是"学科杂交"的方法；伽利略（G. Galileo）发现惯性定律，是与他正确地运用实验方法和数学方法分不开的。其次，方法论是人类进行社会活动的前提条件。培根指出："在正路上行走的跛子会越过那跑在错路上的快腿。不但如此，一个人在错路上跑时，愈是活跃，愈是迅捷，就迷失得愈远。"①再次，方法论是人们从事知识创新的关键因素。新的理论发现和创造往往是由于新的方法的引进，而新的方法的引进无不导致研究取向的更新和新的研究成果的获得。德国学者伽达默尔（H. Gadamer）认为，对于学术而言，方法是个不可缺的要求，但是所有研究的本质恐怕是发现新方法，而不是单纯适用通常的方法。②最后，方法论是建构一种新科学的理论工具。韦伯（M. Weber）认为，"只有当用新方法探索新问题，并因而发现了包含重要的新观点的真理时，一种新的'科学'才会出现"③。可见，方法论是任何科学研究中的一个关键性因素。

四、教育学研究方法论

由于教育学的研究对象是教育现象中的教育问题，这种教育问题表现在各种教育实践中与教育理论中，所以，在丰富多彩的教育实践活动中与异常繁杂的教育理论中，人们通过感知、体验与反思，逐渐形成了有关教育的意见、观点、思想、理论和学科等，这些意见、观点、思想、理论和学科是人们对教育活动、教育问题的"认识产品"，这种"认识产品"主要有三种存在形态：一是教育观念型存在；二是教育活动型存在；三是教育学研究的反思型存在。相对于三种教育形态问题的存在，有三种不同性质的教育学研究，即教育活动研究、教育观念研究和教育学反思性研究。从教育学的研究对象与性质来看，教育学研究主要关于教育的事理研究，即探究人所做事情的行事依据和有效性、合理性研究。④依据"行事依据"的研究，一般是基本理论研究；根据"有效性""合理性"进行的改进研

①　[英]培根：《新工具》，许宝骙译，北京：商务印书馆，1984年，第33页。
②　[德]卡尔·拉伦茨：《法学方法论》，陈爱娥译，北京：商务印书馆，2003年，第122页。
③　[德]马克斯·韦伯：《社会科学方法论》，杨富斌译，北京：华夏出版社，1999年，第164页。
④　叶澜：《教育研究方法论初探》，上海：上海教育出版社，1999年，第322页。

究，一般属于应用研究。

研究是一种系统的探究活动，构成这种活动的基本要素是目的、过程和方法三个方面。[1]若按照目的、过程和方法三要素界定教育学研究，可以认为，教育学研究是通过一系列规划好的活动步骤的实施及方法、技术的运用，来认识教育现象，为教育领域提供有价值、可信赖的知识。[2]教育学研究的目的是揭示教育规律，指导教育实践。教育学研究方法论就是研究者在进行教育研究活动中所采用的步骤、手段和方法的总称。

教育学研究方法论作为一个复合概念，可以分三种认识："教育学研究—方法—论"、"教育学—研究方法—论"和"教育学研究—方法论"。其实，前两种研究可以归结为一类，具有"论……方法"意味，都是以具体的方法为探索对象的，只有第三种认识具有特殊性，它是把"方法论"看作一个整体，是指教育学研究方法的理论，目的是帮助人们解决教育研究方法选择的指导思想，是探讨各种研究方法的哲学基础，是运用方法的原理，更多侧重研究方法选择和运用中的基本理论问题。[3]教育学研究方法论是从总体上探讨教育学研究对象与方法的关系以及对象与方法的适宜性问题，旨在为教育学研究方法整体发展提供理论基础，揭示适合于教育学研究的方法构成及其基本特征，最终服务于教育学研究，提高教育学研究的质量和水平，为教育学的发展提供方法论支撑。因此，我们日常所谈的"教育学研究方法论"并非一个单一概念，它在不同的语义下具有不同层面的方法论意义。换言之，人们总是从特定的视角去研究对象的某个方面，由于研究对象的属性是多元的，研究的视角也是多元的，因此，其研究方法论也必然是多元的。

第二节　教育学的研究范式

"范式"是指可以作为典范的形式或样式。[4]这一词汇最早被库恩（T. S. Kuhn）在《科学革命的结构》一书中所运用。"范式"实际上存在着宏观和微观两种不同的意义，宏观上是指某一特定"科学共同体"体内的成员在信念、价值和技术等方面所形成的整体；微观上是指那个整体中所包含的一种元素，也就是破解具体谜题的范例或模型，而且，这些范例或模型可以作为解答其他常规科学谜题的基

---

① ［美］贝斯特等：《教育研究方法概论》，严正，等译，北京：春秋出版社，1989 年，第 20～24 页。
② 郑金洲，陶保平，孔企平：《学校教育研究方法》，北京：教育科学出版社，2003 年，第 18 页。
③ 王坤庆：《教育研究方法论纵横谈》，载《中国教育科学》，2013 年第 4 辑，第 93～115 页。
④ 中国社会科学院语言研究所词典编辑室：《汉代汉语词典》(第 7 版)，北京：商务印书馆，2016 年，第 365 页。

础性参考。①库恩所使用范式概念，旨在描述自然科学的发展，后来"范式"概念被人文社会科学所适用。瑞典教育家胡森认为，自教育学形成以来，一直存在着两种主要范式之间的冲突，一是模仿自然科学，强调适合于用数学工具来分析经验的、可定量化的观察，其任务在于确定因果关系，并做出解释；二是从人文社会科学推衍而来，即注重整体和定性的信息以及说明的方法。②

在教育学研究范式探讨方面，有人认为教育学研究范式可以分为哲学研究范式和自然研究范式；有的认为可分为逻辑演绎研究范式、自然类比研究范式、实证分析研究范式和人文理解研究范式；有的则分为思辨研究范式、批判研究范式、行动研究范式和实证研究范式，代表着四种教育学的发展方向，即哲学的教育学、批判的教育学、实践的教育学和科学的教育学。③还有学者认为，20世纪的教育学研究主要是科学与人文两大范式的争论，20世纪后出现并可能成为21世纪主导的复杂科学，将改变教育学研究范式的这种二元对立，走向多元整合的复杂性研究范式，实现教育学研究方法论的根本性转换。④不过，在论述各种教育学研究范式中，定量研究范式、定性研究范式以及力图整合和超越上述两种范式的混合研究范式成为主导的研究范式。下面具体分析一下教育学研究范式的分类与类型。

一、以研究目的与功能为分类标准

若以研究目的与功能为分类标准，可将教育学研究范式分为教育学基础研究范式、教育学应用研究范式和教育学开发研究范式。当然，还应该包括评价研究范式和预测研究范式。

教育学基础研究范式主要是指对教育的事理研究，揭示教育活动本身所固有的法则或规律，也称为"纯研究"。其目的是创新、发展、丰富和完善教育学理论，从某种意义上说，这种研究主要是"生产新知识"的研究。它回答"是什么""为什么"的问题。

教育学应用研究范式主要是将事理研究揭示的法则或规律运用于实践，提高教育实践活动的有效性与合理性，解决教育实践问题，为教育实践提供有用性知识与策略，它主要回答的问题是"怎么做"。

教育学开发研究范式的目的在于揭示教育问题解决的有效策略研究，回答的

① ［美］托马斯·库恩：《科学革命的结构》（第4版），金吾伦，胡新和译，北京：北京大学出版社，2012年，第147页。
② 转引自王坤庆：《教育学史论纲》，武汉：湖北教育出版社，2000年，第316～317页。
③ 王洪才：《教育研究的基本方法论》，载《北京师范大学学报》（社会科学版），2006年第6期，第21～27页。
④ 冯建军：《教育研究范式：从二元对立到多元整合》，载《教育理论与实践》，2003年第10期，第9～12页。

问题是"如何改进"。评价研究范式是通过收集和分析资料数据，对一定教育目标和教育活动的相关价值做出判断的过程，回答的问题是"怎么样"。预测研究范式主要目的在于分析事物未来发展的前景和趋势，回答"将会怎么样"的问题。有学者对基础研究范式、应用研究范式和开发研究范式的特点进行比较，具体内容见表 8-1 所示。

表 8-1　三类研究范式的特点比较①

比较项目		基础研究范式	应用研究范式	开发研究范式
目的		发现规律，建立理论	为应用的目的创新技术	运用科学技术知识发展新产品、新工艺、新材料等
计划		比较自由	比较有弹性	比较确定
时间		不做具体规定，要求提出一般的研究时间表	不严格规定，要求提出大致的时间表	严格规定，一般研究时间较短
成果	名称	学术论文	专利或论文	设计图纸、专利或样品
	应用	转化时间较长，一般不能预测	转化时间较短，一般可大致预测	很快可以运用，能较准确地做出预测
	意义	对科学有广泛深远的影响，能开拓新技术和新生产领域	对特定的专业技术有广泛影响，也能为基础研究提出新的课题	影响特定的生产领域，对经济与社会有直接作用
人员		科学家，要求有深厚的理论基础，富有探索创新能力	科学家、工程师，要求既有创造能力，又有解决实际问题的能力	工程师、技术人员，要求有相当的专业知识、丰富的经验和较强的实践能力
组织方式		多为个人或少数人	多为大小不等的集体	多为大小不等的集体
成功率		低	中	高
管理特点		管理弹性大，研究者的自主性较强，成果由同行评议	管理要求严，定期检查进度，尊重个人的首创精神，需要集体协作	管理严格，限期完成，组织严密，强调集体协作
实例		相对论原理	核能应用研究	制造原子弹、建立核电站

二、以研究问题为分类标准

以研究问题是价值问题还是事实问题为分类标准，可以将教育学研究范式分为教育学哲学研究范式和教育科学研究范式。

教育学哲学研究范式主要关注的是教育领域的价值问题，它致力于回答"教育应当是什么""教育应当做什么或不应当做什么""应当如何评价教育"之类的问题。例如，教育目的的价值取向问题，这种研究的功能在于从价值方面指导教育行动、改造教育实践。

① 关西普，汤步华：《科学学》，杭州：浙江教育出版社，1985 年，第 143 页。

教育科学研究范式是一种描述性、解释性的研究，它以教育领域中的事实问题作为研究对象，以认识教育活动而不是改造教育活动作为根本目的。教育科学研究范式提供有关教育活动的现象解释和趋势预测，它的命题是描述性的，而不是规范性的。它重点考察教育现象发生的原因与条件，揭示教育现象背后隐藏的规律与法则，以及教育系统内部各变量、各要素之间的内在联系。

教育科学研究范式与教育学哲学研究范式的关系是：教育科学研究范式主要目的是揭示教育规律，确定事物"是什么"；教育学哲学研究范式主要关注价值问题、规范问题，确定人们"应当（该）做什么"。教育科学研究范式是描述性的，教育学哲学研究范式是规范性的。教育科学研究的结果是进行教育价值研究的基本依据。

三、以方法论及理论学科为分类标准

以方法论及理论学科为分类标准，即在教育学研究中主要使用什么方法、所使用的方法背后的支撑理论是自然科学还是人文社会科学，可将教育学研究范式分为几类：一是定性（质的）研究范式和定量（量的）研究范式；二是思辨研究范式、批判研究范式、实证研究范式与行动研究范式；三是科学主义研究范式、人文主义研究范式与科学人文主义的研究范式。

（一）定性研究范式与定量研究范式

定性研究范式是以研究者本人作为研究工具，在自然情境下采用多种资料收集的方法对社会现象进行整体性探究，使用归纳法分析资料和形成理论，通过与研究对象互动对其行为和意义建构获得解释性理解的一种活动。[①]从研究的逻辑上看，定性研究范式是描述性、解释性的研究，它在本质上是一个归纳过程，即从特殊情境中归纳出一般的结论，侧重于对事物本质和原因的探讨，结果一般不能外推。例如，两种不同的教学方法为什么对学生学习效果产生不一样的影响？这属于定性研究范式，定性研究范式的目的更重视问题的原因探究和理论意义的建构，定性研究范式既可以是没有数量分析的纯定性研究，也可以是建立在定量分析基础上的定性研究。美国学者博格丹（R. C. Bogdan）等人认为，定性研究有 5 个关键特征：一是定性研究把自然情境作为资料的直接源泉，而且研究者将自身作为收集资料的主要工具；二是定性研究是描述性的；三是定性研究者关心的是过程，而不是结果和产品；四是定性研究倾向于对资料归纳分析；五是"意义"

---

① 陈向明：《质的研究方法与社会科学研究》，北京：教育科学出版社，2000 年，第 12 页。

是定性研究方法最关心的基本事情。[①]

定量研究范式是一种对事物可以量化的部分进行测量和分析，以检验研究者自己关于该事物的某些理论假设的研究方法。定量研究范式有一套完备的操作技术，包括抽样方法、资料搜集方法、数字统计方法等。其基本步骤是：研究者事先建立假设并确立具有因果关系的各种变量，通过概率抽样的方式选择样本，使用经过检测的标准化工具和程序采集数据，对数据进行分析，建立不同变量之间的相关关系……进而检验研究者自己的理论假设。[②]定量研究范式侧重于对事物的测量和计算，结果可以从样本推广到总体。为了更好地展示定性研究范式与定量研究范式之间的差异，参见表 8-2 具体内容。

表 8-2　定性研究范式与定量研究范式的区别[③④]

比较项目	定量研究范式	定性研究范式
研究目的	将结果从样本推广到所研究的总体；检验理论、证实事实	对潜在的理由和动机求得一个定性的理解；描述现实，提高认识
理论基础	实证主义	建构主义、解释学、现象学等
研究问题	着眼于事物的量	着眼于事物的质
研究依据	现实资料数量	历史事实和生活经验材料
研究手段	经验测量、统计分析和建立模型等方法	逻辑推理、历史比较等方法
学科基础	概率论、社会统计学等	以逻辑学、历史学为基础
研究样本	由代表性的个案组成的大样本	由无代表性的个案组成的小样本
数据搜集	有结构的	无结构的
分析方法	统计的方法、演绎分析	非统计的方法、归纳分析
结论表述	以数据、模式、图形等来表达	以文字描述为主
研究结论	建议最后的行动路线	获得一个初步的理解
关心的事情	变量与操作	意义与理解
与被试的关系	疏远、被试者——研究者	密切接触、被试即朋友
研究工具	项目表、问卷等	研究者本人、录音机等

定量研究范式适合于对大规模的教育问题的统计调查，能消除研究过程的主观性和各种倾向、偏见，使研究保持客观、精确，适合对事物的因果关系以及相关变量之间的关系进行研究，把教育实践工作者以为理所当然的东西（信条）加以检验。缺陷是教育现象具有复杂性、模糊性，有些东西无法量化，定量研究也会受到物质条件与伦理道德的限制等。

①　转引自瞿葆奎：《教育学文集·教育研究方法》，北京：人民教育出版社，1988 年，第 400～405 页。
②　陈向明：《质的研究方法与社会科学研究》，北京：教育科学出版社，2000 年，第 10 页。
③　卢家楣：《教育科学研究方法》，上海：上海教育出版社，2012 年，第 13 页。
④　郑金洲，陶保平，孔企平：《学校教育研究方法》，北京：教育科学出版社，2003 年，第 27 页。

定性研究范式能在微观层面对社会问题进行深入分析，了解事物的复杂性。收集资料开放，能够了解当事人的观点，了解事物的动态过程，通过归纳自下而上建立理论，具有理论创新。缺陷是不适合宏观的研究，不能对事物的因果关系、相关关系进行直接辨别，结果的效度、信度没有那么可靠，所以研究结果的代表性有限制，不能普遍推广；由于收集资料没有统一标准，资料的整理与分析比较困难。①

事实上，在教育学研究活动中，存在着许多因果、相关关系，这就需要运用定量的研究范式进行实证研究。同时，教育活动又总是存在于一定的社会、历史背景之中，它总要受到一定社会、历史时代的价值观的影响，教育所培养的人，必须符合一定的社会集团的利益及其需要，因此，教育研究总是在一定价值观的指导下，还需要运用定性的方式进行规范研究。可见，教育研究的定量研究范式与定性研究范式是互相补充的。因此人们又提出混合研究范式。混合研究范式基于实用主义的思想，主张在研究过程中同时选择量化和质性两种方法，把定量研究范式与定性研究范式统一起来。

（二）思辨研究范式、批判研究范式、实证研究范式和行动研究范式

思辨研究范式主要通过概念、命题、推理等进行逻辑演绎，对事物本质特征与价值进行认识和探讨的方法，所以又被称作形而上学的研究范式。思辨研究范式承认形而上学的本体意义，即承认独立的精神实体的存在，并且认为这种存在是根本性的存在，是世界的本原，也是现实世界存在的理由或根据。此外它还认为这个本体的存在能够通过理性的方式来认识，这种认识又可以通过辩论来获得共识，所以能够获得普遍知识。所以这是一种集体主义的认识论。这种研究范式在教育学历史上影响最为深远，从柏拉图的《理想国》提出理念论以来，思辨研究范式就成为教育学研究的基本方式，尽管它受到实证主义思潮的挑战，但它的根基并未真正被撼动。

批判研究范式承认个体存在的独特价值，认为每个个体都是一个具有独特意义的精神世界，都有自己的存在价值和依据，但它经常被物质世界所蒙蔽，被意识形态所左右，而失去了它的真正价值。为此它强烈地要求恢复个体的基本价值，把个体从各种意识形态的蒙蔽中解放出来。批判研究范式认为，个体才是构成丰富世界存在的根本部分，承认我们个体可以有自己的独特体验，个体的认识是不能被代替的，不能被取消的，甚至可能是对事物更深层次的揭示，因此它的意义

———————
① 陈向明：《质的研究方法与社会科学研究》，北京：教育科学出版社，2000 年，第 472～473 页。

不在于获得共识，而在于获得包容，进而获得一种尊重和解放的价值。教育学研究就是要揭示个体存在的意义和价值，关注个体的生存状况，反对对个体的压制和压抑的态度。所以批判研究范式具有很浓烈的存在主义和解构主义的意味，也许这也是后现代主义中最具有积极意义的部分。这种对个性价值的弘扬，是西方流行批判研究范式的原因，也是我国风行一时的教育改革主张——弘扬教育主体性的动力。

实证研究范式主张从经验入手，采用程序化、操作化和定量分析的手段，对社会现象进行精细化研究，强调知识必须建立在观察和实验的经验事实之上，通过对研究对象大量的观察、实验和调查，获取客观资料，从个别到一般，归纳出事物的发展规律和本质属性。因为实证研究范式是由实证主义立基，也被人们广泛承认，其特征就是强调集体主义的检验方式，它要求研究结论具有普适性，研究排除价值干预，研究过程具有可重复性，研究结果具有可再现性，并且可以采用精确的测量技术来验证。这种研究方式在自然科学进步中发挥了巨大作用，它也广泛地影响到整个社会科学界，而且在目前的教育学研究中仍然居于主流的地位，甚至有学者认为实证主义路线是中国教育学走向国际化的唯一路径，也是使教育学"硬"起来的根本方法，开展实证研究对教育学学科走向科学具有深刻的意义。[①]尽管这种说法有所偏颇，但它代表了相当一部分教育学者的信仰。

行动研究范式（或称实践研究范式）是通过独特的个体的行为方式表现出来的。但这里的"个体"不是自然的个体，而是文化的个体或是一种文化共同体，如民族的、团队的和群体的个性，这些个性特征是可以被感知到的，特别是对于身临其境者而言更是如此，故而也具有一定的经验特征。值得注意的是这里经验的主观性非常强，不是一种客观的经验，也就是说个性特征非常强，具有不可重复的特征，因此也是难于进行相互类比和重复验证的，而且行动本身也是在发展着的。由于行动是我们现实存在的方式，也是我们执行意志的载体，并且具有动态性特征，所以我们可以把它命名为行动研究范式。行动研究范式是一种理论与实践相结合的范式，也是非常适宜于稳步推进教育改革和发展的模式，可以说它内在地被一种实用主义思想所贯穿，是一种"做中学"的学问，非常适合于实践者的参与，而且它的研究路线与日常的行为改进路线是一致的，因此也是我们适应环境的基本策略。

综上所述，四种不同的研究范式，代表了教育学四种不同的发展方向，或成

---

① 袁振国：《实证研究是教育学走向科学的必要途径》，载《华东师范大学学报》（教育科学版），2017年第3期，第4～17页。

为哲学的教育学，或成为批判的教育学，或成为"科学的"教育学，或成为实践的教育学。对于四种研究取向，并没有绝对的优劣之别，但可以肯定，它们是一种相互依存的关系。

（三）科学主义研究范式、人文主义研究范式与科学人文主义研究范式

科学主义研究范式立足于自然科学的世界观、符合论的真理观，倡导客观、中立、实证、定量的科学研究取向，主张应用自然科学的研究设计和分析方法，强调实验或准实验方法的适切性，期望在系统、客观、量化的研究中，去预测和控制教育行为。

人文主义研究范式重在探究教育的价值、意义等主观性存在，提倡通过人文关怀的交往、理解与对话，达到对"共识真理"的把握。它更注重研究者在教育现场的感受体验与整体理解，因此，需要采用个案研究，在自然情景中去理解整个现象，分析其中的脉络与关系，而非截取部分现象，孤立地对某些变量进行控制实验。[①]

科学的方法论对科学的教育学理论有着重要作用，建构合理性的教育学理论不仅要研究教育是什么和为什么，也要研究教育应该是什么和怎样办，怎样发展等问题。教育学科学化不等于实验化，也不等于哲学化和人文化，教育学的科学化进程是认识规律和意义价值的追寻，客观反映和主观建构是辩证统一的过程，是不断解构和建构的过程，所以要实现教育学的科学化，需要坚持科学实证和哲学人文建构的辩证统一，要坚持将社会发展和教育实践作为建构教育学的本原和检验标准。[②]有学者根据教育活动的特点，分析了教育学研究的性质，即教育活动规律的客观性、必然性和普遍性使教育活动有着自己的特点、逻辑、规则和规律，这就使得教育学研究必须具有科学性，必须依靠科学的方法论和技术手段；同时教育活动还具有主观性、价值性、难以重复性，这也决定了教育学研究需要人文主义的研究范式，所以，进行教育学研究必须同时运用科学的方式和人文的方式，坚持科学人文主义的方法论。[③]

此外还有以哲学作为研究方法论的分类标准，根据人们对世界基本存在方式的不同回答可以分为理念论和实证论。理念论是一种精神存在，是一种

---

① 姜勇，和震：《"注视"与"倾听"：对当代两种教育研究范式的思考》，载《北京大学教育评论》，2004 年第 3 期，第 35～39 页。
② 郝文武：《教育学的科学化和合理性：论近年来我国关于教育学研究方法的反思》，载《教育研究》，2002 年第 10 期，第 13～18 页。
③ 扈中平：《教育研究必须坚持科学人文主义的方法论》，载《教育研究》，2003 年第 3 期，第 14～17 页。

理念，是超验的，因此是不可能得到实证的，只能通过理性的推演和直觉把握；实证论认为世界本质是物质的、可经验的，因此是可以证实的。而证明的方式可分为个体主义证明方式和集体主义证明方式。可把教育学研究方法论进行四种划分：理念论—集体主义的；理念论—个体主义的；实在论—个体主义的；实在论—集体主义的。对应着四种划分，形成四种基本的教育学研究范式。①

　　还有学者专门探索大数据时代的教育研究范式，认为大数据具有容量大、类型复杂、计算迅速、价值离散、可视化、可生存性、有效性和易变性等特征。如果从数据在科学研究中的地位和价值进行审视，那么，人类科学研究及其范式就出现了以下四个阶段：一是偏重经验事实描述的前数据时代；二是以小规模抽样调查为基础进行理论探究的小数据时代；三是以计算机模拟运算追求数据精细化的大数据过渡时期；四是以系统数据为基础充分而深入挖掘数据内在关系的大数据时代。②大数据时代，教育学领域中各要素的可量化程度空前提高，各类教育数据几乎唾手可得，过去掣肘于数据采集与分析的诸多可望而不可即的研究课题正在成为可能。大数据时代的教育研究凸显出了以数据为中心、以数据为驱动的典型特征。从各种纷繁复杂的教育数据中挖掘有价值的研究课题和探索"不知道"的现象和规律，并利用海量数据作为研究证据和支撑材料，将是新时代"科学共同体"遵循的基本研究范式。基于"大数据"的研究思路是：汇聚研究数据集—进行数据清洗—大数据挖掘与分析—大数据预测和服务。③舍恩伯格（V. Mayer-Schonberger）认为，"分析全样本""接受非精确""发现相关性"的三大思维方式是"基于数据"教育研究范式的典型特征。④当然，我们应谨防大数据在教育学研究中可能带来的两种错误倾向：唯数据主义和理论终结论。前者认为数据是万能的，过于夸大数据在教育学研究中的价值及作用，没有看清数据本身无法避免的一些缺陷，如片面性（并非任何事物都能用数据形式表现）、欺骗性（出于特定目的而刻意制造的假数据）和依赖性（数据价值的有效挖掘依靠具有不同价值倾向和思维方式的研究者）。后者忽略甚至否定了教育理论在大数据应用及教育学研究中的重要作用。"大数据是一种资源、是一种工具……大数据的力量是那

　　① 王洪才：《教育研究的基本方法论》，载《北京师范大学学报》（社会科学版），2006 年第 6 期，第 21～27 页。
　　② 高书国：《大数据时代的数据困惑：教育研究的数据困境》，载《教育科学研究》，2015 年第 1 期，第 24～30 页。
　　③ 邹太龙，易连云：《从"始于假设"到"基于数据"：大数据时代教育研究范式的转型》，载《教育研究与实验》，2017 年第 4 期，第 74～79 页。
　　④ ［英］维克托·迈尔-舍恩伯格，［英］肯尼思·库克耶：《大数据时代：生活、工作与思维的大变革》，盛杨燕，周涛译，杭州：浙江人民出版社，2013 年，第 92 页。

么耀眼，我们必须避免被它的光芒诱惑，并善于发现它固有的瑕疵。"①实践证明，"大数据"的研究范式反而对研究者的理论功底和思维水平提出了更高要求，需要研究者具有广博而深厚的理论基础。

第三节　教育学研究的一般方法论

教育学研究方法论的缺失一直为学界所诟病。人们普遍认为，教育学研究要有突破性进展，必须首先在方法论上取得突破。这就形成了研究与研究方法的悖论。谈到研究，人们首先想到形形色色的研究方法，往往认为学习研究方法之后再去做研究，把研究看成是对方法的运用。其实不然，并不是先有了研究方法才有研究，而是先有了研究，然后才慢慢地形成了各种各样的研究方法。从根本上说，永远都是方法依从于研究，而不是研究依从于方法。但研究方法一旦形成，它就具有相对的独立性，为以后的科学研究提供参考和依据。总体来看，教育学研究方法论经历了一个"亲实践—亲哲学—亲科学—亲解释—亲行动实践"的演变过程，它是从实践开始最终又走向实践的过程。

一、教育学研究的哲学方法论

教育学研究的哲学方法论，其特点是概括了方法论的基本原理，是指导教育学研究的理论基础，它对整个教育学研究起着定向作用。

（一）马克思主义哲学方法论与教育学研究

马克思主义哲学属于这一层次的方法论，它是科学的哲学方法论。当然，也应该看到，马克思主义哲学是一个开放的理论体系，也是一个不断发展的过程。无论怎样看待方法论，人们都认同马克思主义哲学不再是教育学研究中的唯一方法论，而是在众多方法理论中处于中心地位。从"唯一"转为"中心"，不是对其重要性的忽视，恰恰相反，一方面，"中心"意味着不能用无视的态度来对待其他哲学；另一方面，"指导""建构"意味着不能简单搬运或推理，要求马克思主义哲学在教育学研究中真正显示出其博大精深、充满智慧的强大生命力，显示出自

---

① ［英］维克托·迈尔-舍恩伯格，［英］肯尼思·库克耶：《大数据时代：生活、工作与思维的大变革》，盛杨燕，周涛译，杭州：浙江人民出版社，2013年，第247页。

身的丰富与魅力，同时也是马克思主义哲学在与当代哲学及科学的相互作用中发展、完善的重要过程。[①]

（二）分析哲学方法论与教育学研究

分析哲学包括逻辑实证主义与日常语言学派，二者均主张运用逻辑分析的方法，澄清有关概念、命题或日常语言的意义，使之意义明确、清晰、合乎逻辑。分析哲学主要致力于对人们所用的教育概念、术语、命题、口号、隐喻、警句等意义加以分析和清理，以消除教育学中模糊不清的或毫无意义的概念、命题或问题，避免无谓的争论，他们的主要目的在于"清理思想、清理理论"。哈迪在《教育理论中的真理与谬误》（1942 年）中，对卢梭、赫尔巴特和杜威的教育理论进行了分析；奥康纳在《教育哲学导论》（1957 年）中对教育理论的逻辑要素及其性质做了分析；谢弗勒对教育领域中使用的警句、隐喻和口号的意义所做的澄清，都是运用分析哲学的方法研究教育问题的典型成果。但是，分析教育哲学发展到后来，学究气越来越浓，关注的问题越来越脱离实践，只注重对语言的分析，缺乏对当代教育问题的关注与阐述，特别是忽视有关教育价值、教育目的这样规范性问题的探讨，所以，分析教育哲学的研究方法也是有局限性的。

（三）解释学方法论与教育学研究

解释学是一门关于理解或解释的理论或哲学，它是在现象学与存在主义的基础上发展起来的一个哲学流派。解释学的发展经历了两个阶段：一是施莱尔马赫和狄尔泰等为代表的古典（传统）解释学阶段。这一阶段的解释学主要探讨的是普遍适用的解释方法、规则、程序与标准等，目的在于依靠原文与读者之间具有的一种主观相通性或精神的同质性以及解释学的一套认识论与方法论，来恢复或重建历史文本本来的意义。因此，此阶段的解释学主要是认识方法或者解释技巧，旨在以"方法"求"真理"。狄尔泰认为，对于涉及"意义"或"价值"的人类社会现象，我们只能诉诸精神科学的"体验"与"理解"的方法，而不能用自然科学的"说明"方法。传统解释学是利用方法和技巧，去克服解释者与历史文本之间存在的历史与文化距离，以恢复历史文本本来的意义，其前提是解释者必须具有足够的历史的、社会的、文化的知识，熟悉解释学的一般方法、规则、程序与标准等。解释学的第二阶段是现代解释学阶段，以伽达默尔和海德格尔等为代表。此阶段的解释学完成了从认识论到本体论的转变，这一转变主要体现在伽达默尔

---

① 叶澜：《教育研究方法论初探》，上海：上海教育出版社，1999 年，第 138 页。

于 1965 年出版的《真理与方法》这一解释学的经典著作中。现代解释学认为，理解不再是一种认识现象，而是一种本体论现象，即理解和解释是我们人性的基本特征，是我们人类存在的基本方式。理解过程是一个开放的、永无止境的意义再生与意义再造的过程，是一个循环往复的过程，是一个理解者与被理解文本所代表的两种视界不断交融、扩大和转换的过程，是一个理解者不断检验、修正、完善自己先入之见的过程，也正是通过这一过程，我们才自觉不自觉地参与了传统与历史的进化。解释学作为一种哲学思潮，不仅被当作人文科学的方法论基础，而且也被当作哲学的一个普遍的方法。①解释学对我们开展教育学研究具有一定的价值。古典解释学相信，原文作者与读者之间具有一种主观相通性或精神的同质性，并以此为依据，试图运用一套普遍适用的解释方法、规则、程序与标准，来恢复历史文本的本来意义。这一假设具有一定的合理性。现代解释学认为，理解是一个开放的、永无止境的意义生成的过程，理解的达成以及共鸣的产生是通过对话过程达到的，理解是对意义的把握，理解的过程就是用语言对话的过程。真正的理解是解释者和文本作者两种视域之间的"遭遇"，在遭遇中会产生碰撞和冲突，最终产生新的意义。现代解释学抛弃了传统解释学所认为的意义是作者预先设定的套路，大胆提出意义创生、意义的生成性。不同理解者对同一文本有不同的理解，说明文本的意义具有不确定性，这为意义创生提供了机会。这些思想对于教育学研究具有启发意义，要求我们开展教育学研究，研究者要融入教育生活，教育学研究应重视意义创生、价值拓展，教育学理论应蕴涵生命意识，求真、至善和臻美，教育学理论与教育实践要紧密结合，教育研究者要加强对话、理解与沟通。

（四）现象学方法论与教育学研究

现象学作为一个哲学流派、一种哲学运动，产生于 20 世纪初的德国，1901 年德国哲学家胡塞尔发表了《逻辑研究》一书，在德国哲学界产生重大影响。现象学首先是一种方法，其次才是一种哲学。作为方法，其含义为：①所谓"现象"是指呈现在人的意识中的一切现象，它包括物理的东西和心理的东西。②所谓研究主要是对作为一个整体的心理事件或直接经验进行描述，是描述不是解释。胡塞尔认为，一切知识或思想的源头在于人们对事物的直接体验，人们在认识世界的时候，只应对我们直接体验到的现象进行描述，而不是从因果关系角度去解释现象。③在对现象进行描述时，人们应该把一切已有的知识、经验或先入之见"悬

---

① 王炎：《解释学》，载《国外理论动态》，2006 年第 4 期，第 61～62 页。

置起来"存而不论，以免影响我们对事物的直接体验。这一过程叫"回到事物本身"或"面向事物本身"。回到事物本身就是回到现象本身上去，让存在者是其所是。④在认识活动中，要"回到事物本身"，就必须运用现象学的还原方法，包括本质的还原和先验的还原。本质是一种稳定的、一般的"现象"，它可以通过经验活动在意识中呈现出来。那么怎样认识事物的"本质"呢？这就需要本质的还原，本质还原方法是一种直观（直觉）的方法，本质的直观就是运用我们的直觉体验，去直接地"看"或"审视"那些呈现在我们意识中的各种事物，排除那些呈现在意识中的感性的、具体的、偶然的非纯粹现象，从而将纯粹的现象或事物的本质描述出来。关于先验的还原，该理论认为，意识存在着一种基本结构，即意向性。意向性就是指意识活动总是指向某个对象，意识与意识对象不可分。意识对意识对象具有一种"构造"功能，其表现是，意识并不是消极地接受某种事物的印象，而是积极能动地将这些印象综合为一个统一的经验。意识的这种积极功能或意识的构造活动是"先验的"，亦称"先验的意识"。正是由于意识具有构造功能，才使人们对事物进行本质的还原或本质的直观是可能的。意识为什么具有这种构造功能呢？根源在于意识活动的主体——"先验的自我"（相对于经验的自我）在起作用。所谓先验的还原，其实就是指通过先验自我的意识活动，追寻世界的本原或根本。现象学的理论与方法具有唯心主义的特性。但作为一种认识论或方法论，还是有一些可用之处的。例如，现象学提出的"生活世界""主体间性"等概念引入教育领域，产生一些影响，现象学主张通过直觉的、非推理的方式来把握对象，忘掉一切先入之见，这种方法对于指导教育学研究中的描述性研究、理解性研究具有启发意义。

（五）复杂科学方法论与教育学研究

复杂科学又称复杂性科学，是一门以复杂系统及其复杂性为对象的综合性学科。复杂科学理论的基本主张有：超越一元化思维，提倡多元化与综合化；在探究方式上，复杂科学把计算模拟、隐喻类比方法引入复杂科学，提出复杂科学的原则，如主客体统一原则、对象环境一体化原则、兼容目的论原则、非决定论原则和非线性因果性原则等。①复杂科学不仅是研究复杂系统的理论，更是一种思想的变革，其主要特征为非线性思维、整体思维、关系思维和过程思维等。②

教育是培养人的活动，它是一种复杂的社会活动，这就需要我们用复杂科学

---

① ［法］埃德加·莫兰：《复杂思想：自觉的科学》，陈一壮译，北京：北京大学出版社，2001年，第267～270页。

② 王北生：《当代教育基本理论论纲》，北京：人民教育出版社，2012年，第365页。

的理论来研究教育学问题。教育是一个开放的复杂的系统，教育活动的结构与功能、系统与部分之间存在着多种非线性的关系，具有强烈的非线性特征，教育系统具备自组织性，是一个复杂的巨系统，教育研究契合了复杂科学理论的基本要求。从生理学意义上讲，人是一个未完成的动物，尽管人的发展有一定的顺序，但由于影响人的发展的因素的多样性，人的发展存在多种可能性，这种人的发展的不确定性也契合了复杂科学理论。可见运用复杂科学理论来研究教育学具有一定的适切性。运用复杂科学理论开展教育学研究，我们要打破思维定式，对教育问题进行多维透视，倡导多元共生。

复杂科学对教育学研究带来了以下几个方面的影响。首先，复杂科学为研究教育系统提供了新原理。由于教育系统是一个复杂系统，研究者或以整个教育系统为对象，或以其中的某些子系统为对象，试图勾勒这些系统所具有的复杂特征，如非线性、不可逆性、开放性、松散结合性、非均衡性、自组织性、偶然性、自相似性、无序性等。其次，复杂科学为研究教育问题提供了新思维。复杂科学与传统科学的对峙，实质上是复杂思维与简单思维的对峙，或者说是非还原论与还原论的对峙。从这种意义上说，复杂科学的诞生意味着一场思维方式的"革命"：从线性思维到非线性思维，从还原性思维到整体性思维，从实体性思维到关系性思维，从静态性思维到过程性思维。这场"革命"让许多教育学者找到改进当下教育实践的思维门径。譬如，从非线性思维出发，探寻思想政治教育的实效性问题；从关系思维的角度，重新阐释师生关系等。最后，复杂科学为重建教育学研究方法论提供了新契机。①观察、访谈、调查、实验、比较等常规方法仍有其价值，但仅凭这些方法不足以解决教育系统复杂性问题。为此，人们提出了"用规则调节组织的方法""经验建构式的实验方法""哲学、科学和艺术方法的具体综合"来研究教育问题；有人主张加强定量研究与定性研究的结合，科学方法与哲学方法的结合，宏观研究与微观研究的结合。把复杂科学作为一种方法论引入教育学研究之中，开启了教育学研究的新篇章，体现了我国教育学研究者跟踪科学前沿的敏锐直觉。

（六）后现代主义方法论与教育学研究

后现代主义是 20 世纪后半叶流行于西方的一种哲学思潮，其代表人物主要是利奥塔（J. F. Lyotard）、哈贝马斯（J. Habermas）和大卫·格里芬（D. R. Griffin）等。后现代主义产生的直接原因是对现代化的反思与批判，"后"具有"反"的意

---

① 郑金洲，程亮：《中国教育学研究的发展趋向》，载《教育研究》，2005 年第 11 期，第 3～10 页。

思，是一种"辩证性的反"，是在具有连续性基础上的一种反省的态度，尝试去审视、反思乃至超越前面的现象。后现代主义是一种思维方式，主要以强调否定性、去中心化、破坏性、反正统性、不确定性、非连续性、解构以及多元性为其基本内涵。后现代主义以持续不断的否定、摧毁、颠覆等为特征，与现代主义的肯定、建设性等特征形成了鲜明的对比。后现代主义都有一个共同的目标——对现代主义的否定和批判，打破学科界限，为人们提供一幅多元、全景式的超越旧有思想框架和思维方式的图像。[①]

后现代主义具有反本质主义，追求丰富多元；反基础主义，关注个性发展；反理性主义，推崇非理性；反中心主义，重视边缘性；解构现代主体，追求主体间性等特点。其理论方法对教育学研究具有一定的借鉴价值。例如，后现代主义的反本质性契合了教育的自由性，主张多元文化诉求能够满足个体生命发展及个性发展的需要；推崇非理性有助于人们的创造性发展；反基础主义的"预成论"，有利于人的发展的生成选择性；后现代主义对主体的解构，对于克服主客二分的思维方式具有积极意义，有助于达成民主平等的师生关系。个体是作为这个整体的一员存在的，只有他们投身于整体的复杂关系网中才是有价值的。[②]后现代主义的思想方法运用到教育学研究中，追求对教育的多元理解，消除教师权威和学生中心主义，建立起一种精神交往、生命理解的平等对话的师生关系，真正实现"人与人的主体间的灵与肉的交流活动"。[③]后现代主义要求我们开展教育学研究要做到思维方式的转变，突破一元、基础、本质等研究怪圈，秉持整体、复杂、多元、生态的研究观。后现代主义作为一种哲学思潮，对今天的教育学研究具有一些积极的启示作用，但我们也应看到后现代主义一些局限性。例如，后现代主义站在怀疑主义和相对主义的立场来看待社会问题，也有些极端，后现代在批判抛弃现代性可疑特征的同时，也错误地抛弃了启蒙思想、民主、社会理论的进步传承；对于许多有价值的理论，很多后现代批判是过分的、抽象的与颠覆性的。

二、教育学研究的自然科学方法论

教育学研究的自然科学方法论主要是指运用自然科学的研究方法来研究教育学领域中的教育问题。所谓自然科学研究中的"科学方法论"，主要是指一种诉诸

---

① 王北生：《当代教育基本理论论纲》，北京：人民教育出版社，2012年，第335～336页。
② ［美］大卫·格里芬：《后现代科学：科学魅力的再现》，马季方译，北京：中央编译出版社，1995年，第134页。
③ ［德］雅斯贝尔斯：《什么是教育》，邹进译，北京：生活·读书·新知三联书店，1991年，第3页。

观察与实验，将归纳与演绎结合起来，以试图揭示现象背后的因果律或自然法则的方法。有学者认为，在科学研究的早期阶段，通过洞察力与想象力发生作用，根据经验事实形成一个初步的假设，这个心理过程称为归纳，然后再用数学的或逻辑的推理演绎出实际的结论，并用观察或实验加以检验。若假设与实验结果不相符，必须重新猜测，形成第二假设，继续实验与检验，直到假设与实验结果和检验证明是正确的（或者是一致的），这个假设（假说）才可以上升为理论。科学哲学家波普尔（K. Popper）认为，科学的增长是通过猜想与反驳发展的，所谓科学的方法不过是"假设—证伪法"。客观真理虽然存在，但是不可能被人们的归纳推理所证实，人们只能通过反驳证伪的方式，逐步排除错误接近客观真理。原因是证实与证伪不对称，不论多少次证实都可以被一次证伪所推翻。因此，只有通过"猜想与反驳"，才能逐渐接近客观真理，科学研究就是这样一个永无止境的猜想与反驳的演进过程。

从上述两种关于科学方法论的描述中，我们可以看出，无论是传统的归纳推理法，还是波普尔的假设—证伪法，它们都强调运用可能搜集到的经验证据来检验理论，都注重把理论建立在已知的经验事实的基础上，而经验证据、经验事实的获得，都离不开观察与实验。实验也是一种观察，它实际上是在人为地制造事实、制造证据。由此可见，科学方法论最本质的地方在于，它诉诸经验事实的检验，它既涉及归纳推理，又涉及演绎推理。

在人文社会科学研究中，能否使用自然科学的研究方法论吗？19世纪中后期兴起的实证主义对此做了肯定的回答。实证主义者之所以认为自然科学的研究方法完全适用于人文社会科学的研究，根本原因在于，他们认为人文社会现象与自然现象之间具有同质性或基本的连续性。都可采用普遍的因果律来加以说明，孔德（A. Comte）采用物理学的方法研究社会，建立了物理社会学，包括社会静力学与社会动力学，前者研究社会结构、社会秩序中的各种社会因素的相互作用，后者研究社会变迁和发展的规律性。当然，也有反对用自然科学的方法研究社会现象的，这是因为社会现象与物理现象、生物现象在许多方面是根本异质的。德国学者文德尔班（W. Windelband）和李凯尔特（H. Rickert）强调，自然科学研究自然界发展的一般规律，是"法则性科学"，文化科学研究的是由人的行为构成的社会现象，只能采用与价值关联的特殊方法去研究，因为文化科学是一种"表意性科学"。狄尔泰认为，自然与文化是本质不同的两个领域，人文社会科学只能描述和记录人类历史的特殊事件，他不赞成在人类文化领域寻找规律的自然科学倾向。①

怎样看待自然科学的实证方法在人文社会科学及教育学研究中的运用呢？原则上说，在人文社会科学及教育学的某些领域、某些问题的范围内，人们能够用自然科学的研究方法来研究社会现象与教育现象。从科学研究的最一般程序来看，自然科学方法和人文社会科学方法是可以统一的，它们都遵循相同的认识秩序，即"经验事实→理论假设→经验检验→组织更广泛的经验材料→形成新的理论假设"②。但我们还必须清楚地认识到自然科学的方法在教育科学领域中的运用是有条件的、有范围的和有限度的，并不是教育科学领域的所有问题都适合用自然科学研究方法的。这是因为教育学研究又具有自身的一些特殊性。

第一，教育实验中，教育学研究方法的使用面临着更严重的道德问题。这是因为教育的对象是人，没有替代性实验对象。正如学者所说："在生死攸关的问题上，医学和心理学可以选用动物作为替代性的实验对象，而教育实验的对象与教育服务的对象完全一元化，具有不可替代性（至少目前如此）。"③同时，教育的伦理规范也要求我们，当科学研究与伦理规范发生矛盾时，伦理道德规范原则优先。

第二，严格意义上说，教育实验是一种准实验。实验是研究者依据一定的理论假设和研究设计，主动操纵实验变量，并对非实验变量予以自觉、明确和适度的控制，观测其结果，从而检验理论假设的一种活动。就实验法而言，控制是实验法的精髓。但在教育实验中，研究者对实验情境进行完全控制是非常困难的。所以，教育实验只能是一种准实验。

第三，在教育研究中，对实验对象进行精确的测量与定量分析，许多时候是比较困难的。这是因为，教育系统与其他社会系统相比，有更大程度的不确定性和模糊性特征。众所周知，教育领域的实验，一般是操纵某种教学方法、教学方式或者是通过课程改革等因素，目标只有一个就是促进学生更好地发展。对于学生发展的结果进行测量与评价，要达到精确化是非常困难的。例如，学生的知识与技能掌握情况怎样？学生的智力发展情况怎样？学生的情感态度价值观发展怎样？这些问题看起来比较简单，但实际测量都有一定的难度。

实证研究和思辨研究对教育学的发展和科学化都是非常重要的，因此教育学研究就需要根据具体研究对象确定和采用不同的研究方法，而不能以偏概全。强调实证和实验研究，并不是说教育学对每一个问题的研究都要实证与实验，达到

① 转引自杨小微：《教育研究的原理与方法》（第2版），上海：华东师范大学出版社，2010年，第16页。
② 瞿葆奎：《教育学文集·教育研究方法》，北京：人民教育出版社，1988年，第111~114页。
③ 黄向阳：《教育专业伦理规范导论》，华东师范大学博士学位论文，1997年，第45页。

数量化的精确程度。相反，重视思辨和形而上学的方法也绝不是要求对教育学的每一个具体问题的研究都要做出本体、本质上的规定。总之，采用实证方法认识教育事实和客观规律与采用哲学社会科学方法研究教育价值及主体追求的规律，对建构合理性教育学理论和教育学的科学化都是重要的方法论。

此外，由于教育学研究的独特性与人文性，教育学研究的一般方法论，除了哲学方法论、自然科学方法论之外，还有教育学研究的艺术方法论。历史上的一些教育家都曾运用艺术的方法来探索教育学的理论问题。例如，洛克的《教育漫话》、卢梭的《爱弥儿》等，都是成功运用艺术方法研究教育学问题的典范之作。

第四节　中国教育学的研究方法论

教育学的发展总是与教育学研究方法、教育学研究范式的变革密切相关的。尽管人们在不同层面探索教育学研究方法论，但令人遗憾的是，"教育是唯一尚未运用科学方法的一个学科领域"[1]。这种概括尽管有些偏颇，但也从侧面说明教育学研究方法论确实存在一些问题。

一、中国教育学研究方法论的历史探索

自教育学引入中国之时，人们就开始思考教育学的研究方法论问题，只是在不同的时期，人们关注的侧重点不同而已。在新中国成立之前，一些学者就开始思索与探讨教育学的研究方法论问题。例如，在民国时期，由于受到科学主义的影响，一些研究者就关注教育学的实证研究方法，力图运用科学的方法从事系统的教育学研究。例如，庄泽宣把教育学研究分为三类：历史的研究、哲学的研究和科学的研究。历史的研究所以明教育之演进及以往之成绩，以为今后研究之基础，故首为人所注意。然此种研究，述而不作，仅前事之不忘，后事之师也。教育的哲学研究，采本求源之研究。作此种研究者非鉴古明今，有敏锐之目光、冷静之思考、实验之精神与哲学之背景不可。教育哲学虽为新教育建立之基础，然发扬光大则有赖于客观的研究。教育之科学的研究，一方面在客观，一方面在数量，有历史的背景及哲学的基础，始有施展之余地。西洋新式之教育已有数百年之历史，量的方面亦发达至不可不加以选择之地位，故科学的研究，应时而起，

---

① ［法］米亚拉雷：《教育科学导论》，思穗，马兰译，北京：教育科学出版社，1991年，第5页。

方兴未艾，前途未可限量也。①也有学者注意到，从教育学的研究历史来看，是先"运用严密的方法，发现自然、控制自然，得到相当的成功以后，才想用同样的方法，以发见和控制社会"，然而，关于经济、政治、教育一类的问题，"能够放弃偏见和信仰，而以一种客观的方法来解决，这希望恐怕还是很遥远，并且也有许多学者并不承认这些问题是可以用客观的方法解决的"。②由此可见，这一时期人们对教育学研究方法论问题进行探讨，对教育学研究的科学方法提出挑战。有学者认为，教育实验比自然实验更困难，因为教育对象是人，人的发展受多种因素的影响，而且影响因素易变，不利于控制；人类所发生的变化，往往缘于复杂的原因，不易分析；人与人之间的个性差异太大，不如自然物单一，在使用实验时，不得不借用其他方法。③

　　总体来看，20世纪上半叶，中国教育学研究也历经了研究范式的转换。20世纪上半叶中国传统的封建文化教育受到世界教育现代化潮流的影响不断改革，从器物制度到经世致用，开始了探索适合中国的新式资产阶级教育。人们的思想、观念发生变化，从上至下，教育的培养目标由封建社会的"学而优则仕"变为培养"治术"人才再到培养"新民"；结合西方的"德、智、体"全面发展的思想，最终在新教育运动时提出"三育并举"。教育研究范式也从"经验—描述范式"转变为"哲学—思辨范式"与"科学—实证范式"。这种研究范式的转换是与当时教育学的引进与学习密切相关的。在学习西方之前的教育学研究，基本上是"经验—描述范式"，像一些古代的教育名篇都是如此，例如，《学记》《劝学》等。学习日本教育学之时，受赫尔巴特的教育学研究的影响，这是典型的"哲学—思辨研究范式"。学习欧美之时，受到德国实验教育学的影响，特别受桑代克等人的思想影响，教育实验、教育测量、教育统计开始使用在教育学研究中，出现了"科学—实证研究范式"。

　　中华人民共和国成立后，受苏联教育学研究方法论的影响，我国教育学研究方法论一直坚持马克思主义哲学的指导地位，用马克思主义的思想方法研究与探索教育学的理论问题，其中最主要的研究方法是"经验总结法"。这一时期，一方面大力开展经验总结研究，通过深入实践，调查研究，总结教育经验，然后推广教育经验；另一方面开展经验总结法本身的理论研究。历史地看，学习苏联的教育学研究方法，确立马克思主义哲学的指导地位，为我国教育学研究模式的格式

---

① 庄泽宣：《教育概论》，上海：中华书局，1932年，第261页。
② 孟宪承，陈学恂：《教育通论》，上海：商务印书馆，1938年，第225页。
③ 罗廷光：《教育科学纲要》，上海：中华书局，1935年，第92页。

塔转化提供了借鉴。①1958 年"教育革命"中，我们开始批判凯洛夫的教育学，中国教育学走向"中国化"的探索时期，这一时期，教育学研究方法论主要是以马克思主义哲学思想和毛泽东思想为指导，探讨教育问题与具体实践相结合。

在 20 世纪 80 年代，由于建立和发展教育科学的需要，人们推崇科学的研究方法，为此我国开展了广泛的"教育实验研究"。这样我国前期的以宏观的观察和思辨为主要形式、以定性描述为主要方法阶段就转变为以微观的实验为主、以定性与定量相结合的研究方法阶段。②经过十多年的探索，人们发现教育实验的一些缺陷，具体表现是：缺乏对教育实验基本理论的研究；假说含糊、问题模糊；操作困难，结论不可靠；实验人员素质存在问题；实验发展不平衡等。③当然也有学者对我国开展教育实验取得的成绩进行总结与展望，指出教育实验在推动未来教育改革与发展方面作用显著，教育实验的多样化格局要进一步拓展，要注重教育实验自身理论体系建设的研究，要加强教育实验的组织与管理等。④

随着对教育实验研究的反思，在 20 世纪 90 年代，我国从国外引进"行动研究"方法，这种方法很快被国人认可并得到广泛运用。行动研究突破了研究的神秘感，使广大教育工作者认识到研究其实就在自己的身边，"教师即研究者"被广大教育工作者所认可。这种认识的转变更加快了行动研究的开展，人们从事课题研究都会谈到行动研究方法。经过十多年的研究，使得行动研究得到快速发展，它在教育实践中也取得了一些经验，例如借助于校本研究，使得融合理论与实践的鸿沟问题等都取得了一些成绩。但在行动研究中也存在一些问题：一是研究内容上，理论研究过多，实际应用少；二是在理论研究上，出现低层次的重复现象，缺乏高层次的、有创意的理论研究成果；三是在实际应用研究方面，出现名不副实、貌合神离的现象，缺乏针对实践中存在的问题而形成良好设计案例研究的成果；四是对行动研究的认识有待提高，对行动研究"是什么"关注比较多，但问题的关键是"做什么"，这是行动研究的核心，这方面的研究有待提高。⑤也有学者认为，我国中小学教师工作任务重、压力大，没有更多的精力进行行动研究，即便是参与行动研究，往往受"专业个人主义"的教师文化影响，教师之间的交流学习不够，不利于开展行动研究。今后怎样结合我国教育实际，形成教师行动

---

① 王嘉毅，曹红丽：《新中国 70 年教育研究方法：变迁、反思与展望》，载《中国教育科学》，2020 年第 1 期，第 28～37 页。
② 郑金洲：《中国教育学 60 年（1949～2009）》，上海：华东师范大学出版社，2009 年，第 215 页。
③ 石鸥：《对当前教育实验的反思》，载《中国教育学刊》，1996 年第 3 期，第 51～54 页。
④ 田慧生：《我国教育实验发展前景展望》，载《课程·教材·教法》，1998 年第 6 期，第 31～35 页。
⑤ 张文兰，郭小平：《关于我国行动研究学术成果的分析与反思》，载《电化教育研究》，2009 年第 2 期，第 51～54 页。

研究理论仍需要探讨。

21 世纪以来，叙事研究又成为教育学研究领域内的"新宠儿"。叙事研究在我国得以传播和推广是有其历史背景的。一是我国的新课程改革，提出许多新理念，这些理念要转化为教师的教学思想并成为自觉的行动，需要一个对话和转换平台，教育叙事研究恰好迎合了这一需要，教师们通过叙事可以实现资源分享。二是教师专业发展成为这一时期的热门话题，教师专业发展中的专业知识、教育能力，尤其是教师的个人实践性知识及能力的提高受到人们重视，教师个人的实践知识恰好又与叙事研究比较合拍，教师从叙事中进行反思，从案例中感悟道理。三是教育叙事研究本身具有"人文性""经验性"的特征，教师可以通过叙事，揭示隐含在事件中的道理，这种研究方法比较简单，容易被广大中小学教师掌握和运用。当然，在叙事研究过程中，也出现了一些讨论与辩论。[1]倡导教育叙事研究的一方认为，教育叙事研究注重体验、关注价值、凸显意义、回归生活，具有独特的研究价值；对教育叙事研究持有异议的一方认为，教育叙事研究在科学性、规范性、普遍性、客观性等方面存在不足，认为真正的教育问题要靠科学的方法与科学的思想才能解决，叙事是一种前科学味道很浓的东西，这样的研究很难提出抽象的更有解释力的理论。对于我国而言，教育研究成果更缺乏科学化、精确化的理论。关于教育叙事研究的效度和信度问题，批评者认为，教育叙事研究缺乏信度、效度，因而研究结论难登大雅之堂。这是因为，教育叙事研究中叙述的故事是否真实、客观无法检验，有可能"伪造数据"编写"美丽故事"；教育叙事研究关注细节，关注微观，多是个案研究，形成的理论缺乏普遍的解释力，其应用范围也是有限的；教育叙事由于受到个人倾向的影响，无法做到"价值中立"，研究中有个人主观色彩。辩护的一方认为，教育叙事研究有着不同于科学方法研究的特点，难以运用信度、效度对其进行评价。教育叙事研究超越了信度、效度和普遍性，它是通过时间、地点、情节和场景的协同来创生叙事的"经验品质"，这种"经验品质"有着经验的代表性和真实性而具有特殊的价值。对于教育叙事研究，有学者提出一些问题，例如，如何评价教育叙事研究、如何确定教育叙事研究的主体（是研究者还是教师）、怎样定位教育叙事研究、教育叙事文本是否可以虚构等，[2]对于这些问题，目前人们还没有很好地解决，这将成为今后探讨教育叙事研究的重点。

---

[1]　王枬：《教育叙事研究的兴起、推广及争辩》，载《教育研究》，2006 年第 10 期，第 13～17 页。

[2]　王鉴，杨鑫：《近十年来我国教育叙事现象研究评析》，载《当代教育与文化》，2009 年第 2 期，第 13～20 页。

总体来看，21 世纪的中国教育学研究呈现出以下趋势：复杂科学理论应用于教育学研究越来越多，关注教育叙事研究，教育学研究专业界限模糊、直面教育实践与回归本土的教育学研究立场。

二、中国教育学研究方法论的问题与反思

（一）教育学研究方法论存在"单一化"倾向

中国教育学研究方法论的"单一化"，主要有两层内涵：一是马克思主义哲学方法论成为唯一；二是教育学研究具体方法的运用偏重哲学思辨研究。

新中国成立初期，我们对于教育学研究方法的研究是比较缺乏的，基本上是马克思主义哲学统领教育学研究成为一枝独秀。尽管有些学者认识到教育学研究方法的重要性，例如，曹孚、周扬等学者，但在当时的社会背景下，并没有受到应有的重视。1978 年改革开放以后，随着哲学思潮的兴起，教育学研究方法论问题才引起人们的关注。改革开放初期，由于受到系统科学的影响，教育控制论、教学信息论、一般系统论与教育学等研究比较兴盛。在 20 世纪 80 年代，教育实验法受到广泛的重视。进入 21 世纪，后现代主义、复杂理论、现象学与解释学成为教育学领域的热点问题，行动研究、叙事研究等成为热门的研究方法，教育学研究方法日趋多元化。

有研究对我国教育学领域高层次的研究者的作品进行统计分析，发现在中国教育学领域，哲学思辨研究仍然占据主导地位。该研究以部属师范大学的博士生导师的作品为研究对象，发现 12 位博士生导师的 120 篇论文中，哲学思辨研究的文章占 75.83%，实证研究的文章占 24.17%，人类学研究方法的文章为零；12 位博士生导师的 36 部著作中，哲学思辨研究的占 80.56%，实证研究的占 19.44%，没有人类学研究方法类的研究成果。研究者还对 10 所高校的博士论文进行统计，发现 86 篇博士论文中，运用哲学思辨方法的论文有 35 篇，占总数的 40.70%，实证研究的论文有 38 篇，占总数的 44.19%，使用人类学研究方法的论文有 13 篇，占总数的 15.11%。[①]同样，对中国五种教育核心期刊在 1998～2018 年间载文情况进行统计，发现思辨研究范式的文章占比 76.70%，实证研究范式的文章占比 17.46%，行动研究范式的文章占比 3.64%，交叉研究范式的文章占比 2.19%。[②]与此相反，

---

① 齐梅，马林：《学科制度视野下的中国教育学学科发展研究》，北京：人民出版社，2012 年，第 8 章。
② 姜雪青，马勇军：《近 20 年我国教育研究范式的运用现状与发展趋势：基于国内五本教育核心期刊的内容分析》，载《上海教育科研》，2019 年第 12 期，第 13～17 页。

对国外四种教育期刊 2013~2015 年发表的 573 篇文章进行统计，发现国外学者思辨类文章约占 11.5%，实证类文章约占 88.5%；在三种研究范式发文上，量化研究方法的占比 45.0%，质性研究方法的占比 32.1%，混合研究方法的占比 11.4%。①

上述实证研究具有重要意义，足以说明中国教育学研究中方法论使用情况，因为其研究对象具有代表性，能够代表中国教育学研究的前沿和方向。博士生导师多使用哲学思辨的研究方法论，因为这个群体是中国教育学界最权威的群体，其拥有雄厚的理论功底，能够对教育学的基本理论问题进行抽象思辨，也习惯使用在教育学领域占据统治地位的哲学思辨研究方法论。而他们指导的博士生，在研究方法论上相对而言比较多元，这是因为现代研究生培养方案中，比较重视方法论知识与技能的训练，导师有意识地指导学生运用实证研究方法进行科学研究，博士生具有一定的方法论意识，再加上学生出身多元，许多有着理科、工科背景的学生进入教育学领域，他们拥有数理统计与计算的基础，所以，在博士生的论文中，实证研究的论文数量相对比较多。

（二）教育学研究方法论强化对科学主义的反思

关于教育学研究方法论之争，国内学者主要围绕三个问题进行讨论。一是坚持科学主义的研究方法。因为中国教育学研究方法论还没有形成科学主义，大力提倡科学主义是必要的。二是在中国，科学的训练和科学范式还远未建立，不是摒弃科学主义，而是建构的问题。三是教育学研究需要科学意识、科学态度、科学方法，需要科学主义的传播和建构。②2017 年，在华东师范大学召开了"全国教育实证研究联席会议"，并发布了《加强教育实证研究、促进研究范式转型的华东师大行动宣言》，宣言中指出：相比其他国家，我国教育实证研究明显落后，教育研究期刊发表的实证性研究论文不足论文总数的十分之一，而正是教育实证研究的落后导致了我国教育研究水平低与重复率高。因此，为了推动我国教育研究的科学化水平，就必须大力加强教育实证研究，促进教育研究范式的转型。

在教育学研究方法论的争论中，对科学主义的反思成为主流。有学者认为，教育学研究既具有科学性，又具有人文性，教育学研究要兼具人文精神和科学精

---

① 陆根书，刘萍，陈晨等：《中外教育研究方法比较：基于国内外九种教育研究期刊的实证分析》，载《高等教育研究》，2016 年第 10 期，第 55~65 页。
② 周作宇：《没有科学，何来主义？——为教育研究中的"科学主义"辩护》，载《华东师范大学学报》（教育科学版），2001 年第 4 期，第 17~25 页。

神，而人文精神是教育学研究的生命之所在。①随着社会的发展，科学主义作为一种信仰，它又被预设为普遍真理是不容出错的永恒的理论。由此，科学主义形成三个信念：一是自然科学知识是真正的知识，可以解决人类所有的问题；二是自然科学的方法应该运用于所有学科；三是在人类整个精神文化体系中，科学具有最重要的地位和价值。②科学主义的昌盛，给教育学研究带来一些积极的影响。例如，科学主义促进了我国教育实验的普遍开展和教育实验的科学化，使教育学研究由重"思辨"转向"科学—实证"，使得研究结论保持客观、精确，消除主观性，使教育研究者与教育实践者更新了研究的方法与手段。但与倡导科学主义相比，批评的声音更为强大。人们认为，科学主义的哲学基础是实证主义，其自然科学基础是几何学，这种方法倾向于用整体切割部分的办法对物体进行研究，忽视了教育的复杂性，不可分割性。教育活动作为一种培育人的活动，必然涉及价值问题，这是科学主义无法解决的问题。教育现象十分复杂，许多现象是模糊的，难以数量化、精确化，教育实验最多只能是一种准实验。③科学主义的还原论和机械决定论，带来对"人"的物化，忽视人的情感和主体性。④当然，还有学者认为教育学在本质上不是一门实证科学，而是一门人文科学，因而，教育学研究方法论应当是以体验、领悟为核心的理解方法论。⑤

对问题的理解要做到具体问题具体分析，这是因为教育学理论本身存在多种可能性，其研究方法论也就具有多元性。布列钦卡将教育学分成教育科学、教育哲学和实践教育学，分别履行教育学研究中三种不同类型的任务。因此，基于数据的实证研究是无法完成多种教育学建构的，对于教育哲学和实践教育学的任务更是实证研究所无法触及的。教育实证研究作为一种研究方法是众多研究范式中的一种而已，除此之外，还有哲学的、历史的、文化的等多种研究范式。因此，实证化并不能代表教育学科发展的整体趋势。实证科学对于事实是用"知"的方式，而哲学对于心灵则需要借助于"思"，前者是事实性的，而后者则是价值性的。⑥教育实证研究主张摒除价值问题，以揭露教育中的客观事实为其使命，这的确是

---

① 吴国娟：《论教育研究与人文精神》，载《江西师范大学学报》（哲学社会科学版），2004 年第 1 期，第 87～90 页。

② 毛亚庆，阮学勇：《论科学主义与科学主义教育》，载《高等师范教育研究》，2001 年第 6 期，第 8～13 页。

③ 张斌，唐汉卫：《简评"唯科学主义"对当前教育研究的影响》，载《山东教育科研》，1999 年第 10 期，第 15～17 页。

④ 毛亚庆：《论科学主义教育的方法论及其教育图景》，载《高等师范教育研究》，1997 年第 1 期，第 20～25 页转第 47 页。

⑤ 潘瑞华：《论教育学的研究方法》，载《云南师范大学学报》（哲学社会科学版），1993 年第 3 期，第 48～53 页。

⑥ 陈嘉明：《反"科学主义"与中国哲学重建》，载《学术月刊》，1994 年第 11 期，第 17～21 页转第 111 页。

科学的要求，但是这并不代表教育实证研究本身不需要价值指引。作为一种以人为主体的学科，"不论是教育目的、教育内容或师生互动关系的背后，都有价值引导的'规范性'"。①

对于教育学研究而言，"科学"并不是唯一的诉求，科学的范式是经验研究，而教育学作为一门实践学科，需要规范研究和哲学研究。经验研究或事实研究给出的知识是描述性和信息性的，描述性的知识只涉及真与假，却无法给出价值指向。相反，规范性研究是对实践的目的与方式的伦理原则的确认，是对实践的目的、方式及结果的价值判断。作为一门人文和社会交叉学科，教育学研究中的价值研究和事实研究、规范研究和经验研究等研究范式分别研究教育学中不同范畴和领域中的问题，他们都是不可或缺的研究方法，"描述的研究无法排斥辩理的研究，事实研究无法否定价值研究，经验研究无法取代规范研究"②。实证主义研究范式是教育学走向科学化基本范式，但不能过分夸大，否则，有可能造成教育学研究"去思想、去价值、去人文"的风险，③教育学研究中的科学路径与哲学路径同等重要，不可偏废。教育学研究范式要实现通约性和互补性，以多元范式共存，共同促进教育学的发展。

（三）教育学研究方法论缺乏本土创新意识

纵观中国教育学研究方法论的发展历史，教育学研究方法论的发展基本上是以引进为主，把国外的研究方法移植到国内，进行重复运作。1949 年以前，我国教育学主要是向西方学习，同时引进了西方的教育科学研究方法这门学科，中国学者结合自己的实际，也开展了一些本土研究，形成一些中国特色的教育学理论。新中国成立之后，我们在相当长的时间里把马克思主义哲学方法论作为唯一的教育学研究方法论，这对于我们建立社会主义教育学理论体系做出了突出的贡献。但是由于教育问题的复杂性，运用单一的方法论解决复杂问题显然是不够的。改革开放以后，我们又开始新一轮的学习西方先进经验，赞可夫的"实验教学论"体系等被介绍到中国，引起中国学者方法论意识的觉醒。由此，中国学者开始注重教育实验研究，科学主义也在教育学研究中占据主导地位。但随着人们对方法论认识的不断深入，多元化的方法论思想开始呈现，思辨研究、实证研究开始交替进行。20 世纪 90 年代引进"行动研究"，21 世纪引进"教育叙事研究"等，都可以看出我国教育学研究方法论是以学习模仿、移植为主，本土创生、建构

---

① 项贤明：《论教育科学中的实证问题》，载《教育学报》，2017 年第 4 期，第 17～24 页。

② 金生鈜：《教育研究的逻辑》，北京：教育科学出版社，2015 年，第 19 页。

③ 李均：《论实证主义范式及其对教育学的意义》，载《教育研究》，2018 年第 7 期，第 41～47 页。

意识不够。没有世界意识的本土意识是狭隘的，没有本土意识的世界意识是无根的。世界意识的引入和本土意识的坚守都是为了更好地观照和切中中国的教育问题与教育经验，唯有在他者镜像与自我观照之间保持一种动态的平衡，方能走出当代中国教育学研究陷入普遍主义与历史特殊主义研究方法之争的困境。①

（四）教育学研究方法论缺乏学术规范性

学术研究规范是保证学术研究质量的基本措施，一般要求学术文章观点明确，资料翔实，论证严密。通过考察样本，发现很多文章存在学术研究不规范现象，例如，思辨研究以理论思辨和经验总结为主，其以经验性材料作为论据，对论点进行论证，其说服力有待商榷，而通过对样本研究的分析发现，很多思辨研究的经验性材料常常为主观经验，部分虽为客观经验，但是没有标明资料来源和出处，研究所用的资料主要来源于已有文献，但是 60.7% 的研究通篇无明确收集资料方法；在量化研究中，抽样程序和方法均存在不规范现象，有的研究甚至没有取样说明，问卷信度、效度信息缺失，无法保证数据的可信性和问卷的有效性。②在质性研究中，主要是资料的罗列和堆积，缺乏理论提升。还有一些文章并没有遵循写作规范，有的甚至没有参考文献。

（五）教育学研究方法树立复杂思维研究方法

教育学研究中的不同研究范式都是经过长期的发展逐渐形成的，是人们认识世界、获得知识的方式，其自身必有自己存在的依据和适用范围，不同的研究问题，应该运用不同的研究范式，并不存在一种绝对正确的方法，每种方法都有其局限性。跳出二元对立的思维来看，无论是实证研究范式还是思辨研究范式，无论是量的研究范式还是质的研究范式，都是犯了简单化的错误。因为教育学本身是一门非常复杂和开放的学科，教育学研究方法论最大的特点就是能够整合和吸收其他学科的方法论为己所用。随着复杂性科学的兴起，复杂性科学研究的方法论正在形成，并向社会科学领域渗透。教育学研究问题的复杂性客观上要求我们改变单一的、线性的思维和研究范式，走向多元的、非线性的复杂的思维和研究范式。

---

① 胡军良：《当代中国教育学研究方法论的哲学反思》，载《教育理论与实践》，2012 年第 19 期，第 3～7 页。
② 姚计海，王喜雪：《近十年来我国教育研究方法的分析与反思》，载《教育研究》，2013 年第 3 期，第 20～24 页转第 73 页。

三、开展教育学研究方法论的创新研究

皮亚杰曾说："教育学乃是一门可与其他科学相比较的科学，而且由于它所包括的各种因素的复杂性，这门科学甚至是一门研究起来十分困难的科学。"[①]为了提高教育学研究的科学性与有效性，就必须加强教育学研究方法论的创新研究。

（一）拓展定性与定量研究相结合的方法

现代科学发展的一个显著特点是科学数字化的趋势，越来越多的科学部门使用数学语言、数学模型和数理统计方法，这除了用数学精确地表达事物数量方面的特征外，更重要的是数学提高了理论的构造性，从而使理论具有更大的清晰性和预见性。因此，数理统计方法也可以引入教育学研究领域，研究各种教育现象、教育问题之间的量、量的关系、量的变化规律等，从而对教育问题做出更为精确的说明，以便从量的关系中把握教育学的发展变化规律。像教育学领域的经济问题、管理问题、评价问题都要利用数学模型对一些复杂的教育问题进行模拟以及模拟实验，从而取得更加可靠的研究结论。

但教育问题存在复杂性，由于它主要是一门人文社会科学，许多问题如教育本质、教育性质、教育功能、教育价值、思想品德教育等难以完全数字化、精确化。对待这样的教育学问题，就需要用定性描述研究。当然，有些教育学问题既可以描述研究，也可以定量分析，对待这样的问题，最好是把描述研究与定量分析研究结合起来，使研究结论有理有据，增强教育学研究的信度与效度。

事实上，教育学研究要以问题为中心，不仅要对实存的教育现实进行说明，也要对其教育现实所隐含的教育理想进行解释。为此，教育学研究不仅要通过各种实证的研究，来揭示、说明教育中蕴含的因果关系甚至预测教育的发展趋势，也要通过各种哲学的理论思辨，来揭示教育实践的人文旨趣。两者都是解释以及解决教育问题本身的不同维度。[②]所以，教育学研究即是直面教育问题本身的研究，思辨的研究和实证研究都应该成为教育学研究的基本范式，教育学的发展也需要研究范式、研究方法的多样性，来切实提升其解释力和引领教育实践的可能性。

（二）坚持预测研究与回测研究方法的结合

现代社会的快速发展，要求人们对未来有个科学的预测与把握，以便把握先

---

① ［瑞士］皮亚杰：《教育科学与儿童心理学》，傅统先译，北京：文化教育出版社，1981年，第13页。
② 刘铁芳，位涛：《教育研究的意蕴与教育研究方法的多样性》，载《吉首大学学报》（社会科学版），2018年第1期，第7～14页。

机，实现教育的更好发展。教育预测是指对教育发展趋势和前景的科学预测，它是在大量调查研究的基础上，对有关统计资料进行分析综合的结果，这对于制定教育学发展规划，推进教育学改革具有重大意义。但事物的发展规律告诉我们，今天是过去的延续，未来是没有展开的今天，尽管事物发展具有很多的偶然性，但要做出科学的预测，不能不以周密地认识过去和把握现在为前提。教育回测就是对教育预测实施一段或一个时期以后，回过头来总结过去，目的在于吸取经验，反思教训，调整工作计划，使教育工作更好地走向未来。

（三）运用系统科学方法指导教育学研究

系统科学起源于 20 世纪 40 年代，控制论、信息论和系统论的问世以及后来"新三论"（耗散结构论、协同论和突变论）的诞生，为教育学研究提供了强有力的方法论武器。系统科学不仅是新的理论，也是新的方法。系统科学强调把事物作为一个有一定元素、结构组成的有机整体来看待，在考察研究对象的方式方法上，强调整体性、综合性的观点，注重从整体上研究事物的结构、层次、过程、关系、信息反馈等，突破了以往那种处理简单因素、静态、直线因果的分析方法的局限性，从而把辩证法中的普遍联系、相互作用、运动发展、量变质变等范畴进一步具体化。这些理论与方法，对于我们处理教育内部关系、教育外部关系、教育系统整体关系都提供了新的视野。系统科学代表了教育学研究方法论上的新的发展趋势和未来发展方向。

（四）创建教育学研究的独特范式

教育学作为研究教育问题的一门科学，由于其研究对象的复杂性，使得教育学的边界具有模糊性。这种模糊性对其理论解释力和实践批判力产生了致命的消极影响，教育学因此正面临着严峻的质疑和巨大的挑战。[1]因此，厘清教育学的边界，确立教育学的独立地位，回归教育学学科立场，建立整体意义上的教育科学研究范式，与哲学科学范式、自然科学范式、人文社会科学范式区分开来，在学科地位上形成平等、互动、共生之势，是发展教育学研究方法论的重要任务。这是思维方式的重大变革，它能突破原有"科学"的内涵和外延边界，形成自己的科学边界，构建独属于"教育科学"的科学范式。[2]这种思维方式的变换，不仅对于加快教育学的发展具有重要意义，而且对于克服教育学研究总是借用其他学科

---

① 项贤明：《教育学的边界》，载《教育研究》，2017 年第 6 期，第 12～19 页转第 31 页。
② 李政涛：《教育学的边界与教育科学的未来：走向独特且独立的"教育科学"》，载《教育研究》，2018 年第 4 期，第 4～15 页。

研究范式的弊端也具有重要价值。当然，创建自己的学科研究范式可能是一种路径，但借鉴其他学科的研究范式仍可使用，事实上，跨学科研究已成为教育学的一种研究方式。"多学科研究看起来是超越固有的学科规范，可是在实践上，它往往只是强化了固有学科的存在。因为多学科研究——把各种独立的学科知识合并起来——这一概念，本身就预设了学科分类的合法地位，并赋予了这种分类法意义，因而其背后不言而喻的信息就是学科知识可以个别独立地存在。"①

---

① [美]华勒斯坦等：《学科·知识·权力》，刘健芝，等译，北京：生活·读书·新知三联书店，1999 年，第222 页。

第九章

教育学的学科体系

　　顾明远教授在总结我国改革开放 40 年的教育成就时曾说道："中国教育可以用四句话来概括：第一是观念的转变，第二是事业的发展，第三是制度的创新，第四是科学的繁荣。"①教育科学的繁荣即包括教育学学科体系的建立。在明确了教育学的一些基本问题之后，我们有必要再对教育学的学科体系进行梳理与探讨，它应是教育学原理探讨的基本内容之一。

---

① 刘华蓉：《纵论教育改革开放 40 年，顾明远先生对话许美德教授：中国教育发展的全球意义在哪里》，载《中国教育报》，2018 年 9 月 27 日，第 6 版。

第一节　中国教育学学科体系的形成

"20 世纪是中国教育学科艰难创生、曲折发展的世纪。伴随着中与西的文化激荡，传统与现代的思想交融，中国教育学科逐渐地从译介走向编著，从移植走向创生，从草创走向发展。教育学者们百年来以执着的精神、笃实的态度、开放的思维，成就了中国教育学科发展史的世纪篇章。"[①]这段话非常形象地道出了中国教育学学科发展的复杂过程。

一、中华人民共和国成立前教育学学科体系的发展

1901 年，是中国引进"教育学"的开端，也是教育学在中国出现的开端。随后国人掀起了学习日本教育学及教育学分支学科的高潮，大量翻译日本的教育学及教育学分支学科。当然，在学习日本教育学及其分支学科的基础上，结合学习体会和本国的教育实践经验，国人也开始编写教育学及其教育学分支学科著作及教材。这一时期引进日本的教育学，既是中国教育迈向教育现代化的需要，也是西学东渐的必然结果，同时还是满足师范学校开设教育学学科课程的需要。

1917 年，胡适、蒋梦麟、陶行知、晏阳初等人留学归来，开始介绍杜威的教育思想，再加上 1919 年杜威来华讲学，教育学的学习和引进发生重大转向，由原来学习日本的教育学开始转向学习欧美的教育学，这种引进与学习一直持续到中华人民共和国成立。在学习欧美教育学时期，教育学及其分支学科的发展是相当开放的。我们不仅学习美国的教育学，而且也引进德国的教育学，例如国家主义教育学、文化教育学等。当然这一时期美国的教育学思想占据主导地位。据考证，20 世纪引进外国 476 名著者的教育学及分支学科著作和教材共有 530 本，涉及约44 个门类。[②]其中，20 世纪上半叶共引进 245 本。[③]在引进国外教育学学科的同时，国人结合学习与教学，也编写了大量的教育学及其教育学分支学科的著作与教材。这里以出版发表时间为序，描述教育学及主要分支学科的发展情况。

① 瞿葆奎，郑金洲，程亮：《中国教育学科的百年求索》，载《教育学报》，2006 年第 3 期，第 3～11 页。
② 侯怀银：《关于 20 世纪中国教育学史的思考》，载《中国教育科学》，2018 年第 1 期，第 43～47 页。
③ 侯怀银：《20 世纪上半叶教育学在中国引进的回顾与反思》，载《教育研究》，2001 年第 12 期，第 64～69 页。

（一）编译国外的教育学及分支学科情况

[日]田中敬一：《学校管理法》，周家树译，载《教育世界》1901 年 5～8 月，第 1～7 号。

[日]三岛通良：《学校卫生学》，汪有龄译，载《教育世界》1901 年 5～8 月，第 1～8 号。

[日]立花铣三郎：《教育学》，王国维译，载《教育世界》1901 年第 9、10、11 号。

[日]汤本武比古：《教授学》，载《教育世界》1901 年 10～11 月，第 12、13、14 号。

[日]藤泽利喜太郎：《算术条目及教授法》，王国维译，载《教育世界》1901 年 12 月～1902 年 2 月，14～18 号。

[日]原亮三郎：《内外教育小史》，沈弘译，载《教育世界》1901 年 12 月～1902 年 2 月，第 15～18 号。

[日]木场贞长：《教育行政》，陈毅译，1902 年版（出版者不详）。

[日]久保田贞则：《心理教育学》，广智书局 1902 年版。

[德]格露孟开伦：《格氏特殊教育学》，京师大学堂译书局 1903 年版。

[日]尺秀三郎，中岛半次郎：《教育学原理》，季新益译，教科书辑译社 1903 年版。

[日]高岛半三郎：《教育学史》，张宗哲译，载《直隶教育杂志·直隶教育官报》1908 年 1 月，丁未年第 19 期；1908 年 3～4 月，戊申第 1、3、4、5 期。

[美]柯培楷：《蒙学原理》，吕复译，载《直隶教育杂志·直隶教育官报》1908 年 4 月～1909 年 1 月，戊申年第 5、10、16、19、20 期；1909 年 3 月，己酉年第 3 期。

宋景宽编译：《职业教育论》，商务印书馆 1916 年版。

余寄编译：《德英法美国民教育比较论》，中华书局 1917 年版。

余寄编译：《社会教育》，中华书局 1917 年版。

[美]史密斯：《教育社会学导言》，刘著良译，载《安徽教育月刊》1918 年 1 月，第 15 期；1919 年 1 月，第 12 期。

[美]杜威：《德育原理》，元尚仁译，中华书局 1921 年版。

[美]豪恩：《教育哲学》，中华书局 1924 年版。

[美]吉特：《教育之科学的研究》，郑宗海译，商务印书馆 1924 年版。

[美]麦柯：《教育实验法》，薛鸿志译，求知学社 1925 年版。

美国中等教育改制委员会编：《中等教育的基本原理》，胡忠智译，北京文化学社 1927 年版。

杜佐周编译：《麦柯教育测量法撮要》，民智书局 1927 年版。

[美]塞斯顿：《教育统计学纲要》，朱君毅译，商务印书馆 1928 年版。

[美]波比怸：《课程》，张师竹译，商务印书馆 1928 年版。

郑冠兆编译：《美国成人教育之面面观》，中华印刷局 1931 年版。

[日]富士川游：《教育病理学》，李任仁编，三友书店 1935 年版。

美国内务部教育署全国教育财政调查团：《教育财政学原论》，陈友松译，商务印书馆 1936 年版。

[日]细谷俊夫：《教育环境学》，雷通群译，商务印书馆 1938 年版。

[美]谷德：《教育研究法》，李相勖，陈启肃译，商务印书馆 1939 年版。

从以上这些材料来看，当时翻译与编译的教育学及主要分支学科有 30 多门。

（二）国人编写的教育学及分支学科的情况

国人编写的教育学及分支学科的相关著作与教材，主要有：

冯世德：《实用教育学》，载《大陆》1903 年，第 3、4、5、6、8、9、10、11、12 期。

朱孔文：《教授法通论》，时中学社 1903 年版。

云窝：《教育通论》，载《江苏》1907 年，第 3、4、6、9、10 期。

蒋维乔：《学校管理法》，商务印书馆 1909 年版。

谢荫昌：《社会教育》，商务印书馆、中华书局、文明书局 1913 年版。

张学年：《家庭教育学》，载《湖南教育杂志》，1913 年，第 10 期。

周维城：《特别教育》，商务印书馆 1916 年版。

蒋拙诚：《道德教育论》，商务印书馆 1919 年版。

舒新城：《教育心理纲要》，商务印书馆 1922 年版。

张秉洁，胡钰：《教育测量》，北京高等师范 1922 年版。

常道直：《成人教育论》，载《教育杂志》1922 年，第 14 卷第 8 号。

薛鸿志：《教育统计学大纲》，高等师范编译部 1922 年版。

陶孟和：《社会与教育》，商务印书馆 1922 年版。

范寿康：《教育哲学大纲》，中华学艺社 1923 年版。

孙贵定：《教育学原理》，商务印书馆 1923 年版。

廖世承：《中等教育》，商务印书馆 1924 年版。

余家菊：《教育原理》，中华书局 1925 年版。

余家菊：《课程论》，载《中华教育界》，1925 年，第 19 卷第 9 期。

黄绍箕，柳诒徵：《中国教育史》，出版者不详，1925 年版。

王诲初：《西洋教育小史》，商务印书馆 1926 年版。

庄泽宣：《职业教育概论》，商务印书馆 1926 年版。

余家菊：《师范教育》，中华书局 1926 年版。

舒新城：《教育通论》，中华书局 1927 年版。

王骏声：《幼稚园教育》，商务印书馆 1927 年版。

庄泽宣：《教育概论》，中华书局 1928 年版。

庄泽宣：《各国教育比较论》，商务印书馆 1929 年版。

丘景尼：《教育伦理学》，世界书局 1932 年版。

罗廷光：《教育科学研究大纲》，中华书局 1932 年版。

孟宪承：《大学教育》，商务印书馆 1933 年版。

史襄哉：《教育卫生学》，中华书局 1933 年版。

朱智贤：《教育研究法》，正中书局 1934 年版。

吴俊升：《德育原理》，商务印书馆 1935 年版。

罗廷光：《教学通论》，中华书局 1940 年版。

赵光涛：《电化教育概论》，商务印书馆 1948 年版。

从上述这些书籍来看，在 1949 年以前，当时中国教育学主要分支学科建设是相当丰富的。前期主要以日本为蓝本，编写教育学及教育学主要分支学科；后期主要以欧美为参照，编写教育学主要分支学科。

当然，这一时期还有个别教材与著作以苏联为学习榜样，以辩证唯物主义和历史唯物主义为指导，撰写教育学相关著作，试图建立马克思主义教育学及分支学科，主要代表作有杨贤江的《新教育大纲》《教育史 ABC》和钱亦石的《现代教育原理》。

二、中华人民共和国成立至今教育学学科体系的发展

1949 年以前，教育学课程体系主要是移植美国的，具有严重的半殖民地色彩；

课程脱离政治之外，不能为新民主主义政治服务；课程注重理论探讨，严重脱离实际；课程科目繁多，内容重复陈旧等问题[①]。对此，1949 年 10 月 11 日华北高等教育委员会正式颁布了《各大学、专科学校、文法学院各系课程暂行规定》，规定教育系开设 13 门课程，这是建国后第一次对教育学科学习内容的改革。但后来由于学习苏联教育经验，教育学学科仅剩下教育学、教育史、教育心理学、教育行政、教学法等。到了 1952 年，教育部颁布了《师范学院教学计划（草案）》，1954 年颁布了《师范学校暂行教学计划》。我国的教育学及其分支学科完全倒向了苏联模式，教育系开设的课程仅剩下教育学、心理学、教学法、教育史、学前教育学、学校卫生学等几门。

1978 年，教育部颁布了《高等师范院校教育系学校教育专业学时制教学方案（修订草案）》，主张开设教育学、教育心理学、中国教育史、外国教育史、小学教材教法等必修课，开设教育哲学、教学论、比较教育学、教育统计、学前教育学、教育行政与学校管理等选修课。[②]教育学科的恢复与重建初现端倪。1981 年 1 月召开了"进一步解放思想，搞好教育科研"的座谈会，会上大家认为我国教育科学"缺门"太多，这种状况必须改变，否则势必影响我国建构完整的教育科学体系。1981 年 4 月，全国教育学研究会第二届年会提出建立我国的教育科学体系必须遵循以下五个途径：一是要认真加强马列主义、毛泽东教育理论的研究，为建立中国式的教育科学奠定坚实的理论基础；二是要实事求是地研究我国的教育经验教训，从中探索、揭示教育规律，为建立具有我国特色的教育科学提供真实无误的历史根据；三是要踏踏实实、坚持不懈地进行各个方面的教育科学实验，为建立中国式的教育科学提供大量的、系统的、翔实可靠的事实根据；四是要批判地继承祖国的历史教育遗产，取其精华，去其糟粕，择其善者纳入社会主义的教育科学体系，做到古为今用，对祖国的教育历史遗产，应批判地继承；五是要广泛地研究外国的教育理论和经验，做到洋为中用。[③]

1983 年 5 月，教育部在北京召开了全国第二次教育科学规划会议。会议明确提出要逐步建立具有广阔特色的社会主义教育科学体系。正是在这种背景下，对教育科学自身进行反思，探讨建立中国特色的社会主义教育科学体系成为我国教

---

① 转引自侯怀银：《建国后十七年中国教育学科体系建设和发展的基本历程初探》，载《山西大学学报》（哲学社会科学版），1998 年第 3 期，第 78～82 页。

② 《当代中国》丛书教育卷编辑室：《当代中国高等师范教育资料选》（上册），上海：华东师范大学出版社，1986 年，第 767～770 页。

③ 佚名：《全国教育学研究会第二届年会讨论全面发展等问题》，载《教育研究》，1981 年第 6 期，第 90～93 页。

育科学工作者这一阶段着力探索的热点问题。1985 年，《中共中央关于教育体制改革的决定》颁布。我国教育改革持续开展，至今方兴未艾。在此期间内，教育学科的发展由开放引进走向综合创新；高度综合与分化并驾齐驱；教育学的元研究开始得到重视，努力创建教育科学学。到目前为止，我国教育学科已有近百门二级、三级分支学科，从而形成了一个庞大的教育学科群。

由于我国教育学及其分支学科 70 多年来发展过程的曲折性、复杂性，正如学者所说，百年中国教育学科是"在异域理论的'驱动'下，在其他学科的'挤压'下，在意识形态的'控制'中艰难行进，努力挣脱依附的生存处境，谋求自主的发展空间"。[①]为了更好地展现我国教育学科体系的发展现状，笔者对新中国成立以来有关教育学及其主要分支学科的图书出版情况进行了统计（表 9-1），以此窥见教育学学科发展的总体情况。

表 9-1　1949～2020 年中国主要教育学学科图书出版情况统计表[②]　（单位：种）

学科名称	检索条件：书名		学科名称	检索条件：书名	
	等于	包含		等于	包含
教育学原理	43	141	中国教育史	28	219
课程论	5	177	外国教育史	18	76
教学论	31	1779	教育技术学	15	100
课程与教学论	39	380	教育哲学	57	358
比较教育	20	228	教育社会学	53	178
比较教育学	21	47	教育心理学	215	1202
学前教育学	106	179	教育管理学	24	143
幼儿教育学	31	84	教育行政学	21	50
小学教育学	23	57	教育政策学	7	15
中学教育学	18	39	教育文化学	4	10
普通教育学	24	40	学校管理学	39	98
高等教育学	42	118	教育学史	2	40
成人教育学	7	22	教育法学	33	131
职业技术教育学	4	11	教育统计学	43	96
特殊教育学	4	11	教育测量学	5	13
电化教育学	5	12	教育原理	38	225
教育科学研究方法	36	115	德育原理	20	47
教师专业发展	21	618	教师教育学	2	7

---

① 瞿葆奎，郑金洲，程亮：《中国教育学科的百年求索》，载《教育学报》，2006 年第 3 期，第 3～11 页。
② 本表统计数据来源于"读秀图书"，检索日期：2020 年 11 月 29 日。

续表

学科名称	检索条件：书名		学科名称	检索条件：书名	
	等于	包含		等于	包含
教育概论	29	582	教育史学	3	29
教育学	319	4213	社会教育学	2	9
家庭教育学	32	58	网络教育学	2	3
学校教育学	9	41			

从上面这些学科的代表作可以看出，教材编写是其主流，真正从学科建设的视角，或者从元理论的视角来建构与探讨学科建设的著作较少。当然，高等教育学学科除外，相对于其他分支学科来说，高等教育学学科建设的学术著作较为丰富。

通过对学术研究的梳理与反思，更好地加强教育学学科建设，华东师范大学的研究团队做出了突出贡献。例如，瞿葆奎、郑金洲主编的《中国教育研究新进展》（华东师范大学出版社）；谢安邦主编的《中国高等教育研究新进展》（华东师范大学出版社）；叶澜主编的《中国教育学科年度发展报告》（上海教育出版社）。这些报告内容涉及教育学原理、德育原理、教育哲学、教育社会学、课程论、教学论、教育管理学、教育史、比较教育、教育经济学等教育学分支学科。这些图书的出版，有力地促进了中国教育学学科的发展。

此外，《教育研究》编辑部近年来每年发表一篇"中国教育研究前沿与热点问题年度报告"，总结上一年全国各种期刊教育学研究的发展情况，内容涉及教育学的主要分支学科。再就是中国人民大学复印报刊资料中心，以复印资料《教育学》转载论文为依据，总结每年教育学研究的热点问题。这些研究对于反思教育学及其分支学科的发展、加强教育学学科建设都具有重大意义。

第二节　中国教育学学科发展的特点

整体来看，我国教育学及其分支学科在引进与创生的 100 余年的发展历程中，面对传统与现实、外域与本土、学科内部与外部异常繁杂的关系碰撞，经历了一个"纷乱的教育学及分支学科—苏化的教育学及分支学科—中国化的教育学及分支学科—中国教育学及其分支学科"的曲折发展过程，教育学分支学科在发展过程中呈现出以下一些基本特点。

一、引进借鉴与自主创生交织进行

　　教育学学科在中国的出现是引进而来的，由此导致教育学及其分支学科在中国的形成与发展呈现出借鉴与创生的特征。1949 年以前，我们先是从日本引进了大量的教育学科，其后我们学习欧美，大量引进欧美的教育学及教育学的分支学科，最终形成了一大批教育学的分支学科。在学习国外教育学及其分支学科的同时，国人发现国外的未必适应中国，于是开始了教育学及其分支学科中国化的探索，国人结合我国实际，自己编写教育学及其分支学科著作和教材。

　　新中国成立后，我们借鉴老解放区的教育经验，在 1951 年底基本完成了对旧教育、旧学校的接管与改造。限于当时的形势，我们选择学习苏联，一时间大量翻译出版苏联的教育学著作与教材成为教育界的主流。在教育学著作与教材方面，凯洛夫的《教育学》成为我们学习的主要内容，米定斯基（Е. Н. Медынский）著的《世界教育史》（生活·读书·新知三联书店，1950 年版）、康斯坦丁诺夫（Н. А. Константинов）主编的《世界教育史纲》（人民教育出版社，1954 年版）、沙巴也娃（М. Ф. Шабаева）编写的《教育史》（人民教育出版社，1955 年版）都被我国学者翻译过来，作为教育史教材。由于当时苏联的教育学是"大教育学"，对教育学科没有进行严密的分类与细化，我们在学习苏联教育学的过程中接受了这种模式，当时学校的教育学学科中，除教育学之外，还有教育史、学科教学法、教育心理学、教育行政、教育测验与统计、教育政策法规、职业教育概论等课程。当时高校教育学科存在两个本科专业，一个是学校教育专业，一个是学前教育专业。与此相对应，还有一些学前教育学的科目，如学前教育组织与领导、幼儿教育史、学龄前卫生学、幼儿教育学、学前教育专题、幼儿科目教学法等。① 到了后来，我们基本上完全接受了苏联的教育学科体系，教育学学科主要包括教育学、心理学、教学法、教育史等。曹孚教授在其起草的《关于 1956～1967 年发展教育科学的规划草案（初稿）》中谈到，我们的教育科学研究工作，要分教育学（包括教学法）、心理学、教育史三个方面进行。②

　　1956 年以后，我们开始反思学习苏联教育经验中存在的问题，催生了教育学中国化的探索。特别值得提到的是潘懋元先生，他在这一时期呼吁建立高等教育学这门学科，并编写了新中国成立以来第一本《高等学校教育学讲义》一书。由于受到反右斗争扩大化和"教育革命"的影响，中国教育学的探索中出现曲折，

---

① 郑金洲，瞿葆奎：《中国教育学百年》，北京：教育科学出版社，2002 年，第 325～332 页。
② 曹孚：《曹孚教育论稿》，上海：华东师范大学出版社，1989 年，第 689 页。

结果形成了"教育政策汇编形式"的教育学①。尽管在 20 世纪 60 年代初期，我国对教育领域一些问题进行矫正，也形成了刘佛年教授主编的《教育学》（讨论稿）、《西方资产阶级教育论著选》等有影响的教材和教学参考资料，但教育工作中的"左"倾思想始终没有得到解决，最终导致教育学完全变成教育经验的总结、教育政策的汇编，最终形成"语录化+政策化"的教育学。

1978 年，党的十一届三中全会召开，会议确定以经济建设为中心，实行改革开放。随着高考制度的恢复，为了满足给师范生和教育学专业学生开课的需要，教育学及其分支学科也相继恢复与重建，这项工作一直持续到 20 世纪末，我国的教育学及其主要分支学科都得到了恢复、重建和快速发展。伴随着教育学科的恢复与重建，我国仍然坚持引进与创生相结合。这一时期，有的学科是在引进的基础上逐步建立起来，有的学科是自主创生之后再引进，还有一些学科是中国人的智慧成果。自 20 世纪 80 年代以来，人们重提教育学中国化，开始了教育学中国化与中国教育学的探索。21 世纪以来，教育学及其主要分支学科都在不同程度上进行中国创新，逐步建立了中国教育学科体系，为人类教育学学科的发展贡献了中国人的智慧。

二、学科逻辑与外在逻辑的统一

一般说来，学科的发展要遵循学科内生与外生辩证统一的逻辑。学科发展的内生逻辑是指学科随着时代的发展，自身知识体系进行内部分化，形成一些二级学科或三级学科等。学科发展的外生逻辑是指学科与学科的交叉与融合，产生许多交叉学科，从而丰富教育学学科体系的"家族"成员。

近代"科学"教育学形成于 19 世纪初期，进入 20 世纪以后，它同其他许多学科理论一样开始转向。即一方面学科内部发生分化，产生越来越多的分支学科；另一方面同相邻学科联系，形成各种交叉学科。这是各门基本理论学科建设的共同经验，也是科学发展的一个趋势。教育学学科在中国的发展，在 20 世纪上半叶就已经达到多样化，形成了众多的教育学分支学科。新中国成立后，我们主要学习苏联的教育学，教育学的许多分支学科、交叉学科基本上被消除，尽管在 20 世纪 50 年代，一些学者主张开展教育学分支学科研究，但始终都未形成气候。例如，有学者认为，教育科学是复杂而又广泛联系的科学，应大力把教育科学做一番分

---

① 侯怀银：《建国后十七年中国教育学科体系建设和发展的基本历程初探》，载《山西大学学报》（哲学社会科学版），1998 年第 3 期，第 78~82 页。

类，要研究教育心理学、学校管理、家庭教育、校外教育、学校卫生等，特别是要把"教育科学研究方法"作为一门知识来教，它还是"一个未开垦的处女地"。[①]主张恢复停开的教育统计学、教育行政学、比较教育学等学科。但在当时的背景下，这些思想不仅没有受到重视，反而受到批判。

"文化大革命"结束后，我国的教育科学迎来了发展的春天，顺应国际科学发展的趋势，教育学及其主要分支学科迅速得到恢复与重建。教育学通过自身的分化，产生了众多的教育学子学科，例如，教育学原理、教育原理、课程论、教学论、教学方法论、教学模式论、德育论、学校管理、班主任工作等，顺应了学科深入研究的需要。教育学顺应学科交叉与融合的趋势，产生了众多的交叉学科与边缘学科，例如，教育哲学、教育社会学、教育文化学、教育经济学、教育逻辑学、教育美学、教育政治学、教育人口学、教育统计学、教育测量学、教育评价学、教育伦理学、教育卫生学、教育生理学、教育心理学、教育生态学、教育法学、教育管理学、教育史学、教育学史等。

学科的发展要遵从自身的逻辑，按照知识进行分类，通过自身的分化，有利于问题研究的集中和深化。学科发展的外部逻辑是适应社会发展的需要，在不断发展的社会改革中，教育问题层出不穷，对于这些问题，有时单学科就可以解决，但更多的问题需要多学科联合，才有利于问题解决。教育学与其他学科要不断交叉融合，以利于复杂教育问题的解决，提升教育学学科服务社会实践的能力。

三、教育实践的发展是教育学学科发展的动力

就实践与理论的关系而言，实践是第一性的，理论是对实践经验的抽象和概括，只有达到理性认识的经验才能形成理论。学科是指知识的分类，是相对独立的知识体系。新中国成立初期，我国只有老解放区的教育经验，于是我们选择了苏联作为学习的榜样，因为苏联是社会主义国家，已有多年的社会主义建设经验，苏联的教育学及主要分支学科也是建立在马克思主义认识论基础上的学科，比较符合我国的需要。在学习苏联初期，一方面我们翻译苏联的教育学科著作与教材；另一方面，一些学者结合国情开始社会主义教育学及其分支学科的探索，国内学者也编写出大量的教育学著作与教材，还撰写了一些教育学分支学科的著作、教材与文章，例如，在爱国主义教育、共产主义道德教育、教育史、教

---

① 陈友松：《怎样拿出最大的力量报答党的恩情》，载《人民教育》，1956 年第 2 期，第 14～15 页。

学法、学前教育、特殊教育等方面，既有论文的发表又有一些学术著作与教材的出版。这些都是新中国教育实践发展的需要。1957 年至 1976 年，我国社会主义建设在曲折中探索，教育学及其分支学科也在曲折中艰难发展。1978 年以后，我国进入改革开放的新时期。教育学及其分支学科经历了短暂的恢复与重建，迅速走向发展创新阶段，教育学科的发展紧紧围绕国家科教兴国发展战略，大力发展教育学科。随着我国改革开放逐步深入，经济建设的持续发展和社会的转型，教育领域出现许多新的问题，需要一些分支学科来研究，教育学科顺应时代发展的需要，通过自身的分化和学科间的综合，逐步形成的庞大的教育学科群。

推动教育学科发展的动力主要是教育实践的发展。从 1985 年《中共中央关于教育体制改革的决定》颁布开始，我国政府持续颁布教育改革文件，学校层次涉及各级各类学校，内容涉及德育、课程、教学、办学体制、教育制度、办学理念等各个方面，特别是一些有影响的教育思想大讨论，诸如素质教育与应试教育、创新教育、教育本质与功能等，更是直接影响着教育学及其分支学科的发展。21 世纪的基础教育改革是新中国成立以来影响最大、持续时间最长的一次教育改革，从教育理念到课程内容，以至于教学方式、评价方式等全方位发生巨变。实践的发展推动理论的创新，理论的系统化催生教育学科的发展。

四、教育学分支学科发展的不平衡性

纵观中国教育学科发展历程，我们可以看到，教育学的分支学科发展是不平衡的。1949～1979 年，我国的教育学科，主要发展的是教育学、教育史、各科教学法、教育心理学、学前教育学、教育政策等一些分支学科。这些学科的存在与发展，与当时高等学校设置教育系有关，而教育系主要存在两个专业，一个是学校教育专业；一个是学前教育专业。为了满足给学生开设课程的需要，一些分支学科继续存在。但 1949 年以前的许多教育学科，有的被融入"大教育学"之中，有的被取消。

改革开放以后，随着人们思想的解放，教育学科迎来了发展的春天。一是为了满足教育系学生开课的需要，一些学科得以恢复与重建，如教育哲学、教育社会学、教育经济学、高等教育学等；二是国家确立学位制度，开始系统培养教育学科的研究生，为了招收学生和开设研究专业，教育学学科逐步形成今天的 15 个二级学科；三是随着学科的发展与繁荣，为了更好地管理与理顺学科发展的关系，国家颁布了《1992 版学科国标》，为进一步促进学科发展提供了标准依据。

100 多年来，教育学及教育学的主要分支学科在中国都得到了相应的发展，但不同的教育分支学科之间存在着严重的不平衡现象。这种现象主要表现在：一是部分教育学的分支学科成为教育学领域的显学，例如，课程与教学论、高等教育学、教育技术学、学前教育学、比较教育学等，这些年发展成为人们研究和探讨的热点学科；二是部分学科发展处于不热不冷的状态，如教育学原理、职业技术教育学；三是部分学科一直没有受到人们的普遍关注，如教育史学、成人教育学、特殊教育学等；四是一些学科的研究还是比较薄弱的，如教育法学、教育人类学、教育政治学等。针对这些现象，需要国家在宏观层面整体规划，合理分配资源，建立组织和制度保障，以促进弱势学科的发展，整体提高我国教育学学科体系发展实力，真正繁荣教育科学。

五、增强教育学学科自身的反思意识

教育学及其分支学科在中国百年发展中取得了伟大的成就。今天我们在教育学学科视野内，可以看到教育学的专门学科、交叉学科、边缘学科和元教育学学科等，教育学科已初步形成近百门二、三级学科，一个庞大的教育学学科群已经形成，教育学学科的发展呈现出异彩纷呈、百花齐放的局面。

自改革开放以后，随着教育学学科的恢复与重建，我国学者以饱满的热情，鼓足干劲，在短短的十几年的时间内，就编写了大量的教育学科著作与教材。据统计，我国在 1977～2000 年就出版了 2200 多本教育学著作与教材。[①]但若从学科标准的视角来审思这些教育学科著作与教材，还会发现一些问题。有的学科发展还不够成熟，甚至还是比较稚嫩的。所以，自 20 世纪八九十年代以来，教育学科的自我反思意识不断增强，一些学者发表文章，阐明教育学科发展的自身问题，例如，叶澜的《关于加强教育科学"自我意识"的思考》（华东师范大学学报·教育科学版，1987 年第 3 版）、鲁洁的《建设具有中国特色的社会主义教育学管窥》（教育评论，1988 年第 1 版）、陈元晖的《中国教育学七十年》（北京师范大学学报·社会科学版，1991 年第 5 版）、瞿葆奎的《建国以来教育学教材事略》（华东师范大学学报·教育科学版，1991 年 第 3 版）等。为了深入开展"元教育学"研究，《华东师范大学学报·教育科学版》从 1995 年第 1 期至 1996

---

① 侯怀银：《我国新时期教育学科体系建设和发展的回顾与展望》，载《教育研究》，1998 年第 12 期，第 13～19 页转第 45 页。

年第 4 期，还专门开辟专栏进行为期两年的"元教育学"讨论，有力地促进了教育学科的反思意识，增强了人们对教育学科的反思能力，极大地促进了教育学科发展。

教育学学科反思研究方面的发展具有不平衡性。在教育学理论研究中，教育学教材体系成为人们谈论的中心话题，教育学的研究范式与研究方法论等问题，也都是人们研究的热点问题。再就是在高等教育学领域，人们对高等教育学是学科还是研究领域问题、高等教育学的学科属性问题和逻辑起点等问题的讨论较为充分。对高等教育学的一些理论问题进行多方面的系统研究与反思，例如，对高等教育大众化问题、高等教育结构问题、高等教育体制问题及大学理念、制度、精神和文化等问题进行广泛讨论和认真反思。但在反思研究与加强学科自我意识方面，有些学科反应比较迟缓，研究成果比较薄弱。今后，我们要进一步强化元教育学研究，元学科的诞生在某种意义上标志着一门学科正在走向成熟。

六、学科发展在研究方法上注重定量与定性的互补

学科的发展与走向成熟，离不开研究方法。古语云：工欲善其事，必先利其器。这就是说，方法对于目的和任务达成具有重要意义。1949 年之前，我们从国外引进了教育研究方法类学科，例如，教育统计学、教育测量学、教育实验学、教育评价学、教育科学研究方法等。但新中国成立后，我们学习苏联，在学校的课程表中取消了这些课程，在相当长的时间内，我们一度只用马克思主义哲学思想与方法、毛泽东思想来研究社会科学，研究中主要使用辩证唯物主义和历史唯物主义方法，这对于我们建立马克思主义教育学发挥了巨大作用。在教育学科的研究中，定性研究成为主导的研究方法，大量的研究文章是解释或综述性的，实证性研究成果比较少，经验总结是我国教育研究的一大特点。[①]随着教育学科自身反思意识的增强，人们对教育学科的科学性需求不断增强，定量研究成为人们热衷的话题。但由于教育问题的复杂性，许多问题无法定量，纯粹的定量研究也有其局限性。后来人们受到现象学、解释学的影响，重振定性研究；由于定性研究具有较多的主观性，其研究结论的信度与效度往往令人生疑，于是我们又强化定量研究。定性与定量之间的这种"钟摆"现象长期存在，正确的做法是两者的有机统一，至于是用什么方法，关键看问题的性质。问题解决与研究方法之间具有

---

① 郑日昌，崔丽霞：《二十年来我国教育研究方法的回顾和反思》，载《教育研究》，2001 年第 6 期，第 17～21 页。

一定的适切性，用适切的方法解决适切的问题，不管是定性研究还是定量研究，其研究结论同样具有科学性。

七、与国外相比教育学学科学位授予数偏低

研究表明，2011～2016 年，我国教育学博士授予数占全国博士学术学位授予总数的比例保持在 1%左右，且呈现出下降趋势；教育学硕士授予数占全国硕士学术学位授予总数的比例基本稳定在 2%左右；教育博士授予数占全国博士专业学位授予总数的比例低于 2%，且在 2015 年达到峰值后也出现下降趋势。与国外相比，我国教育学科在国家学科结构中所占的位置也存在着明显的差距。2015 年教育学博士学位授予数占该国当年博士学位授予总数的比例在 5%以上的国家有美国（6.65%）、韩国（6.32%）和澳大利亚（5.43%），在 1%～5%之间的有日本（3.76%）、英国（3.51%）和德国（1.37%），中国仅为 0.9%；教育学硕士学位授予数占该国当年硕士学位授予总数的比值在 10%以上的国家有美国（18.56%）、韩国（17.07%）和澳大利亚（10.47%），中国仅为 4.45%。①由此可见，中国的教育学学科具有广阔的发展前景。

第三节　中国教育学学科体系研究

探索教育学学科体系，首先要弄清楚什么是学科，形成学科需要具备什么样的条件或标准，学科有什么样的制度。对这些问题的回答，直接影响着我们对学科的认识。

一、学科与学科分类

要想明确学科的分类，就必须探究学科的基本内涵。"学科"这一概念是从英文单词"discipline"翻译而来，该词来源于拉丁语的动词"学习"（discere），有"规范""纪律""训练"的意思，同时也包含有知识形式的内容。在英语中，"学科"是"discipline"和"subject"，通常"subject"的含义更贴近教学意义上的学

---

① 王传毅，杨佳乐，郑湘：《SWOT 视野下的中国教育学科发展》，载《现代教育管理》，2019 年第 3 期，第 1～6 页。

科。我国《辞海》对学科有两种解释：一是学术的分类。主要是指一定科学领域或一门科学的分支。例如，自然科学部门中的物理学、生物学；社会科学部门中的史学、教育学等。二是教学的科目。①例如，学校开设的政治、语文、数学、英语、物理、历史、地理、美术、体育等。我国通常混同使用，事实上，两种含义是有区别的，所有的知识分支都可以成为教学科目，但并非所有的教学科目都是知识的分支。②《现代汉语词典》把学科释义为"按照学问的性质而划分的门类"。③由此可见，学科的基本内涵就是指知识的分门别类，把知识划分为不同学科是教育中传承知识的基本方法。分类和命名是人们获取知识、了解事物的基础。随着社会分工和职业专业化需要的不断发展，学科也在不断分化，且在大学中逐步取得了建制，并作为知识专业化的根本标准。学科进而成为一个相对稳定、有其自身边界条件的专门知识范畴。④

"discipline"一词，除了具有学科、高深知识、教学科目、学术组织等含义外，还具有其他多种含义，包括规约、纪律、训练、约束、陶冶、宗教戒律、寺规等。"discipline"一词来源于希腊文词根"didasko"（教）和拉丁文词根"（di）disco"（学），本属于教学用词。古拉丁文"disciplina"本身兼有知识（体系）和纪律训诫的双重含义。因此，从其词源来看，学科一方面指知识的分类和教学科目；另一方面又指使人通过学习一门知识，进而形成该门学科所具有的规范和纪律。学科是相对独立的知识体系，人才培养是学科可持续发展的关键。⑤可见，学科具有逻辑性、规范性和多样性的特点。

知识是学科的基础。因此要研究学科分类，必须先弄清楚知识的分类。在知识管理中，知识分类的目的首先是对什么是知识做出判断。柏拉图曾在《泰阿泰德篇》给出了知识必须满足三个条件：信念、真和证实。由此可见，知识是经过证实了的真的信念。柏拉图的知识定义属于传统的对实体定义的方法，这种定义的逻辑是：种+属差，其目的是揭示事物的本质，这是一种本体论的追问。当然，也有学者对这种定义质疑，认为知识不是一个实体概念，而是一种关系范畴，对知识的定义应当反映出知识和其他事物的关系，从而在关系中把握知识的本质属性。本质属性就是能够使一种事物与其他事物区别开来的基本的、标志性的特征，这是一种认识论的追问。不管人们怎样界定知识，对知识的分类研究是必要的。

---

① 辞海编辑委员会：《辞海》，上海：上海辞书出版社，1979年，第2577页。
② 王伟廉：《高等教育学》，福州：福建教育出版社，2001年，第135页。
③ 中国社会科学院语言研究所词典编辑室：《现代汉语词典》（第7版），北京：商务印书馆，2016年，第1488页。
④ 阎光才：《开放中的人文社会科学与教育学》，载《教育研究》，2004年第4期，第28~32页。
⑤ 齐梅，马林：《学科制度视野下的中国教育学学科发展研究》，北京：人民出版社，2012年，第3~4页。

近代科学的产生就是以知识分类体系的建立为标志的。

知识分类的标准是多样的。在现实中，究竟以何为标准进行知识分类，除了依据知识本身的逻辑外，还取决于分类的目的需要。例如，《1992版学科国标》中就提出了学科分类的实用性原则，指出"对学科进行分类和编码，直接为科技政策和科技发展规划，以及科技经费、科技人才、科研项目、科研成果统计和管理服务"。我国的大学也常常按照学科门类的数量与学科实力水平被分为综合性大学、多科性大学和单科性大学（或学院）。《学科分类与代码》在使用说明中提出，学科分类的依据是：学科研究对象、研究特征、研究方法、学科的派生来源、研究目的和目标五个方面。学科分类包括纵向分类和横向分类。纵向分类是指将同一门类下的学科划分为一级学科、二级学科等，体现着知识自身的逻辑标准。横向分类主要是以知识自身的逻辑为标准而划分出来的学科门类。

二、当代中国教育学学科体系分类

《1992版学科国标》将知识划分为五个门类，分别是自然科学、农业科学、医学科学、工程与技术科学、人文与社会科学，共58个一级学科，573个二级学科，近6000个三级学科。修订后的《2009版学科国标》将原来的58个一级学科扩展到62个一级学科或学科群，二级学科增加到676个，三级学科减少到2382个。由此可以看出学科从分化到整合的趋势。

对照1992年和2009年的两个学科国标版本，教育学学科划分没有变动，两个版本都把教育学划分为19个二级学科，具体内容见表9-2所示。

表9-2 教育学学科分类与代码（1992/2009版学科国际）

GB/T13745—1992			GB/T13745—2009		
代码	学科名称	说明	代码	学科名称	说明
880	教育学		880	教育学	
880.11	教育史	包括中国教育史、外国教育史等	88011	教育史	包括中国教育史、外国教育史等
880.14	教育学原理		88014	教育学原理	
880.17	教学论		88017	教学论	
880.21	德育原理		88021	德育原理	
880.24	教育社会学		88024	教育社会学	
880.27	教育心理学			教育心理学	见19070
880.31	教育经济学		88031	教育经济学	
	教育统计学	见910.4010		教育统计学	见9104010

续表

GB/T13745—1992			GB/T13745—2009		
代码	学科名称	说明	代码	学科名称	说明
880.34	教育管理学		88034	教育管理学	
880.37	比较教育学		88037	比较教育学	
880.41	教育技术学		88041	教育技术学	
880.44	军事教育学		88044	军事教育学	
880.47	学前教育学		88047	学前教育学	
880.51	普通教育学	包括初等教育学、中等教育学等	88051	普通教育学	包括初等教育学、中等教育学等
880.54	高等教育学		88054	高等教育学	
880.57	成人教育学		88057	成人教育学	
880.61	职业技术教育学		88061	职业技术教育学	
880.64	特殊教育学		88064	特殊教育学	
880.99	教育学其他学科		88099	教育学其他学科	

此外，在《1992 版学科国标》中，"安全科学技术"之下有三级学科"安全教育学"（620.2070），"法学"之下有三级学科"法律教育学"（820.1070），"民族学"之下有"民族教育"（850.1040），"体育学"之下有"体育教育学"（890.50）等。

另一个是我国的学位制度，即《授予博士、硕士学位和培养研究生的学科、专业目录》。关于学位制度，新中国成立后曾进行一些探索。1963 年，聂荣臻副总理主持定稿了《中华人民共和国学位授予条例（草案）》，但由于受当时左倾思想的影响，该草案被搁置。1977 年恢复高考制度。1978 年 4 月，邓小平在全国教育工作会议上指出："关于学校和科学研究单位培养、选拔人才的问题……要建立学位制度，也要搞学术和技术职称。"[1]这样，1980 年 2 月，第五届全国人民代表大会常务委员会第十三次会议表决通过《中华人民共和国学位条例》，自 1981 年 1 月起执行。1981 年 10 月，国务院学位委员会第三次会议通过《学科评议组试行组织章程》，并通过我国首批博士和硕士学位授予单位及学科、专业名单。此后，1983 年、1986 年、1988 年（1990 年通过），先后通过了第二批、第三批、第四批博士、硕士授予单位及学科、专业名单。[2]1997 年，国务院学位委员会、国家教育委员会颁布新修订的《授予博士、硕士学位和培养研究生的学科、专业目录》，

---

① 中华人民共和国教育部，中共中央文献研究室：《毛泽东·邓小平·江泽民论教育》，北京：中央文献出版社，2002 年，第 149 页。

② 王战军：《中国学位与研究生教育 40 年（1978～2018）》，北京：中国科学技术出版社，2018 年，第 286～290 页。

这次把教育学（0401）整合为 10 个二级学科，即教育学原理（040101）、课程与教学论（040102）、教育史（040103）、比较教育学（040104）、学前教育学（040105）、高等教育学（040106）、成人教育学（040107）、职业技术教育学（040108）、特殊教育学（040109）和教育技术学（040110）。

三是高等学校专业设置的相关文件。1952 年 7 月，教育部颁布《关于高等师范学校的规定》，要求高等师范学校应根据中等师范学校教学计划设置教育（学校教育及学前教育）等系科。①1955 年，高等教育部发出《1955～1956 年高等师范学校院系调整有关事项的通知》，到 1957 年，全国 58 所高等师范学校，设置专业 21 种，教育学类专业有 3 个，即学校教育、学前教育和教育学。1963 年，由国家计委和教育部共同修订的《高等学校通用专业目录》，规定高等师范院校设置学校教育、学前教育两个专业，教育学专业被删除。②改革开放以后，随着高等教育的发展，教育系招生专业开始恢复与重建，据 1981 年统计，全国 186 所高等师范学校，教育学类专业有学校教育、学前教育、电化教育技术、教育学四个。1987 年，修订后的专业目录中，教育学类专业有 5 个，即学校教育、学前教育、特殊教育、教育管理、电化教育。如今的教育学类专业主要有学校教育、学前教育、教育技术、教育管理、小学教育、特殊教育等。

知识是学科形成的基础，但并不是所有的知识领域都能成为学科，学科的成立有其独特的条件。只有符合条件的知识才能称为学科，有些知识可能暂时不能成为学科甚至永远不可能成为学科。一般说来，学科的成立要具备三个条件：①有独立的研究对象，这是根本条件。有自己独立的研究对象，是一门学科区别于其他学科的标志，也是这门学科得以发展的前提。②建构系统的理论体系。理论体系是学科的核心组成部分，只有在知识系统化后，按照一定的标准形成特有的概念、原理、命题、规律，构成严密的逻辑系统后，学科研究的内容才得以确立。③明确研究方法论原则。学科成立的外部条件，一是社会条件，包括该门学科知识对社会实践需要的满足程度和社会对学科成立所需资源的满足程度。二是相关学科的成熟度。一门学科的建立需要以其他学科知识的形成和成熟为条件，例如，物理学的存在与发展离不开数学的发展，数学是物理学研究的工具学科。再如，医学离不开生理学、生物学的发展。

学科的成熟包括学科内在建制和外在建制的成熟。从内在建制来看，成熟学

①　《当代中国》丛书教育卷编辑室：《当代中国高等师范教育资料选》（上册），上海：华东师范大学出版社，1986 年，第 22 页。

②　郑金洲，瞿葆奎：《中国教育学百年》，北京：教育科学出版社，2002 年，第 317～318 页。

科要求有成熟的理论体系和较成熟的、得到公认的学科范式；从外在建制来看，学科成立的标准则表现为有专门的学会、独立的研究院所、单设的大学的学院或学系、专门的刊物和出版机构、图书馆中的专设图书序号等。①

三、教育学学科体系分类研究

（一）中华人民共和国成立前教育学学科体系研究

姜琦在他的《教育学新论》中，对西方教育学学科体系分类进行了介绍，具体内容见表 9-3 所示。②

表 9-3　国外教育学的分类研究

学者	分类
莱因的分类③	历史的教育学；系统的教育学 1. 理论门，分目的论和方法论。其中方法论包括教授论和管理论。教授论分通论（包括教案论和教程论）、各论（即各科教授法）；管理论分训练论、教导论、卫生论 2. 实际门，分学校形式论和学校行政论。学校形式论又分个人的（私教育、家庭教育）和团体的教育。团体的教育包括公立学校教育、私立经营教育和公私立补习教育；学校行政论又分学校制度论、学校设备论、学校管理论、教师养成论、补习教育论
克里克的分类④	1. 教育本质论（教育哲学）——教育科学之论理的成立 2. 教育科学——教育之对象的研究 3. 教育学（应用教育学）——狭义的，即教育之规范技术的研究
洛霍奈的分类⑤	一般的；记述的：现在的、历史的（狭义的）；规范的：目的的、方法论；特殊的；组织的；技术的

由表 9-3 可以看出，莱因实际上是以研究对象为标准，采用二分法的分类原则，试图从教育理论和教育实践两个方面对教育学进行分类。尽管其分类比较粗糙、简单，但其分类思想值得借鉴。

克里克（E. Krieck）没有在传统教育学框架内对教育学进行分类，而是采用三分法，把教育学分为教育哲学、教育科学和应用教育学，并把三者进行了严格的区分，三者应研究不同的教育问题，实际上表明了教育学有多种发展的可能性，不必一味强调教育学的科学化，他的这种思想很有见地。德国当代教育学家布列钦卡把教育学分为教育科学、教育哲学和实践教育学三类，并明确三类教育学的基本任务与规范，作为同一国度的教育学家，布列钦卡很有可能受到克里克思想

---

① 费孝通：《关于社会学的学科、教材建设问题》，载《西北民族研究》，2001 年第 2 期，第 1～6 页。
② 姜琦：《教育学新论》，上海：正中书局，1946 年，第 12～13 页。
③ 莱因（1847～1929），现译为赖恩。
④ 克里克（1882～1947），德国教育学家。
⑤ 洛霍奈（1895～1978），现译为洛赫纳，德国教育学家。

的影响。

在 20 世纪上半叶，中国教育学者除了介绍国外学者对教育学学科分类与学科体系建设的相关内容之外，在一些学者的著作与教材里，也可以寻觅到教育学学科分类的相关研究内容（表 9-4）。

表 9-4　20 世纪上半叶中国学者对教育学分类研究[①]

文献	分类
孙振：《教育学讲义》，商务印书馆 1926 年版	1. 理论教育学；应用教育学；家庭教育 2. 学校教育；社会教育
舒新城：《教育通论》，中华书局 1927 年版	1. 理论：教育哲学；教育科学 2. 实践：普通教育；特殊教育；补习教育；职业教育、特种教育
陈科美：《新教育学纲要》，开明书店 1932 年版	纯理论部分：1. 纵面，教育史：普通教育史（或名教育通史）、各国教育史（如中国教育史）、各种教育史（如小学教育史）；2. 横面，教育科学：教育心理学（附教学法研究）、教育社会学（附课程研究）、教育统计学（附测验研究）；3. 深面，教育哲学（附教育原理） 实际部分：1. 纵面，幼稚教育、小学教育、中学教育、大学教育；2. 横面，职业教育、师范教育、乡村教育、艺术教育、女子教育、特殊教育、社会教育、比较教育、宗教教育、公民教育、体育、学校卫生；3. 深面，教育行政学（附学校行政研究）
张宗麟：《教育概论》，商务印书馆 1938 年版	1. 本质部分：教育学、教育心理学、教育社会学、教育经济学、儿童心理学、教学法、培育法、课程编制、教育行政、教育视导、教育史、教育哲学、异常儿童心理、异常儿童教育、特殊教育学、卫生教育学、乡村教育、工人教育等 2. 方法部分：教育统计学、教育测验法、教育调查法、各级学校各科教材编制法
姜琦：《教育学新论》，正中书局 1946 年版	1. 教育哲学，教育之本质和价值底研究（特殊哲学，对一般哲学而言） 2. 教育学（狭义的），教育之现象的研究 （1）教育历史，教育之历史和社会的研究（记述科学）；现在的（包括现代教育思潮、比较教育、教育社会学等）、历史的（中外教育史） （2）理论教育学（规范科学）：教育目的论（包括教育之意义、目的和制度）、教育方法论（包括课程、科目、教材、教学法、训育和养护等） （3）应用教育学（实际科学）：教育行政（包括学校系统、教育行政、学校行政、师资培养）、教育技术论（各科教材与教学法、教育心理学、学习心理、测验与统计、训育实施法）
徐德春：《教育通论》，中华书局 1948 年版	1. 属于制度的，凡属于教育制度的理论与实际研究归入本类。纵的方面有比较教育等；横的方面有国民教育，即初等、中等和高等教育等 2. 属于理论的，凡属于理论探讨归入本类。过去的；现实的或未来的等 3. 属于方法的，凡属于教育方法的运用者归入本类。课程教材等；管理训练等
王秀南《教育学的研究和实践》，载《中华教育界》，1948 年第 2 卷第 8 期	理论门：1. 教育历史；2. 比较教育；3. 教育哲学；4. 教育科学 实际门：1. 各级教育；2. 各种教育；3. 教育行政；4. 教育方法

从表 9-4 中可以看出，20 世纪上半叶，我国学者就开始关注教育学学科体系与学科分类的问题，但没有展开充分的讨论，他们的分类标准也不统一，具有相当多的主观性。总体来看，受莱因的影响比较大，多采用理论—实践两分法，把

---

① 侯怀银：《中国教育学发展问题研究：以 20 世纪上半叶为中心》，太原：山西教育出版社，2008 年，第 168~172 页。

教育学分为理论教育学和实践教育学（或应用教育学）；也有学者采用"本质—方法"两分法，既强调研究对象的研究，又强调研究方法的适切性，体现了建构独立、科学教育学的愿望；还有采用"目的—方法—技术—组织—历史"多维分类法对教育学进行分类研究，这种分类强调了教育学的应用性，把教育学视为应用学科。有学者采用"理论—实践（实际）—方法"的分类比较科学，能够代表当时最高水平，这种分类既注重研究对象，从理论和实践两个方面进行分类，同时又注意到方法的重要性。但实际上，研究方法与教育学各门学科并不是一一对应的关系。

（二）中华人民共和国成立至今的教育学学科体系研究

新中国成立初期，我国教育学受苏联教育学模式的影响，在相当长的时期内没有开展教育学学科体系与学科分类研究。改革开放以后，随着教育科学的繁荣，教育学学科不断增多，怎样理顺学科之间的关系，建构教育学学科体系与学科分类问题才引起学者们的关注。

1. 以教育自身分解和与其他学科的交叉为分类标准

成有信认为，目前数量最多的教育学科是部门教育学。它们的研究对象是各级各类学校、教育机构中的教育问题。例如，学前教育学、普通教育学、高等教育学、成人教育学等。第二类数量较多的教育学科是跨学科教育学，或称边缘教育学。它们研究的对象是教育问题中的其他各种问题。这些教育学科有教育经济学、教育社会学、教育政治学、教育法学等。第三类教育学科是专题教育学，是研究教育问题中的各种专项教育问题的，如教学论、德育论等。第四类教育学科是学科教育学，或称学科教学论，是由过去的各科教材教法发展而来，它们研究各科教学中的教育问题。还有一门教育学是"教育学原理"，或称普通教育学、教育哲学、教育原理，它的对象是一般教育学问题或教育问题。上述不同门类、不同层次的教育学科总体就形成了教育学科体系。[①]

也有学者主张把教育学学科体系分为三类：一是边缘教育学。从不同的认识角度研究教育问题，如教育哲学、教育经济学、教育文化学等，甚至包括对专门问题的研究，如教育价值论、德育论、课程论等。二是形态教育学。对不同抽象程度的教育问题的研究，如一般形态教育学、特殊形态教育学、个别形态教育学等。三是部门教育学。对不同层次及类别的教育问题的研究，如学前教育学、初等、中等和高等教育学；普通教育学与特殊教育学等。[②]

---

① 成有信：《教育学的对象及其两个相关问题》，载《北京师范大学学报》（社会科学版），1992 年第 6 期，第 10～15 页。
② 丁东：《论教育学科群的构建及其相关的两个问题》，载《现代教育论丛》，1994 年第 1 期，第 8～12 页。

教育科学是以教育现象为其共同研究对象的相关学科的总称。它包括教育基础学科、基本学科、应用学科、分类学科、交叉学科。其中，基础学科包括教育史（中国、外国教育史）和教育心理学；基本学科是指普通教育学（包括教育原理、课程与教学论、德育原理和学校管理）；应用学科包括学科教学论、教育科学研究方法、教育技术学和教育工艺学等；分类学科包括学前教育学、高等教育学、成人教育学、职业教育学、特殊教育学等；交叉学科包括教育哲学、教育社会学、教育经济学、教育统计学、教育评价学和教育人类学等。这些学科门类构成了教育学科学。[①]

2. 以研究对象为分类标准

在教育学学科体系的分类研究中，我国著名教育学家瞿葆奎教授和学者唐莹的分类法具有较广泛的影响，其分类标准是研究对象，分类情况如表 9-5 所示。

表 9-5　以研究对象为分类标准的教育科学分类框架[②]

研究对象	研究方法		具体学科
以教育活动为研究对象；以不同方式运用其他学科	把被运用学科作为理论分析框架	分析教育中的形而上问题	教育哲学；教育逻辑学；教育伦理学；教育美学
		分析教育中的社会现象	教育社会学；教育经济学；教育政治学；教育法学；教育人类学；教育人口学；教育生态学；教育文化学
		分析教育中个体的"人"	教育生物学；教育生理学；教育心理学
	采用被运用学科的方法	运用方法直接分析教育活动	教育史学；比较教育学；教育未来学
		研究如何运用方法来分析教育活动	教育统计学；教育测量学；教育评价学；教育实验学；教育信息学
	综合运用各门学科，解决教育的实际行动问题	分析与其他领域共有的实际问题	教育卫生学；教育行政（管理）学；教育规划学；教育技术学
		分析教育领域独有的实际问题	课程论；教学论
以教育理论为研究对象			元教育学；教育学史

同样，以"研究对象"为分类标准，有学者认为教育科学分支学科大体上可分为两类：第一类是以"教育活动"为研究对象的学科，第二类是以"教育理论"为研究对象的学科。第一类又分成四种方式：第一，是把所运用的学科——哲学或经济学或心理学——作为一种理论分析框架，它们所研究的对象就是通过这些框架所观察到的那部分教育现象，如教育哲学、教育经济学、教育心理学、教育社会学、

---

① 柳海民：《教育学概论》，北京：北京师范大学出版社，2015年，第5页。
② 唐莹：《元教育学·代序》，北京：人民教育出版社，2002年，第18页。

教育政治学、教育美学等。第二，是把所运用的学科作为一种具体的方法或具有工具性，例如，比较教育学、教育史学、教育未来学、教育统计学、教育测量学、教育评价学、教育实验学、教育信息学。第三，是综合运用多门学科的解释或成果来解决教育的某一相对具体的问题，带有较强的可操作性，这类学科有课程论、教学论、教育管理学、教育技术学、教育卫生学等。第四，是按照教育研究领域所派生出来的学科，如按照教育阶段，分化出的学前教育学、小学教育学、中学教育学、高等教育学；按照教育类型，分化出的成人教育学、职业技术教育学、终身教育学、家庭教育学、军事教育学、领导教育学等。第二类学科是在第一类学科的基础上产生的，是第一类学科发展"自我意识"产生的标志，如教育学史、元教育学。[1]

还有以"教育活动"作为教育学科体系分类研究的"逻辑起点"，将教育学科分为以教育实践活动和以教育科学活动为研究对象的学科。具体分类情况见表9-6所示。

表 9-6　以教育活动为分类标准的教育学科分类[2]

教育活动类别	分类标准	具体类别	
教育科学活动	1. 以教育科学活动的总体为研究对象	元教育学	
		教育科学	
		教育研究方法论	
	2. 以教育科学活动中的形而上问题为研究对象	教育哲学；教育逻辑学；教育伦理学；教育美学	
教育实践活动	3. 从时空序列研究总体教育实践活动	教育史学；比较教育学；教育未来学（含教育预测学、教育发展战略学）	
	4. 运用技术理论研究总体教育实践活动	教育统计学；教育测量学；教育评价学；教育实验学；教育控制论；教育信息学；教育情报学；教育技术学	
	5. 以宏观教育实践活动中的社会问题为研究对象	方面研究类	教育社会学（含家庭教育学）；教育经济学；教育政治学；教育法学；教育人类学；教育人口学；教育生态学；教育文化学
		综合设计类	教育规划学；教育结构学；教育管理学；教育行政学
	6. 以中观教育实践活动为研究对象	各级学校教育	学前教育学；小学教育学；中学教育学；高等教育学
		各类学校教育	成人教育学；民族教育学；军事教育学；职业技术教育学；特殊教育学
		学校教育中的活动类型	学习论；教学法；教学论；课程论；德育论；学校管理学；教育（学校）卫生学
	7. 以微观教育实践活动中的人的生理、心理活动为研究对象	（以研究小团体的活动为对象的）教育社会心理学；教学心理学；教育生物学；教育生理学	

① 郑金洲：《改革开放30年的教育学研究》，载《教育研究》，2009年第3期，第26～36页。
② 毛祖桓：《教育学科体系的结构研究》，北京：中央民族大学出版社，1999年，第67～78页。

陶本一教授将教育学学科划分为三个系列。一是基干性学科系列，即以相对"纯"的教育现象为对象的那些学科；二是边缘性学科系列，即以教育现象的某个侧面（同时也是他相关现象的一个领域）为对象的那些学科；三是教育科学学系列，即以教育理论自身为对象的学科。[①]

3. 以"现代科学体系的门类或层次"为分类标准

有学者认为，基础研究、应用研究和开发研究在科学研究中体现了从理论到实践的三个环节，这三个环节就是科学门类结构，即基础科学、技术科学和应用科学。[②]以此为标准，可以将教育科学分为教育的基础科学、应用科学和技术科学。

胡德海认为，教育学体系是指教育学研究的范围和学科，是教育学的各个分支学科构成的一个有机联系的整体。他认为，理论教育学—部门教育学—边缘教育学—应用教育学是现代教育科学系统的基本结构，这种结构体现着"理论—应用"的科学基本秩序。[③]教育学体系结构分为三个层次，宏观层次、中观层次和微观层次。宏观层次主要是指"理论教育学"（包括教育学原理、教育基本理论、教育哲学、教育史学等）。中观层次是指"部门教育学"（高等教育学、中等教育学、初等教育学、幼儿教育学、特殊教育学）、"边缘教育学"（教育心理学、教育社会学、教育政治学、教育经济学……）和"教育活动与过程"（教学论、课程论、教师论、学生论……）。微观层次是指"应用教育学"（教育管理学、教育统计学、教育卫生学、教育评价学、教育测量学和"各种专业教育学"，如音乐教育学、语文教育学、美术教育学、历史教育学、生物教育学……）。

4. 以"系统"为分类标准

有学者将教育学学科分为三个系统。第一系统：在传统教育学（教育学教材）的知识体系下分化出来的不同学科，如教育基本理论、教学论、课程论、德育论、学校管理学，这类学科代表了教育学学科发展的分化趋势，由原来笼统的一门学科分化为各门具体的学科。第二系统：教育学与其他学科相结合而产生的学科，旨在探讨教育领域中某一专门问题，如教育哲学、教育社会学、教育经济学、教育心理学、教育行政学等，这类学科代表了教育学学科发展的综合趋势，实现了传统教育学与其他学科门类的沟通与互补，丰富和扩大了教育学学科的知识领域和认识深度，是当代教育学学科走向成熟的重要标志。第三系统：根据现代教育的发展，对教育实践中的某个专门问题或领域进行研究而形成的学科，如高等教

① 陶本一：《学科教育学》，北京：人民教育出版社，2002年，第11～14页。
② 张诗亚，王伟廉：《教育科学学初探：教育科学的反思》，成都：四川教育出版社，1990年，第186页。
③ 胡德海：《教育学原理》，兰州：甘肃教育出版社，1998年，第41页。

育学、中等教育学、师范教育学、初等教育学、学前教育学、职业教育学、成人教育学、学科教育学等。这类学科反映了现代教育学理论的具体专门化，开始由传统的理论教育学向实践教育学渗透，拓宽了教育学的研究领域，有助于教育学研究实践价值的提高，也有助于教育学理论的发展。[1]

5. "两类多层次"分类法

有学者立足于教育学独立性和整体性发展的需要，依据教育学分支学科在学科立场和研究目的方面的分化及其有机联系，提出"两类多层次"的教育学学科分类结构。"两类"即在横向维度上依据学科立场将研究教育问题的学科分为教育学学科立场的教育专门学科和建立在教育学学科立场与其他学科立场沟通基础上的交叉学科两大类；"多层次"即在纵向维度上，依据教育学研究目的从基础研究到中间研究，再到具体应用研究的阶梯，将教育专门学科和交叉学科分别分为若干相互补充、相互促进的不同层次的学科。教育专门学科分为以下六个层次：一是研究教育中总体性、一般性问题的教育学原理或教育原理；二是研究不同时间和不同地域教育的问题及其相互关系的教育史学（包括中国教育史、外国教育史等）、比较教育学、教育未来学；三是研究不同空间教育问题的家庭教育学、社会教育学、学校教育学；四是研究各级学校教育问题的学前教育学、小学教育学、中学教育学、高等教育学；五是研究各类学校教育问题的成人教育学、职业技术教育学、特殊教育学、民族教育学、军事教育学等；六是研究教育活动与过程问题的德育学、心理健康教育学、教学论、学习论、课程论、教师论、学生论、班级教育学、学科（专业）教育学等。依据教育学在研究目的上从基础研究到中间研究，再到具体应用研究的阶梯型递变特征，将交叉学科分为以下五个层次：一是教育学与哲学交叉形成的教育哲学、教育逻辑学、教育伦理学、教育美学；二是与社会学科交叉形成的教育社会学、教育经济学、教育政治学、教育法学、教育文化学、教育人类学、教育人口学等；三是与生理学、心理学等研究人身心的学科交叉形成的教育生理学、教育心理学等；四是与信息科学、系统科学、数学、统计学等工具、方法性学科交叉形成的教育系统论、教育信息学、教育测量学、教育统计学等；五是与应用学科交叉形成的学校卫生学、教育行政学、教育管理学等。[2]当然，在教育学科中还存在一类学科是以教育学和教育研究自身问题为研究对象的学科，包括元教育学、教育科学学、教育学史、教育研究方法论等。

---

① 王坤庆：《20世纪西方教育学科的发展与反思》，上海：上海教育出版社，2000年，第5页。
② 李虎林：《教育学学科分类结构的考察与再构》，载《当代教育科学》，2015年第24期，第3～8页。

四、对教育学学科体系及分类研究的反思

尽管我国对教育学学科体系进行了一定的研究，在学科分类上也做了一些探索与尝试，取得了一些成就，但从今天教育学学科发展的态势来看，教育学学科分类研究还不够成熟，教育学学科体系有待进一步深化研究。例如，以教育自身与其他学科交叉作为分类标准，由于标准不够统一，分类比较凌乱，不太符合逻辑规律，不能形成教育学学科体系。以研究对象作为分类标准具有一定的合理性，但随着教育科学的发展，许多教育问题是多门分支学科共同关注的问题，在学科融合的背景下，很难区分学科的分类。另外，"研究对象"的不同更多的是对不同学科之间进行分类（或区分）的标准，在教育学同一学科门类下，以"研究对象"区分似乎有些不妥。以现代科学体系进行分类，除了能够在一定程度上反映出教育学作为整体从基础研究到应用研究的层次外，还能看到这些层次之间的相互联系，但这种分类有时很难做到系统完整，对一些学科归类比较困难，教育学作为一门关注实践的人文社会科学，并不完全符合自然科学体系的特征。以"系统"为分类标准，能够较好地处理好系统内部的学科关系，但对系统与系统之间的逻辑关系，有些认识不清。

针对中国教育学学科体系存在的问题，人们提出种种改革方案。一是撤销教育学一级学科，增设理论教育学、实践教育学和教育交叉学科三个一级学科；二是撤销教育学一级学科，增设普通教育学和高等教育学两个一级学科；三是撤销教育学一级学科，增设教育理论和教育技术两个一级学科。[1]有学者在对我国现存教育学学科分类进行辨析的基础上，提出教育学可以划分为多个二级学科：教育哲学、教育史学、教育经济学、教育管理学和教育法学。[2]是否还存在其他方案？笔者认为，既然学科是知识分类的结果，我们是否可以按照"教育知识"的不同进行分类？这还有待我们进一步探索。究其原因，一方面是由教育现象的复杂性所决定；另一方面是人们对教育学学科体系缺乏更深层次的认识，对教育学学科的基本概念、基本问题、研究方法论等问题的认识上还没能取得较好的成果。

五、中国教育学学科发展的思考

中国教育学学科的快速发展是与中国高等教育的快速发展、基础教育的普及

---

① 王建华：《教育学：学科门类还是一级学科？》，载《复旦教育论坛》，2012 年第 2 期，第 5～9 页。
② 曹汉斌：《教育学二级学科划分的困惑》，载《内蒙古师范大学学报》（教育科学版），2015 年第 12 期，第 81～83 页。

与提高密切相关的，其背后的根本原因是经济的高速发展与人民对接受高等教育的强烈诉求。从世界经验来看，一个国家的教育普及程度越高，国家对教师的素质要求也就越高。当一个国家的高等教育毛入学率达到18%～20%的时候，小学教师要实现本科化，高中教师进入本科后教育阶段。①到2019年，我国小学学龄儿童净入学率达到99.94%，初中阶段毛入学率为102.6%，高中阶段毛入学率达到89.5%，高等教育毛入学率已达到51.6%。②随着教育普及程度的提高，人们对教师队伍的素质要求也越来越高，现在一些发达地区具有硕士（或博士）学位的学生进入中小学工作，这也是推动教育学学科发展的基本动力。③此外，造成我国教育学学科快速发展的原因还有高等学校追求综合化的需要，国家鼓励综合性大学举办教师教育等。到2018年，我国的教育学一级学科硕士学位授权点共有117个，教育学一级学科博士学位授权点35个。④那么，未来的中国教育学学科怎样发展呢？

第一，科学预测与谋划教育学学科发展的数量与区域问题。教育学是一门研究教育现象、教育问题，揭示教育规律的学科，其核心问题是从教育现象中发现教育问题与教育矛盾，通过对问题与矛盾的研究与探索，寻求教育活动与教育发展的客观规律。从事教育学专业学习的人员要掌握教育学中的基本概念和范畴，深刻认识教育规律，用科学理论帮助教育实践，提高教育教学活动效率。从教育学的学科性质与培养目标来看，教育学学科主要培养教育理论人才与教育实践工作者，其培养目标决定了其培养人才的未来活动领域。根据我国教育国情与教育规模，可以预测我国当前以至于未来几年教育领域需要多少教育研究人员与教育实践人员，合理确定教育学学科授权点的数量以及招生规模，使供需关系基本达到平衡，避免出现教育学专业学生过量而难以寻求工作，或者不得已要转换专业才能就业的情况，这对教育资源、人才培养都是浪费。从目前的中国教育学学位授权点来看，学位授权点分布不均衡，而且数量偏少，大力发展中国教育学学科仍然是今后的发展方向。

第二，教育学学科建设要注重功利与基础的关系。目前教育学学科面临被裁减的困境，实质上是高校办学追求功利与发展基础学科困境的选择结果。不仅我国有着这样的困境，世界上许多国家的教育学学科都面临着同样的困境。但坚持

---

① 袁振国：《从"师范教育"到"教师教育"的转变》，载《中国高等教育》，2004年第5期，第29～31页。
② 《2019年全国教育事业发展统计公报》，http：//www.gov.cn/xinwen/2020～05/20/content_5513250.htm.（2020-5-20）。
③ 张忠华：《中国教育学学科及学位授权点发展的思考》，载《北京社会科学》，2017年第12期，第15～26页。
④ 丁钢：《从全球视野看中国教育学70年》，载《教育史研究》，2019年第4期，第30～39页。

基础学科与实用学科平衡发展是大学的逻辑。纽曼（J. H. Newman）曾对大学追求功利主义进行批判，他用"好"与"实用"来论证自由教育与专业教育的关系，认为实用的并不总是好的，但好的却必定是实用的。①2016 年 6 月，在俄罗斯圣彼得堡召开了全球 14 个国家 22 个最有影响力的研究型大学教育学院院长会议，大家一致认为，教育研究和教育工作者的职业准备将越来越成为众多研究型大学的核心使命。②所以未来的教育学学科有着广阔的发展前景，因为教育是人类永恒的事业，问题是教育学学科能否对人类教育改革与发展做出贡献。世界一流大学的教育学科都有其办学历史和学术特色，如哈佛大学、哥伦比亚大学、伦敦大学、莫斯科大学、斯德哥尔摩大学等，这些学校的教育学科都有一流的师资队伍，产生一流的学术研究成果，培养了一流的教育人才，对本国乃至世界的教育实践发展和教育政策的制定都发挥了重要作用。③中国的教育学科除了师范大学历史悠久之外，个别综合性大学也有着建设教育学学科的历史，但绝大多数综合性大学举办教育学学科都是 20 世纪 90 年代以来的事情，无论是学科发展的历史积淀，还是研究人员队伍，都存在一些问题。在"双一流"的建设过程中，一些高校为了争取更多的资源（功利考虑），开始集中优势力量凸显优势学科，裁减没有历史积淀和学术成就的弱势学科，但要警惕在学科的优化整合过程中，过分注重优势学科、实用学科，忽视基础学科，造成我国新的学科发展的不平衡。阿特巴赫（G. Altbach）曾说，一流大学建设与一流学科发展有着直接的关系，没有一流学科也就没有一流大学，但世界上任何一所一流大学，也不可能在所有的学科都达到一流。④这句话对当代中国学科整合具有启示意义。

第三，正确认识教育学学科的"师范属性"问题。教育学作为一门学科历史悠久，但在大学作为一门课程开设，一般认为是 1776 年德国哲学家康德在柯尼斯堡大学开始的，至今已有 200 多年的时间。教育学学科的发展与师范教育有着不解之缘。事实上，我国教育学学科的发展也主要集中在师范院校，国内一流学科也主要是以北京师范大学、华东师范大学等为代表的师范大学。在师范院校里，教育学院（或教育系科）大多是学校领导非常重视的学科。有学者研究了我国两轮学科评估的数据，经过统计分析，得出结论：2012 年的学科评估，师范类与非师范类高校在教育学科发展水平的差异已达到了统计学上的显著性。换言之，师

---

① ［英］约翰·亨利·纽曼：《大学的理想》，徐辉，等译，杭州：浙江教育出版社，2001 年，第 84 页。

② 俄罗斯高等经济学院：《Schools of Education at Research Universities: Challenges, Opportunities, Collaboration》，https://ioe.hse.ru/en/news/185973147.html.（2016-06-30）。

③ 蒋凯等：《世界一流大学的教育学科及其学术特色（笔会）》，载《苏州大学学报（教育科学版）》，2017 年第 1 期，第 1～23 页。

④ 转引自周玲：《世界一流大学建设须打破"路径依赖"》，载《文汇报》，2016 年 4 月 15 日，第 006 版。

范类高校已逐步拉开与非师范类高校的差距，开始体现出教育学的学科力量。这一现象同时存在于 211 高校与非 211 高校之间。①

第四，关注教育实践深化理论研究，提升教育学学科的自信力。在大学里，应尊重各种学科的存在，所有的学科都应当有平等的发展空间，因为各门学科都有其独特的价值与意义。"过分突出一门科学，这对其余的科学是不公平的。忽视或取代一些科学，便会使另外一些科学偏离正确的目标。"②从学理上说，学科之间没有贵贱、高低之分，问题是在教育发展中，有些学科没有建树，得不到人们的尊重。无论是综合性大学还是师范院校举办教育学学科，都无可厚非，但一定要结合自身的实际切实做好学科建设与发展。像厦门大学、北京大学、华中科技大学的高等教育学科，其学术声誉在国内也有着良好的影响。所以，在某种意义上说，不是教育学学科有问题，而是一些学校的教育学学科建设存有问题，例如学校的重视问题、师资队伍问题、知识产出问题、学科建设问题等，这些都需要改革与加强。

在教育学学科建设中，教育学者要树立学科自信力，密切关注教育实践，深化教育学研究，能够更好地服务于教育实践的需要，不断提升学科的影响力和自信力。一些世界知名高校的案例值得我们借鉴，例如，芝加哥大学的教育学科过分注重"科学化"，使教育学科失去了发展机遇，丢掉了教育学科；而哥伦比亚大学的教育学研究，因为密切关注教育实践，且取得良好的研究成就，为其教育学科的发展带来了生机和活力。还要正确处理教育学研究与教育政策的关系，教育学研究应该有自己的学科立场和独特的研究领域，不要成为教育政策的附庸，否则，教育学学科的科学性就会被削弱。

---

① 谢赛：《从教育部学科评估结果看我国高校教育学学科的发展》，载《教育评论》，2017 年第 1 期，第 57～61 页转第 70 页。

② [英]约翰·亨利·纽曼：《大学的理想》，徐辉，等译，杭州：浙江教育出版社，2001 年，第 21 页。

中国教育学建设的成就、问题和发展动力

　　教育学作为一门学科，是培根首次提出在科学分类中将教育学作为一门独立学科划分出来，到捷克教育家夸美纽斯《大教学论》（1632年）的发表标志着教育学作为一门独立的学科形态出现，至今已有380多年的时间。它在西方经历了教育思想存在期、经验描述的教学艺术探索阶段、哲学思辨研究阶段、科学实证研究阶段、文化（精神科学）教育学阶段、综合规范研究阶段以至今天走向多元建构的时期。

　　自1901年中国引入教育学，它在中国的发展已历经120多年，其间有快速引进、模仿学习、多元发展的时期，也有受意识形态的影响，并经历了单一化、政治化的发展时期。1978年以来，教育学在中国获得了快速发展并取得了重要成就。

一、中国教育学建设的成就

尽管教育学在中国发展已有一百多年的历史，但人们对教育学的独立性、科学性问题一直有着争论。有学者认为，中国教育学原理学科发展实现了历史性的飞跃，主要表现是：创立教育学原理学科、厘清学科定位、明确学科属性、创建学科体系；创生中国教育学派、融通理论与实践、提供教育学发展范式；创生中国教育学话语、关注重大课题、铸就新的理论建树。[①]总结中国百年教育学发展与研究历史，我们可以看到教育学建设有以下几个方面的成就。

（一）教育学获得了合法的地位

自中国引入教育学以来，教育学多半是作为师范院校的一门课程而存在与发展的。1949 年以前，我们主要学习国外的教育学，编写的教育学书籍多半是师范院校的教材，作为一门独立学科研究的学术性著作比较鲜见。新中国成立初期，我们主要是学习苏联的教育学经验，直接翻译苏联教育家的教育学教材作为我国学生学习的教材，国人编写的教材也基本上是苏联教育学教材的"翻版"。造成这种现象发生的原因是多方面的，其中最根本的是中国学者对马克思主义教育学的理论认识水平还不够，中国社会主义教育活动的实践经验比较单薄。而在这两方面，苏联恰好能够给我们提供示范。后来，由于中苏意识形态产生分歧，我们开始反思学习苏联教育经验中存在的问题，提出"教育学中国化"问题。20 世纪 50年代末，中国教育学者在反思学习苏联教育学经验的基础上，开始编写自己的教育学。1978 年以后，国家开始重视学科制度建设，在本科专业目录、研究生培养专业目录中都确立了教育学的专业与学科地位，"教育学原理"作为其的一个二级学科，也获得了学科建制和相应地位，对其专业建设和学科发展具有重大意义。

（二）庞大的教育学学科体系初步形成

教育学在中国发展已有一百多年的历史，现如今，它通过自身的分化及与其他学科的交叉整合，形成了由众多分支学科组成的教育学科群，以至于出现了教育科学的概念。传统教育学已经解体，新的教育学学科体系初步形成。若以场所为划分标准，教育学可以分为家庭教育学、学校教育学和社会教育学。若以实体

---

① 柳海民，邹红军：《教育学原理：历史性飞跃及其时代价值——纪念改革开放 40 周年》，载《教育研究》，2018 年第 7 期，第 4～14 页。

与虚拟进行分类，教育学可以分为实体教育学与虚拟教育学。若以教育级别为标准，可以分为学前教育学、小学教育学、中学教育学、高等教育学（包括研究生教育学）。若以教育类型为标准，可以分为普通教育学、职业技术教育学、特殊教育学、成人教育学。顺应学科发展趋势，教育学自身分化为教育原理、德育原理、课程原理、教学原理、教育管理等教育学科。教育学与其他学科的交叉与融合，形成更多的交叉学科与边缘学科，如教育哲学、教育心理学、教育社会学、教育文化学等。不管教育学怎样发展，研究教育学基本问题的学科总是存在的，这就是教育学原理，它在总体上形成教育学的一般原理，具体指导其分支学科的发展，其他分支学科的发展，为进一步提升教育学的理论品质提供基础和支撑条件。

（三）教育学知识体系多元化发展

中国教育学经历了百年的发展，教育学理论发展不断结合中国实际，学者们建构了适应不同层次、不同类型学习者需要的教育学学科。从层次来看，我们建构了学前（幼儿）教育学、普通教育学（包括小学教育学、中学教育学）、高等教育学（包括研究生教育学）；从类型来看，我们创建了普通教育学、职业教育学、技术教育学、特殊教育学、成人（函授、电大、自学）教育学；以场所教育现象为研究对象，我们建构了家庭教育学、社会教育学和学校教育学。此外，各级各类教育学的出版数量比较可观，各类教材适用读者对象也比较全面，有国家规划教材、省级统编教材和院校协作编写的教材；有个人独著的教材和集体编写的教材；有精品课程教材、专业课程教材；有成人教材、自学考试教材、继续教育教材和教师资格考试教材等。各种类型、各种层次的教材都对教育学知识体系的建构进行不同的探索。

（四）教育学理性处理与意识形态的关系

教育学作为一门学科，理应按照学科发展的逻辑来建构自己的学科体系和知识体系。但在教育学发展史中，我们可以看到，教育学作为一门社会科学，它一方面要寻求自己的独特研究对象，形成自己的概念范畴与知识体系，使自己逐步走向独立，取得合法的地位，塑造自己的学科形象。但另一方面其发展过程又会受到社会政治意识形态的影响。教育学发展的历史经验告诉我们，正确处理好二者之间的关系会促进教育学的发展。在教育学发展过程中，我们也有反面的教训，民国时期的"党化"教育，钳制了教育学的发展；"文化大革命"期间，教育学受意识形态的影响比较大，严重影响了科学教育学的发展与建构。改革开放以来，我们不断追求教育学的科学性，使得教育学获得快速的发展，但学科完全脱离意识形态的影响也会出现误区。理性处理好二者的关系，把学科发展的逻辑与社会意识形态对学科发展的制约关系处理好，是各门社会科学发展的一个基本问题。

（五）教育学发展立足本土合理借鉴

法国学者米亚拉雷和维亚尔在其主编的《世界教育史（1945年至今）》中曾说道："20世纪最后25年，世界教育事业将呈现两种互补的发展趋势，即各国都在努力建立与本国特点和国情相适应的教育系统，教育的国际合作会有惊人的发展。"[①]中国有着悠久的教育发展历史，也创生了许多优秀的教育教学理论，但在中国一直没有形成专门研究教育现象、教育问题的学科——教育学。教育学在中国的出现，是西学东渐的结果。从中国教育学一百多年的发展历史来看，中国教育学是在引进中产生，并伴随着不断地引进而发展。"由于教育学从发生学意义上具有'舶来'的品性，其对国外教育学的'依附'自然存在。"[②]当然，我们在学习的过程中，也开始本土建构。新中国成立前，一些教育学者对过分依赖国外的教育学现象感到不满，他们开始把研究工作转向中国本身，纷纷开展中国教育调查、中国的教育研究和教育实验，创生了中国的"贫民教育学理论""生活教育学理论"等。新中国成立初期，我们在学习苏联教育学学科体系时存在机械照搬等问题。20世纪50年代末，我国开始总结自己的教育经验与反思学习苏联教育学理论中存在的问题，明确提出"教育学中国化"问题，并对"教育学中国化"问题进行了一定的探索。改革开放以后，我们一方面介绍国外的教育学理论，一方面开始反思"文化大革命"中的教育问题，到20世纪80年代后期，教育学人自觉意识开始觉醒，开始了"中国特色教育学"的建构与研究，同时伴随着元教育学的兴起，教育学领域内对教育学自身发展问题的反思意识进一步增强。世纪之交，人们开始思索教育学的学科立场，开始尝试创建中国教育学派，发展与创建中国教育学。中国教育学的百年发展，是引进借鉴与自主建构交织进行的发展过程，如今的教育学发展，更加凸显主体意识，强化本土建构。

---

① ［法］加斯东·米亚拉雷，让·维亚尔：《世界教育史（1945年至今）》，张人杰，等译，上海：上海译文出版社，1991年，第509~510页。
② 侯怀银等：《20世纪中国教育学发展问题研究》，北京：北京师范大学出版社，2011年，第190页。

二、中国教育学发展的问题

教育学及教育学原理在中国的发展，取得了巨大的成就，但在现实中，教育学原理的发展还存在一些问题，这主要表现在以下几个方面。

（一）教育学原理的名与实问题

在教育学一级学科分类中，教育学原理（88014）作为一个二级学科；在研究生培养专业目录中，教育学原理（040101）作为教育学学科的第一个专业研究方向，这是众所周知的现状。但是，在现实的教育世界里，当人们提到"教育学原理"时，人们可以从多个层面来理解：一是作为一门二级学科的教育学原理；二是作为研究生研究方向的教育学原理；三是作为一门课程的教育学原理；四是作为一本著作或教材的教育学原理。可见，教育学原理的学科边界是相当模糊的。例如，教育学原理与教育学（概论）的关系、教育学原理与教育基本理论的关系、教育学原理与教育原理（或教育概论）的关系等，尽管人们知道几者之间不能画等号，但真正辨析清楚上述几者的关系实非易事。在学理上，这些概念（或学科）之间是相互联系的，但它们之间还是有区别的，不同称谓本身就存在差异。看来，教育学原理的名与实的问题有待进一步澄清。

（二）教育学原理的研究对象问题

胡德海教授认为，教育学原理是关于教育观、教育思想的学问，是对人类教育知识、教育实践、教育理论研究的成果，是基于一定的哲学世界观理论和某些相关基础学科的成果所做的理论概括和总结。[1]这种定义把教育学原理看成是一门高度概括的理论学科。但更多学者把教育学原理看成是研究教育现象、揭示教育规律、指导教育实践的一门学科。[2]这种定义，把教育学原理基本上等同于"教育学""教育原理"。也有学者认为，教育学原理与教育学（概论）既有相同的内容，又有不同的内容，教育学原理、教育学概论都有共同的"教育学"内容，所不同的是教育学（概论）是以一定的教育观为指导而阐述教育教学艺术的应用学科，而教育学原理是阐述教育观及教育教学一般规律的理论学科。[3]冯建军认为，教育学原理表示的是"教育学"的原理，它应当以"教育学"为研究对象，而不是以"教育"为研究对象，所以，教育学原理应该是对教育学的陈述，而不是对教育的

---

① 胡德海：《教育学原理》，兰州：甘肃教育出版社，1998 年，第 42 页。
② 柳海民：《现代教育学原理导论》，北京：高等教育出版社，2013 年，第 7 页。
③ 齐梅：《教育学原理学科科学化问题研究》，北京：中国社会科学出版社，2007 年，第 2 页。

陈述，它应该属于元教育理论。①事实上，教育学原理是以教育学为研究对象，教育学原理具有元教育学的性质，但不能完全把教育学原理归属于元教育学，因为教育学原理不仅要关照教育学自身的理论问题，有时也要关照教育学现象、教育学事实的问题。

（三）教育学原理的知识体系问题

教育学原理作为一门二级学科，它应当有自己独特的研究对象，有自己的概念范畴与理论知识体系，但现实中的教育学原理知识体系又是怎样的呢？为了便于比较分析与总结，笔者在第五章中，将国内主要的"教育学原理"书籍的知识体系、国内主要的"教育原理"著作与教材的知识体系、"教育基本理论"的著作与教材的知识体系分别列表呈现出来，从各种不同名称的著作与教材知识体系比较中可以看出，它们的研究内容相同点多于不同点，其主要内容包括教育学概述、教育历史发展与本质、教育与人、教育与社会、教育目的、教育主体（教师与学生）、教育制度、教育功能、课程、教学、德育、班级管理、学校管理等。这与师范院校开设的公共必修课程"教育学"的内容体系基本一致。只有陈桂生教授的《教育原理》在知识体系上独树一帜，具有个性特色。另外，在研究生培养专业目录中，最早称谓"教育基本理论"，而没有"教育学原理"。所以，"教育学原理"与"教育基本理论"不做区分，在内容知识体系上没有实质上的差异。可见国内对这些学科的认识还不够精准。从目前来看，我国多数教育学原理的著作与教材基本上属于"教育原理"，还不是真正意义上的"教育学原理"。教育学原理应以"教育学"为研究对象，探究教育学自身的一些基本理论问题。

（四）教育学的学科体系问题

19 世纪初期，赫尔巴特创立的普通教育学，适应了当时时代发展的需要。但在 19 世纪中后期，特别是 20 世纪以来，无论是自然科学还是社会科学，都得到前所未有的发展。科学发展呈现两种基本的样态，一是学科自身不断深化研究，出现许多子学科；二是各种学科之间相互交叉与融合，形成许多交叉学科、边缘学科和综合性学科，这样使得学科发展日益多样化。顺应学科发展的趋势，教育学的发展也呈现两种发展趋势。一是教育学自身不断分化，出现许多子学科；二是教育学与其他学科交叉融合，形成许多交叉学科与边缘学科。同时，随着元理

---

① 冯建军：《关于"教育原理"学科称谓与内容现状的研究》，载《教育理论与实践》，2007 年第 4 期，第 1～5 页。

论的产生与发展，专门以理论本身为研究对象的元学科诞生，教育学学科也出现了元教育学，如今的教育学形成由众多学科组成的庞大的学科群，这就需要依据一定的分类标准理顺、理清各种学科之间的关系，建立科学的教育学学科体系。

在学科体系建构中，尽管人们提出建构教育学的多种逻辑起点，但很少看到学者们依据自己的逻辑起点建构的教育学知识体系。正如上文所述，如今的教育学已经发展为近百门学科，原先的研究成果也不能容纳今天的许多学科，学科分类与代码表中也仅列出 18 种具体学科，最后一种用"教育学其他学科"表述，究竟"其他学科"是什么、有多少？就目前的学科分类来看也存在不少的问题，例如，怎样处理二级学科与二级学科的关系、二级学科与三级学科（或研究领域）的问题，许多学科之间存在着交叉关系或包含与被包含的关系，有些学科归属问题存在两难。例如，高等教育心理学，是属于高等教育学的分支学科，还是属于教育心理学的分支学科。所以，今天以大教育学（或教育学科群）的视野，整体审思教育学分支学科，确定合理的分类标准，理顺学科之间的关系，仍是教育学学科建设的重要任务之一。

三、教育学的发展动力

"只要人类存在，教育学作为一门学科，就不会终结。"①教育学的产生与发展是人类社会教育实践发展到一定阶段的产物，探索教育学发展的动力问题，实际上就是探讨影响教育学发展的内外部因素问题。教育学作为一门学科，其发展必然要遵循科学发展的一般规律。如同其他学科一样，教育学的诞生，是人类教育实践活动和社会文化背景共同作用的产物，教育学一旦产生，就具有相对的独立性。因此教育学的发展必然要受到三个因素的影响，一是人类的教育实践活动；二是社会的文化背景；三是科学自身状况。②还有学者认为教育学的发展动力是教育学发展过程中所遭遇的诸种矛盾与冲突，表现为体系化与问题化的冲突、教育学理论与教育实践的关系紧张、教育学化与非教育学化的危机。③还有学者认为，教育学的发展动因可以用汤因比的"挑战与应战"理论加以解释，即教育学的变革应有其自身所面临的困境，此困境使人们觉察到某种威胁的到来，为了消除威

①　叶澜，底特利希·本纳：《中德学者关于教育学问题的一次对话》，载《基础教育》，2011 年第 1 期，第 5～13 页。
②　吴康宁：《简析教育学发展的影响因素》，载《教育评论》，1989 年第 1 期，第 16～18 页。
③　龙宝新：《教育学理论发展的道路及其动力探源》，载《湖南师范大学教育科学学报》，2009 年第 1 期，第 5～10 页。

胁,人们开始努力变革教育学。①综合前人研究成果,笔者认为,教育学的发展动力主要有以下几个方面。

(一)教育实践与教育学理论互动是推动教育学发展的根本动力

实践是第一性的,实践是理论发生的策源地。一般地讲,"实践之树"常青,理论是灰色的。理论来源于实践,理论一旦形成就具有相对的独立性,反过来对实践具有能动作用。教育学是人类教育实践、教育经验积累到一定阶段的产物。翻开人类教育史,我们就可以看到每种教育学理论的诞生,都是教育实践发展的需要。人类教育实践多种多样,积累的经验也异彩纷呈,受不同思想观念影响的人们,都从自己的立场出发来认识教育,于是就形成了形形色色的教育学理论。在不同教育学理论指导下的教育实践也就更加多元化。教育实践是动态的,每时每刻都在发生变化,因此也就具有情境性和个性化。教育学理论是对众多个性化的教育实践抽象概括出来的一般理性认识,它具有普遍性、滞后性。当教育学理论形成之后再回到实践并指导实践的时候,教育场景已经发生改变,普遍性回到个性就需要转化,否则,教育学理论与教育实践之间会发生不协调,也就是人们常说的理论不能指导实践,理论与实践之间有"鸿沟"。事实上,理论与实践之间是融合在一起的、不可分割的统一体,实践中有理论,理论都是指向特定实践的理论。教育实践的不断发展既能催生新的教育学理论,又能对原有的教育学理论进行检验、丰富与发展。可见,教育实践的发展与教育学理论之间的良性互动是促进理论与实践共同发展的有效方式,也是促进教育学理论走向科学化的基本路径。

(二)科学及科学方法论的发展催生教育学理论的发展

人类社会的发展经历了神话时代、蒙昧时代、文明时代。在文明时代,科学的发展极大地丰富了人们认识主观世界和客观世界的路径,20世纪人类科学的发展达到了一个新的高峰时代,以自然科学为典范的研究方法不仅促进了科学本身的快速发展,而且科学也对人文社会科学的发展带来了深远的影响。王坤庆教授在《教育学史论纲》中认为,科学的发展对教育学理论的影响主要有三个方面:一是科学思想影响着教育研究观。教育学史上的许多案例都能证明这一点。例如,英国教育家斯宾塞以进化论为基础,站在实证主义立场上对教育学研究做出了巨大贡献,他认为教育的目的就是为完满的生活做准备,为此就必须学习文化科学

---

① 刘庆昌:《论教育学的变革》,载《西北师大学报》(社会科学版),2016年第1期,第91~102页。

知识，那么什么知识最有价值呢？科学知识最有价值。这些思想的提出，促进实科教育的发展，科学知识课程在学校中的比例增大。19 世纪末 20 世纪初，深受科学主义研究范式的影响，定量、测量和实证研究成为主要研究范式，逻辑实证主义成为教育学研究与教育学理论发展的主流。二是科学规范影响着教育学研究过程。科学规范是指科学研究过程中人们必须遵循的研究规则，亦即是科学主义的研究范式。这种范式认为，科学研究是研究者独立于研究对象之外，通过对客观事实进行观察与实验，概括出普遍的理论，然后再以实验的方式加以验证。受这种思想的影响，1921 年的德国教育家克里兹施玛尔（J. R. Kretzschmar）宣告了哲学教育学的终结，认为教育学研究走自然科学道路才有出路。涂尔干也认为，教育学只能成为一门具有实证性质的学科，否则教育学就会失去生命力，实验主义教育学就是这方面的典型代表。三是科学理论的发展影响着教育学理论的发展。[1]由于教育学学科的建立需要相关学科提供理论支撑，所以相关科学理论的发展势必影响教育学理论的发展。例如，心理学是教育学的基础学科之一，心理学研究成果的突破必将直接影响教育学理论的新发展。赞可夫在"最近发展区"理论的影响下，进行长达 20 年之久的"教学与发展"的实验研究，建构了"实验教学论"体系；布鲁纳在皮亚杰发生认识论的基础上创建了"结构课程论"；科尔伯格在皮亚杰的儿童认知发展阶段理论的基础上，通过长期研究概括出儿童道德发展的"三水平六阶段"理论。如此等等，都足以证明科学的发展对教育学理论发展的巨大影响。至于哲学与科学方法论的发展对教育学理论的发展，更是十分明显。例如，当代西方形成的种种哲学思潮，不同哲学思潮都有自己的哲学观和方法论，由此也就形成种种教育学理论，如后现代主义教育学、现象学教育学、解释学教育学等。

（三）通过对自身理论的批判与反思促进教育学发展

从教育学发展史可以看出，由于人类最初的教育实践活动比较简单与单一，研究中小学教育学是其主流。自从工业革命以后，科学技术的发展突飞猛进，引起了科学发展分化与整合。顺应科学发展的趋势，教育学自身分化和与其他学科交叉整合，出现了教育学学科群，各门学科为了自身的独立，在教育领域"瓜分"地盘，各种教育学理论之间相互借鉴与批判，形成各种教育学思想的交锋，在论战中既澄清了一些教育认识，又形成许多新的理论。这方面的事例不胜枚举，例如，20 世纪 80 年代的"应试教育"与素质教育之争，使人们确立素质教育理念；

---

① 王坤庆：《教育学史论纲》，武汉：湖北教育出版社，2000 年，第 375～386 页。

受主体性哲学思想的影响，人们对传统主客二分思维进行批判，进而确立了主体性（主体间性）教育学理论。通过对教育学自身的一些理论问题的反思，进而形成元教育学理论，如此等等，我们可以看出，教育学理论自身的批判与反思是促进教育学发展的内部动力。

"实践+经验+反思"是一个人走向成熟的快捷路径，这一道理同样适合任何一门学科的发展。反思是一门学科确立自身"合法性"与形成自己"自主性"的前提。[1]在当代，各门学科都进入了一个有深度、成规模的反思时代。特别是在2019年，在中华人民共和国成立70周年之际，我国社会科学各个领域都在总结与反思70年来的学科建设成就与存在问题，受这种学术背景的影响，教育学在元教育学理论的催生下，也出现了一个深化反思的时代。在这一反思性潮流中，教育学领域出现三种反思潮流：一是从国际视野对教育学学科的建构与被建构的角度出发，对西方教育学影响中国教育学的发展进行反思，出现了系统反思中国教育学学科建设的多项成果。有的从学科发展史视角进行总结与反思，有的从学术发展史视角进行总结与反思等。二是从政治、经济、文化等领域对教育学学术领域的渗透出发，探索中国教育学自主性发展的"瓶颈"，并寻找有效应对策略。三是从教育学学术建设的内部问题出发，以教育学的研究对象反思为前提，对原有教育学的概念、范畴、体系进行挑战、质疑与重构。[2]采用较为成熟的元理论的标准去进行新的建构与探索，以此不断推动深化教育学重大理论问题的反思研究。

（四）原创性研究是促进教育学发展的必由之路

教育学作为一门学科已有三百多年的历史，其间我们也出版了许多"教育学原理"教材与著作，但真正反思教育学原理学科建设的文章很少。笔者以"教育学原理"为"篇名"，在"中国知网"进行文献检索，共查到161条文献；以"教育原理"为"篇名"进行文献检索，可得到文献172条，综合两项研究文献，纯粹属于学科建设与学科反思的文献不到30条。正是这种研究现状，使得人们对教育学原理这门学科的认识还存在许多误解与不解。笔者认为，开创教育学原理的原创性研究，是发展教育学原理的必由之路。

其实，在教育学学科领域，不仅教育学原理需要原创性研究，其他子学科都需要原创性研究。这是因为：教育学这门学科在中国的出现，是"西学东渐"的结果。在引进教育学的同时，教育学中国化的研究就一直受到人们的关注。教育

---

① 邓正来：《关于中国社会科学的思考》，上海：上海三联书店，2000年版，第13～21页。
② 侯怀银，王喜旺：《中国教育学未来发展趋势探析》，载《当代教育与文化》，2013年第1期，第7～11页。

学在其发展过程中，不缺乏对其他学科研究成果的借鉴，但缺少对各种不同学科知识的整合，缺少理论间的汇通融合，缺乏史与论的结合，特别是缺少对教育自身问题的研究，结果造成教育学的名声不好，以至于学者发出"教育学终结"的感叹。为了使教育学成为教育之学，教育学原理成为教育学之学，我们就必须开展教育学原理的原创性研究。原创性研究就是"最初或最早的创造性研究"或"原始或原初的创造性研究"。它是言前人所未言的研究，是不断拓展新领域、新思想、新方法的研究。之所以这样说，是因为教育学原理这门学科在我国还相当地不成熟，其研究对象的界定、学科性质的规定、理论知识体系的建构都没有现成的成果可供继承，需要我们依据教育学研究成果，对教育学知识进行系统化、科学化的研究，使之成为教育学原理建构的基本素材。至于怎样展开教育学原理的原创性研究，有学者提出原创性研究的三重意蕴：回到事物、现实本身；回到最基本的问题；不断回溯对基本问题的反思，这是非常具有启发意义的。开展原创性研究要把握创造性、基础性、实践性、原始性、原发性等特点，不断强化教育学的问题意识，不断提高教育学的批判意识，[1]增强教育学研究的想象力，超越功利，注重科学精神，[2]要大力强化元教育学研究与教育学元研究。在研究视角上，多学科研究带来研究成果的繁荣，但教育学研究面临着学科立场与专业话语的丢失，怎样用教育学的学科立场，来整合多学科的研究成果，提炼出教育学原理的学科语言，是今后应该关注的问题。同时，在研究方法方面，缺乏实证研究，也使得研究结论既无法证实也无法证伪，理论的可信度降低。[3]总之，教育学原理学科建设，要坚持走自己的路，加强学术研究的规范性和科学性，不断建构具有自身特质的教育学原理的知识体系和话语体系。

① 郑金洲：《中国教育学 60 年（1949～2009）》，上海：华东师范大学出版社，2009 年，第 239～242 页。
② 冯建军：《教育基本理论研究 20 年（1990～2010）》，福州：福建教育出版社，2012 年，第 71～72 页。
③ 柳海民，徐海娇：《推进学科反思促进理论创新：近年来教育学原理学科发展概观》，载《教育研究》，2016 年第 1 期，第 157～159 页。

参 考 资 料

一、外文译著类

[巴西]保罗·弗莱雷著，顾建新，等译：《被压迫者教育学》，上海：华东师范大学出版社 2001 年版。

[德]W. A. 拉伊著，沈剑平，瞿葆奎译：《实验教育学》，北京：人民教育出版社 1996 年版。

[德]本纳著，彭正梅，等译：《普通教育学：教育思想和行动基本结构的系统的问题史的引论》，上海：华东师范大学出版社 2006 年版。

[德]伽达默尔著，洪汉鼎译：《真理与方法：哲学诠释学的基本特征》，上海：上海译文出版社 1999 年版。

[德]赫尔巴特著，李其龙译：《普通教育学·教育学讲授纲要》，杭州：浙江教育出版社 2002 年版。

[德]卡尔·雅斯贝尔斯著，童可依译：《什么是教育》，北京：生活·读书·新知三联书店 2021 年版。

[德]伊曼努尔·康德著，赵鹏，何兆武译：《论教育学》，上海：上海人民出版社 2005 年版。

[法]埃德加·莫兰著，陈一壮译：《复杂性理论与教育问题》，北京：北京大学出版社 2004 年版。

[法]加布里埃尔·孔佩雷著，张瑜，王强译：《教育学史》，济南：山东教育出版社 2017 年版。

[法]米亚拉雷著，郑军，张志远译：《教育科学导论》，北京：光明日报出版社 1989 年版。

[加]大卫·杰弗里·史密斯著，郭洋生译：《全球化与后现代教育学》，北京：教育科学出版社 2000 年版。

[捷]夸美纽斯著，傅任敢译：《大教学论》，北京：人民教育出版社 1984 年版。

[美]埃伦·康德利夫·拉格曼著，花海燕，等译：《一门捉摸不定的科学：困扰不断的教育研究的历史》，北京：教育科学出版社 2006 年版。

[美]艾伦·C. 奥恩斯坦，莱文·丹尼尔著，杨树兵，等译：《教育基础》（第 8 版），南京：江苏教育出版社 2003 年版。

[美]奥兹门，克莱威尔著，石中英，等译：《教育的哲学基础》（第 7 版），北京：中国轻工业出版社 2006 年版。

[美]吉特克著，缪莹译：《教育学的历史与哲学基础》，长沙：湖南教育出版社 2008 年版。

[美]迈克尔·W. 阿普尔著，王占魁译：《教育能够改变社会吗？》，上海：华东师范大学出版

社 2014 年版。

[美]约翰·杜威著，王承绪译：《民主主义与教育》，北京：人民教育出版社 2001 年版。

[苏联]H. K. 冈察洛夫著，郭从周，等译：《教育学原理初译稿·参考资料》，北京：人民出版
　　社 1951 年版。

[苏联]阿图托夫等主编，赵维贤，等译：《教育科学发展的方法论问题》，北京：人民教育出版
　　社 1990 年版。

[苏联]巴拉诺夫等编，李子卓，等译：《教育学》，北京：人民教育出版社 1979 年版。

[苏联]凯洛夫著，沈颖，等译：《教育学》（上、下册），北京：新华书店 1950、1951 年版。

[苏联]申比廖夫，奥戈罗德尼柯夫著，陈侠，等译：《教育学》，北京：人民教育出版社 1955 年版。

[英]赫伯特·斯宾塞著，王占魁译：《教育论：智育、德育和体育》，北京：中国轻工业出版社
　　2016 年版。

二、中文图书类

班华：《中学教育学》，北京：人民教育出版社 1992 年版。

常春元，黄济，陈信泰：《中国社会主义教育学》，南京：江苏教育出版社 1987 年版。

陈桂生：《教育学的建构》，长沙：湖南教育出版社 1998 年版。

陈桂生：《教育学究竟是怎么一回事：教育学辨析》，上海：上海教育出版社 2020 年版。

陈友端，郑其龙：《教育学》，长沙：湖南师范学院 1954 年版。

冯建军：《当代教育原理》，南京：南京师范大学出版社 2009 年版。

冯建军：《教育基本理论研究 20 年（1990～2010）》，福州：福建教育出版社 2012 年版。

郭文安，王坤庆：《教育学研究与反思》，武汉：华中师范大学出版社 2011 年版。

扈中平，李方，张俊洪：《现代教育学》（新编本），北京：高等教育出版社 2000 年版。

华中师范学院教育系等五院校合编：《教育学》，北京：人民教育出版社，1980 年版。

黄济，王策三：《现代教育论》，北京：人民教育出版社 1996 年版。

贾馥茗，杨深坑：《教育学方法论》，南京：江苏教育出版社 2008 年版。

金林祥：《20 世纪中国教育学科的发展与反思》，上海：上海教育出版社 2000 年版。

金一鸣：《教育原理》（第 2 版），北京：高等教育出版社 2002 年版。

靳玉乐，李森：《现代教育学》，成都：四川教育出版社 2005 年版。

李剑萍，魏薇：《教育学导论》，北京：人民出版社 2000 年版。

李润洲：《教育学研究的价值生成》，太原：山西教育出版社 2010 年版。

李政涛：《教育科学的世界》，上海：华东师范大学出版社 2010 年版。

厉以贤：《现代教育原理》，北京：北京师范大学出版社 1988 年版。

刘佛年：《教育学》（讨论稿），北京：人民教育出版社 1979 年版。

毛祖桓：《从方法论看教育学的发展》，重庆：重庆出版社 1990 年版。

孟宪承：《教育概论》，上海：商务印书馆 1933 年版。

孟宪承，陈学恂：《教育通论》，上海：商务印书馆 1938 年版。

钱亦石：《现代教育原理》，上海：中华书局 1934 年版。

瞿葆奎：《教育基本理论之研究（1978～1995）》，福州：福建教育出版社 1998 年版。

瞿葆奎：《元教育学研究》，杭州：浙江教育出版社 1999 年版。

邵宗杰，裴文敏：《教育学》（修订版），上海：华东师范大学出版社 1996 年版。

石佩臣：《教育学基础理论》，北京：教育科学出版社 2018 年版。

石中英：《教育学的文化性格》，太原：山西教育出版社 1999 年版。

孙喜亭：《教育学问题研究概述》，天津：天津教育出版社，1989 年版。

唐莹：《元教育学》，北京：人民教育出版社 2002 年版。

王道俊，郭文安：《教育学》（第 7 版），北京：人民教育出版社 2016 年版。

王坤庆：《20 世纪西方教育学科的发展与反思》，上海：上海教育出版社 2000 年版。

王坤庆：《教育学史论纲》，武汉：湖北教育出版社 2000 年版。

吴黛舒：《生成中的中国教育学研究》，北京：中国社会科学出版社 2012 年版。

徐继存：《教育学的学科立场》，北京：北京师范大学出版社 2014 年版。

姚文忠：《元教育科学导论：关于教育科学研究的理论和方法》，成都：成都科技大学出版社 1990
　　年版。

叶澜：《新编教育学教程》，上海：华东师范大学出版社 1991 年版。

袁振国：《当代教育学》（第 3 版），北京：教育科学出版社 2004 年版。

张诗亚，王伟廉：《教育科学学初探：教育科学的反思》，成都：四川教育出版社 1990 年版。

郑金洲：《教育通论》，上海：华东师范大学出版社 2000 年版。

周作宇：《问题之源与方法之镜：元教育理论探索》，北京：教育科学出版社 2000 年版。

庄泽宣：《教育概论》，上海：中华书局 1928 年版。

三、期刊文章类

[苏]凯洛夫：《论教育科学》，沈颖，南致善，等译，载《人民日报》，1950 年 4 月 3 日第 5 版；
　　载《中国教育科学》，2020 年第 1 期。

安富海：《中国教育学本土化研究的困境及超越》，载《教育研究》2019 年第 4 期。

安文铸：《"教育学"学科称谓问题》，载《教育研究》1992 年第 8 期。

曹世敏：《教育学逻辑起点新论》，载《教育研究》1994 年第 10 期。

陈桂生：《Pädagogik 学科辨析：五谈教育学究竟是怎么一回事》，载《教育学报》2019 年第 6 期。

陈元晖：《谈谈教育学成为一门科学的五个前提问题》，载《东北师大学报》（哲学社会科学版）
　　2013 年第 5 期。

陈元晖：《中国教育学七十年》，载《北京师范大学学报》（社会科学版）1991 年第 5 期。

程亮：《多元的传统与交互的生成：教育学知识建构的跨文化比较》，载《教育研究》2016 年第
　　5 期。

程亮：《"教育学史"：概念与维度》，载《中国教育科学》2015 年第 1 辑。

程岭，王嘉毅：《教育研究方法的内在逻辑》，载《教育研究》2013 年第 12 期。

程天君，吴康宁：《当前教育学研究的三个悖论》，载《教育研究》2006 年第 8 期。

丁钢：《教育学学科问题的可能性解释》，载《教育研究》2008 年第 2 期。

董标：《"教之术"到"教育学"演变论》，载《华南师范大学学报》（社会科学版）2006 年第 6 期。

方展画：《关于"教育原理"的一种新诠释》，载《教育研究与实验》2001 年第 1 期。

冯建军：《关于"教育原理"的学科称谓与内容现状的研究》，载《教育理论与实践》2007 年第
　　4 期。

冯建军：《中国教育学 70 年：从中国化到主体建构——基于不同时期教育学文本的分析》，载
　　《课程·教材·教法》2019 年第 12 期。

冯向东：《教育自身：教育学学科立场与理论的基石》，载《教育研究》2013 年第 7 期。

高鹏，杨兆山：《"教育现象"何以是教育学的研究对象》，载《教育研究》2014 年第 2 期。

郭瑞迎，张建国：《教育学地位问题评析》，载《中国教育科学》2018 年第 2 期。

郭元祥：《教育学逻辑起点研究的若干问题思考：兼与有关同志商榷》，载《教育研究》1995 年
　　第 9 期。

郭元祥：《元教育学概论：元教育学的性质、对象、方法及意义》，载《华东师范大学学报》（教
　　育科学版）1994 年第 2 期。

郝文武：《教育学的科学化和合理性——论近年来我国关于教育学研究方法的反思》，载《教
　　育研究》2002 年第 10 期。

洪其华：《教育学是一门科学还是一门学科：教育学的"科学性"与"学科性"之争》，载《上
　　海教育科研》1991 年第 4 期。

侯怀银，王喜旺：《教育学中国化：一个世纪以来中国学者的探索和梦想》，载《教育科学》2008
　　年第 6 期。

胡德海：《教育学概念与教育学体系问题》，载《教育研究》1990 年第 3 期。

黄志成：《"教育学"与"教育科学"之争》，载《外国教育资料》1998 年第 5 期。

黄志成：《教育研究中的两大范式比较："日耳曼式教育学"与"盎格鲁式教育科学"》，载《教

育学报》2007 年第 4 期。

金生鉉：《无立场的教育学思维：关怀人间、人事、人心》，载《华东师范大学学报》（教育科学版）2006 年第 3 期。

靖国平：《从"学科立场"到"学派立场"：论中国教育学的学派意识及其实践路向》，载《高等教育研究》，2006 年第 1 期。

劳凯声：《中国教育学研究的问题转向：20 世纪 80 年代以来教育学发展的新生长点》，载《教育研究》2004 年第 4 期。

李江源：《论教育学派》，载《社会科学战线》1999 年第 4 期。

李小融：《现代教育学研究应有多个逻辑起点》，载《教育理论与实践》1987 年第 1 期。

李政涛：《什么是"教育基本理论"》，载《高等教育研究》2020 年第 3 期。

刘晖，汤晓蒙：《新中国教育学本土化历程举要》，载《大学教育科学》2020 年第 4 期。

刘庆昌：《从教育事理到教育学理："教育学原理"70 年发展的理论反思》，载《中国教育学刊》2019 年第 10 期。

刘庆昌：《论教育学的性质》，载《山西大学师范学院学报》2002 年第 1 期。

刘铁芳：《教育学何以作为人文之学》，载《天津市教科院学报》2003 年第 1 期。

刘旭东，吴原：《关于教育学与教育学知识的思考》，载《课程·教材·教法》2009 年第 4 期。

刘燕楠，涂艳国：《中国教育学学科的历史演进与价值选择》，载《教育理论与实践》2016 年第 7 期。

柳海民，徐海娇：《跳进学科反思，促进理论创新：近年来教育学原理学科发展概观》，载《教育研究》2016 年第 1 期。

柳海民，邹红军：《教育学原理：历史性飞跃及其时代价值——纪念改革开放 40 周年》，载《教育研究》2018 年第 7 期。

龙宝新：《教育学理论发展的道路及其动力探源》，载《湖南师范大学教育科学学报》，2009 年第 1 期。

娄雨：《教育学"科学还是技艺"的历史重审：从夸美纽斯出发的思想史研究》，载《教育研究》2020 年第 7 期。

卢曲元，田汉族，涂光辉等：《论中国教育学的构建：兼评 20 世纪中国教育学的缺失》，载《湖南师范大学教育科学学报》2007 年第 3 期。

鲁洁：《教育的原点：育人》，载《华东师范大学学报》（教育科学版）2008 年第 4 期。

鲁洁：《实然与应然两重性：教育学的一种人性假设》，载《华东师范大学学报》（教育科学版）1998 年第 4 期。

马凤岐，谢爱磊：《教育知识的基础与教育研究范式分类》，载《教育研究》2020 年第 5 期。

牛利华：《教育学与相关学科关系的考辨：历史、现实及其未来走向》，载《教育理论与实践》
　　2006 年第 17 期。

彭道林，唐桥：《试论教育学的学科属性》，载《高等教育研究》2019 年第 3 期。

齐梅，柳海民：《教育学原理学科的科学性质与基本问题》，载《教育研究》2006 年第 2 期。

瞿葆奎，喻立森：《教育学逻辑起点的历史考察》，载《教育研究》1986 年第 11 期。

瞿葆奎，郑金洲，程亮：《中国教育学科的百年求索》，载《教育学报》2006 年第 3 期。

石猛，彭泽平：《关于教育学研究本土化的几点思考》，载《当代教育科学》2006 年第 9 期。

宋剑，董标：《教育学的学科立场：教育基本理论专业委员会第十届年会综述》，载《教育研究》
　　2006 年第 1 期。

孙迎光：《关于教育学逻辑起点讨论的思考》，载《上海教育科研》1998 年第 12 期。

孙元涛：《"教育学中国化"话语的反审与重构》，载《全球教育展望》2009 年第 4 期。

孙元涛：《教育学"学科独立性"问题再认识》，载《河北师范大学学报》（教育科学版）2009 年
　　第 4 期。

孙振东，李仲宇：《论教育问题研究与教育学体系建构的统一》，载《中国人民大学教育学刊》
　　2015 年第 4 期。

谭斌：《从追求宏大理论到走进学校日常生活：对教育学科学化进程的一种系谱学描述》，载《南
　　京师大学报》（社会科学版）2003 年第 5 期。

谭维智：《教育学核心概念的嬗变与重构：基于新时代中国特色教育学话语体系建构的思考》，
　　载《教育研究》2018 年第 11 期。

唐智松：《教育学学理的混乱与梳理》，载《中国教育学刊》2016 年第 3 期。

王洪才：《教育学：人文科学抑或社会科学？——兼与张楚廷先生商榷》，载《教育研究》2012
　　年第 4 期。

王洪才：《教育学：学科还是领域》，载《厦门大学学报》（哲学社会科学版）2006 年第 1 期。

王洪才：《论教育学的三重视界》，载《北京师范大学学报》（人文社会科学版）2000 年第 4 期。

王嘉毅，曹红丽：《新中国 70 年教育研究方法：变迁、反思与展望》，载《中国教育科学》2020
　　年第 1 期。

王鉴，姜振华：《教育学属于人文社会科学》，载《教育研究》2013 年第 4 期。

王坤庆：《"教育学史"研究的历史与现状》，载《教育研究与实验》1992 年第 3 期。

文桢中：《教育学的人文沉思》，载《首都师范大学学报》（社会科学版）2003 年第 2 期。

吴黛舒：《论"教育学"的学科立场：探索"教育学"学科独立性问题的另一个思路》，载《华
　　东师范大学学报》（教育科学版）2004 年第 3 期。

吴黛舒：《中国教育学学科危机探析》，载《教育研究》2006 年第 6 期。

吴钢：《论教育学的终结》，载《教育研究》1995 年第 7 期。

吴康宁：《教育研究应研究什么样的"问题"》，载《教育研究》2002 年第 11 期。

吴康宁：《"有意义的"教育思想从何而来：由教育学界"尊奉"西方话语的现象引发的思考》，
　载《教育研究》2004 年第 5 期。

项贤明：《教育学作为科学之应该与可能》，载《教育研究》2015 年第 1 期。

项贤明：《作为科目、学科和科学的教育学》，载《教育研究》2019 年第 9 期。

谢维和：《论教育理论发展的时代特点》，载《北京大学教育评论》2003 年第 2 期。

许锡良：《制约"教育学"学科独立性的因素分析：兼论教育复杂性对教育学研究范式的影响》，
　载《湖南师范大学教育科学学报》2005 年第 4 期。

薛二勇，盛群力：《教育学的学科地位追问》，载《社会科学战线》2007 年第 3 期。

闫引堂：《"教育学中国化"命题之再认》，载《教育研究与实验》2005 年第 2 期。

叶澜：《中国教育学发展世纪问题的审视》，载《教育研究》2004 年第 7 期。

易连云，杨昌勇：《论中国教育学派的创生》，载《教育研究》2003 年第 4 期。

余小茅：《试论教育学的研究对象是"教育问题"——兼与高鹏、杨兆山商榷》，载《学术界》
　2014 年第 9 期。

余小茅，曹玉娜：《试论教育学原理不等于教育原理》，载《上海教育科研》2017 年第 8 期。

袁振国：《科学问题与教育学知识增长》，载《教育研究》2019 年第 4 期。

张斌贤：《从"学科体系时代"到"问题取向时代"——试论我国教育科学研究发展的趋势》，
　载《教育科学》1997 年第 1 期。

张楚廷：《教育学属于人文科学》，载《教育研究》2011 年第 9 期。

张忠华：《教育学学科科学性研究探索》，载《现代大学教育》2007 年第 2 期。

张忠华：《教育学中国化百年反思》，载《高等教育研究》2006 年第 6 期。

张忠华，贡勋：《教育学"中国化""本土化"和"中国特色"的价值取向辨析》，载《高校教
　育管理》2015 年第 6 期。

郑金洲，程亮：《中国教育学研究的发展趋向》，载《教育研究》2005 年第 11 期。

郑金洲：《"元教育学"考辨》，载《华东师范大学学报》（教育科学版）1995 年第 3 期。

周兴国：《"教育学的科学化"辨》，载《中国教育科学》2019 年第 3 期。

周元宽，郭孝文：《研究主体的迷失：中国教育学"贫困"的症结》，载《安徽师范大学学报》
　（人文社会科学版）2015 年第 6 期。

庄西真：《"接轨"还是"拿来"：教育学本土化的思考》，载《当代教育科学》2004 年第 11 期。

附录 《教育学原理》书目编年(1900～2020年)

[1] [日]尺秀三郎,中岛半次郎著,季新益译:《教育学原理》,东京:教科书辑译社1903年版。

[2] 孙贵定:《教育学原理》,上海:商务印书馆1923年版。

[3] [美]桑代克,盖茨著,熊子容译:《教育学原理》,上海:世界出版合作社1933年版。

[4] [苏联]H.K.冈察洛夫著,郭从周,等译:《教育学原理初译稿·参考资料》,北京:人民出版社1951年版。

[5] 张文郁:《教育学一般原理五讲》,武汉:湖北人民出版社1956年版。

[6] [美]克伯屈著,雷国鼎译:《教育学原理》,台北:华冈出版有限公司1967年版。

[7] 江苏省、市十二所教育学院《教育学原理》编写组:《教育学原理》,内部使用1987年版。

[8] 成有信:《教育学原理》,郑州:河南教育出版社1993年版。

[9] 孙喜亭,周作宇:《教育学原理》(教学参考资料),北京:北京师范大学教育管理学院编印1995年。

[10] 张君,康丽颖:《教育学原理》,沈阳:东北财经大学出版社1995年版。

[11] 曾成平:《教育实践论:教育学原理的反思与探索》,重庆:重庆出版社1995年版。

[12] 韩猛,张敏杰:《教育学原理与实践》,沈阳:辽宁民族出版社1997年版。

[13] 漆书青,何齐宗:《新编教育学原理》,南昌:江西高校出版社1997年版。

[14] 胡德海:《教育学原理》,兰州:甘肃教育出版社1998年版。

[15] 丁瑜,何东亮:《教育学原理》,上海:上海交通大学出版社1998年版。

[16] 王道俊,扈中平:《教育学原理》,福州:福建教育出版社1998年版。

[17] 季诚钧:《高师教育学原理》,成都:四川教育出版社1998年版。

[18] 成有信:《教育学原理》,广州:广东高等教育出版社1999年版。

[19] 李勇,许红梅:《教育学原理》,哈尔滨:哈尔滨工业大学出版社2001年版。

[20] 柳海民:《现代教育学原理》,长春:东北师范大学出版社2002年版。

[21] 姚俊,杨兆山:《教育学原理》,大连:辽宁师范大学出版社2003年版。

[22] 郭瑞英:《教育学原理》,北京:长征出版社2004年版。

[23] 杨兆山:《教育学原理简明教程》,长春:东北师范大学出版社2005年版。

[24] 杜春华:《教育学基本原理》,长春:吉林人民出版社2005年版。

[25]邹群，王琦：《教育学原理》，大连：辽宁师范大学出版社 2006 年版。

[26]汪刘生：《教育学原理》，杭州：浙江大学出版社 2007 年版。

[27]成有信：《教育学原理》，沈阳：辽宁大学出版社 2007 年版。

[28][俄]弗·弗·克拉耶夫斯基著，张男星，等译：《教育学原理》，北京：教育科学出版社 2007
年版。

[29]齐梅：《教育学原理学科科学化问题研究》，北京：中国社会科学出版社 2007 年版。

[30]叶澜：《教育学原理》，北京：人民教育出版社 2007 年版。

[31]扈中平：《教育学原理》，北京：人民教育出版社 2008 年版。

[32]胡德海：《教育学原理·简缩本》，兰州：甘肃教育出版社 2008 年版。

[33]姚俊：《教育学基本原理》，沈阳：沈阳出版社 2008 年版。

[34]黄欣祥：《教育学原理》，海口：海南出版社 2009 年版。

[35]张楚廷：《教育基本原理：一种基于公理的教育学》，长沙：湖南师范大学出版社 2009 年版。

[36]蒲蕊：《教育学原理》，武汉：武汉大学出版社 2010 年版。

[37]陈理宣：《教育学原理：理论与实践》，北京：北京师范大学出版社 2010 年版。

[38]罗玉莲：《教育学原理》，北京：教育科学出版社 2010 年版。

[39]徐书业：《教育学：原理与应用》，上海：华东师范大学出版社 2010 年版。

[40]柳海民：《教育学原理》，北京：高等教育出版社 2011 年版。

[41]朴泰洙，金哲华：《教育学原理》，北京：科学出版社 2011 年版。

[42]易连云：《教育学原理》，重庆：西南师范大学出版社 2011 年版。

[43]谭辉旭：《实践教育学原理与方法》，天津：天津教育出版社 2011 年版。

[44]叶志坚：《中国近代教育学原理的知识演进：以文本为线索》，杭州：浙江大学出版社 2012
年版。

[45]张忠华：《教育学原理》，上海：世界图书出版公司 2012 年版。

[46]郝文武，龙宝新：《教育学原理》，北京：北京师范大学出版社 2012 年版。

[47]齐梅，马林：《教育学原理》，北京：清华大学出版社 2012 年版。

[48]丁西省，魏文君：《教育学原理》，西安：西北工业大学出版社 2013 年版。

[49]柳海民：《现代教育学原理导论》，北京：高等教育出版社 2013 年版。

[50]纪国和，李朝辉：《教育学原理》，长春：东北师范大学出版社 2014 年版。

[51]雷忠良，张永芳，李妤：《当代教育学原理及其应用探究》，北京：中国书籍出版社 2014 年版。

[52]齐梅：《教育学原理》，北京：清华大学出版社 2014 年版。

[53]陈理宣：《教育学原理——理论与实践》，武汉：武汉大学出版社 2015 年版。

[54]王作亮，张典兵：《教育学原理》，徐州：中国矿业大学出版社 2015 年版。

[55]康永久：《教育学原理五讲》，北京：人民教育出版社 2016 年版。

[56]胡德海：《教育学原理·简缩版》（第 2 版），兰州：甘肃教育出版社 2016 年版。

[57]姜德君，孔锴，贾春明：《教育学原理》，北京：清华大学出版社 2016 年版。

[58]马小平，谢晓芳：《教育学原理》，北京：光明日报出版社 2016 年版。

[59]张东良，周彦良：《教育学原理》，北京：北京理工大学出版社 2017 年版。

[60]易素红，熊定永：《教育学原理》，西安：西北工业大学出版社 2017 年版。

[61]黄孙庆：《教育学：原理与应用》，北京：电子工业出版社 2017 年版。

[62]冯建军：《教育学原理》，北京：中国人民大学出版社 2018 年版。

[63]马丹：《现代教育学原理发展与实践研究》，南京：江苏凤凰美术出版社 2018 年版。

[64]土有升：《教育学的想象力：教育学的基本原理引论》，北京：人民出版社 2018 年版。

[65]魏晨明，董守生：《教育学原理与应用》，上海：华东师范大学出版社 2019 年版。

[66]《教育学原理》编写组：《教育学原理》，北京：高等教育出版社 2019 年版。

[67]李伟娟：《教育学原理》，西安：西安出版社 2019 年版。

[68]温恒福，王守记：《教育学原理》，北京：教育科学出版社 2019 年版。

[69]李继宏：《教育学原理》，北京：科学出版社 2020 年版。

[70]靳淑梅，许红花：《教育学原理》，北京：北京大学出版社 2020 年版。

[71]易连云，唐智松，幺加利：《教育学原理》，重庆：西南师范大学出版社 2020 年版。

跋

自参加工作以来，我从事教育学的学习、教学与研究工作已有 37 年的历程。工作期间，为了学生学习《教育学》课程的需要，也为了一点"功利"的需要，曾参与多本（种）的"教育学""教育学教程"等名称的教材编写工作。为了体现自己的一点"认识"，也曾自拟编写大纲，汇集一些志同道合者，主编过一些"教育学"教材。后来为了体现自己的一点"创意"，也曾独立编写过"学校教育学""教育学原理"等教材。随着年龄的增长，不觉已过"知天命"来到"耳顺"之年，但思考"教育学原理"究竟是怎样的一门学科这一问题，它始终像"幽灵"一样，在我脑海中挥之不去，使我欲罢不能。

造成这种现象的直接原因是自己教学实践的困扰。许多时候，自己给三类学生同时进行"教育学原理"课程的教学工作，一是教师教育专业（师范专业）本科生学习的公共课"教育学"，使用的教材名为"教育学原理"（有时是"教育学"、"教育学基础"或"教育学教程"）；二是教育学专业本科生的课，使用的教材名称也是"教育学原理"（有时用"教育原理"），而且有时"公共课"与"专业课"使用同一个版本的教材；三是教育学专业硕士研究生的课，课程名称也叫"教育学原理"。这就产生两个重要问题：一是三种不同的学习对象，面对同样的教材，怎样完成各自的教学任务，这对自己始终是一个挑战。难道他们仅仅是教学内容与教学方法的不同吗？二是难道三类学生在学习教育学理论知识的过程中，没有知识之间的逻辑顺序？教育学原理、教育学基础（或教育学概论）、教育原理这三种不同名称的学科（或课程）是怎样的知识序列？

围绕上述问题，我开始查阅大量的"教育学""教育原理""教育学原理"教材与著作以及期刊论文，探讨它们之间的逻辑关系，试图理顺这些不同名称学科之间的知识关系。经过比较研究和深入分析，突然萌发"众里寻他千百度。蓦然回首，那人却在，灯火阑珊处"的感觉。原来，这是三种不同层次的学科。以知识发展的顺序，它们是先有教育原理，后有教育学，再有教育学原理。教育学原理是一门研究"教育学问题"的学科，它是一门学理性学科。

在明确了教育学原理的研究对象与学科性质之后，我开始建构教育学原理的知识体系，其间经过多次推倒重来的建构过程，多年的思考与酝酿，两年多的艰辛劳作，在 2021 年元旦完成教育学原理体系建构的初步探索。之后，对书稿进行多次的修改与完善，最终定稿。

本著作既是出于对学术研究的探索，当然也有一点功利的追求，这就是怎样区分不同学习对象应该学习不同的教育学知识。普通师范学生主要学习教育学的常识，教育学系的专业学生是分解学习不同的教育学科知识，例如，教育原理、课程与教学论、德育原理等，研究生是在本科学习基础上的学理研究，主要是学习"教育学原理"。研究生教育是指在大学本科教育后进行的培养高层次专门人才的一种学历教育，属于高等教育的高级阶段。一般要培养研究生在本门学科上掌握坚实的基础理论和系统的专门知识，具有从事科学研究工作或独立担负专门技术工作的能力。研究生的学习要求具有专业性、研究性和创新性等特点，所以该著作的撰写充分考虑了这些因素。当然，撰写教育学原理还要处理好课程教材体系与学科知识体系的关系，课程体系的建设一般要遵循"泰勒原理"，学科体系的建构要遵循知识分类的逻辑。拙作主要是遵从后者的逻辑，尝试建构教育学原理的学理体系。

由于个人把教育学原理定位在研究教育学问题上，它以教育学问题为研究对象，这就使得教育学原理具有元教育学的性质，所以书中许多内容是对已有"教育学"研究成果的梳理与反思，这就需要引用大量前人的研究成果，所以书中出现大量的"脚注"，一是体现学术研究的继承性；二是做到论从史出；三是出于对前人研究成果的尊重，尽量做到引用他人成果时一一注明。在此对被引用成果的作者表示感谢！

本书能够顺利完成，首先要感谢研究生院的周正嵩副院长、梁浩老师，感谢教师教育学院王佳佳院长的关心与鼎力支持；其次要感谢我的家人，感谢他们对我事业的理解和工作的支持。做学术探索工作，需要的是时间和精力，为此我爱人几乎承担了所有的家务，给我留出更多的时间和空间，使我能够专心研究自己钟爱的教育学学科；再次要感谢我指导的研究生杨会聪、杨红、孙文敬、梁冬雨、李玲和潘婷，她们耐心细致地帮我校对书稿，使书稿的文字错误率降到最低；最后要感谢科学出版社的朱丽娜编辑、卢淼编辑，她们为本书顺利出版付出了大量心血，在此表示衷心感谢！

怎样认识"教育学原理"、怎样建构教育学原理的知识体系还在路上，本书只是初步的摸索，至于能否成为一家之言，敬请方家评说。但愿本书能够成为"教育学原理"学科成长旅途中的一粒铺路石子，若真如此，那将是我最大的欣慰！

路漫漫其修远兮，吾将上下而求索！

张忠华

2022 年 1 月 17 日

江苏大学玉带河畔